Die Schrift

Die Schrift

Die Schrift

*Verdeutscht von Martin Buber
gemeinsam mit Franz Rosenzweig*

3

Bücher der Kündung

Verdeutscht von Martin Buber

gemeinsam mit *Franz Rosenzweig*

—

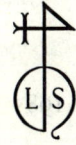

HEIDELBERG

VERLAG LAMBERT SCHNEIDER

8. Auflage der neubearbeiteten
Ausgabe von 1958

1985

© 1985 · Verlag Lambert Schneider GmbH · Heidelberg
Alle Rechte vorbehalten. Jede Vervielfältigung nur mit Genehmigung
des Verlages. Printed in Germany. Gesamtherstellung:
Konrad Triltsch, Würzburg

DAS BUCH
JESCHAJAHU

Schauempfang Jeschajahus Sohns des Amoz,
den er über Jehuda und Jerusalem empfing
in den Tagen Usijahus Jotams Achas' Chiskijahus, Könige von
    Jehuda.

Horchet, Himmel,
lausche, Erde,
denn ER hat geredet:
Söhne zog ich groß, brachte ich hoch,
und die, abtrünnig wurden sie mir.
Ein Rind erkennt seinen Eigner,
ein Esel die Krippe seines Meisters,
der nicht erkennt, ist Jifsrael,
der nicht unterscheidet, mein Volk.

Weh,
wegverfehlender Stamm,
schuldbeschwertes Volk,
Saat Bösgesinnter,
verderbte Söhne!
sie haben IHN verlassen,
den Heiligen Jifsraels verschmäht,
rückwärts sich abgefremdet.

Worauf noch wollt geschlagen ihr werden,
da ihr euch immer weiter entfernt?!
Alles Haupt ist der Krankheit worden,
alles Herz ist siech!
Von Fußsohle bis Haupt
kein Heiles daran,
Beule, Strieme, frischer Schlag,
nicht ausgepreßt, nicht verbunden,
nicht ists mit Öl geweicht!

Euer Land eine Starrnis,
eure Städte feuerverbrannt,
euer Acker,
vor euren Blicken zehren die Fremden ihn auf –
Starrnis
wie nach jenem Umsturz, der einst den Fremden geschah!

Die Tochter Zion blieb übrig
wie eine Hütte im Weinberg,
wie ein Nachtdach im Gurkenfeld,
wie eine umschlossene Stadt.
Hätte nicht ER der Umscharte
uns Entronnenes eben noch übrig gelassen,
wir wären wie Sodom,
wir ähnelten Gomorra –

So höret SEINE Rede,
ihr Sodomsschöffen,
so lauscht der Weisung unsres Gottes,
Gomorravolk:

Wozu mir eurer Schlachtungen Menge?
hat ER gesprochen,
satt bin ich der Darhöhung von Widdern,
des Mastkälberfetts,
Blut von Farren, Lämmern, Böcken,
danach gelüstet mich nicht.
Wenn ihr kommt, vor meinem Antlitz euch sehen zu lassen,
wer hat dies von euch gefordert,
das Zerstampfen meiner Höfe?!

Nicht weiter
laßt vor mich Falschspende kommen,
sie ist mir ein Greuelrauch!
Mondneuung und Wochenfeier,
Ausrufen von Gemeinberufung,
ich mags nicht:
Arglist und Festgewühl!

Eure Mondneuungen,
eure Begegnungszeiten
haßt meine Seele,
sie sind mir zur Bürde geworden,
ich bin des Tragens müde.
Und breitet ihr eure Arme aus,
ich verhülle vor euch meine Augen,
und betet ihr auch die Menge,
ich bin kein Hörender mehr:

eure Hände sind Blutes voll!

Badets ab,
läutert euch,
entfernt die Bosheit eures Spiels
aus dem Blick meiner Augen,
meidet Böstun,
lernet Guttun,
suchet das Recht,
lenket den Erschöpften,
rechtet für die Waise,
streitet für die Witwe!

Geht doch her, wir wollen uns vergleichen,
hat ER gesprochen,
wurden wie Scharlachzeug eure Sünden,
sollen sie sich weißen wie Schnee,
röteten wie Karmesin sie sich,
wie Wolle sollen sie werden:
seid ihr willig, gehorcht,
sollt das Gut des Lands ihr verzehren,
weigert ihr euch und trotzet,
werdet ihr vom Schwerte verzehrt.
Ja, geredet hats SEIN Mund.

Ach wie ist sie zur Hure geworden,
die getreue Burg!
von Recht war sie erfüllt,
Wahrspruch nachtete drin,
jetzt aber Mordgeübte!
Dein Silber wurde zu Schlacken,
dein Zechtrank mit Wasser verschnitten:
deine Fürsten sind die Fernsten,
Diebesgesellen,
alles liebt Bestechung,
jagt nach Geschenken,
für die Waise rechten sie nicht,
der Streit der Witwe kommt nicht an sie.

Darum,
Erlauten vom Herrn, IHM dem Umscharten, dem Recken
    Jifraels:
Weh,
ich letze mich an meinen Bedrängern,
ich räche mich an meinen Feinden,
ich kehre meine Hand wider dich,
ich schmelze deine Schlacken wie mit Laugensalz aus,
ich entferne alle deine Bleiklumpen.

Wiederkehren
lasse ich Richter dir dann wie vormals,
Berater dir wie im Anbeginn.
Danach wird man neu dich rufen:
Stadt des Wahrspruchs,
getreue Burg!
Zion wird durch Recht abgegolten,
seine Umkehrenden durch Bewährung.

Aber Niederbruch den Abtrünnigen,
den Fehlhaften mitsammen!
alldahin, die IHN verlassen!
Ja, zuschanden wird man an den Gotteichen,
deren ihr begehrt habt,
schämen müßt ihr euch an den Heggärten,
die ihr erwählt habt!
ja, ihr werdet wie die Eiche,
deren Laub abwelkt,
und wie der Garten,
der kein Wasser hat!
Der Sperrige wird zum Werg
und was er schaffte zum Funken,
sie entzünden sich beide mitsammen,
und keiner ist, der löschte.

Die Rede, die Jeschajahu Sohn des Amoz über Jehuda und
   Jerusalem empfing:

Geschehn wirds in der Späte der Tage:
festgegründet ist der Berg SEINES Hauses
zu Häupten der Berge,
über die Hügel erhaben,
strömen werden zu ihm die Weltstämme alle,
hingehn Völker in Menge,
sie werden sprechen:
»Laßt uns gehn, aufsteigen
zu SEINEM Berg,
zum Haus von Jaakobs Gott,
daß er uns weise in seinen Wegen,
daß auf seinen Pfaden wir gehn!
Denn Weisung fährt von Zion aus,
von Jerusalem SEINE Rede.«
Richten wird er dann zwischen den Weltstämmen,
ausgleichen unter der Völkermenge:
ihre Schwerter schmieden zu Karsten sie um,
ihre Speere zu Winzerhippen,
nicht hebt mehr Stamm gegen Stamm das Schwert,
nicht lernen sie fürder den Krieg.
Haus Jaakobs,
laßt nun uns gehn,
einhergehn in SEINEM Licht!

Verworfen ja hast du dein Volk,
das Haus Jaakobs:
angefüllt ja wurden mit Östlichem sie,
sind Zeichengucker wie die Philister,
klatschzaubern mit Kindern der Fremde!
Und voll ward sein Land von Silber und Gold,
kein Ende seinen Schätzen,
und voll ward sein Land von Rossen,
kein Ende seinen Kampfwagen,
und voll ward sein Land von Gottnichtsen,
vorm Gemächt seiner Hände sank er hin,
vor dem, was seine Finger machten!
Aber gesenkt wird der Mensch,
aber geniedert der Mann,
nimmer willst du es ihnen tragen.

Da kommt man in die Felskluft,
man scharrt im Staub sich ein
vor SEINEM Schrecken,
vorm Glanze seiner Hehre:
Hoffartsaugen der Menschen geniedert,
Stolz der Männer gesenkt,
ragend einzig ER
an jenem Tag.

Ja, ein Tag ists IHM dem Umscharten
über alles Hehre und Stolze,
über alles Erhabne:
geniedert wirds!
über alle Libanon-Zedern,
die stolzen, die erhabnen,
über alle Baschan-Eichen,
über alle stolzen Berge,
über alle erhabnen Hügel,
über allen hohen Turm,
über alle steile Mauer,
über alle Tarschisch-Schiffe, –
über all die Wunschgebäude!
Gesenkt wird die Hoffart des Menschen,
der Männerstolz geniedert,

ragend einzig Er
an jenem Tag.

Und die Gottnichtse – gänzlich entgleitets,
da man kommt in die Höhlen der Felsen,
in die Schlupflöcher des Staubs
vor Seinem Schrecken,
vor dem Glanze seiner Hehre,
wann er aufsteht, zu erschüttern das Erdland.

An jenem Tag
schleudert der Mensch fort
die Gottnichtse seines Silbers,
die Gottnichtse seines Goldes,
die man ihm machte, –
vor den Maulwürfen und den Fledermäusen hinzusinken
um kommen zu dürfen in die Spalten der Felsen,
in die Schlüfte der Schroffen,
vor Seinem Schrecken,
vor dem Glanze seiner Hehre,
wann er aufsteht, zu erschüttern das Erdland.

Laßt doch ab ihr vom Menschen,
in dessen Nase bloß ein Hauch ist,
denn wofür ist er zu rechnen!

Ja, wohlan,
der Herr, ER der Umscharte
entfernt von Jerusalem und von Jehuda
Stützstab und Stützkrücke,
alle brotgleiche Stütze und alle wassergleiche Stütze, –
Held und Kriegsmann
und Richter und Künder
und Wahrsager und Ältesten,
Fünfzigschaftsobern und Hochangesehnen und Rat
und Weisen in Künsten und Raunegescheiten:
Ich gebe Knaben ihnen zu Obern,
Verspielte sollen über sie walten.

Aufeinander los treibt das Volk,
jedermann auf jedermann,
jeder Mann auf seinen Genossen,
sie erdreisten sich,
der Knabe wider den Alten,
der Geringe wider den Geehrten.
Wenn dann ein Mann seinen Bruder, von seinem Vaterschafts-
    haus her, anfaßt:
Du hast noch ein Gewand,
Schöffe mußt du uns sein,
dies Wankende, unter deiner Hand seis!
wird der anheben jenes Tags, so zu sprechen:
Ich mag nicht Wundverbinder sein,
in meinem Haus ist kein Brot, auch kein Gewand,
als Volksschöffen einsetzen dürft ihr mich nicht.

Ja denn,
Jerusalem strauchelt,
Jehuda fällt,
ist ja ihre Zunge, ihr Spiel gegen IHN,
seiner Ehre ins Auge zu trotzen!
Das Gepräg ihrer Antlitze überantwortet sie,
ihre Sünden melden wie Sodom sie an,

sie können sie nicht verhehlen.
Weh ihrer Seele,
denn sie reifen sich selber das Böse!

Sprecht
vom Bewährten: daß er am Guten ist,
denn die Frucht ihres Wirkens werden die essen,
und ein Wehe: dem Frevler das Böse,
denn was durch seine Hände reifte, wird ihm angetan

Mein Volk,
spielerisch ist seiner Treiber ein jeder
Weiber walten ihm ob.
O mein Volk!
die dich lenken, führen irre,
sie haben den Weg deines Wanderns verstört.

Da tritt ER in den Streit ein,
steht hin, abzuurteilen Völker,
ER selber kommt ins Gericht
mit den Ältesten seines Volks, dessen Obern:
...Und ihr,
abgeweidet habt ihr den Weinberg,
der Raub des Gebeugten ist in euren Häusern, –
was ist das mit euch,
daß ihr mein Volk zerklopft,
das Antlitz der Gebeugten zermahlt!
– Erlauten ists von meinem Herrn, IHM dem Umscharten. –

ER hat gesprochen:
Weil die Töchter Zions hochfahrend sind
und gehn, gereckt die Kehle,
scheelwinkend die Augen,
gehn trippelnden Gangs
und klirren mit ihren Füßen,
wird mein Herr den Scheitel der Töchter Zions vergrinden,
ER wird ihre Scham entblößen, –
entfernen wird mein Herr an jenem Tag das Gepränge:
des Knöchelgeklirrs, der Stirngeflechte, der Möndchen,
der Tropfgehänge, der Armspangen, der Flatterschleier,

der Prangekronen, der Schrittkettlein, der Knüpfschärpen,
der Duftgehäuse, der Runenplättchen,
der Siegelringe, der Nasenreife;
der Festkleider,
der Schauben, der Kragen,
der Täschchen, der Putzspiegel,
der Hemdchen, der Kopfbunde, der Überwurfflöre.
Es wird geschehn:
statt Balsams wird Moder sein,
statt eines Gürtels ein Strick,
statt Lockengekräusels Glatze,
statt Pludermantels Sackleinenumgürtung, –
Schandmal statt Schönheit!

Deine Leute fallen durchs Schwert,
deine Heldenschaft durch den Krieg. –

Ihre Pforten klagen und trauern,
ausgeraubt sitzt sie nieder zur Erde.

An jenem Tag halten sieben Weiber einen einzigen Mann fest,
sprechend:
Unser eignes Brot wollen wir essen,
in unser eignes Gewand uns kleiden,
nur dein Name werde über uns gerufen,
schaff unsre Schmach hinweg!

An jenem Tag
wird SEIN Sproß zu Zier und zu Ehren,
die Frucht des Landes zum Stolz und zum Prangen
den Entronnenen Jifsraels.
Geschehen wirds:
was als Rest blieb in Zion,
was übrig war in Jerusalem,
Heilig! wird von ihm gesprochen,
alles, was zum Leben eingeschrieben ist
in Jerusalem.
Hat mein Herr erst weggebadet
den Unflat der Töchter Zions,
hat die Blutflecken Jerusalems
ihm aus dem Innern gespült
durch den Geistbraus des Gerichts,
durch den merzenden Geistbraus,
dann schafft ER
über allem Grunde des Zionsbergs,
über dessen Berufenenschaft
eine Wolke des Tages, Rauch,
und Feuerglanzlohe des Nachts.
Ja, über allem ist als Brauthimmel
der Ehrenschein.
Eine Schirmhütte wird es sein
zum Schatten vor der Dürre bei Tag,
zur Bergung und zum Versteck vor Wetter und vor Regen.

So will ich denn singen von meinem Gefreundeten,
den Sang meines Freundes von seinem Wingert.

Einen Wingert hatte mein Gefreundter
an einem fettreichen Rücken.
Er grub ihn um
und entsteinte ihn
und bepflanzte ihn mit Edelrotrebe
und baute einen Turm ihm inmitten
und auch eine Kelterkufe hieb er drin aus –
und hoffte, daß er Trauben bringe,
doch er brachte Herlinge.

– Und jetzt,
Sasse von Jerusalem,
Mann von Jehuda,
so richtet denn zwischen mir und meinem Wingert!
Was war noch an meinem Wingert zu vollbringen,
das ich daran nicht vollbracht hätte?
weshalb,
nun ich hoffte, daß er Trauben bringe,
hat er Herlinge gebracht?!

Und jetzt,
so will ich euch denn kundtun,
was nun ich an meinem Wingert vollbringe:
seine Schirmhecke beseitigen,
daß er zur Abweide wird,
seine Schranke einreißen,
daß er zum Trottplatze wird,
zur Sturzhalde will ich ihn machen,
er werde nicht geschneitelt,
er werde nicht behackt,
in Dorn und Distel soll er schießen,
und den Wolken verbiete ich
Regen über ihn zu regnen.

Denn SEIN des Umscharten Wingert
ist das Haus Jifsrael,
Jehudas Mannschaft
ist die Pflanzung seines Ergötzens,

er hoffte auf gut Gericht,
und da: ein Blutgezücht!
auf treue Bewährnis,
und da: ein Schrei der Beschwernis!

Weh ihnen,
die Haus an Haus reihen,
Feld nahrücken an Feld,
bis zuende der Raum ist, –
einzig ihr angesiedelt im Innern des Lands!
In meinen Ohren ist ER der Umscharte:
Werden nicht die vielen Häuser zur Starrnis,
große und schöne siedlerlos, ...!
Denn zehn Joch Wingertboden
bringen ein einziges Schaff
und ein Malter Aussaat
bringt einen Scheffel.

Weh ihnen,
die, frühmorgens auf, dem Rauschsaft nachjagen,
die spät in der Dämmrung der Wein erhitzt,
Zither und Harfe, Pauke und Flöte
und Wein ist ihr Trinkgelag,
SEIN Werk erblicken sie nicht,
aufs Tun seiner Hände sehn sie nicht hin.

Drum wird mein Volk weggeschleppt,
um Erkenntnislosigkeit,
seine Ehre sind Hungerleider,
sein Getümmel verschmachtet vor Durst.
Drum weitet die Gruft ihren Schlund,
reißt auf ohne Maß ihren Rachen,
und hinabfahren muß sein Glanz,
sein Getümmel, sein Getöse,
was so vergnügt war in ihm.

Da wird gesenkt der Mensch,
da wird geniedert der Mann,
geniedert sind die Augen der Hohen,
ER der Umscharte erhöht sich im Gericht,
der heilige Gott wird im Wahrspruch erheiligt.
Die Lämmer weiden da wie auf ihrer Trift,
auf den Ödungen der Feisten zugast dürfen sie fressen.

Weh ihnen,
die Schuldstrafe herbeiziehn an Stricken des Wahns,

Sündbuße an Wagenseilen,
die sprechen:
Er beeile, beschleunige seine Tat,
damit wirs sehen,
es nahe, es komme der Ratschluß des Heiligen Jifsraels,
daß wirs erkennen!

Weh ihnen,
die zum Bösen sprechen: Gut!
und zum Guten: Böse!
die die Finsternis machen zum Licht
und das Licht zur Finsternis,
die Bitter machen zu Süß
und Süß zu Bitter!

Weh
den in ihren eignen Augen Weisen,
vor ihrem eignen Antlitz Gescheiten!

Weh
den Helden im Weintrinken,
den Männern, tüchtig, Rauschsaft zu mischen,
die den Frevler bewährt heißen um Bestechung
und das: Bewährt! vorenthalten jedem der Bewährten.

Drum,
wie Feuers Zunge Stoppeln frißt
und Heu in der Lohe zerschlafft,
wird ihre Wurzel wie Moder werden,
ihr Blust aufflattern wie Staub,
denn sie haben SEINE, des Umscharten, Weisung ver-
    worfen,
verschmäht den Spruch des Heiligen Jifsraels.

Darum
ist SEIN Zorn wider sein Volk entflammt,
seine Hand streckt darüber er aus,
er schlägt es,
die Berge erzittern,
ihre Leichen sind wie Unrat mitten auf den Straßen.
Bei alldem kehrt sein Zorn nicht um,

und noch ist seine Hand gereckt.
Er erstellt eine Bannerstange
Stämmen fernhin,
er pfeift einen herbei vom Erdenrand,
da:
eilends, leichtfüßig kommt er.
Kein Matter darunter,
kein Strauchelnder,
er schlummert nicht,
er schläft nicht ein,
nicht wird der Schurz seiner Lenden geöffnet,
nicht wird der Riemen seiner Schuhe gelöst.
Dessen Pfeile geschärft sind,
all seine Bogen gespannt,
die Hufe seiner Rosse wie Kiesel zu achten,
seine Räder wie der Wirbelwind,
sein Brüllen ist wie der Löwin,
wie Jungleuen brüllt er.
Er heult auf,
packt die Beute,
sichert sie,
keiner ist, der sie entrisse.
So heult er drüber herein,
an jenem Tag,
wie Heulen des Meers.
Man blickt über die Erde:
da ist Finsternis, ängstend,
zum Licht auf:
verfinstert in ihren Nebeln!

Im Todesjahr des Königs Usijahu
sah ich meinen Herrn sitzen auf hohem und ragendem Stuhl,
seine Säume füllten den Hallenraum.
Brandwesen umstanden oben ihn,
sechs Schwingen hatten sie, sechs Schwingen ein jeder,
mit zweien hüllt er sein Antlitz,
mit zweien hüllt er seine Beine,
mit zweien fliegt er.
Und der rief dem zu und sprach:
Heilig heilig heilig
ER der Umscharte,
Füllung alles Erdreichs
sein Ehrenschein!
Die Lager der Schwellen erbebten von der Stimme des Ru-
　　fers,
und das Haus füllte sich mit Qualm.
Ich sprach:
Weh mir,
denn ich werde geschweigt,
denn ich bin ein Mann maklig an Lippen
und bin seßhaft inmitten eines Volkes maklig an Lippen, –
denn den König, IHN den Umscharten, haben meine Augen
　　gesehn!
Aber von den Brandwesen flog eines zu mir,
eine Glühkohle in seiner Hand,
mit der Greifzange hatte es sie oben von der Statt gegriffen,
er berührte damit meinen Mund,
er sprach:
Da,
dies hat deine Lippen berührt,
so weicht dein Fehl,
so wird deine Sünde bedeckt.
Nun hörte ich die Stimme meines Herrn,
sprechend:
Wen soll ich senden,
wer wird für uns gehn?
Ich sprach:
Da bin ich,
sende mich!

Er sprach:
Geh,
sprich zu diesem Volk:
Hört nur, höret,
und unterscheidet nimmer,
seht nur, sehet,
und erkennet nimmer!
Zu verfetten ist das Herz dieses Volks,
seine Ohren zu verstumpfen,
seine Augen zu verkleben,
sonst könnte es mit seinen Augen sehn,
mit seinen Ohren hören,
in seinem Herzen unterscheiden,
umkehren
und Genesung würde ihm!
Ich sprach:
Bis wann,
mein Herr?
Er sprach:
Bis dahin,
daß Städte verheert sind,
kein Insasse mehr,
Häuser,
kein Mensch mehr darin,
des Menschen Boden verheert zu Öden.
Entfernen will ER den Menschen,
groß wird die Verlassenheit des Landesinnern.
Dann, wenn nur noch ein Zehntteil darin ist
und es wieder zur Abweide ward:
der Eiche gleich, der Steineiche gleich,
von denen beim Fällen ein Stumpf blieb:
sein Stumpftrieb ist Same der Heiligung.

Es geschah in den Tagen des Achas Sohns Jotams Sohns Usi-
     jahus, Königs von Jehuda,
daß heranstieg Rzin König von Aram mit Pakach Sohn Re-
     maljahus König von Jifsrael wider Jerusalem, zu seiner Er-
     kämpfung,
aber er vermochte es nicht zu erkämpfen.
Gemeldet war dem Hause Dawids worden, man sprach:
     Aram überlagert Efrajim.
Da bebte sein Herz und das Herz seines Volks,
wie die Bäume des Waldes vor dem Windbraus beben.
ER aber sprach zu Jeschajahu:
Zieh doch hinaus, Achas entgegen,
du und Rest-kehrt-um dein Sohn,
ans Ende der Rinne des oberen Teichs,
an der Straße zum Wäscherfeld,
und sprich zu ihm:
Hüte dich, halte dich still,
fürchte dich nimmer,
nimmer weich werde dein Herz
vor diesen zwei qualmenden Fackelstummeln,
bei der Zornglut Rzins und Arams und des Remaljahusohns!
Dieweil Böses wider dich beschloß Aram samt Efrajim und
     dem Remaljahusohn,
sprechend: Hinübersteigen wollen wir wider Jehuda,
es aufschrecken,
es uns aufbrechen
und als König in seiner Mitte den Sohn Tabels königen –
hat mein Herr, ER, so gesprochen:
Nicht soll das bestehn,
nicht soll das geschehen!
denn mag auch noch Damaskus Haupt Arams sein, Rzin
     Haupt Damaskens,
jenes gilt:
».......................
....
und über fünfundsechzig Jahre
stürzt Efrajim aus dem Volksein« –
mag auch noch Samaria Haupt Efrajims sein, der Remaljahu-
     sohn Haupt Samarias!

Vertraut ihr nicht, bleibt ihr nicht betreut.

Und weiter ließ ER zu Achas reden, im Spruch:
Heische dir ein Zeichen von IHM deinem Gotte her,
seis tief in der Gruft
oder hoch in der Luft!
Achas sprach:
Ich will nicht heischen,
ich will IHN nicht prüfen.
Da sprach er:
Hört doch, ihr Haus Dawids:
ists euch zu wenig, Männer zu ermüden,
daß ihr auch meinen Gott ermüden wollt?!
Darum
gibt von selber mein Herr euch ein Zeichen.
Da, die Junge wird schwanger
und gebiert einen Sohn.
Seinen Namen soll sie rufen:
Immanuel, Bei uns ist Gott!
Doch wird Rahm und Honig er essen müssen,
wann er erst weiß,
das Böse zu verwerfen,
das Gute zu erwählen,
denn ehe der Knabe weiß,
das Böse zu verwerfen,
das Gute zu erwählen,
wird zwar der Boden verlassen sein,
vor dessen zwei Königen du zusammenschrickst,
aber kommen lassen wird ER
auch über dich, über dein Volk, über dein Vaterhaus
Tage, wie sie nicht gekommen sind
seit dem Tag, da Efrajim wich von Jehuda, –
durch den König von Assyrien.
Geschehn wirds an jenem Tag,
pfeifen wird ER der Fliege,
der am Ende der Flußarme Ägyptens,
und der Biene,
der im Lande Assyrien,
und die kommen und ruhen alle

in den Dellen der Sturzhalden,
in den Klüften der Schroffen,
in allem Stechgesträuch,
auf allen Weidewiesen.
An jenem Tag
wird scheren mein Herr
mit dem Messer, gedungen von jenseits des Stroms,
mit dem König von Assyrien,
das Haupt und das Haar der Beine,
auch den Bart rafft es hinweg.
Geschehn wirds an jenem Tag:
jemand hält sich ein Kühlein oder zwei Schafe am Leben,
und geschehn wirds, ob der Menge des Milchgewinns ißt er
    Rahm,
ja, Rahm und Honig essen muß alles im Innern des Landes
    Übriggebliebne.
Geschehn wirds an jenem Tag,
es wird aller Ort, wo tausend Reben waren um tausend Silber-
    stücke,
des Dorns und der Distel wird er,
mit Pfeilen und mit Bogen kommt man dahin,
denn Dorn und Distel wird all das Land sein;
und alle Bergäcker, die man mit der Jäthacke behackt,
du kommst nicht dorthin aus Furcht vor Dorn und Distel,
zum Schickplatz für Ochsen wirds und zum Trottplatz für
    Schmalvieh.

ER sprach zu mir:
Nimm dir eine große Tafel
und schreibe darauf mit leuteüblichem Griffelstrich:
Für Eilebeute-Raubebald!
und zeugen lasse ich mir vertrauenwürdige Zeugen,
Urija den Priester und Secharjahu Sohn Jeberechjahus.
Als ich dann der Kündersfrau nahte, sie schwanger wurde, sie
　　einen Sohn gebar,
sprach ER zu mir:
Rufe seinen Namen
Eilebeute-Raubebald,
denn ehe der Knabe weiß
zu rufen: Mein Vater, meine Mutter,
trägt man
das Vermögen Damaskens
und die Beute Samarias
vor den König von Assyrien.
Weiter noch redete ER zu mir, sprach:
Weil aber dieses Volk verachtet hat
die Wasser der Schiloachleitung, die sachte gehn,
und ums Ergötzen an Rzin und dem Remaljahusohn,
darum, wohlan,
läßt mein Herr herübersteigen, über sie her,
die Wasser des Stroms, die mächtigen, vielen
– den König von Assyrien und all seine Wucht –,
schon stieg über er, über all seine Ufer,
schon ging er über all seine Gestade,
schon wechselt er nach Jehuda,
er schwemmt,
er umflutet,
bis an den Hals reichts, –
es wird geschehn:
die Streckung seiner Schwingen
füllt dein Land, so breit es ist,
Immanuel, Bei-uns-ist-Gott!

Aber erbost euch nur, Völker –
und stürzet zusammen!
Lauscht auf, alle Fernen der Erde:

Rüstet euch – und stürzet,
rüstet euch – und stürzet,
schließt Beschluß, er zerbröckelt,
redet Rede, sie besteht nicht,
denn bei uns ist Gott!

Denn so hat ER zu mir gesprochen
im Zufassen der Hand,
da er mich abmahnte,
auf dem Weg dieses Volkes zu gehn,
im Spruch:
Sprecht nicht als Verrat an alles,
was dies Volk als Verrat anspricht,
seine Furcht fürchtet nicht,
erschauert nicht mit,
IHN den Umscharten, den heiliget,
er sei, was euch fürchten macht,
er, was euch erschauern macht.
Er wird zum Heiligtum werden –
aber zum Stein des Anstoßens,
aber zum Felsblock des Strauchelns
für beide Häuser Jifsraels,
zum Klappnetz und zum Schnepper
für den Sassen Jerusalems,
straucheln werden unter ihnen viele,
fallen, zerschellen,
geschnappt, gefangen werden.

Die Bezeugung ist einzuschnüren,
die Weisung ist zu versiegeln
in meinen Lehrlingen.
Harren will ich auf IHN,
der sein Antlitz dem Hause Jaakobs verbirgt,
auf ihn will ich hoffen:
wohlan,
ich und die Kinder, die ER mir gab,
sind zu Zeichen und zu Erweisen in Jifsrael da,
von IHM dem Umscharten her,
der auf dem Berge Zion einwohnt.

Wenn sie aber zu euch sprechen:
– Beforscht die Elben und die Wisserischen!
– Die zirpenden, die murmelnden?! –
– Soll nicht ein Volk seine Götter beforschen?
– Für die Lebenden die Toten?! –:
Zur Weisung hin!
zur Bezeugung hin!

Sprechen sie denn nicht solcher Rede gleich,
jeder, der kein Morgenrot hat?
Streift das aber erst umher beschwert und hungernd,
wirds geschehn, wenn man hungert:
man ergrimmt, man verwünscht seinen König und seinen Gott,
man wendet sich nach oben,
auf der Erde blickt man sich um:
wohl,
Angst und Verfinstrung,
Düster der Bangnis:
ins Dunkel verstoßen!

Denn wird düster nicht bald, dem nun bang ist?
Zog zur Stunde der Frühre noch leicht gegen es an,
nur übers Land Sbulun, nur übers Land Naftali hin,
überzieht der Spätre es wuchtend,
den Meerweg, das Jenseit des Jordans, den Weltstämmekreis.

Das Volk, die in Finsternis gehen,
ersehen ein großes Licht,
die Siedler im Todschattenlande,
Licht erglänzt über sie.

Reich machst du den Jubel,
groß machst du die Freude,
sie freun sich vor deinem Antlitz,
wie beim Erntefreudenfest,
gleichwie man jubelt beim Beuteverteilen.

Denn das Joch seiner Fron,
das die Schulter ihm beugt,

den Stock, der es antreibt,
du zerknickst sie wie am Midjantag.

Denn alljeder Stiefel,
herstiefelnd mit Gedröhn,
Rock in Blutlachen gewälzt,
zum Brande, Feuerfraß wirds.

Denn ein Neugeborner
ist uns geboren,
ein Sohn
ist uns gegeben,
auf seiner Schulter
wird die Fürstenschaft sein.

Seinen Wundernamen ruft man:
Ratsmann des heldischen Gottes,
Vater des Siegesgewinns,
Fürst des Friedens.

Zu reicher Fürstenschaft
und zum Frieden ohne Ende
über Dawids Stuhl,
über seiner Königsmacht,
zu gründen die, sie zu stützen
mit Gerechtigkeit, mit Wahrhaftigkeit,
von jetzt in die Zeit fort:
vollbringen wird das SEIN des Umscharten Eifer.

Rede sendet mein Herr auf Jaakob hin,
nieder fällt sie auf Jifsrael,
erkennen sollen sies, all das Volk,
Efrajim, Samariens Sasse,
in dem Hochmut, in der Herzensgroßsucht,
da sie sprachen:
»Ziegel sind eingefallen,
mit Quadern bauen wirs auf,
Maulbeerfeigen sind umgehaun,
mit Zedern tauschen wirs aus!«
ER wiegelt Rzins Unterfürsten gegen es auf,
seine Feinde stachelt er an,
Aram von vorn, die Philister von hinten,
sie fressen Jifsrael vollen Munds –
bei alledem kehrt sein Zorn nicht um,
und noch ist seine Hand gereckt.

Nicht kehrt das Volk um zu dem, der es schlug,
IHN den Umscharten suchen sie nicht.
Da rottet ER von Jifsrael aus
Kopf und Schwanz,
Palmwedel und Binse
an einem Tag.
  – Alte und Hochangesehne, das ist der Kopf,
  lugunterweisende Künder, das ist der Schwanz. –
Die dieses Volk lenken, führen irre,
die sich lenken lassen, werden verstört.
Darum mag an seinen Jünglingen mein Herr sich nicht freuen,
  sich nicht erbarmen seiner Waisen und Witwen,
denn entartet und böslich ist alles,
aller Mund redet Schändlichkeit.
Bei alledem kehrt sein Zorn nicht um,
und noch ist seine Hand gereckt.

Denn wie Feuer sengt der Frevel,
er frißt Distel und Dorn,
er zündet im Gestrüpp des Waldes,
und das wirbelt als Rauchsäulen hoch,
von SEINER, des Umscharten, Wallung
ist das Land ausgeglüht,

wie Feuers Fraß wurde das Volk.
Nicht schont ein Mann seinen Bruder,
man haut ein zur Rechten und hungert,
man frißt zur Linken und wird nicht satt,
jedermann frißt das Fleisch seines Arms,
Mnasche den Efrajim, Efrajim den Mnasche,
die zusammen über Jehuda her –
bei alledem kehrt sein Zorn nicht um,
und noch ist seine Hand gereckt.

Weh ihnen,
die Gesetzlein der Arglist aufsetzen,
den Schreiberlingen, die drauflos Plackerei schreiben,
abzudrängen vom Urteil die Armen,
meines Volks Gebeugten das Recht zu rauben,
daß Witwen ihre Beute werden
und sie Waisen plündern!
Was werdet ihr tun auf den Zuordnungstag,
auf das Unheil, das fernher kommt?
Zu wem werdet ihr fliehen um Hilfe,
wo eure Ehre lassen?
Wer dem Kauern am Platz der Gefangenschaft entgehn will,
an dem Platz der Erschlagnen müssen die niederfallen!
Bei alledem kehrt sein Zorn nicht um,
und noch ist seine Hand gereckt.

Weh Assyrien, der Rute meines Zorns,
ihnen, in deren Hand mein Groll ein Stecken ist!
Gegen einen entarteten Stamm sende ich es,
gegen das Volk meiner Wallung entbiete ich es,
Beute zu beuten und Raub zu rauben,
es zum Trott zu machen gleich dem Straßenlehm.
Das aber meints nicht so,
nicht so rechnet sein Herz,
sondern im Herzen ihm ist, zu vertilgen,
Stämme auszurotten, nicht wenige.
Denn es spricht:
»Sind nicht meine Feldobern allzumal Könige?
wars nicht wie mit Karkmisch mit Kalno?
oder nicht wie mit Arpad mit Chamat?
oder nicht wie mit Damaskus mit Samaria?
Gleichwie meine Hand gelangt hat
nach den Königreichen manches Gottnichtsleins,
und ihre Meißeldocken waren denen Jerusalems, Samarias
    über,
sollte nicht, wie ich Samaria und seinen Gottnichtslein tat,
so ich Jerusalem und seinen Schnitzpuppen tun?!«
Geschehen wirds,
wenn abwebt mein Herr all sein Tun an dem Berge Zion und
    an Jerusalem:
Zuordnen will ichs
der Frucht der Herzensgroßsucht des Königs von Assyrien
und der Prahlerei seiner überheblichen Augen.
Denn er hat gesprochen:
»Durch die Kraft meiner Hand habe ichs getan,
durch meine Weisheit, denn ich bin gescheit,
die Grenzen der Völker beseitigte ich,
ich plünderte ihr Erspartes,
wie ein Recke stürzte ich die Thronenden.
Wie in ein Vogelnest
langte meine Hand in die Habe der Völker,
wie verlaßne Eier man einrafft,
raffte ich, ich alles Erdland,
da war nichts, das den Flügel regte,
den Schnabel aufsperrte und zirpte.«

Darf prahlen die Axt wider den, der damit haut?
oder großtun die Säge wider den, der sie schwingt?
als wollte ein Stab den schwingen, der ihn erhebt,
als wollte ein Stecken den heben, der – nicht Holz ist!
Darum
sendet der Herr, ER der Umscharte,
in seine Fettigkeiten die Darre,
am Platz seines Ehrenscheins
flammt Flamme wie Entflammung des Feuers, –
das Licht Jifsraels wird zum Feuer,
sein Heiliger zu einer Lohe,
die sengt,
die verzehrt
seinen Dorn, seine Distel
an einem Tag,
den Ehrenschein seines Walds, seines Gartens
vernichtet er von Seele bis Fleisch,
daß es ist, wie wenn ein Siecher dahinsiecht,
und der Rest seiner Waldbäume,
zählbar werden sie sein,
ein Knabe schreibt sie auf.

Geschehn wirds an jenem Tag:
nicht mehr fortfahren wird der Rest Jifsraels,
die Entronnenschaft des Hauses Jaakobs,
sich zu stützen auf den, der es schlägt,
es stützt sich auf IHN,
den Heiligen Jifsraels,
in Vertrauen.
Ein Rest kehrt um,
Jaakobs Rest,
zum heldischen Gott.
Denn ob auch deines Volks,
Jifsrael,
wie des Sands am Meer wäre,
ein Rest nur in ihm kehrt um:
Vernichtung ist entschieden,
sie flutet Bewährung empor.
Denn Zunichte und Entscheidung,

mein Herr, ER der Umscharte, vollbringts im Innern alles Erdlands.

Darum,
so hat mein Herr, ER der Umscharte, gesprochen,
fürchte dich nimmer,
mein Volk, das den Zion zum Sitz hat,
vor Assyrien,
schlägt es dich mit der Rute,
hebts über dich seinen Stecken in der Weise Ägyptens.
Denn noch ein winziges Wenig,
dann ist jener Groll zunichte,
sie aufreiben will dann mein Zorn.
Dann regt wider es die Geißel
ER der Umscharte
wie zum Schlag gegen Midjan am Rabenfelsen,
und seinen Stecken, den überm Meer,
den hebt er dann in der Weise Ägyptens.
Geschehn wirds an jenem Tag,
von deiner Schulter weicht sein Frondruck,
von deinem Halse sein Joch.

   Und dann heißts:
   Am Nackenfett kann ein Joch zermürben.

Schon kommt er auf Ajjat zu!
er geht über Migron fort!
sein Zeug ordnet nach Michmasch er ab!
Sie gehn über den Übergang:
Gaba sei Nachtherberge uns!
Rama rennt,
Schauls Giba flieht.
Laß deine Stimme ergellen, Bat Gallim!
Horche, Lajscha!
Antworte ihr, Anatot!
Madmena schwankt von dannen,
die Sassen von Gebim zerstieben!
Noch heute steht er in Nob!
Schon schwenkt er seine Hand
wider den Berg der Tochter Zion,

den Hügel von Jerusalem!
Da aber:
der Herr, ER der Umscharte,
entzweigt Laubkronen mit Schreckensgewalt,
die Stolzwüchsigen sind schon gekappt,
die Ragenden werden geniedert,
die Gestrüppe des Walds mit dem Eisen zerfetzt,
mit seiner Herrlichkeit wird der Libanon fallen.

Dann fährt ein Reis auf aus dem Strunke Jischajs,
ein Schößling aus seinen Wurzeln fruchtet,
auf dem ruht SEIN Geisthauch,
Geist der Weisheit und Unterscheidung,
Geist des Rats und der Heldenkraft,
Geist SEINER Erkenntnis und Fürchtigkeit,
mit SEINER Fürchtigkeit begeistet er ihn.

Nicht nach der Sicht seiner Augen wird er richten,
nicht nach Gehör seiner Ohren ausgleichen,
er richtet mit Wahrspruch die Armen,
er schafft Ausgleich mit Geradheit den Gebeugten der Erde,
er schlägt die Erde mit dem Stab seines Mundes,
mit dem Hauch seiner Lippen tötet er den Frevler,
Wahrspruch wird der Gurt seiner Hüften sein,
Treue der Gurt seiner Lenden.

Dann gastet der Wolf beim Lamm,
der Pardel lagert beim Böcklein,
Kalb und Jungleu mästen sich vereint,
ein kleiner Knabe treibt sie einher,
Kuh und Bärin sind Weidegenossen,
ihre Jungen lagern mitsammen,
der Löwe frißt Stroh wie ein Rind.
Der Säugling erlustigt sich
an der Höhle der Viper,
nach dem Lichtloch der Kreuzotter
patscht mit seiner Hand ein Entwöhntes.
Nicht übt man mehr Böses,
nicht wirkt man Verderb
auf all dem Berg meines Heiligtums,
denn die Erde ist voll
SEINER Erkenntnis,
wie Wasser, die das Meerbett bedecken.

Geschehn wirds an jenem Tag:
der Wurzelsproß Jischajs,
der als Banner der Völker steht,
die Weltstämme suchen ihn auf,
seine Ruhestatt ist ein Ehrenschein.

Geschehn wirds an jenem Tag:
heran tut mein Herr zum zweiten Mal seine Hand,
den Rest seines Volks zu erwerben,
was noch restet:
von Assyrien her, von Ägypten, von Patros,
von Äthiopien, von Elam, von Schinar,
von Chamat, von den Meeresküsten.
Ein Banner hebt er den Weltstämmen zu,
rafft die Verstoßnen Jifsraels ein,
holt die Versprengnis Jehudas zuhauf
von den vier Zipfeln der Erde.

Dann weicht die Eifersucht auf Efrajim,
verschwunden sind Jehudas Bedränger,
Efrajim beeifert nicht Jehuda,
Jehuda bedrängt Efrajim nicht,
sie fliegen meerwärts den Philistern auf die Schulter,
plündern vereint die Söhne des Ostens,
Edom und Moab sind ein Griff ihrer Hand,
die Söhne Ammons ihnen hörig.

Und bannte ER einst die Zunge des Meers von Ägypten,
nun schwenkt er seine Hand über den Strom,
mit der Dörrwut seines Windes,
er zerschlägt ihn zu sieben Bächen,
daß in Schuhn man hindurch sich bewegt.
Eine Straße wird dann für den Rest seines Volks,
was als Rest blieb aus Assyrien,
wie eine für Jifsrael war
am Tag, da es aus dem Lande Ägypten stieg.

Sprechen wirst du an jenem Tag:

Ich danke dir, DU,
daß du mir gezürnt hast:
dein Zorn kehrt um
und du tröstest mich.

Da: der Gott meiner Freiheit!

ich verlasse mich,
ich verzage nicht,
denn mein Sieg und Saitenspiel ist oh ER,
ER! und ward mir zur Freiheit.

Schöpfen sollt ihr Wasser mit Wonne
aus den Quellen der Freiheit!

Sprechen werdet ihr an jenem Tag:

Danket IHM,
ruft seinen Namen aus,
macht unter den Völkern sein Wirken bekannt,
sagt an, daß sein Name emporragt!
Saitenspielet IHM,
daß er Hohes tat,
bekannt sei dies auf aller Erde!
Jauchze, juble auf,
Sassenschaft Zions,
denn groß ist bei dir drinnen
der Heilige Jifsraels.

Lastwort über Babel, das Jeschajahu Sohn des Amoz empfing:

Auf kahlem Berge hißt ein Banner,
Stimmschall erhebt ihnen zu,
schwinget die Hand,
daß sie kommen nach Edelpfort!
Ich selber habe entboten
meine Geheiligten,
schon berufen meinem Zorn
meine Helden,
meine fröhlichen Hochgemuten.

– Getümmels Schall auf den Bergen,
nach Art einer Menge Volks:
Schall des Tosens von Königreichen,
versammelten Stämmen, –
ER der Umscharte
ordnet die Kampfschar selber.
Sie kommen aus fernem Land,
vom Rande des Himmels her,
ER und die Gewaffen seines Grolls,
alles Erdland zu zermürben.

Heulet auf,
denn SEIN Tag ist nah,
wie Gewalt vom Gewaltigen kommt er!
Darum müssen alle Hände erschlaffen,
alles Menschenherz schmelzen,
sie werden verstört,
Krämpfe packen sie und Wehn,
sie winden sich wie die Gebärende,
jedermann starrt seine Genossen an,
ihre Gesichter sind Flammengesichter.

Ja, ein grausamer, kommt SEIN Tag,
Aufwallen und Flammen des Zorns,
das Erdland zur Starrnis zu machen,
seine Sünder tilgt er daraus.

Denn die Sterne des Himmels,
seine Orionen,
sie lassen nicht schimmern ihr Licht,
in ihrer Ausfahrt schon ist die Sonne verfinstert,
der Mond läßt sein Licht nicht erglänzen.

– Zuordnen will ich der Weltburg die Bosheit,
den Frevlern ihre Verfehlung,
verabschieden die Hoffart der Frechen,
den Hochmut der Wütriche niedern.
Einen Mann lasse ich kostbarer werden als Feinerz,
einen Menschen als Ofirmetall.

Darum mache ich die Himmel erzittern,
die Erde schüttert, von ihrem Ort weg, –
in SEINER, des Umscharten, Wallung,
am Tag des Flammens seines Zorns.

Geschehen wirds:
wie ein aufgescheuchtes Gazellenrudel,
wie Schafe, die keiner zuhaufholt,
jedermann zu seinem Volke wenden sie sich,
jedermann zu seinem Lande entfliehn sie.
Alles Aufgefundne wird erstochen,
alles Aufgeraffte fällt durchs Schwert,
ihre Spielkinder werden vor ihren Augen zerschmettert,
geplündert ihre Häuser, ihre Weiber beschlafen.

Ja, ich erwecke über sie die Meder,
die Silbers nicht achten,
Gold, nicht begehren sie sein, –
Bogenschäfte schmettern die Knaben hin,
sie erbarmen sich der Leibesfrucht nicht,
ihr Auge schont nicht der Söhne.

Werden soll Babel,
die Zier der Königreiche,
die hohe Pracht der Chaldäer,
wie der Gottesumsturz
an Sodom und an Gomorra.
Nichtbesiedelt bleibts in die Dauer,

nichtbewohnt Geschlecht um Geschlecht,
nicht zeltet dort der Steppenaraber,
dort lassen Hirten nicht lagern.

Aber Wildnisspuk wird dort lagern,
ihre Häuser Schuhue erfüllen,
Strauße werden dort wohnen,
Bocksfüßer dort tanzen,
Eilandspuk wechselsingen in seinen Palästen,
Schakale in den Hallen des Behagens.

Nah am Kommen ist seine Stunde,
seine Tage ziehn sich nicht hin.

Denn ER erbarmt sich Jaakobs,
wieder erwählt er Jifsrael,
bringt zur Ruhe sie auf ihrem Boden.

Gastsassenschaft hängt sich an sie,
sie gliedern dem Hause Jaakobs sich an,
Und nahmen einst Völker sie weg
und hießen sie mitkommen zu ihrem Ort
oder eigneten sie sich ein
– das Haus Jifsrael auf SEINEM Boden! –
zu Knechten und zu Mägden,
so werden sie nun ihren Fängern Fänger,
sie schalten über ihre Treiber.

Dann wirds geschehn,
am Tag, da ER dir Ruhe bringt
von deinem Bekümmern,
von deinem Erzittern,
von dem harten Knechtsdienst, damit du geknechtet wurdest,
dann wirst du dieses Gleichwort dem König von Babel auf-
    lasten,
du wirst sprechen:

Ach wie muß feiern der Treiber,
feiern die Erdreistung!
Zersplittert hat ER den Stecken der Frevler,

den Stab der Zwingherrn,
der Völker schlug im Überwallen,
unablässigen Schlags,
schaltete im Zorn mit den Stämmen,
ein Hetzen ohne Einhalt.

Nun ruht alles Erdland, es rastet,
sie brechen in Jubel aus.
Ob dir freuen sich auch die Wacholder,
die Zedern des Libanon:
Seit du dich hingelegt hast,
steigt der Fäller nicht mehr herauf, auf uns zu.

Das Gruftreich drunten
zittert dir, deinem Kommen entgegen,
erweckt dir die Gespenster,
die Leitwidder der Erde,
läßt aufstehn von ihren Stühlen
der Stämme Könige alle.

Alle wechselsagen sie,
sie sprechen zu dir:
»Auch du bist wie wir versiecht,
bist uns gleichgeworden,
zur Gruft mußte hinab deine Hoffart,
das Rauschen deiner Harfen,
Maden sind dir untergebettet,
Gewürm ist dir Decke.«

Ach wie bist du vom Himmel gesunken,
Schimmerer, Sohn des Frührots,
niedergehauen zur Erde,
Überwinder der Stämme!
Du, du sprachest in deinem Herzen:
Himmelhoch steige ich auf,
höher als die göttlichen Sterne
erhebe ich meinen Stuhl,
sitze hin auf den Berg der Begegnung
am Lendenbuge des Nordens,
hochauf steige ich, wolkenkuppenhoch,
mit dem Höchsten messe ich mich dann!

Jedoch du mußtest zum Gruftreich hinab,
zum Lendenbuge der Tiefe!

Die dich einst sahen, betrachten dich nun,
sie besinnen dich:
»Ist dies der Mann,
der das Erdland zittern ließ,
Königreiche schüttern ließ,
den Weltkreis machte wie Wüste,
seine Städte niederriß,
seine Gefesselten nie losgab nach Haus?«

Der Stämme Könige alle,
allsamt liegen sie in Ehren,
jedermann in seiner Behausung,
du aber, hingeworfen bist du,
abseits von deinem Grab,
wie ein verabscheuter Wildling,
überkleidet mit Erwürgten,
Schwertdurchbohrten,
die hinabmußten tief unter Steine, –
wie ein zertretenes Aas.

Du darfst dich nicht jenen im Begräbnis vereinen,
denn du hast dein Land verderbt,
dein Volk hast du erwürgt.
In die Zeit hin wird nicht wiederberufen
der Bösewichtsame.
Bereitet seinen Söhnen die Schlachtbank
um die Schuld ihrer Väter,
daß gar nie sie aufstehn,
das Erdland ererben,
die Fläche der Welt mit Bedrängern füllen.

Ich stehe wider sie auf,
ist SEIN des Umscharten Erlauten,
ich rotte an Babel aus
Namen und Nachblieb,
Sproß und Schoß,
ist SEIN Erlauten,
ich mache es zum Erbe des Igels,

Wassersümpfen,
ich fege es hinweg
mit dem Fegebesen Vertilgung.
Erlauten ists von IHM dem Umscharten.

ER der Umscharte hat geschworen,
sprechend:
Geschiehts nicht so, wie ich es ermaß,
ersteht es nicht, wie ich es beschloß,
Assyrien in meinem Land zu zerbrechen,
auf meinen Bergen trete ichs nieder,
daß weiche von ihnen sein Joch,
sein Frondruck von der Schulter weiche,
......!
Dies ist der Beschluß,
beschlossen über alles Erdland,
dies ist die Hand,
gereckt über alle Stämme.
Ja, beschlossen hat ER der Umscharte,
wer vereitelts?
die gereckte Hand ist die seine,
wer kehrt sie ab?!

Im Todesjahr des Königs Achas geschah dieses Lastwort:

Freue dich nimmer,
du Philistäa allzumal,
daß der Stab deines Schlägers zerbrach,
denn aus der Wurzel der Schlange fährt eine Otter,
und deren Frucht ist ein geflügelter Drache.

Auf meiner Trift weiden sollen die Armen,
die Dürftigen in Sicherheit lagern,
aber deine Wurzel töte ich durch Hunger,
und jener erwürgt deinen Rest.

Heule, Ratstor,
schreie, Stadt,
wanken mußt du Philistäa allzumal,
denn qualmgleich kommt es von Norden,
in seiner Heergemeinde ist keiner vereinzelt.

Und was antwortet man
den Boten der Stämmewelt?
– Ja, ER hat Zion gegründet,
und darein bergen sich die Gebeugten seines Volks.

Lastwort über Moab:

Ja, in einer Nacht ist gewaltigt Stadt Moab, geschweigt,
ja, in einer Nacht ist gewaltigt Burg Moab, geschweigt.

Hinan steigt Bajit und Dibon
die Koppen zu Klagegewein,
über Nbo hin, über Medba
heult Moab,
auf all seinen Köpfen Glatze,
aller Bart gekappt,
auf seinen Gassen
gürten Sackleinen sie,
über seinen Dächern,
auf seinen Märkten
heult es allsamt,
es zerrinnt in Weinen,
Cheschbon schreit und Elale,
bis Jahaz hört man ihre Stimme.

Darob müssen Moabs Stürmer zetern,
seine Seele ists, die ihm so zittert.
Mein Herz, über Moab schreits auf.

Seine Entwichnen –
bis Zoar, Dritt-Eglat,
ja, den Steig nach Luchit,
unter Weinen steigt man ihn hinan,
ja, des Wegs nach Choronajim
erwecken sie Geschrei um den Niederbruch,
ja, die Wasser von Nimrim,
Starrnisse werden sie.

Ja, das Gras ist verdorrt,
das Kraut alldahin,
das Grün zunichte geworden.
Darum, das Erübrigte,
was man geschafft hat, ihr Aufbewahrtes,
über den Pappelnbach tragen sies fort.

Ja, das Geschrei
umkreist Moabs Grenzmark,

bei Eglajim sein Heulen,
an dem Elimbrunnen sein Heulen:
ja, Dimons Wassermengen,
die mehrten sich, Menschenbluts voll.

Ja denn:
Noch weiteres bringe ich über Dimon,
der Entronnenenschaft Moabs
einen Löwen
und dem Rest auf dem Boden.

Schickt wieder landesfürstlichen Lämmerzins
vom Geklüft wüstenwärts
zum Berg der Tochter Zion!
So nämlich wirds:
verflatternden Vögeln, freigeschickter Nestbrut gleich
werden die Töchter Moabs an den Arnonfurten sein:
»Laß du Rat uns zukommen,
schaff du Vermittlung!
mach der Nacht gleich deinen Schatten
am hellen Mittag,
verstecke die Geflüchteten,
Verflatterte offenbare nimmer!
in dir mögen gasten meine, Moabs, Geflüchtete,
sei ihnen Versteck vor dem Gewaltiger!«

Denn ein Ende hat dann hier die Pressung,
alldahin ist die Gewalt,
der Zertreter verschwunden vom Land.
Und gegründet in Huld ist ein Stuhl,
auf ihm sitzt in Treuen
in Dawids Zelt
ein Richter,
das Recht suchend,
des Wahrspruchs beflissen.

Wir haben die Hoffart Moabs gehört,
des sehr hochmütigen,
seinen Hochmut, seine Hoffart, sein Überwallen,
seine Schwätzereien, grundnichtig.

Aus diesem Grund muß Moab um Moab heulen,
aufheulen allsamt,
um die Rosinenkuchen von Burg-Charefset
stöhnt ihr, gar zerknirscht,
denn die Fluren Cheschbons,
verwelkt ists,
der Stock Sfibmas,
die Meister der Weltstämme haben seine Edelrotbeeren zer-
    stampft,
die bis Jaser reichten,
die sich zur Wüste verliefen,
seine Ranken,
die sich breiteten,
die das Meer überschritten.
Darum weine ich mit Jasers Weinen
um Sfibmas Stock,
ich netze dich mit meiner Träne,
Cheschbon, Elale,
denn über dein Herbsten,
über dein Heimsen
ist ein Hussaruf gefallen.
Eingerafft ist Freude und Jubel
aus dem Fruchtgarten,
in den Rebgärten
jubelt man nicht,
lärmt man nicht,
Wein in den Bütten keltert der Kelterer nicht,
der Heissaruf feiert.
Darum, meine Eingeweide,
um Moab rauschen sie gleich der Zither,
mein Innerstes über Burg-Charefs.
Einst wird das geschehn –
wenn Moab die Koppe beschreitet,
wenn es sich abarbeitet,
in sein Heiligtum kommt um zu beten
und nichts vermag.
Dieses war die Rede,
die ER über Moab geredet hat
ehemals.

Jetzt aber
hat ER geredet im Spruch:
In drei Jahren
gleich den Jahren eines Löhners
wird leicht Moabs Gewicht
mit all dem vielen Getümmel,
der Rest wenig, winzig, ohnmächtig.

Lastwort über Damaskus:

Bald ists mit Damaskens Stadttum aus,
es wird zu zerfallendem Schutthauf,
verlassen die Städte der Bloßstatt,
der Herden sollen sie sein,
die lagern, und keiner scheucht auf.
Wie Efrajims Bollwerk muß feiern,
so Damaskens Königtum,
und der Rest Arams,
auch die werden an Gewicht den Söhnen Jifsraels gleich.
Erlauten ists von Ihm dem Umscharten.
Geschehn wirds an jenem Tag:
ärmlich ist Jaakobs Gewicht,
das Fett seines Fleisches gemagert,
es wird geschehn,
wie wenn ein Schnitter Halme rafft,
sein Arm Ähren schneidet,
dann wirds geschehn,
wie wenn einer Ähren nachlesen möchte im Gespenstergrund:
zum Aufpflücken nämlich restet daran
wie beim Olivenabklopfen,
zwei drei Beeren an der Spitze des Wipfels,
vier fünf in seinen, des Fruchtbaums, Zweigen.
Erlauten ists von Ihm, dem Gott Jifsraels.

An jenem Tag
wird der Mensch merken auf den, der ihn machte,
seine Augen werden zu dem Heiligen Jifsraels hinsehn,
nicht mehr merkt er die Schlachtstätten, seiner Hände Ge-
    mächt,
was seine Finger machten, sieht er nicht mehr,
die Pfähle, die Glutsonnmale.

An jenem Tag
werden die Städte seiner Schutzwehr
der Verlassenschaft der Forstläufer und Wipfelhocker gleich,
die sie einst vor den Söhnen Jifsraels verließen,
eine Starrnis wirds.

Denn du hast den Gott deiner Freiheit vergessen,
des Felsens deiner Trutzwehr hast du nicht gedacht.
Darum magst du Zärtlingspflanzungen pflanzen,
besän sie mit Rankgewächsen für jenes Fremdbild,
am Tag deines Pflanzens schon magst du umhegen,
am Nachmorgen deine Saat sprießen machen:
der Ernteschnitt schwindet
am Tag der Erkrankung,
sehrenden Schmerzes.

Weh,
Getös vieler Völker,
wie das Tosen der Meereswellen tosen sie dahin
Lärm der Nationen,
wie das Lärmen mächtiger Wasser lärmen sie!
Die Nationen lärmen wie das Lärmen vieler Wasser,
er aber dräut darein,
schon fliehts in die Ferne,
gejagt,
wie Spreu auf den Bergen vorm Windbraus,
wie Stengelgewirbel vorm Sturm.
Zur Abendzeit, da, ein Ergrausen,
eh Morgen wird, sind sie dahin, –
dies ist das Teil unsrer Räuber,
das Los für unsere Plündrer.

Ha,
Land des Schwingengeschwirrs,
jenseit der äthiopischen Ströme,
das auf dem Meerfluß Herolde sendet,
im papyrusnen Fahrzeug über die Wasserfläche!
Geht heim, schnelle Boten,
zu dem Stamm, gestreckt und glatt,
zu dem Volk, gefürchtet seit es ist und fortan,
dem Stamm rank-schlank und trittfest,
dessen Land Ströme durchfurchen:
Alle Weltkreissassen,
Erdenlandsbewohner!
wie wenn einer das Banner auf den Bergen hißt,
sehet hin,
wie wenn einer in die Posaune stößt,
horchet auf!

Denn so hat ER zu mir gesprochen:
Ich halte mich still,
ich blicke hinein
in meine Veste,
wie klare Glut überm Licht,
wie Taugewölk in der Ernteglut:
denn vor der Ernte,
wann die Blüte vorüber ist
und reifende Traube die Dolde wird,
schneidet man die Rebschöße mit Hippen ab,
beseitigt zerknickt die Ranken,
überlassen werden sie mitsammen
dem Stoßvogel der Berge
und dem Getier des Landes,
daß darauf übersommert der Stoßvogel
und alles Getier des Landes darauf überwintert.
Zu jener Frist
wird IHM dem Umscharten Zoll dargebracht
von dem Volk, gestreckt und glatt,
aus dem Volk, gefürchtet, seit es ist und fortan,
dem Stamm rank-schlank und trittfest,
dessen Land Ströme durchfurchen,

zum Ort SEINES, des Umscharten, Namens hin,
dem Berg Zion.

Lastwort über Ägypten:

Da,
auf einer schnellen Wolke fährt ER
und kommt nach Ägypten,
die Gottnichtse Ägyptens
wanken vor seinem Antlitz,
und das Herz Ägyptens
schmilzt dem im Innern.

– Ich stachle Ägypten gegen Ägypten,
daß sie kämpfen,
jedermann gegen seinen Bruder,
jedermann gegen seinen Genossen,
Stadt gegen Stadt,
Königschaft gegen Königschaft,
ausgehöhlt wird Ägyptens Geist ihm im Innern,
seinen Ratschluß verstöre ich.
Mögen sie auch die Gottnichtse beforschen
und die Murmler und die Elben und die Wisserischen,
ich liefre Ägypten in die Hand einer strengen Herrschaft,
ein harter König soll über sie walten.
Erlauten ists vom Herrn, IHM dem Umscharten.

Die Wasser meerhin werden aufgetrunken,
der Strom versandet, trocknet aus,
die Stromgräben faulen,
die Flußarme Niederägyptens verarmen, versanden,
Rohr und Schilf verkümmern,
das Ried am Fluß, an der Mündung des Flusses
und alles Saatfeld des Flusses
vertrocknet, verweht, ist dahin.
Nun klagen die Fischer,
nun trauern alle, die in den Fluß Hamen werfen,
die das Netz übers Wasser breiten, härmen sich ab,
die gehechelten Flachs verarbeiten, werden zuschanden
und die Baumwolle spinnen,
seine Weber sind niedergeschlagen,
alle Lohnwerker seelenbetrübt.

Eitel Narren sind die Fürsten von Zoan,
Pharaos weiseste Räte ein verdummter Rat –
wie könnt ihr noch zu Pharao sprechen:
Sohn von Weisen bin ich,
o Sohn urzeitlicher Könige?!
Wo wohl sind sie nun, deine Weisen?!
mögen sie dir doch melden,
mögen sies nur erkennen,
was ER der Umscharte über Ägypten geratschlagt hat!
Vernarrt sind die Fürsten von Zoan,
betört sind die Fürsten von Memphis,
taumeln machen Ägypten die Stützen seiner Stämme,
ER hat ihm ins Innre einen Geist des Schwindels gemischt,
so machen sie Ägypten taumeln in all seinem Werk,
wie ein Berauschter taumelt in seinem Gespei.
Nicht geschieht mehr von Ägypten ein Werk,
wirke es Kopf oder Schwanz, Palmwedel oder Binse.

An jenem Tag
wird Ägypten wie Weiber sein,
erbeben wirds und erschrecken
vor dem Schwung SEINER Hand, des Umscharten,
die er über es schwingt.
Dann wird der Boden Jehudas für Ägypten zum Gruseln,
allwann mans seiner gedenken läßt, muß es erschrecken
vor SEINEM, des Umscharten, Ratschluß, den er über es
    beschloß.

An jenem Tag
werden fünf Städte im Land Ägypten sein,
die die Zunge Kanaans reden
und sich Ihm dem Umscharten zuschwören,
Sonnenstadt wird die eine angesprochen.

An jenem Tag
wird Ihm eine Schlachtstatt im Innern des Landes Ägypten
    sein,
ein Standmal neben dessen Markgrenze Ihm.
Das wird zu einem Zeichen und einem Zeugen sein
Ihm dem Umscharten im Lande Ägypten:

wenn sie zu IHM vor Bedrückern schreien,
sendet er ihnen einen Befreier,
der wird streiten, wird sie retten.
Zu erkennen gibt ER sich Ägypten,
erkennen werden IHN die Ägypter an jenem Tag,
werden dienen mit Schlachtmahl und Hinleitspende,
Gelübde IHM geloben, es bezahlen.
So trifft ER Ägypten:
treffend und heilend –
sie kehren um zu IHM hin,
er läßt sich ihnen erflehn,
er heilt sie.

An jenem Tag
wird eine Straße von Ägypten nach Assyrien sein,
kommen wird Assyrien zu Ägypten und Ägypten zu Assyrien,
dienen werden sie, Ägypten mit Assyrien.

An jenem Tag
wird Jifsrael das Dritte zu Ägypten und zu Assyrien sein,
ein Segen im Innern des Erdlands,
wozu ER der Umscharte es gesegnet hat,
sprechend:
Gesegnet Ägypten, mein Volk,
und Assyrien, Werk meiner Hände,
und Jifsrael, mein Eigentum!

Im Jahr, da der Marschall nach Aschdod kam,
als ihn Sſargon König von Assyrien sandte
– er bekämpfte dann Aschdod, eroberte es –,
zu jener Frist redete ER zuhanden Jeschajahus Sohns des Amoz,
    im Spruch:
Geh,
binde ab den Sackschurz von deinen Hüften,
deinen Schuh entschnüre von deiner Sohle!
Er tat das,
ging entblößt und barfuß.
ER sprach:
Wie mein Knecht Jeschajahu entblößt und barfuß gegangen
    ist,
über drei Jahre ist das ein Zeichen und ein Erweis
für Ägypten und für Äthiopien:
derart nämlich treibt hinweg der König von Assyrien
die Gefangenschaft Ägyptens und die Verschlepptenschaft
    Äthiopiens,
Junge und Alte,
entblößt und barfuß,
mit nackendem Steiß – das ist in Ägypten die Blöße.
Bestürzt sind sie dann, sind zuschandenworden
an Äthiopien, ihrem Ausblick,
an Ägypten, ihrem Geprahl,
sprechen wird der Sasse dieser Küste an jenem Tag:
Da,
so ists mit unserm Ausblick,
wohin wir um Hilfe flohen, um vom König von Assyrien ge-
    rettet zu werden, –
wie sollten wir entrinnen, wir?!

Lastwort über Meereswüste.

Wie Sturmwinde vom Süden
herüberwechselnd,
kommts aus der Wüste,
aus dem furchtbaren Land:
ein harter Schauempfang,
wirds mir vermeldet:
Der Verräter verrät,
der Gewaltiger gewaltigt!
eile hinan, Elam,
enge ein, Medien,
alles Seufzen ihrethalb
verabschiede ich nun!

– Darum:
meine Hüften sind voll Krampfs,
Wehen haben mich erfaßt
wie einer Gebärenden Wehn,
mir schwindelts hinweg das Gehör,
mir verwirrts das Gesicht,
das Herz taumelt mir,
der Schauder hat mich durchgraust,
die Dämmerkühlung, mein Wohlgefallen,
hats mir zu einem Beben gemacht:
Man ordnet die Tafel
– Spähwart, spähe doch aus! –
man ißt, man trinkt
– Auf, ihr Fürsten, salbet den Schild!

Denn so hat mein Herr zu mir gesprochen:
Geh, stelle den Späher dar,
was er sieht, soll er melden!
sieht er einen Reiterzug, Reisige paarweis
einen Zug von Eseln,
einen Zug von Kamelen,
merke er aufmerksam hin,
stark an Aufmerksamkeit,
dann soll er den Löwenschrei rufen!

Auf der Spähe für meinen Herrn

steh ich nun des Tags immerzu,
auf meiner Wacht
bin Posten ich alle Nächte –
da,
ein Zug kommt von Männern,
Reisige paarweis,
er sagt an,
er spricht:
Gefallen,
gefallen ist Babel,
alle Meißelbilder seiner Götter
hat man zur Erde niedergeschmettert!

Mein Ausgedroschnes,
das Erzeugnis meiner Tenne:
was ich erhorchte
von Ihm dem Umscharten,
dem Gott Jifsraels,
habe ich euch gemeldet.

Lastwort über die Dumpfe:

Zu mir rufts von Sfeïr her:
Wächter,
wieviel von der Nacht noch,
Wächter,
wieviel von der Nacht?
Spricht der Wächter:
Morgen zieht herauf,
aber auch Nacht noch, –
wollt ihrs ermühen,
mögt ihr euch mühen,
einst sollt ihr kehren,
einst herwärts ziehen.

Lastwort wider die Steppe:

Im Busch in der Steppe nachtet,
Reisezüge der Dedaniter!
Dem Durstigen entgegen bringt Wasser,
Insassen des Landes Tema,
mit seinem Brot überraschet den Flüchtigen!
Denn vor Schwertern müssen sie flüchten,
vor dem geschliffenen Schwert,
vor dem gespannten Bogen,
vor der Wucht des Kampfs.
Denn so hat mein Herr zu mir gesprochen:
Noch Jahrfrist wie die Jahre des Löhners,
dann ist alle Gewichtigkeit Kedars alldahin,
gering wird der Rest der Bogenzahl der heldischen Kedar-
    söhne, –
ja denn, geredet hats ER, der Gott Jifsraels.

Lastwort über Schau-Tal:

Was ist dir doch,
daß du allsamt auf die Dächer gestiegen bist,
getümmelerfüllte,
aufrauschende Stadt,
übermütige Burg?

Deine Durchbohrten,
nicht Schwertdurchbohrte sinds,
im Kampf Getötete nicht,
all deine Befehliger
flüchten mitsammen,
gefesselt werden sie
ohne Bogenschuß,
all deine Aufgegriffnen
gefesselt insgesamt,
und waren schon fernhin entwichen.

Darum spreche ich:
Wendet euch von mir,
ich muß bitter weinen,
strengt euch nimmer an mich zu trösten
über die Gewalttat an der Tochter meines Volks!

Denn ein Tag der Verwirrung, Verheerung, Verstörung
ist meinem Herrn, IHM dem Umscharten,
in Schau-Tal.
Ab mauert die Mauer man,
bergan Angstgeschrei,
Elam erhebt schon den Köcher,
mit bemanntem Fahrzeug und Reisigen,
Kir entblößt den Schild,
es geschieht:
deine erlesnen Talgründe
haben sich mit Fahrzeug gefüllt,
und die Reisigen
traben, traben aufs Tor zu –
der Schirmung bar wurde Jehuda!

Blicken wirst du an jenem Tag
auf das Rüstzeug des Waldhauses,

die Risse der Dawidstadt
werdet ihr besehn, daß sie viel sind,
das Wasser des untern Teichs sammeln,
Jerusalems Häuser verbuchen,
Häuser schleifen, den Wall zu steilen,
zwischen beiden Mauern ein Becken bereiten
fürs Wasser des alten Teichs, –
aber auch dann blickt ihr nicht
auf ihn, der das bereitete,
ihn, der von fernher das bildete,
seht ihr nicht an.

Wohl ruft an jenem Tag
mein Herr, ER der Umscharte,
zum Weinen, zur Jammerung,
zur Glatze, zur Sackumgürtung,
aber da ist Wonne und Freude,
Rinderwürgen und Schafemetzen,
Fleischessen und Weintrinken:
Gegessen, getrunken,
denn morgen müssen wir sterben!
Offenbart hat sich mir in die Ohren
ER der Umscharte:
Wird je diese Schuld euch bedeckt,
bis ihr sterbet,...!
Mein Herr, ER der Umscharte, hats gesprochen.

So hat mein Herr, ER der Umscharte, gesprochen:
Geh und komm
über diesen Schaffner da,
über Schebna, der überm Hauswesen ist:
Was hast du hier
und wen hast du hier,
daß du dir hier
ein Grab ausgehauen hast!
haut aus in der Höhe sein Grab,
bezeichnet im Fels sich die Wohnstatt!
Wohlan,
ER wirbelt im Wirbel dich um,
du Kerl,
rollt, rollt dich zusammen,
knäuelt, knäuelt zum Knäuel dich,
einen Ball,
ins breit zuhandne Land fort,
dorthin gehörst du, zu sterben,
dorthin die Wagen deiner Ehrsucht,
du Schandfleck am Haus deines Herrn.
So stürze ich dich von deinem Posten,
von deinem Stande reißt man dich hinab.
Geschehn wirds an jenem Tag:
ich berufe meinen Knecht
Eljakim Sohn Chilkijahus,
ich bekleide ihn mit deinem Leibrock,
mit deiner Schärpe umfasse ich ihn,
deine Verwaltung gebe ich in seine Hand,
zum Vater wird er
dem Insassen Jerusalems,
dem Haus Jehudas,
ich gebe den Schlüssel des Dawidshauses
auf seine Schulter,
schließt er auf, ist da keiner, der zusperrt,
sperrt er zu, ist da keiner, der aufschließt,
als Pflock an getreuem Orte schlage ich ihn ein,
zum Ehrenstuhl wird er seinem Vaterhaus.
Hinge sich aber auch an ihn wieder alle Ehrsucht seines Vater-
    hauses,

die Sprößlinge und die Wildschößlinge,
alles Kleingerät, vom Schalengerät bis zu allerhand Kruggerät,
an jenem Tag,
Erlauten ists von IHM dem Umscharten,
müßte weichen der Pflock, der an getreuem Ort einge-
    schlagne,
würde abgehackt, fiele,
ausgerottet wäre die Last, die daran ist.
Ja, geredet hats ER.

Lastwort über Tyrus:

Heulet, ihr Tarschisch-Schiffe,
denn gewaltigt ists, hauslos!
Bei der Heimkunft vom Lande Zypern
ward es ihnen offenbar.
Verstummt, Sassen der Küste,
du, die Sidons Händler, die Meerfahrer, füllten!
Der des Schwarzstroms Aussaat, des Nilflusses
    Ernte,
auf vielen Wassern Einkunft war,
daß du Handelsplatz der Weltstämme wurdest,
in Schanden sei, Sidon,
denn Meer spricht, das Schutzwall-Meer, im
    Spruch:
Als hätte ich nie mich in Wehen gewunden,
hätte nie geboren,
nie Jünglinge großgezogen,
Maiden hochgebracht! –
Gleichwie beim Hörensagen von Ägypten einst,
winden sie sich beim Hörensagen von Tyrus.

Fahrt hinüber nach Tarschisch,
heulet, Sassen der Küste!
Ist das eure Frohlockende,
deren Ursprung von Tagen der Vorzeit ist,
die zu gasten fernhin ihre Füße trugen?!
Wer hat dieses beschlossen
über Tyrus, die Bekränzende,
deren Händler Fürsten waren,
deren Kanaanskrämer die Gewichtigen des Erdlands?
ER der Umscharte ists, ders beschloß,
preiszugeben den Stolz aller Zier,
leichtzumachen all die Gewichtigen des Erdlands.

Fahr nun über dein Land wie der Nilfluß,
du Tochter Tarschisch,
es gibt keine Werft mehr!
Er reckte seine Hand übers Meer,
ließ Königreiche erzittern,

über Kanaan hat ER geboten,
seine Schutzwehren zu vertilgen,
er hat gesprochen:
Du sollst hinfort nicht frohlocken.

Du Niedergepreßte,
Tochter Sidon, du Maid,
auf, fahr nur hinüber nach Zypern –
auch dort wird dir nicht Ruh!
Das ist ja ein Chaldäerland,
jenes Volk war damals noch gar nicht;
Assyrien wieder hats nun zu Flottenstützen bestimmt.
die haben ihre Warttürme aufgerichtet,
haben seine Paläste entblößt,
es hats zum Zerfalle gemacht.

Heulet, ihr Tarschisch-Schiffe,
denn eure Schutzwehr ist verheert!

Geschehn wirds an jenem Tag:
siebzig Jahre war Tyrus vergessen,
als wärens eines einzigen Königs Tage,
doch nach Ablauf von siebzig Jahren geschiehts
    Tyrus
wie im Gesänglein von der Hure:
»Nimm die Leier,
durchschweife die Stadt,
vergessene Hure!
spiele schön,
singe viel,
daß man sich deiner erinnre!«
Geschehn wirds nach Ablauf von siebzig Jahren:
zuordnen wird ER es Tyrus,
daß es kehrt zu seinem Hingabelohn:
huren wirds mit allen Königreichen des Erdlands
auf der Fläche des Bodens.
Aber sein Handelszins – sein Hingabelohn – ist dann IHM ge-
    heiligt,
er wird nicht aufgeschatzt,
nicht aufgehortet,

sondern der vor SEINEM Antlitz Siedelnden wird sein Handelszins sein
zu sättigendem Essen und stattlicher Hülle.

Da,
ER durchpflügt die Erde
und durchfurcht sie,
dreht ihr Antlitz um,
streut ihre Insassen aus.

Dann geschiehts
gleich dem Volk, gleich dem Priester,
gleich dem Knecht, gleich seinem Herrn,
gleich der Magd, gleich ihrer Gebieterin,
gleich dem Erwerber, gleich dem Verkäufer,
gleich dem Darleiher, gleich dem Entleiher,
gleich dem Schuldgläubiger, gleich dem, der ihm schuldet.

Durchpflügt, zerpflügt ist das Erdland,
durchplündert, zerplündert,
denn ER ists, der diese Rede geredet hat.
Die Erde verfällt, sie verfault,
der Weltkreis welkt, verfault,
hinwelken die Hohen des Erdvolks.

War doch die Erde unter ihren Insassen entartet,
denn sie übertraten die Weisungen,
sie entglitten dem Gesetz,
sie trennten den Urzeit-Bund.
Darum frißt ein Eidfluch die Erde,
büßen müssen, die auf ihr siedeln,
darum schrumpfen die Siedler der Erde,
nur ein winziger Rest bleibt vom Menschlein.

Der Most verfällt,
die Rebe welkt,
alle Herzensfreudigen seufzen,
feiern muß die Wonne der Pauken,
der Lärmenden Tosen schweigen,
feiern die Wonne der Leier,
nicht mehr trinkt man Wein zum Gesang,
seinen Trinkern ward bitter der Rauschsaft.

Zerschmettert ist die Burg des Irrsals,
abgesperrt alljedes Haus, ohne Zugang,
Gewimmer um den Wein in den Gassen,

verdämmert ist all die Freude,
fortgeschleppt die Wonne des Landes,
der Rest in der Stadt ist Verödung,
mit Getöse ward das Ratstor zerschlagen.
Denn so wirds geschehn
inmitten des Erdlands,
unter den Völkern,
wie beim Olivenabklopfen,
wie beim Nachpflücken,
wann das Herbsten allvorbei ist.

Die da erheben noch ihre Stimme,
jubeln,
übergellen das Meer im Stolze auf IHN:
»Darum verehret im Lichtost IHN,
an den Küsten des Westmeers SEINEN, des Gottes Jifsraels,
    Namen!
Vom Saum des Erdlands hören wir Liederspiel:
Zierde dem Bewährten!«

Ich aber spreche:
Auszehrung mir,
Auszehrung mir!
weh mir,
die Tückischen tücken,
Tücke tücken die Tückischen aus!
Schrecknis und Schrunde und Strick
über dich, Insasse der Erde!
Geschehen wirds:
wer vor der Stimme des Schrecknisses flieht,
stürzt in die Schrunde,
und wer hervor aus der Schrunde steigt,
fängt sich im Strick.

Denn in der Höhe öffnen sich Schleusen,
die Grundfesten der Erde schüttern,
die Erde klafft in Geklüft,
die Erde bröckelt in Brocken,
die Erde zuckt in Zuckungen.
Die Erde wankt und wankt wie ein Berauschter,
schwankt hin und her wie ein Nachtdach,

auf ihr wuchtet ihr Frevel,
sie fällt und steht nicht wieder auf.

Geschehn wirds an jenem Tag:
ER ordnet an
über die Schar der Höhe in der Höhe
und über die Könige des Bodens auf dem Boden,
sie werden einbehalten,
wie man Häftlinge einbehält in der Grube,
in Kerkersperre gesperrt,
und erst nach vielen Tagen werden sie wieder eingeordnet.

Der Bleichmond errötet,
der Glutball erblaßt,
denn ER der Umscharte tritt die Königschaft an
auf dem Berg Zion und in Jerusalem,
und angesichts seiner Ältesten ist
der Ehrenschein.

DU,
der du mein Gott bist,
ich erhebe dich,
deinen Namen bekenne ich,
denn du hast Wunder getan,
Ratschlüsse von fernher
vertrauensgetreu.

Denn du machtest Stadt zu Steinhauf,
feste Burg zum Zerfall,
Palast der Frechen zur Unstadt,
man baut ihn in Weltzeit nicht auf.
Darum muß trotziges Volk dich ehren,
dich fürchten wütiger Stämme Burg.

Denn Schutzwehr warst du den Armen,
Schutzwehr dem Dürftigen in seiner Drangsal,
Zuflucht vor dem Wetter,
Schatten vor der Hitze, –
denn das Schnauben der Wütigen
ist gleich einem Schloßenwetter,
gleich Hitze in der Wildnis:
das Tosen der Frechen dämpfst du,
Hitze mit Schattengewölk,
das Lied der Wütigen muß sich beugen.

Bereiten wird ER der Umscharte
allen Völkern auf diesem Berg
ein Gelage von fetten Speisen,
ein Gelage von firnen Weinen,
fetten Speisen, markreichen,
firnen Weinen, klargeseihten.

Er vernichtet auf diesem Berg
den Antlitzflor,
der alle Völker umflort,
das Gewebe,
das alle Stämme umwebt,
er vernichtet den Tod in die Dauer.

Abwischen wird mein Herr, ER,
von alljedem Antlitz die Träne,
und die Schmach seines Volkes abtun
von allem Erdland.
Ja, geredet hats ER.

Sprechen wird man an jenem Tag:
»Da,
dies ist unser Gott,
auf den wir hofften, daß er uns befreie,
dies ist ER, auf den wir hofften!
Jubeln wir!
freun wir uns seiner Befreiung!«

Ja, ruhn wird SEINE Hand auf diesem Berg,
eingepreßt wird Moab an seinem Platz,
wie ein Strohbund in das Wasser des Düngerpfuhls eingepreßt
    wird.
Und breitet es seine Hände darinnen aus,
wie der Schwimmer sie breitet zu schwimmen,
dann niedert er seine Hoffart
trotz der Listen seiner Hände.
Und das Bollwerk, das Steilwerk deiner Mauern
duckt er, niedert er, streicht er zur Erde
bis in den Staub.

An jenem Tag wird im Land Jehuda dieser Gesang gesungen:

Eine starke Stadt ist uns,
er umreiht Freiheit ihr
als Mauern und Wall.

Öffnet die Tore,
daß komme ein bewährter Stamm,
der Treue hält.

Festgegründetem Sinn
wahrst Frieden, Frieden du,
denn dir überläßt er sich.

Überlasset euch IHM fort und fort,
denn Er, oh, ER ist ein Fels
in die Zeiten hin.

Denn die Hochsiedelnden duckt er,
steile Burg, er erniedert sie, niedert sie zur Erde,
streicht sie bis in den Staub.

Zertreten soll sie der Fuß,
die Füße der Dulderschaft,
die Schritte der Armen.

Pfad dem Bewährten ist Geradheit,
du Gerader ebnest des Bewährten Geleis.
Ja, auf dem Pfade deiner Gerichte,
DU, erharren wir dich.

Nach deinem Namen,
nach deinem Gedenken
ist der Seele Begehr.
Mit meiner Seele begehre ich dein nachts,
ja, mit meinem Geist in meinem Innern
sehne ich dich herbei.

Denn wie deine Gerichte dem Erdland werden,
lernen Wahrspruch kennen die Sassen von Weltburg.
Würde Gunst dem Frevler,
ohne daß Wahrspruch er kennen lernte,
im Land der Redlichkeit
übte er Falsch,
ohne je SEINE Hoheit zu sehn.

DU,
erhoben ist deine Hand,
ohne daß sie hinschaun wollen, –
sie sollen schauen,
sie sollen erblassen,
der Eifer um das Volk,
ja, das Feuer wider deine Bedränger
soll sie verzehren.

DU,
richte den Frieden uns zu,
denn auch alles an uns Getane
hast du uns gewirkt.

DU,
unser Gott,
gemeistert haben uns Herrn außer dir, –
einzig dein,
deines Namens gedenken wir.

Tot sind sie –
ohne Wiederbelebung,

Gespenster –
ohne Auferstehn,
dazu hast du heimgesucht,
ausgetilgt hast du sie,
ihnen schwinden lassen alles Gedenken.

Noch zugefügt hast du dem Stamm hier, DU,
noch zugefügt dem Stamm, von dem du geehrt wardst:
hast ihn ferngebracht nach allen Enden der Erde!

DU,
in der Drangsal suchen sie dich auf:
Zauberzwang ward deine Züchtigung ihnen.

Wie eine Schwangre, die nah ist dem Gebären,
in ihren Wehn sich windet, schreit,
so waren unter deinem Antlitz wir, DU.

Wir waren schwanger, wir wanden uns,
und wie wir gebaren, wars Wind:
Befreiung am Lande blieb ungetan,
ungefällt die Sassenschaft Weltburgs.

Leben mögen deine Toten,
meine Leichen auferstehn!
Wachet, jubelt, Staubbewohner!
Denn dein Tau ist ein Tau der Lichtkräfte:
aufs Land der Gespenster lasse ihn niederfallen!

Geh, mein Volk,
komm in deine Kammern,
sperr deine Türen hinter dir zu,
versteck dich eine kleine Weile,
bis der Groll vorüberschritt.

Denn da fährt ER von seinem Ort aus,
die Verfehlung des Erdensassen an ihm heimzusuchen,
offenbaren muß das Erdland seine Blutbäche,
seine Erwürgten kann es nicht länger verhüllen.

An jenem Tag
sucht ER heim mit seinem Schwert,

dem harten, dem großen, dem starken,
den Lindwurm Flüchtige Schlange
und den Lindwurm Geringelte Schlange,
er erwürgt den Drachen, den am Meer.

An jenem Tag
wechselsaget den »Anmutigen Wingert«,
ihm eben zu:

– ICH,
ich selber behüte ihn,
jederweil muß ich ihn netzen,
muß, weil man ihn heimsuchen könnte,
nachts und tags ihn behüten...

– Mauer habe ich keine mehr!
wer gäbs, ich wär wieder Distel und Dorn,
wenn doch noch Krieg ist!

– So schritte ich auf ihn los,
setzte gleich ihn in Brand!

– Dann zeige er lieber stark sich
als meine schützende Wehr:
er mache Frieden mir,
Frieden mache er mir!

Die Herzugekommenen:
– Wurzel breite Jaakob,
knospe, blühe Jifsrael,
daß sie das Antlitz der Welt
erfüllen mit Gedeihn!

Hat ers denn geschlagen, wie der erschlagen ward, ders schlug?
oder wurde es erwürgt, wie die erwürgt wurden, die es
　　würgten?
An seiner Hachel, an seinem Stengel nur hast dus bestritten, –
mit seinem heftigen Anhauch übersauste ers am Tage des
　　Oststurms.
Darum wird durch dieses Jaakobs Verfehlung bedeckt,
und das sei alle Frucht der Beseitigung seiner Sünde:
daß er alle Schlachtstattsteine zersplitterten Kalksteinen gleich-
　　macht,
nie mehr werden Pfahlbäume und Glutsonnmale erstehen.

Ja, vereinsamt ist dann die befestigte Stadt,
eine Flur, preisgegeben,
verlassen wie die Wüste.
Dort weidet das Kalb,
dort lagert sichs hin,
es zehrt allab ihre Büsche,
Ist dann das Gezweig vertrocknet,
wird das abgebrochen,
Weiber kommen, verheizen es.
Ja, nicht ist das ein Volk von Unterscheidung,
darum erbarmt sich seiner nicht, der es machte,
der es bildete, gnadet ihm nicht.

Geschehn wirds an jenem Tag:
ER klopft aus
von der Ähre des Stroms bis zu der des Grenzbachs Ägyptens,
und ihr, aufgelesen werdet ihr einer um einen,
Söhne Jifsraels.

Geschehn wirds an jenem Tag:
gestoßen wird in die große Posaune,
da kommen
die im Land Assyrien Verlornen
und die im Land Ägypten Verstoßnen,
sie werfen sich nieder vor IHM
auf dem Berg des Heiligtums
in Jerusalem.

Wehe
der stolzen Krone der Berauschten Efrajims
und der schon welkenden Blume seiner prächtigen Zier,
der auf dem Haupt von Schmand-Tal mit seinen vom Wein
    Niedergehaunen!
Wohlan,
einen Starken hat mein Herr, einen Hünen:
gleich Hagelwetter, beizendem Sturm,
gleich den Wettern mächtiger Wasserstürze
bringt mit der Hand der jene zur Erde.

Mit Füßen wird sie zertreten,
die stolze Krone der Berauschten Efrajims;
der schon welkenden Blüte seiner prächtigen Zier,
der auf dem Haupt von Schmand-Tal,
geschieht wie der Frühfeige, eh Sommer ist,
die nur eben zu sehn braucht, wer sie sieht,
und kaum hat er sie im Griff, verschlingt er sie schon.

An jenem Tag wird ER der Umscharte
zur zierenden Krone und zum prächtigen Kranz
dem Rest seines Volks,
zum Geistbraus der Gerechtigkeit
dem, der zu Gericht sitzt,
und zur Heldenkraft
denen, die den Kampf wieder torwärts kehren.

Doch auch die hier,
im Weine torkeln sie,
im Rauschsaft taumeln sie,
Priester und Künder,
torkeln im Rauschsaft,
verschlungen vom Wein,
taumeln vom Rauschsaft!
sie torkeln bei der Sicht,
sie schwanken im Schlichten.
Ja, alle Tische
voll von Gespei,

Unflat –
nirgends mehr Raum!

– Wem will der Kenntnis weisen,
wem Erhorchung bescheiden?
eben von Milch Entwöhnten,
den Brüsten grade Entwachsnen?
Ja, immerzu:
Spurgrad in der Spur,
spurgrad in der Spur,
schnurgrad an der Schnur,
schnurgrad an der Schnur,
ein Schrittlein dorthin,
ein Schrittlein dorthin!

– Ja denn:
durch Lippenwelsch,
durch andere Zunge
wird zu diesem Volke er reden,
der zu ihnen gesprochen hatte:
Dies sei die Ruhstatt,
laßt ruhn den Erschöpften,
dies sei der Rastplatz!
sie aber wollten nicht hören –
so wird nun SEINE Rede zu ihnen sein:
»Spurgrad in der Spur,
spurgrad in der Spur!
schnurgrad an der Schnur,
schnurgrad an der Schnur!
ein Schrittlein dorthin,
ein Schrittlein dorthin!«
Auf daß sie gehn, rücklings straucheln, zerschellen,
geschnappt, gefangen werden!

Darum –
höret SEINE Rede,
Männer des Witzes,
Gleichwort-Prediger diesem Volk,
dem in Jerusalem!
Ihr sprecht ja:
Wir haben einen Bund mit dem Tode geschlossen,

einen Einschauvertrag abgemacht für das Gruftreich,
der Geißelgießbach, wenn er einherfährt,
an uns kommt er nicht,
denn wir haben uns als Bergung den Trug eingesetzt,
in der Lüge haben wir uns versteckt!
Darum
hat E R, mein Herr, so gesprochen:
Wohlan,
ich gründe in Zion einen Stein,
Stein der Erprobtheit,
köstlichen Eckblock gründiger Gründung, –
wer vertraut, wird nichts beschleunigen wollen:
ich will Recht als Meßschnur einsetzen
und Bewährung als Flachwaage.
Dann zerkracht Hagel die Bergung des Trugs,
übergießen Wasser das Versteck,
zugedeckt wird euer Bund mit dem Tod,
euer Einschaublatt mit dem Gruftreich besteht nicht, –
wenn der Geißelgießbach einherfährt,
werdet ihr ihm zu Überranntem:
sooft er einherfährt, nimmt er euch hin,
und er fährt Morgen um Morgen einher,
bei Tage und bei der Nacht.
Eitel Grausen ist dann der Erhorchungsbescheid.

Denn:
Zu kurz ist das Bett, um sich zu dehnen,
das Laken, will man sich drein wickeln, zu schmal.

Ja denn,
wie am Berge Prazim steht E R auf,
wie im Tale bei Gibon tobt er,
seine Tat zu tun,
– fremd seine Tat!, –
sein Werk zu wirken
– unheimlich sein Werk!
Und nun witzelt nimmer daher,
sonst verstärken sich noch eure Fesseln!
Denn ein »Zunichte!« und ein »Entschieden!«
habe ich von meinem Herrn, IHM dem Umscharten, gehört,

über alle Erde.

Lauschet, horchet meiner Stimme,
aufmerkt, horchet meinem Spruch!
Pflügt der Pflüger alletag, um zu säen,
öffnet und furcht seine Scholle?
Ists nicht so:
hat er ihre Fläche geebnet,
streut er Dill, sprengt Kümmel aus,
setzt Weizen reihenweise,
Gerste in bezeichnetes Stück
und Emmer als dessen Begrenzung:
zum Rechten erzieht ihn schon,
unterweist ihn sein Gott.
Nicht mit dem Schlitten wird Dill ja gedroschen,
noch Wagenrad über Kümmel gerollt,
mit dem Stecken wird Dill ja geklopft
und Kümmel mit dem Stabe.
Wird Brotkorn etwa zermalmt?
nicht dauernd ja drischt und drischt er drauf ein,
noch läßt er die Achse seines Wagens und seine Rosse darüber
    schüttern,
er zermalmt es nicht.
Auch dies ist von Iнм dem Umscharten ausgegangen,
wundersam ist er im Rat,
groß in Verwirklichung.

Weh,
Gottesherd, Gottesherd,
Burg, wo Dawid lagerte!
Füget Jahr zu Jahr,
mögen Feste kreisen:
ich bedränge Gottesherd,
daß Klage, Klageschrei werde,
dann erst wird sie mir einem Gottesherd gleich.

Ich umlagere dich wie ein Reif,
ich umenge dich mit einer Schanze,
ich umstelle dich mit Einengungsgeschütz.
Dann wirst du erniedert von der Erde her reden,
versunken kommt, vom Staub her, deine Sprache,
wie des Elben von der Erde her wird deine Stimme,
deine Sprache zirpt vom Staub her.

Wie feiner Mulm wird der Schwarm der dir Fremden,
wie Spreu, die hinfährt, der Wütigen Schwarm,
plötzlich, urplötzlich geschiehts.
Von Ihm dem Umscharten wirds zugeordnet
mit Donnern, mit Dröhnen und mächtigem Stimmschall,
Windsbraut und Wirbelsturm
und fressenden Feuers Geloh.
Es wird geschehn
wie in nächtlicher Traumschau
dem Schwarm all der Stämme, der wider Gottesherd Ge-
    scharten,
allen gegen es Gescharten, dem Fangnetz gegen es, den gegen
    es Andrängenden,
es wird geschehn,
wie wenn der Hungrige träumt: da, er ißt,
er wacht auf und sein Schlund ist leer,
und wie wenn der Durstige träumt: da, er trinkt,
er wacht auf, da ist er matt und sein Schlund lechzt –
so wird dem Schwarm all der Stämme geschehn,
die wider den Berg Zion sich scharen.

Verstarrt euch nur –
und erstarrt!

verblendet euch nur –
und erblindet!
die ihr, nicht von Wein, berauscht seid,
die ihr, nicht von Rauschsaft, schwanket!
Geschüttet hat ER ja über euch
einen Geistbraus der Betäubung,
zugedrückt eure Augen, die Künder,
eure Köpfe, die Schauer, verhüllt.
So wurde euch das Schaublatt von allem
wie die Rede der eingesiegelten Verbriefung,
von der, gäbe man sie an einen Briefungskenner
mit dem Spruch: Lies das doch vor!
der sprechen müßte: Ich vermags nicht,
es ist ja eingesiegelt!
so ist nun die Verbriefung einem übergeben,
der nicht Briefungskenner ist,
mit dem Spruch: Lies das doch vor!,
der aber muß sprechen: Ich kenne mich in Briefen nicht aus.

Mein Herr sprach:
Dafür
daß dies Volk mit seinem Mund nur herantritt,
mit seinen Lippen nur mich ehrt,
aber fern von mir hält es sein Herz,
und geworden ist ihr Michfürchten
angelerntes Gebot der Leute,
drum
will da neu an diesem Volk ich Wunderbares tun,
Wunder um Wunder,
daß verlorengeht die Weisheit seiner Weisen
und der Sinn seiner Sinnreichen sich verbirgt.

Weh,
die tief vor IHM verbergen den Ratschluß,
im Finstern geschieht, was sie machen,
sie sprechen: Wer sieht uns? wer kennt uns?
O eurer Verkehrung!
ist dem Ton gleich der Bildner zu achten,
daß von dem, der es machte, das Gemächt sprechen dürfte:

Er hat mich nicht gemacht!
ein Gebild von seinem Bildner sprechen:
Er hats nicht ersonnen!
Ists nicht nur noch ein winziges Wenig,
dann wandelt Libanon sich wieder zum Garten,
und als Wald wird der Garten geachtet.
Hören werden an jenem Tag
die Tauben Reden der Verbriefung,
des Dunkels los, der Finsternis los
werden sehen die Augen der Blinden.
Dann werden erneun die Demütigen
die Freude um IHN,
die Dürftigen der Menschheit jubeln
um den Heiligen Jifsraels.
Hinweg ist ja der Wüterich,
der Spötter alldahin,
gerodet alle,
die nach Arg wachen,
Menschen versünden mit Rede,
den Mahner im Tore verstricken,
den Bewährten durch Irrsal beugen.

Darum hat so ER gesprochen
auf das Haus Jaakobs zu,
er, der einst Abraham abgalt:
Fortan soll Jaakob nicht mehr schambleich werden,
fortan sein Antlitz nicht mehr erfahlen,
denn wann immer er, seine Erzeugten, nun ansieht,
was ihm inmitten meine Hände machten,
werden sie heiligen meinen Namen,
erheiligen den Heiligen Jaakobs,
vor dem Gott Jifsraels erschauern,
die Geistestaumligen erkennen den Sinn.
die Hetzer Vernunft erlernen.

Weh,
abwendige Söhne
– SEIN Erlauten –,
Ratschluß auszumachen
und nicht von mir her,
Verwebung zu weben
und mein Geistbraus ist nicht dabei, –
um Sünde an Sünde zu reihen!
die ausgehn, nach Ägypten hinabzuziehen,
und meinen Mund haben sie nicht befragt,
in Pharaos Schutz sich zu schützen,
sich in Ägyptens Schatten zu bergen!
So wird der Schutz Pharaos zur Enttäuschung euch werden,
das Bergen in Ägyptens Schatten zur Schmach!
Denn mögen Unterfürsten einem in Zoan schon sein,
Botschafter ihm nach Chanes gelangen,
enttäuscht wird alljeder an einem Volk,
das ihnen nicht nützen kann,
nicht zu Hilfe ists, nicht zu Nutzen,
sondern zu Enttäuschung, zu Hohn gar.

Lastwort über Mittagsuntier:

Im Land von Angst und Drangsal,
von Löwen, brüllenden Leun,
Raschlern und geflügelten Drachen
tragen sie ihren Reichtum auf Jungeselschulter.
auf Kamelhöcker ihre Schätze
zu einem Volk, das nichts nütze ist;
Ägypten nämlich,
Dunst und Leere ist, was die helfen,
darum rufe von diesem ich aus:
Das Ungetüm: es brüllt und – feiert!
Komm jetzt,
schreib das auf eine Tafel, die mit ihnen bleibt,
auf einem Brief zeichne es ein,
daß es werde für einen späten Tag,
auf die Zeiten hin zum Zeugen!
Denn ein Volk der Widerspenstigkeit ists,

verlogene Söhne,
Söhne, die SEINE Weisung nicht gewillt sind zu hören,
die zu den Sehern sprechen:
Ihr sollt nicht sehen!
zu den Schauern:
Regelrechtes sollt ihr uns nicht erschauen,
redet uns Glattes,
erschaut Vorspiegelung,
wendet euch von dem »Weg«,
biegt ab von dem »Pfad«,
schafft uns vom Antlitz fort
den »Heiligen Jifsraels«!
Darum hat der Heilige Jifsraels
so gesprochen:
Weil ihr diese Rede verachtet habt,
euch auf Pressung und Ränke verlaßt,
darauf euch stützt,
darum soll diese Schuld euch werden
gleich einem falldrohenden Riß,
klaffend an ragender Mauer,
deren Niederbruch plötzlich, urplötzlich kommt.
Zerbrechen wird es, wie ein Töpferkrug bricht,
ein Zersplittern, nicht schont man sein,
in seinen Splittern wird nicht eine Scherbe gefunden,
Feuer von der Esse zu scharren,
von dem Tümpel Wasser zu schöpfen.

Denn so hat mein Herr gesprochen,
ER, der Heilige Jifsraels:
In Umkehr und Ruhe
werdet ihr befreit,
in Stille, in Gelassenheit
geschieht euer Heldentum.
Ihr aber seids nicht gewillt,
ihr sprecht:
Nein,
auf Rossen wollen wir rennen!
– drum sollt ihr rennen: davon! –
auf Schnellen wollen wir reiten!

– drum sollen eure Verfolger euch überschnellen!
Ein Tausend vor dem Drohgeschrei eines,
vor dem Geschrei von fünfen werdet ihr insgesamt rennen,
bis daß euer noch übrigblieb
wie ein Mast auf dem Haupte des Bergs,
wie eine Bannerstange auf dem Hügel.

Und doch harrt ER, ebendarum,
euch wieder günstig zu sein,
erhebt sich, ebendarum,
euer sich zu erbarmen:
denn ein Gott des Rechtes ist ER,
o Glück aller, die seiner harren!
Ja denn,
du Volk in Zion,
das in Jerusalem siedelt,
weine weine nicht mehr,
günstig will er, gunstreich dir sein
auf die Stimme hin deines Schreis:
sowie er sie hört,
antwortet er dir schon.
Und gibt euch mein Herr auch nur karg Brot und knapp
    Wasser:
nicht seitab mehr hält sich dein Unterweiser,
deine Augen dürfen deinen Unterweiser sehn,
deine Ohren werden Rede von hinter dir hören,
den Spruch: Dies ist der Weg, geht auf ihm! –
ob ihr rechts wollt, ob ihr links wollt.
Ihr werdet vermakeln
deine silberne Meißeldocken-Verschalung,
deinen goldenen Gußbild-Umschurz,
wie Besudelndes wirfst dus hinweg,
Fort! sprichst du dazu.
Dann gibt er Regen deiner Saat,
womit du die Scholle besäst,
und Brot als Einkunft deiner Scholle, –
saftig ist das und markig.
Dein Vieh weidet an jenem Tag
auf geweiteter Aue;

die Stiere und die Esel,
die Diener der Scholle,
fressen Ampfergemengsel,
das mit Gabel und Worfschaufel geworfelt ward.
Dann wird geschehn:
auf alljedem hohen Berg,
auf alljedem erhabnen Hügel
sind wassersprudelnde Borne, –
an jenem Tage großen Würgens,
wann die Türme fallen.
Dann wird geschehn:
das Licht des Bleichmonds
ist wie das Licht der Glutsonne,
und das Licht der Glutsonne
wird siebenfältig sein
wie das Licht der Sieben Tage, –
an dem Tage, da ER
den Bruch seines Volkes verbindet,
die ihm geschlagne Wunde heilt.

Da,
SEIN Name kommt fernher,
brennend sein Zorn,
in der Wucht der Erhebung,
seine Lippen voll Grimms,
seine Zunge wie fressendes Feuer,
sein Atembraus wie ein flutender Strom,
der bis an den Hals langt,
Stämme zu schwingen in der Schwinge des Wahns,
eine irrleitende Halfter an den Backen der Völker.
Werden soll da euch Gesang
wie des Nachts, da der Festreihn sich heiligt,
und Freude des Herzens
wie des, der bei Flötenklang geht, –
um zu kommen auf SEINEN Berg,
hin zum Felsen Jifraels.
Hören läßt ER den Stolz seiner Stimme,
sehn das Niederfahren seines Arms
unter Zorndräuen und fressenden Feuers Geloh,

Orkan, Gewitter und Hagelgestein,
Ja, vor SEINER Stimme schrickt Assyrien zusammen,
mit dem einst als Rute er schlug,
Es wird geschehn:
allwann der Stecken der Fügung vorüberstreicht,
den ER auf es niederfahren läßt,
ists wie zu Pauken, zu Harfen:
mit Schwungopfer-Kämpfen bekämpft er sie.
Denn gerüstet vorlängst ist ein Ofenfeld,
auch das einem König errichtet,
ausgetieft, ausgeweitet sein Umkreis,
Feuerung und Holzscheite die Menge,
nun brennt darein
wie ein Schwefelflammenstrom
SEIN Hauch.

Weh,
die hinabziehn nach Ägypten um Hilfe,
auf Rosse sich stützen wollen,
verlassen sich auf Fahrberitte,
weil deren viel sind,
und auf Reisige,
weil sie sehr stark sind,
aber nicht merken sie
auf den Heiligen Jifsraels,
IHN befragen sie nicht.
Doch auch er ist weise,
so läßt Böses er kommen,
seine Reden schafft er nicht weg,
steht auf widers Haus der Boshaften,
wider den Hof der Argwirker.
Und Ägypten ist ja Mensch, nicht Gottheit,
ihre Rosse Fleisch, nicht Geistbraus!
ER reckt seine Hand,
schon strauchelt der Helfer,
schon fällt der Beholfne,
alldahin sind alle mitsammen.

Ja denn,
so hat ER zu mir gesprochen,
gleichwie der Löwe knurrt,
über seiner Beute der Jungleu,
über den die Vollzahl der Hirten
zusammengerufen wird,
er erschrickt nicht vor ihrer Stimme,
beugt sich nicht vor ihrem Getümmel,
gleichso zieht nieder ER der Umscharte,
zu scharen
um den Berg Zions,
um dessen Hügelstadt –
aber wie flatternde Muttervögel,
so will ER der Umscharte
Jerusalem überschirmen:
überschirmend
will er entreißen,

überspringend
will er erretten.
Kehret um zu ihm,
von dem man so tief hinabwich,
Söhne Jifsraels!

Ja denn,
an jenem Tag
werden sie verwerfen, jedermann
seine silbernen Gottnichtse,
seine goldenen Gottnichtse,
die eure Hände machten, zu Sünde euch.
Assyrien wird fallen
durch das Schwert Eines, nicht Mannes,
Eines, nicht Menschen, Schwert wird es fressen,
flüchten wird es vor dem Schwert,
seine Jugend fronpflichtig werden,
und was ihm Fels vor dem Grauen war,
vorbei ists,
vorm bloßen Banner erschrecken seine Fürsten.
SEIN Erlauten ists,
der seinen Herd in Zion hat,
sein Glutbecken in Jerusalem.

Wohlan,
um Wahrspruchs willen
ist dann ein König gekönigt,
und die Fürsten,
um Rechts willen sind sie gefürstet,
werden wird der Mann
wie ein Versteck vorm Windbraus,
ein Obdach vorm Wetter,
wie Wasserborne in Dürre,
wie der Schatten eines mächtigen Felsens
in ermattetem Land.

Dann sind nicht mehr verklebt
die Augen der Sehenden,
die Ohren der Hörenden
lauschen dann,
das Herz der Übereiligen einst,
nun unterscheidets, zu erkennen,
die Zunge der Stotternden einst,
nun eilt sie, Klares zu reden.

Nicht fürder ruft man den Schändlichen Edler,
den Schalk spricht man als vornehm nicht an.
Denn der Schändliche redet Schande,
tätig am Arg ist sein Herz,
indem er im Aufruhr sich umtut,
gegen IHN Taumliges redet,
der Schlund des Hungernden leer läßt,
dem Dürstenden Labung versagt.
Der Schalk – womit er schaltet, ist bös,
Zuchtloses ist, was der ratschlägt,
Gebeugte zu zermürben mit Lügensprüchen,
den Dürftigen, wann er redet vor Gericht.
Der Edle aber ratschlägt Edles,
Edles ist, wozu der aufsteht.

Steht auf,
ihr sorglosen Fraun,
hört meine Stimme!
ihr gesicherten Töchter,
lauscht meinem Spruch!
Über Jahr und Tag
erzittert ihr Gesicherten,
denn zunichte ist dann die Lese,
die Ernte ohne Einkunft.
Bebet, ihr Sorglosen,
zittert, ihr Gesicherten!
Man streife ab!
man entblöße sich!
den Trauergurt um die Lenden!
Die Brüste schlägt man jammernd,
um die köstlichen Felder,
um die fruchtreiche Rebe,
um die Scholle meines Volks,
aus der Dorngestrüpp schießt,
ja, um alle Häuser des Ergötzens
in der fröhlichen Burg.
Denn der Palast ist verlassen,
der Stadt Getümmel vorbei,
Bühl und Wartturm
gelten statt Höhlen auf Weltzeit,
der Wildesel Ergötzen,
der Herden Weideplatz.

Bis ausgeschüttet wird über uns
ein Geistbraus aus der Höhe:
dann wird zum Garten die Wüste,
als Wald wird der Garten geachtet,
in der Wüste von einst wohnt das Recht,
im Garten siedelt Wahrhaftigkeit,
die Tat der Wahrhaftigkeit wird Friede,
der Dienst der Wahrhaftigkeit Stillehalt
und sichre Gelassenheit
in Weltzeit.

Siedeln wird mein Volk
auf einer Aue des Friedens,
in sicheren Wohnungen,
in sorglosen Ruhestätten,
während es dreinhagelt
in den hinschlagenden Wald
und in der Niederung
die Stadt geniedert wird.
O eures Glücks,
die ihr an allen Wassern säen dürft,
freischicken den Fuß des Stiers und des Esels!

Weh,
Zerstörer,
du nicht Zerstörter,
Empörer,
gegen den man sich nicht empörte!
wann du fertig bist mit Zerstören,
wirst du zerstört werden,
wann du am Ziel bist der Empörung,
wird man gegen dich sich empören.

DU,
sei uns günstig,
auf dich hoffen wir!
mochtest du allmorgendlich jenen der Arm sein,
sei nun auch uns Befreiung in der Stunde der Drangsal!
Schon entweichen Völker vorm Schall des Getöses,
zerstieben Stämme vor seiner Erhebung!
Gerafft wird an euch Beute,
wie man Grillen aufrafft,
wie Grashüpfer rennen,
rennt man dahin!

ER ragt empor,
ja, in Erhabenheit wohnend,
füllt er Zion mit Recht und Wahrheit.
Er wird das Vertrauen deiner Notstunden sein,
Hort der Freiheiten,
der Weisheit, Erkenntnis,
IHN zu fürchten ist sein Schatzgeschmeid.

Da,
die Gottesherdler schreien draußen,
bitterlich weinen die Boten des Friedens:
Verödet sind die Straßen,
der des Pfades wanderte feiert!
jener zertrennt das Bündnis,
verwirft die Städte,

achtet Menschen für nichts!
Das Land verfällt, es verfault,
der Libanon schämt sich, er verkümmert,
der Steppe gleich wird der Saron,
laubabschüttelnd Baschan und Karmel!

Jetzt stehe ich auf,
spricht ER,
jetzt erhebe ich mich,
jetzt richte ich mich hoch!
Ihr geht schwanger mit Stroh,
ihr gebäret Spreu,
ein Feuer ist euer Schnauben,
das frißt euch selber auf!
Kalkbrände werden die Völker,
als abgehauene Dornen
müssen sie im Feuer verlodern!
Hört nun, ihr Fernen,
was ich getan habe,
erkennt, ihr Nahen,
mein Heldentum!

In Zion ängsten sich die Sünder,
die Entarteten faßt ein Beben:
Wer mag von uns weilen
beim fressenden Feuer,
wer mag von uns weilen
bei Weltzeit-Lohen?!
Der in Bewährung geht,
der Gerades redet,
der verwirft den Ausbeutungsgewinn,
der eher seine Hände lahmschüttelte,
als daß er anfaßte eine Bestechung,
der eher sein Ohr taubstopfte,
als daß er anhörte einen Blutplan,
der eher seine Augen stumpfpreßte,
als daß er zusähe dem Bösen:
er ists,

der in der Erhabenheit anwohnen soll,
Felsennester sind seine ragende Burg,
Brot ist ihm übergeben,
Wasser ist ihm getreu.

Den König in seiner Schönheit
werden deine Augen schauen,
ein Land der Fernen besehn.
Dein Herz sinnt dem Schrecken nach:
Wo ist nun, der buchführte,
wo, der den Zins abwog,
wo, der die Türme verbuchte!
Das verwegene Volk
siehst du nicht mehr,
das Volk tiefer mißhörlicher Mundart,
zungenstammelnd, – ununterscheidbar!
Schau Zion an,
die Burg unsrer Begegnung!
deine Augen sehen Jerusalem,
eine sorglose Heimat,
ein Zelt, stets unaufgepackt,
unausgezogen seine Pflöcke auf Dauer,
unzerrissen all seine Seile.
Denn ist dort ein Mächtiger:
mit uns ist ER!
So ists nun eine Gegend von Strömen,
von breitarmigen Läufen,
die bleibt unbegangen von Ruderflotten,
Schiff des Mächtigen, nicht kanns sie befahren,
denn ER, Rechtschaffer uns,
ER, Gesetzstifter uns,
ER, König uns,
er befreit uns!
Schlaff hangen dann deine Seile,
ohne das Gestell ihres Mastes zu halten,
ohne das Segel zu spannen –
Raubbeute wird da in Menge verteilt,
selbst Lahme könnten sich Plündergut erplündern.

Doch braucht nun kein Anwohnender zu sprechen: Ich bin
  krank! –
das Volk, das hier siedelt, abgetragen ist ihm die Verfehlung.

Stämme, naht, um zu hören,
merket auf, Nationen!
das Erdland höre und was es füllt,
der Weltkreis und was all ihm entsproß!

Ja, ein Grimm ist bei IHM über alle Stämme,
eine Zornglut über all ihre Schar,
er hat sie gebannt,
sie zum Abschlachten gegeben.
Hingeworfen werden ihre Durchbohrten,
ihre Leichen, Gestank steigt draus auf,
von ihrem Blut zerfließen Berge.
Alle Himmelschar selbst, sie verfliegen,
der Himmel rollt sich ein wie ein Buch,
abwelken muß all seine Schar,
wie das Laub abwelkt vom Rebstock,
das Verwelkte vom Feigenbaum.

– Ja, abgefrischt ward im Himmel mein Schwert,
nun stürzt es auf Edom nieder,
auf das Volk meines Banns zum Gericht. –
Ein Schwert hat ER, das ist voll Blut,
vom Fette mästet es sich,
vom Blut der Lämmer und Böcke,
vom Nierenfette der Widder.
Ja, Schlachtung hat ER in Bozra,
großes Abschlachten in Edoms Land,
Wisente stürzen samt jenen,
Farren samt Stierrecken,
ihr Land erfrischt sich vom Blut,
ihr Staub wird vom Fette gemästet.

Ja, ein Tag der Ahndung ists IHM,
ein Jahr der Vergeltung für Zions Streit.
Zu Pech wandeln sich jenes Bäche,
zu Schwefel sein Staub,
sein Land wird zu brennendem Pech,
bei Nacht und bei Tag verlischts nicht,
in die Zeit hin steigt sein Qualm,
Geschlecht um Geschlecht bleibts öde,
in Dauer der Dauern wandert keiner hindurch,

Dohle und Igel erbens,
drin wohnen Ohreneule und Rabe.
Er streckt daran
die Meßschnur des Irrsals
und die Lotsteine des Wirrsals.
Seine Vornehmen –
Kein Königtum je mehr dort! ruft man,
mit all seinen Fürsten ists aus.
Gesträuch steigt durch seine Paläste hin,
in seinen Bollwerken Nessel und Distel,
eine Heimat der Schakale wirds,
den Straußen ein Gehöft,
der Wüstenspuk stößt auf den Küstenspuk da,
ein Bocksfüßer ruft seinem Genossen zu,
nur dort rastet die Lur,
eine Ruhestatt findet sie sich,
dort nistet die Sprungnatter, legt ab,
in ihrem Schatten brütet, hegt sie,
nur dort sammeln sich die Geier,
jeder zu seinem Genossen.
Forschet aus SEINEM Buch,
leset darin:
nicht eins wird von diesen vermißt,
niemand sucht nach seinem Genossen,
denn der Mund von Ihm hat geboten,
sein Geistbraus hat sie versammelt,
er hat ihnen das Los fallen lassen,
seine Hand hat das ihnen mit der Schnur zugeteilt,
in die Zeit hin sollen sies erben,
Geschlecht um Geschlecht darin wohnen.

Jauchzen sollen Wüste und Öde,
frohlocken soll die Steppe,
erblühn gleich dem Narzißlein,
blütenreich soll sie erblühn,
frohlocken soll sie,
ach, ein Frohmut und Jubel gar!
Der Ehrenschein des Libanon wird ihr gegeben,
die Herrlichkeit des Karmel und des Saron,
die werden SEINEN Ehrenschein sehn,
die Herrlichkeit unseres Gottes.

Erschlaffte Hände stärket,
festiget wankende Knie,
sprecht zu den Herzverscheuchten:
Seid stark,
fürchtet euch nimmer,
da: euer Gott,
Ahndung kommt,
das von Gott Gereifte,
er selber kommt
und befreit euch!

Dann werden Augen von Blinden erhellt,
eröffnet Ohren von Tauben,
dann springt wie ein Hirsch der Lahme,
die Zunge des Stummen jubelt.
Wasser brachen ja in der Wüste hervor
und Bäche in der Steppe,
der Samumsand wird zum Weiher,
das Durstige zu Wassersprudeln,
ein Viehlager in der Schakale Heimat,
ein Gehöft für Rohr und Schilf.

Eine Dammstraße wird dort sein, ein Weg,
Weg der Heiligung wird er gerufen,
nicht kann auf dem ein Makliger wandern.
Selber ER geht ihnen den Weg voran,
daß auch Toren sich nicht verlaufen.
Nicht wird dort ein Löwe sein,
reißendem Tier ist er unersteigbar,
nicht wirds dort gefunden.

Gehen werden ihn die Erlösten:
die von Ihm Abgegoltnen kehren zurück,
sie kommen nach Zion mit Jubel,
Weltzeit-Freude ist um ihr Haupt,
sie erlangten Wonne und Freude,
Gram und Seufzen müssen entfliehn.

Es war im vierzehnten Jahr des Königs Chiskijahu,
da zog Ssancherib König von Assyrien herüber,
über alle befestigten Städte Jehudas her,
er bemächtigte sich ihrer.
Dann sandte der König von Assyrien den Erztruchsessen
von Lachisch aus nach Jerusalem an den König Chiskijahu, mit
  einem starken Heer.
Der blieb stehn bei der Rinne des oberen Teichs, auf der Straße
  nach dem Wäscherfeld.
Zu ihm hinaus trat Eljakim Sohn Chilkijahus, der über dem
  Hauswesen war, und Schebna, der Schreiber, und Joach
  Sohn Afsafs, der Erinnerer.
Der Erztruchseß sprach zu ihnen:
Sprecht doch zu Chiskijahu:
So hat der Große König, Assyriens König, gesprochen:
Was ist das für ein Verlaß, worauf du dich verlassen hast?!
Ich spreche: Rat und Gewalt zum Kampf ist hier bloß Lippen-
  rede!
Jetzt gilts: auf wen hast du dich verlassen, daß du dich gegen
  mich empörtest?!
Wohlan, verlassen hast du dich auf die Stütze dieses ange-
  knickten Rohrs, auf Ägypten,
das, lehnt sich jemand darauf, ihm in den Ballen dringt, den
  durchsticht,
so Pharao König von Ägypten für alle, die auf ihn sich verlassen.
Wenn du aber zu mir sprechen solltest: Auf IHN unsern Gott
  verlassen wir uns! –
ist das nicht der, dessen Koppen und dessen Schlachtstätten
  Chiskijahu beseitigt hat,
indem er zu Jehuda und zu Jerusalem sprach: Vor dieser
  Schlachtstatt da sollt ihr euch niederwerfen!?
Jetzt gilts, wette doch mit meinem Herrn, dem König von
  Assyrien:
ich will dir zweitausend Rosse geben,
ob du dir auf sie Reiter zu geben vermagst!
wie willst du da auch nur einen Viztum, einen der kleineren
  Diener meines Herrn, umkehren machen?
Aber du verlässest dich ja für Fahrberitte und Reisige auf
  Ägypten!

Jetzt gilts:
bin ich etwa ohne IHN herübergezogen, über dieses Land her,
　　es zu verderben?!
ER ists, der zu mir sprach: Zieh hinüber, zu jenem Land hin,
　　und verdirb es!
Eljakim sprach, und Schebna und Joach, zum Erztruchsessen:
Rede doch zu deinen Dienern aramäisch, wir sind ja drauf
　　eingehört,
aber nimmer rede zu uns judäisch
vor den Ohren des Volks, das auf der Mauer ist!
Aber der Erztruchseß sprach:
Hat mich etwa an deinen Herrn oder an dich mein Herr ent-
　　sandt, diese Rede zu reden,
nicht vielmehr auf die Leute hin, die auf der Mauer sitzen
um euch gesellt ihren Kot zu essen und ihren Harn zu trinken!
Der Erztruchseß stand hin, er rief mit großmächtiger Stimme
　　auf judäisch,
er sprach:
Höret die Rede des Großen Königs, des Königs von Assyrien!
So hat der König gesprochen:
Daß euch Chiskijahu nimmer berücke,
denn er vermag euch nicht zu retten!
und daß euch Chiskijahu nimmer auf IHN euch verlassen
　　heiße,
sprechend: ER wird retten, uns retten, nicht wird diese Stadt
　　in die Hand des Königs von Assyrien gegeben!
Höret nimmer auf Chiskijahu,
denn so hat der König von Assyrien gesprochen:
Macht mit mir einen Segnungsaustausch,
tretet zu mir über,
dann könnt ihr wieder jedermann von seinem Rebstock,
　　jedermann von seinem Feigenbaum essen,
dann könnt ihr wieder jedermann das Wasser seiner Zisterne
　　trinken,
bis ich komme, euch mitnehme in ein Land, eurem Lande
　　gleich,
ein Land von Korn und Most,
ein Land von Brot und Weingärten.
Chiskijahu möchte etwa euch locken,

sprechend: Retten wird uns ER!

Haben die Götter der Weltstämme, jeder sein Land errettet
    aus der Hand des Königs von Assyrien?

wo waren die Götter Chamats und Arpads,

wo waren die Götter Sfarwajims,

und haben denn Samaria welche aus meiner Hand errettet?!

wer sind die unter allen Göttern dieser Länder, die ihr Land
    aus meiner Hand errettet haben,

daß ER Jerusalem aus meiner Hand erretten sollte?!

Sie aber blieben schweigsam und redeten nichts ihm zur Ant-
    wort,

denn das war ein Gebot des Königs, im Spruch: Antwortet
    ihm nicht!

Mit eingerißnen Gewändern kam Eljakim Sohn Chilkijahus,
    der über dem Hauswesen war, und Schebna der Schreiber
    und Joach Sohn Afsafs, der Erinnerer, zu Chiskijahu,

sie meldeten ihm die Reden des Erztruchsessen.

Es geschah nun, als der König Chiskijahu es hörte:

er riß seine Gewänder ein,

er hüllte sie ins Sackleinen,

er kam in SEIN Haus.

Dann sandte er Eljakim, der über dem Hauswesen war,
    Schebna den Schreiber und die Ältesten der Priesterschaft,
    ins Sackleinen gehüllt, zu Jeschajahu Sohn des Amoz, dem
    Künder,

daß sie zu ihm sprächen:

So hat Chiskijahu gesprochen:

Ein Tag von Angst, Züchtigung, Schimpf ist dieser Tag,

ja: Kinder sind bis an den Durchbruch gekommen

und zum Gebären ist keine Kraft da!

vielleicht aber hört ER dein Gott auf die Reden des Erztruch-
    sessen,

den der König von Assyrien, sein Herr, gesandt hat, den le-
    bendigen Gott zu höhnen,

er züchtigt wegen der Reden, die er angehört hat,

ER dein Gott!

so trage du ein Gebet empor um den Rest, der sich noch
    findet!

Als die Diener des Königs Chiskijahu zu Jeschajahu kamen,

sprach Jeschajahu zu ihnen:
So sprecht zu eurem Herrn:
So hat ER gesprochen:
Fürchte dich nimmer von den Reden, die du gehört hast,
mit denen die Knaben des Königs von Assyrien mich schmähten!
Wohlan, ich gebe einen Widergeist ihm ein,
er hört ein Hörensagen,
dann kehrt er in sein Land zurück,
in seinem Lande aber fälle ich ihn durch das Schwert.

Als der Erztruchseß wieder zurückkehrte, fand er den König
von Assyrien im Kampf gegen Libna:
ja: er hatte etwas gehört! ja: er war fortgezogen von Lachisch!
Er hatte nämlich über Tirhaka König von Äthiopien sprechen
gehört: Wohl, er ist ausgefahren, mit dir zu kämpfen.
Nun sandte er, da er jenen angehört hatte, Boten an Chiskijahu,
mit dem Spruch:
So sprecht zu Chiskijahu König von Jehuda, im Spruch:
Daß dein Gott dich nimmer berücke,
auf den du dich verlässest, nach dem Spruch: Nicht wird Jerusalem in die Hand des Königs von Assyrien gegeben!
Wohlan, du selber hast gehört,
was die Könige von Assyrien allen Ländern taten, sie zu ban-
nen,
und du willst errettet werden?
haben die Götter der Stämme, welche meine Väter verderbten, sie errettet,
Gosan und Charan und Razef und die Adensöhne, die in
Telafsar?
wo waren der König Chamats, der König Arpads, der König
Lairs, Sfarwajims, Henas, Iwwas?!
Chiskijahu nahm die Briefschaften aus der Hand der Boten,
las es, er stieg zu SEINEM Haus hinan,
Chiskijahu breitete es vor SEIN Antlitz,
Chiskijahu betete zu IHM, sprechend:
DU, Umscharter, Gott Jifsraels, der Sitz hat auf den Cheruben,
du einzig bist der Gott aller Königreiche des Erdlands,
du bists, der den Himmel und die Erde gemacht hat.

Neige, o DU, dein Ohr und höre,
erhelle, o DU, deine Augen und sieh,
höre all die Rede Sſancheribs, der sandte, den lebendigen
    Gott zu höhnen!
Getreu ists, DU,
verödet haben die Könige von Assyrien all die Länder und
    ihr eigenes Land,
es gab ihre Götter ins Feuer:
nicht Götter sind das ja, sondern Gemächt von Menschen-
    händen, Holz und Stein,
die konnten sie schwenden!
jetzt aber, DU, unser Gott,
befreie uns aus seiner Hand,
daß alle Königreiche des Erdlands erkennen:
ja, einzig da bist DU!

Da sandte Jeschajahu Sohn des Amoz an Chiskijahu den
    Spruch:
So hat ER gesprochen, der Gott Jiſsraels:
Deswegen, was du zu mir wider Sſancherib König von
    Assyrien gebetet hast
– dies ist die Rede, die ER gegen ihn redet –:
    Dich verachtet,
    dich verspottet
    die Tochter Zion, die Maid,
    hinter dir her schüttelt das Haupt
    die Tochter Jerusalem:
        Wen hast du gehöhnt,
        hast du geschmäht,
        gegen wen erhobst du die Stimme,
        trugst überheblich deine Augen empor?
        Wider den Heiligen Jiſsraels!
        Meinen Herrn hast du durch deine Knechte gehöhnt,
        du hast gesprochen:
        Ich bins, der mit der Menge meiner Reiter erstieg
        die Erhebung der Berge,
        des Libanon Flanken,
        nun rode ich
        den Hochwuchs seiner Zedern,
        die Erlesenheit seiner Zypressen,

nun komme ich
an die Erhebung seines Randes,
an den Busch seines Gartenhags, –
ich bins, der Wasser erbohrte und trank,
nun öde ich
mit meinen Sohlentritten allen Flußlauf Ägyptens!
Hast du es nicht gehört:
von fernher habe ich das bereitet,
von Urtagen an es gebildet!?
kommen ließ ich es jetzt: du wurdest,
befestigte Städte niederzukrachen,
nun wüste Trümmerwälle,
daß ihre Sassen, kurz von Arm, bestürzt zuschanden werden,
sind Kraut des Feldes, grünend Gras,
Dachbinse, Flur vorm Halmwuchs!
Ich kenne also
dein Sitzen, dein Fahren, dein Kommen
und dein Auftoben wider mich:
weil du wider mich auftobst
und deine Sorglosigkeit in meine Ohren stieg,
lege ich meinen Haken in deine Nase
und meinen Zaum in deine Lippen,
heiße dich heimkehren
auf dem Weg, den du gekommen bist.
Dies aber sei dir das Zeichen:
das Jahr ißt man Nachtrieb,
im zweiten Jahr Brachtrieb,
aber im dritten Jahr
säet und erntet,
pflanzt Weingärten und eßt ihre Frucht!
Und das Entronnene des Hauses Jehuda,
es, das als Rest verblieb,
fügt Wurzeln an nach unten,
bereitet Frucht nach oben:
denn von Jerusalem fährt ein Rest aus,
Entronnenes vom Berge Zion,
SEIN des Umscharten Eifer bereitet dies.
Darum hat ER so wider Assyriens König gesprochen:
Nicht kommt er in diese Stadt,

nicht schießt er darein einen Pfeil,
nicht berennt er mit einem Schild sie,
nicht schüttet er gegen sie einen Damm auf,
auf dem Weg, den er kam, auf dem kehrt er,
und in diese Stadt kommt er nicht,
– SEIN Erlauten –
ich überschilde diese Stadt, sie zu befreien,
um meinetwillen
und um Dawids willen, meines Knechts.
SEIN Bote fuhr aus, er schlug im Lager Assyriens hundert-
    undfünfundachtzigtausend,
als man sich frühmorgens aufmachte, wohl, da waren sie alle
    Leichen, tot.
Da brach ab, ging davon, kehrte heim Ssancherib König von
    Assyrien,
er blieb nun sitzen in Ninive.
Es geschah aber, als er sich im Haus Nissrochs seines Gottes
    niederwarf:
Adrammelech und Scharazer, seine Söhne, erschlugen ihn mit
    dem Schwert.
Während sie nach dem Land Ararat entwichen,
trat Efsarhaddon sein Sohn statt seiner die Königschaft an.

In jenen Tagen war Chiskijahu zum Sterben erkrankt.
Da kam zu ihm Jeschajahu Sohn des Amoz, der Künder, und
　　sprach zu ihm:
So hat ER gesprochen:
Gebiete über dein Haus,
denn du mußt sterben, kannst nicht leben bleiben.
Chiskijahu aber drehte sein Antlitz zur Wand, er betete zu
　　IHM,
er sprach:
Ach, DU,
gedenke doch,
wie ich vor deinem Antlitz einherging in Treue, mit befrie-
　　detem Herzen
und das in deinen Augen Gute tat!
Chiskijahu weinte, ein großes Weinen.
Da geschah SEINE Rede zu Jeschajahu, es sprach:
Geh, sprich zu Chiskijahu:
So hat ER gesprochen, deines Vorvaters Dawid Gott:
Ich habe dein Beten gehört,
ich habe deine Tränen gesehn,
wohlan, ich will zu deinen Tagen fünfzehn Jahre fügen,
und vor dem Griff des Königs von Assyrien rette ich dich und
　　diese Stadt,
ich überschilde diese Stadt.
Und dies sei dir das Zeichen von IHM her
dafür, daß ER diese Rede tut, die er geredet hat:
wohlan, ich lasse den Schatten der Stufungen, der am Stu-
　　fungswerk des Achas durch die Sonne hinabgesunken war,
　　zehn Stufungen rückwärts kehren.
Die Sonne kehrte um am Stufungswerk, das hinab sie gesun-
　　ken war, zehn Stufungen.

Niederschrift Chiskijahus Königs von Jehuda,
um sein Kranksein und wie er von seiner Krankheit auflebte:

Schon hatte ich selber gesprochen:
Im Ebengewicht meiner Tage
muß ich dahingehn,
in die Tore des Gruftreichs

bin ich verordnet
für den Rest meiner Jahre!

Schon hatte ich gesprochen:
Nicht mehr werde ich oh Ihn sehn,
Ihn oh im Land der Lebendigen,
nicht mehr einen Menschen erblicken,
des Währens Siedlern gesellt,
abgebrochen wird meine Hütte,
von mir weggeschleppt
einem Hirtenzelt gleich!

Schon hatte ich aufgerollt
gleich einem Weber mein Leben:
nun schneidet vom Trummgarn er mich! –
vom Tage auf die Nacht
wirst du fertig mit mir!

Schon hatte ich mir vorgestellt:
auf den Morgen, dem Löwen gleich,
so zermalmt er all meine Gebeine! –
vom Tage auf die Nacht
wirst du fertig mit mir!

Dem Mauersegler, der Drossel gleich,
so wimmerte ich,
ich gurrte gleich der Taube,
meine Augen schmachten zur Höhe:
DU,
ein Würger ist über mir,
bürge für mich!

Was soll ich nun reden?!
Er hats mir zugesprochen,
und er selber hat es getan:
wandeln soll ich all meine Jahre zuend
über die Bitternis meiner Seele hinweg.

O mein Herr!
davon lebt man,
allein darin ist das Leben meines Geists,
so lässest du mich genesen,

so mich leben.

Wohl, zu einer Befriedung
war mir die Bitternis bitter,
du selber entrangst meine Seele
der Grube der Verwesung,
ja, du warfst hinter deinen Rücken
alle meine Sünden.

Nicht die Gruft ja kann huldigen dir
noch der Tod lobpreisen dir,
nicht die in die Tiefe sanken
besinnen deine Treue.

Wer lebt, wer lebt, der huldigt dir
gleich mir am heutigen Tag,
der Vater heißt die Söhne
erkennen deine Treue.

ER ist da: mich zu befrein!
Mein Saitenspiel wollen wir spielen
alle Tage unsres Neulebens
droben in SEINEM Haus.

Jeschajahu hatte nämlich gesprochen:
Man trage einen Feigenkuchen herbei
und pflastre ihn auf das Geschwür,
damit er neu auflebe!
Chiskijahu aber hatte gesprochen:
Was ist ein Zeichen dafür,
daß ich hinaufsteigen soll
droben zu SEINEM Haus?

Zu jener Frist sandte Merodach Baladan Sohn Baladans,
    König von Babel, Briefschaften und eine Spende an Chiski-
    jahu,
er hatte nämlich gehört, daß er krank gewesen und wieder
    erstarkt war.
Chiskijahu freute sich über sie,
er ließ sie das Haus seiner Kleinodien besehn,
das Silber, das Gold, die Balsame, das gute Öl,
das Zeughaus all
und alles, was sich in seinen Schätzen fand,
nichts war, das Chiskijahu sie nicht hätte besehen lassen
in seinem Haus und in all seiner Verwaltung.
Aber Jeschajahu der Künder kam zum König Chiskijahu und
    sprach zu ihm:
Was haben diese Männer gesprochen? woher kommen sie zu
    dir?
Chiskijahu sprach:
Aus fernem Land sind sie zu mir gekommen, aus Babel.
Er sprach:
Was haben sie in deinem Haus gesehn?
Chiskijahu sprach:
Alles, was in meinem Haus ist, haben sie gesehn,
nichts war, das ich sie nicht hätte besehen lassen in meinen
    Schätzen.
Jeschajahu sprach zu Chiskijahu:
Höre SEINE des Umscharten Rede:
Wohlan, Tage kommen,
da wird alles, was in deinem Haus ist, was deine Väter auf-
    geschatzt haben bis zu diesem Tag,
hinweggetragen nach Babel.
Nichts soll übrigbleiben! –
hat ER gesprochen.
Und von deinen Enkelsöhnen,
deinen Nachfahren, die du gezeugt haben wirst,
wird man nehmen,
daß sie Kämmerlinge werden in der Halle des Königs von
    Babel.
Chiskijahu sprach zu Jeschajahu:
Gütig noch ist SEINE Rede, die du geredet hast.

Er sprach weiter:
Denn in meinen Tagen darf Frieden und Vertrauen bleiben.

Tröstet tröstet mein Volk,
spricht euer Gott,
redet zum Herzen Jerusalems
und rufet ihr zu,
daß vollendet ist ihr Scharwerk,
daß abgegnadet ist ihre Schuld,
daß gedoppelt von SEINER Hand sie empfängt
für all ihre Sündenbußen.

Stimme eines Rufers:
In der Wüste bahnt
SEINEN Weg,
ebnet in der Steppe
eine Straße für unseren Gott!
Alles Tal soll sich heben,
aller Berg und Hügel sich niedern,
das Höckrige werde zur Ebne
und die Grate zum Gesenk!
Offenbaren will sich
SEIN Ehrenschein,
alles Fleisch vereint wirds sehen.
Ja, geredet hats SEIN Mund.

Stimme eines Sprechers:
Rufe!
Es spricht zurück:
Was soll ich rufen!
alles Fleisch ist Gras,
all seine Holdheit der Feldblume gleich!
Verdorrt ist das Gras,
verwelkt ist die Blume,
da SEIN Windbraus sie angeweht hat!

– Gewiß,
Gras ist das Volk,
verdorrt ist das Gras,
verwelkt ist die Blume,
aber für Weltzeit besteht
die Rede unseres Gottes.

Auf einen ragenden Berg steig dir

als Glücksmärbringerin, Zion,
schwing hoch mit Kraft deine Stimme
als Glücksmärbringerin, Jerusalem,
schwinge sie hoch, fürchte dich nimmer,
sprich zu den Städten Jehudas:
Da, euer Gott!
da, mein Herr, ER,
er kommt als der Starke,
sein Arm hat für ihn gewaltet,
da, bei ihm ist sein Sold,
vor ihm her sein Werklohn:
wie ein Hirt weidet er seine Herde,
Lämmer hält er in seinem Arm,
trägt sie an seinem Busen,
die Mutterschafe leitet er sacht.

Wer hat mit seiner Faust die Wasser gemessen,
die Himmel abgegriffen mit der Spanne,
mit dem Dreiling den Staub der Erde gefaßt,
mit dem Schwebebalken Berge gewogen,
Hügel mit dem Schalenpaar?
Wer hat SEINEN Geistbraus begriffen,
ein Mann, dem seinen Ratschluß er kundgäbe?
mit wem hat er sich beraten,
der zu unterscheiden ihm hülfe,
der um den Pfad des Rechts ihn belehrte,
der Erkenntnis ihn lehrte,
der den Weg der Unterscheidungen ihm kundgäbe?

Stämme da, sie sind wie vom Schöpffaß ein Tropfen,
wie fürs Schalenpaar ein Korn gelten sie,
Eilande da, er lüpft sie wie Flocken.
Des Libanons wäre zum Brand nicht genug,
seines Wilds nicht genug, zur Darhöhung.
Alle Stämme sind wie Nichts vor ihm,
als vom Unding und Irrsal gelten sie ihm.

Und wem wollt ihr den Gottherrn vergleichen,
was als Gleichnis ihm zupassen?
Das Schnitzbild etwa,

das der Former gegossen hat,
mit Walzgold überzogen der Schmelzer,
Silberketten schmelzte er aus,
wer nur karge Hebe vermag
wählte ein Holz, das nicht morsch,
suchte sich einen weisen Former,
ein Schnitzbild aufzurichten,
das nicht wanken wird?

Wollt ihrs nicht erkennen?
wollt ihrs nicht hören?
wards aus Urfrühe nicht euch gemeldet?
habt ihr nicht unterschieden,
was der Erde Grundfeste ist?
Der über der Scheibe der Erde sitzt,
– wie Grillen sind da ihre Sassen!
der wie Flockentuch ausspannt die Himmel,
– wie als Zelt zum Siedeln spreitet er sie!
der gibt, daß Erlauchte zu Nichts werden,
die Richter der Erde wie das Irrsal macht!
kaum sind sie gepflanzt,
kaum sind sie gesät,
kaum wurzelt in der Erde ihr Reis,
bläst er sie auch schon an,
daß sie verdorren,
wie Stroh trägt der Sturm sie davon.

Wem wollt mich ihr vergleichen,
daß ich ähnlich wäre?
spricht der Heilige.
Tragt zur Höhe empor eure Augen
und seht:
Wer hat diese geschaffen?
Der ausgezählt vorführt ihre Schar,
sie alle aufruft bei Namen –
aus der Mächte-Vielheit,
der Hünen-Heerkraft
will niemand vermißt sein.

Warum sprichst du, Jaakob,

redest du, Jifsrael :
Verborgen vor IHM ist mein Weg,
mein Recht entzieht sich meinem Gott?!
Erkanntest du es noch nicht
oder hörtest du es noch nicht:
der Urzeit-Gott, ER,
Schöpfer der Ränder der Erde,
er ermattet nicht,
er ermüdet nicht,
unausforschlich ist sein Unterscheiden.
Er gibt dem Ermatteten Kraft,
dem Ohnmächtigen mehrt er Kernhaftigkeit.
Jünglinge ermatten, ermüden,
Rüstige straucheln und straucheln,
aber die SEIN harren
tauschen Kraft ein,
wie die Adler treiben sie Schwingen,
sie rennen und werden nicht müde,
sie gehen und werden nicht matt.

Verstummt mir zu, Ozeanküsten!
mögen eintauschen Kraft die Nationen!
heran sollen sie,
dann erst dürfen sie reden, –
zum Gericht laßt miteinander uns nahn!

Wer hat erweckt den vom Aufgang her,
den in ihre Fußspur beruft die Wahrhaftigkeit,
er gibt Stämme vors Antlitz ihm,
streckt Könige nieder,
gibt jedwedes Schwert wie Staub hin,
jedwedes Bogenstrang, wie verwehtes Stroh?
jener verfolgt sie,
zieht in Frieden fort, einen Pfad,
den er nie mit seinen Füßen gekommen war.
Wer hats gewirkt und getan?
Der von der Urfrühe her die Geschlechter beruft:
Ich bin der Urfrühe
und mit den Letztspäten bin ich derselbe.

Ozeanküsten schautens,
sie erschauerten,
die Ränder der Erde erbebten:
es nahen welche, laufen zusammen,
helfen jedermann seinem Genossen,
zu seinem Bruder spricht er: Fest zu!
der Former heißt fest sein den Schmelzer,
der Hammerglätter den Klöpfelschläger,
von der Lötung spricht man: Gut ist die!
dann befestigt mans mit Nägeln,
daß es nicht wanke.

Du aber,
Jifsrael, mein Knecht,
Jaakob, den ich wählte,
Same Abrahams, meines Liebenden!
du, den ich erfaßte von den Rändern der Erde her,
von ihren Achseln her habe dich ich gerufen,
ich sprach zu dir:
Mein Knecht bist du!

Gewählt habe ich dich einst
und habe dich nie verworfen, –
fürchte dich nimmer,
denn ich bin bei dir,
starre nimmer umher,
denn ich bin dein Gott,
ich stärke dich,
ich helfe dir auch,
ich halte dich auch
mit der Rechten meiner Wahrhaftigkeit.
Wohl, enttäuscht und beschämt werden alle,
die wider dich entflammt sind;
wie Nichts werden, verschwinden
die Männer deiner Bestreitung;
du suchst sie, findest sie nicht,
die Männer deiner Befehdung;
wie Nichts werden, wies Unding
die Männer deiner Bekriegung:
denn Ich bin dein Gott,
der deine Rechte erfaßt hat,
der zu dir spricht:
Fürchte dich nimmer,
ich selber helfe dir.

Fürchte dich nimmer,
du Jaakobwürmlein,
ihr Jifsraelsleutchen,
ich selber helfe dir,
ist Sein Erlauten,
dein Auslöser,
der Heilige Jifsraels ists.
Wohlan,
ich mache dich zu einem Schlitten,
einem scharfen, neuen, vielschneidigen,
dreschen sollst du Berge, durchmalmen,
Hügel wie Spreu machen,
du worfelst, Windbraus trägt sie fort,
der Sturm versprengt sie,
du selber aber,

jubeln wirst du um Ihn,
dich um den Heiligen Jifsraels preisen.

Die Gebeugten und die Bedürftigen
suchen Wasser und da ist keins,
vor Durst lechzt ihre Zunge,
Ich werde ihnen willfahren,
ich, Jifsraels Gott, werde sie nicht verlassen.
Ich eröffne auf Kahlhängen Ströme,
inmitten der Gesenke Quellen,
mache Wüste zum Wasserteich,
wildes Erdland zu Wasserbornen,
ich gebe in die Wüste
Zeder, Akazie und Myrte und Ölbaum,
mache wachsen in der Steppe
Wacholder, Esche und Zypresse vereint,
damit sie sehen und erkennen,
bemerken und begreifen miteins:
Ja, Seine Hand hat dieses getan,
der Heilige Jifsraels hats geschaffen.

Naht mit eurer Vorstreiterschaft,
spricht Er,
her eure Kernbeweise,
spricht Jaakobs König.
Her sollen sie und uns ermelden.
was sich fügen wird:
Das Frühere,
was es war, meldet,
daß wirs merken mit unserem Herzen,
daß wir sein Spätziel erkennen.
oder das Kommende
lasset uns hören!
meldet den Lauf für das Später,
daß wir erkennen:
Ja denn, ihr seid Götter!
mögt ihr auch Güte oder Bosheit erzeigen,
wir wollen um uns starren und uns fürchten miteins!...
Wohl –
vom Nichts seid ihr,

vom Unding ist euer Werk,
einen Greuel erwählt man an euch.

Vom Norden her weckte ich einen,
daß er herbeilief,
vom Aufgang der Sonne ihn,
der ausrufe meinen Namen,
er zertritt Satrapen wie Lehm,
wie ein Töpfer den Ton stampft.
Wer hats angemeldet von früh her,
daß wirs erkennten,
von vornherein,
daß wir sprächen: Wahrhaftig!?
Keiner auch war, ders meldete,
keiner auch, ders hören ließ,
keiner auch, der Sprüche von euch erhorchte! –
Als Frühster gab ich an Zion
ein: Wohl, da ists, da sind sie!,
an Jerusalem
ich einen Glücksmärbringer.
Sehe ich mich um –
kein Mann!
unter diesen –
kein Berater,
daß ich sie fragte,
sie Rede erstatteten!
Wohl, Arg sind sie alle,
ihre Gemächte Unding,
ihre Gußbilder Wind und Irrsal.

Mein Knecht hier,
an dem ich halte,
mein Erwählter,
dem meine Seele gnadet,
auf ihn gebe ich meinen Geisthauch,
den Weltstämmen führe er Recht hin.
Nicht schreit er,
nicht erhebt,
nicht läßt auf der Gasse seine Stimme er hören,
ein geknicktes Rohr bricht er nicht,
einen glimmenden Docht, den löscht er nicht ab,
Recht führt hinaus er in Treuen.
Er selber verglimmt nicht
und knickt nicht ein,
bis das Recht er setzte auf Erden
und seine Weisung die Ozeanküsten erwarten.

So hat der Gottherr, ER, gesprochen,
der die Himmel schuf und sie spannte,
der die Erde breitete zusamt den aus ihr Gesprossnen,
der dem Volk auf ihr Odem gab,
Hauch den sie Begehenden:
ICH rief dich an in Bewährung,
ich fasse dich an der Hand,
ich will dich verwahren,
ich will dich begeben
zu einem Volksbund,
zu einem Weltstämme-Licht,
blinde Augen zu erhellen,
aus dem Kerker Gefangne zu führen,
aus dem Hafthaus, die in Finsternis sitzen.
ICH BIN DA: das ist mein Name,
meinen Ehrenschein gebe ich nicht einem andern,
noch den Meißeldocken meinen Lobpreis:
das Frühre, hier, es kam,
Neues melde ich an,
eh es wächst, lasse ich euch es erhorchen.

Singt Ihm einen neuen Gesang,
seinen Preis vom Erdrande her,
die ihr auf das Meer auslauft und seine Fülle,
Küsten zusamt ihren Siedlern!
Anheben sollen die Wüste und ihre Städte,
die Gehöfte, die Kedar besiedelt,
jubeln die Siedler des Geklüfts,
juchheien vom Haupte der Berge,
Ihm sollen sie Ehren setzen,
seinen Preis an den Küsten vermelden.

ER fährt aus als Held,
als Kriegsmann weckt er den Eifer,
er schmettert,
ja dröhnt,
erzeigt sich heldisch an seinen Feinden:
»Von Zeiten her habe ich geschwiegen,
ich blieb still, ich bezähmte mich,
der Gebärenden gleich will ich stöhnen,
schnaufen und schnauben zumal,
öden will ich Berge und Hügel,
all ihr Kraut trocknen lassen,
Stromland umsetzen zu Küsten,
Sümpfe trockne ich aus, –
aber ich gängle Blinde
auf einem Weg, den sie nicht kennen,
auf Steigen, die sie nicht kennen,
bewege ich sie hin,
Finster mache ich ihnen zum Licht
und das Holperige zur Ebne...«
– Dies waren die Reden,
die ich nun betätige, die ich nicht lasse.
Zurückweichen müssen,
beschämt und sich schämend,
die sich mit Gemeißeltem sichern,
die zum Gußbilde sprechen:
Ihr seid unsere Götter.

Ihr Tauben, höret,

ihr Blinden, blickt auf, um zu sehn:
wer war blind, es sei denn mein Knecht?
taub, wie den nun als meinen Boten ich sende?
wer war blind wie der nun Gefriedete?
blind, wie der nun SEIN Knecht heißt?
Vieles hattest du gesehn,
beachtetest doch nichts –
hellhörig,
erhorchte er doch nichts!

ER begehrte um seiner Wahrhaftigkeit willen,
daß die Weisung man vergrößre, verherrliche,
und nun war das ein Volk, geplündert, beraubt,
verstrickt in Löchern sie alle,
in Hafthäuser waren sie gesteckt,
zur Plündrung wurden sie – da war kein Retter,
zum Raub – keiner sprach: Erstatte zurück!
Wer bei euch wird diesem ein Ohr leihn,
drauf merken, es gehört haben für später:
»Wer gab Jaakob dem Räuber hin,
den Plünderern Jifsrael?
wars nicht ER, an dem wir uns versündigt hatten,
in seinen Wegen gehn, nicht war mans gewillt,
auf seine Weisung hörte man nicht!
Da goß er über ihn aus
die Glut seines Zorns
und das Wüten des Kriegs,
das umloderte ihn rings
und er erkannte noch nicht,
es sengte ihn an
und er nahms noch nicht zu Herzen.«

Jetzt aber,
so hat ER gesprochen,
dein Schöpfer, Jaakob,
dein Bildner, Jifsrael,
fürchte dich nimmer,
denn ich habe dich ausgelöst,
ich habe dich mit Namen berufen,

du bist mein.
Wenn durchs Wasser du ziehst,
bin ich mit dir,
durch die Ströme,
sie überfluten dich nicht,
wenn quer durchs Feuer du gehst,
verbrennst du nicht,
und die Lohe,
sie sengt dich nicht an.
Denn ICH bin dein Gott,
der Heilige Jifsraels ist dein Befreier.
Als Deckung für dich gebe ich Ägypten,
Äthiopien und Sfeba statt deiner.
Dessen wegen,
daß du teuer bist in meinen Augen,
ehrenwichtig bist
und ich selber dich liebe,
gebe ich Menschen statt deiner,
Nationen statt deiner Seele:
fürchte dich nimmer,
denn ich bin mit dir.
Von Aufgang
lasse ich heimkommen deinen Samen,
von Abend
bringe ich dich zuhauf,
ich spreche zum Norden:
Gib her!
und zum Süden:
Umhafte nimmer,
laß kommen meine Söhne von fern,
meine Töchter vom Erdenrand,
alles, was mit meinem Namen gerufen ward, –
zu meiner Ehre habe ich es erschaffen,
es gebildet, ja, es gemacht!

Man führe vor
ein Volk, blind, und hat doch Augen,
die Tauben, und sind ihnen doch Ohren!
– Alle Weltstämme sind zuhaufgebracht,

die Nationen herangeholt.
Wer bei jenen
hätte solches angemeldet?
oder hätten sie Frühres uns zu erhorchen gewährt?
hergeben sollen jene ihre Zeugen,
daß sie bewahrheitet werden;
haben die etwas erhorcht,
mögen sie sprechen: Getreu ists!
Ihr selber seid meine Zeugen,
– SEIN Erlauten –
und mein Knecht ists,
den ich erwählte,
damit ihr erkennt, mir vertraut und besinnt,
daß ich der bin:
Gottheit ward vor mir nicht gebildet,
wird nach mir nicht dasein,
doch ich, doch ICH BIN DA,
außer mir kein Befreier,
doch ich habs angemeldet,
ich habe Befreiung beschert
und habe Erhorchung gewährt,
kein Fremdes war bei euch.
Ihr also seid meine Zeugen,
– SEIN Erlauten –
und so bin ich Gottheit.
Auch von heut an bin ichs,
kein Erretter aus meiner Hand!
ich wirke, wer wills verkehren?!

So hat ER gesprochen,
euer Auslöser,
der Heilige Jifsraels:
Um euretwillen entsende ich nach Babel,
treibe allsamt sie als Flüchtlinge aus…,
nach Chaldäa,
…in den Schiffen ihres Jubels, –
ICH, euer Heiliger,
Jifsraels Schöpfer,

euer König.
So hat ER gesprochen,
der einen Weg einst gab durch das Meer,
einen Pfad durch wütige Wasser,
der hinfahren ließ Wagen und Roßmacht,
Heertroß und Streiterwut, –
miteinander legten sie sich nieder
ohne wieder aufzustehn,
schwelten wie ein Docht,
erloschen:
Gedenket nimmer des Frühern,
dem Vormaligen sinnt nimmer nach!
wohlan, ich tue ein Neues,
jetzt wächst es auf,
erkennt ihrs nicht?
Auch in die Wüste setze ich einen Weg,
in die Einöde Ströme,
das Wild des Feldes wird mich verehren,
Schakale und Strauße,
daß in die Wüste ich Wasser gab,
Ströme in die Einöde,
mein Volk, meinen Erwählten zu erquicken, –
das Volk, das ich mir gebildet habe,
auf daß meinen Preis sie erzählen.

Und mich hattest du nicht gerufen,
o Jaakob,
daß du dich um mich gemüht hättest,
o Jifsrael,
nicht brauchtest du mir ein Lamm deiner Darhöhungen zu-
    kommen zu lassen,
mit deinen Schlachtungen nicht mich zu ehren,
nicht mochte ich dich Dienst tun lassen mit Hinleitspende,
nicht mit Weihrauch dich abmühn,
nicht mußtest du um Silber mir Würzrohr erwerben,
nicht mit deiner Schlachtungen Fett mich laben,
wohl aber hast du
Dienst tun lassen mich

mit deinen Versündigungen,
abgemüht mich
mit deinen Verfehlungen.
Ich selber, ich selber bins,
der deine Auflehnungen wegwischt,
um meinetwillen,
deiner Sünden gedenke ich nicht mehr.

Stelle es mir vors Gedächtnis,
miteinander wollen wir rechten,
erzähle du, damit du bewahrheitet wirst!
Dein früher Vorvater schon hat sich versündigt,
deine Dolmetscher lehnten sich wider mich auf,
endlich mußte ich geheiligte Fürsten preisgeben,
Jaakob dem Bann überliefern,
Jifsrael den Schmähungen.

Jetzt aber höre,
Jaakob, mein Knecht,
Jifsrael, den ich erwählte,
–so hat ER gesprochen,
der dich gemacht hat,
der dich gebildet hat vom Mutterleib auf,
dir hilft, –
fürchte dich nimmer,
mein Knecht Jaakob,
Jeschurun, den ich erwählte!
denn ich schütte Wasser auf Durstendes,
Rieselwellen auf Trocknis:
ich schütte meinen Geist auf deinen Samen,
meinen Segen auf deine Nachfahren,
daß sie wachsen wie zwischen Gras,
wie Pappeln an Wasseradern.
Der wird sprechen: Ich bin SEIN,
der sich auf Jaakobs Namen berufen,
der als seine Handmarke schreiben: IHM!
und sich auszeichnen mit Jifsraels Namen.

So hat ER gesprochen, Jifsraels König,

sein Löser, ER der Umscharte:
Ich bin der Urfrühe,
ich bin der Letztspäte,
außer mir ist kein Gott.
Wer ist mir gleich?
er rufe aus,
vermelde es,
schichte es vor mich hin:
seit ich einsetzte urzeitliches Volk,
den Verlauf
und was kommen wird
mögen sie ihrethalben melden!
Drum laßt euch nimmer erschrecken,
verzweifelt nimmer!
habe ichs nicht dir zu erhorchen gewährt von vormals,
es angemeldet,
und ihr seid meine Zeugen?!
West Göttliches außer mir?!
kein Fels ist, ich müßte ihn kennen!

Die Schnitzdockenbildner,
Irrsal sind sie allsamt,
unnütz sind ihre Köstlichen,
und sie selber sind deren Zeugen:
ohne Sehn sind sie, ohne Erkennen, –
damit sie sich schämen müssen.
Wer immer einen Abgott gebildet,
eine Docke gegossen hat,
zum Unnützen ists!
Wohl, beschämt werden einst alle ihr Zugesellten,
und die Former, die sonderlich unter den Menschen:
sie werden allsamt zuhauftreten, dastehn –
und erschrecken, sich schämen zumal.
Der Former in Eisen, mit dem Schrotmeißel,
am Gebläse arbeitet er,
bildet ihn mit den Hämmern,
mit seinem kräftigen Arm bearbeitet er ihn,
er hungert sich ab,
ob er auch kraftlos wird,

trinkt ja nicht Wasser,
ob er auch ermattet.
Der Former in Holz spannt eine Schnur,
er umreißt ihn mit dem Stift,
mit den Hobeln macht er ihn zurecht,
reißt ihn nach mit dem Zirkel,
so macht er ihn gleich dem Bau eines Mannes,
gleich einem Prachtstück von Menschen,
in einem Hause Sitz zu haben.
Erst mußte er Zedern hauen,
nahm Pinie und Eiche,
unter den Waldhölzern hatte er die sich erstarken lassen,
hatte eine Kiefer gepflanzt und groß zog sie der Regen,
nun hat der Mensch was zum Heizen,
er nimmt davon, er wärmt sich,
auch zündet ers an und bäckt Brot,
auch arbeitet er einen Abgott heraus,
dann wirft er sich nieder,
er macht es zu einer Schnitzdocke,
dann bückt er sich vor ihr.
Die Hälfte davon hat er im Feuer verbrannt,
über der Hälfte davon ißt er Fleisch,
brät einen Braten und sättigt sich,
wärmt sich auch und spricht:
Ha, ich werde warm, ich sehs lichterloh!
und den Rest macht er zu einem Abgott,
zu einer Schnitzdocke sich und bückt sich vor ihr,
wirft sich nieder, betet zu ihr und spricht:
Errette mich, denn du bist mein Schutzgott!
Sie erkennen nicht,
sie unterscheiden nicht,
denn verklebt sind
ihre Augen gegens Sehen,
ihre Herzen gegens Begreifen,
nicht läßts einer in sein Herz einkehren,
nicht ist Erkenntnis da, nicht Unterscheidung,
zu sprechen:
Die Hälfte davon habe ich im Feuer verbrannt,
habe auch Brot auf den Kohlen davon gebacken,

brate nun Fleisch und esse,
und das Übrige davon sollte zum Greuel ich machen,
vor einer Holzware sollte ich mich bücken?!
Wer Asche weidet,
ein betrogenes Herz hat ihn hingeneigt,
er rettet nicht seine Seele,
er spricht nicht:
Ist nicht Lüge in meiner Rechten?!

Bedenke dies, Jaakob,
Jifsrael, denn du bist mein Knecht,
zum Knecht habe ich dich gebildet,
du bist mein,
Jifsrael, du wirst mir niemals vergessen werden.
Wie Nebel wische ich weg deine Auflehnungen,
wie Gewölk deine Versündigungen, –
kehre um zu mir,
denn ich habe dich ausgelöst.

– Jubelt, ihr Himmel,
denn ER hats getan.
Jauchzet, Untergründe des Erdreichs,
in Jubel, Berge, brecht aus,
du Wald und darin alles Holz,
denn ER hat Jaakob ausgelöst
und mit Jifsrael prangt er.

So hat ER gesprochen,
dein Löser,
dein Bildner vom Mutterleib auf:
ICH selber,
der alles macht,
den Himmel spannt, ich einzig,
die Erde breitet, wer mit mir?,
der der Schwätzer Vorzeichen zerbröckelt,
die Wahrsager rasend macht,
die Weisen rückwärts sich kehren heißt,
ihre Kundigkeit narrt,
der die Rede seines Knechtes errichtet,
den Ratschluß seiner Boten vollbringt,
bins, der nun von Jerusalem spricht:
Es wird besiedelt!
und von den Städten Jehudas:
Sie werden aufgebaut,
seine Ödungen richte ich auf!
bins, der nun zum Tiefstrudel spricht:
Veröde,
deine Ströme trockne ich aus!
bins, der nun von Cyrus spricht:
Mein Hirt,
all meinen Willen wird er vollbringen,
von Jerusalem sprechend:
Es werde aufgebaut
und die Tempelhalle gegründet!

So hat ER gesprochen
zu Cyrus, zu seinem Gesalbten:
Den ich faßte an seiner Rechten,
Stämme vor ihm niederzustrecken,
öffnend der Könige Hüftgurt,
Türen vor ihm zu öffnen,
Pforten, daß sie sich nicht mehr schließen,
vor dir gehe ich selber einher,
Schwellungen werde ich ebnen,
eherne Türen zerschmettern,
eiserne Riegel zerhauen,

geben will ich dir
die Schätze der Finsternis,
das Eingescharrte der Verborgenheiten.
Um deswillen, daß du erkennest:
ja, ICH bin es,
der dich mit Namen anrief,
Jifsraels Gott,
um meines Knechts Jaakob willen,
Jifsraels, meines Erwählten.
Ich rief dich bei deinem Namen,
bezeichnete dich, und du kanntest mich nicht,
– ICH bins und keiner sonst,
außer mir ist kein Gott, –
ich rüstete dich, und du kanntest mich nicht.
Um deswillen, daß man erkenne,
die vom Sonnaufgang und die vom Abend,
daß nirgendwas neben mir ist,
ICH bins und keiner sonst:
der das Licht bildet
und die Finsternis schafft,
der den Frieden macht
und das Übel schafft,
ICH bins, der all dies macht.
Träufet, ihr Himmel, von oben,
Wahrhaftigkeit sollen rieseln die Lüfte,
die Erde soll sich öffnen,
Freiheit sollen sie fruchten lassen,
Bewährung soll sie sprießen zumal,
ICH selber habe es geschaffen.

Weh,
der mit seinem Bildner streitet,
Scherbe unter Scherben vom Lehm!
Spricht zu seinem Bildner der Ton:
Was machst du!
und:
Dein Werk, keine Handhabe ist dran!?
Weh,
der zum Vater spricht:
Was zeugst du!
zum Weib:
Was kreißest du!
So hat ER gesprochen,
der Heilige Jifsraels,
sein Bildner:
Über den Weltlauf
befraget mich!
meine Söhne,
das Werk meiner Hände
müßt ihr mir entboten sein lassen!
Ich selber habe die Erde gemacht
und auf ihr den Menschen erschaffen,
meine eignen Hände spannten die Himmel,
all ihre Schar habe ich entboten.
Ich selber habe einen erweckt in Wahrhaftigkeit,
ebnen will ich all seine Wege,
meine Stadt soll der erbauen
und freischicken meine Verschlepptenschaft,
nicht um Geldwert und nicht um Geschenk.
ER der Umscharte hats gesprochen.

So hat ER gesprochen:
Die Arbeit Ägyptens,
der Handel Äthiopiens,
die sfebäischen Männer von Unmaß,
zu dir sollen sie übertreten,
dein werden sie sein wollen,
hinter dir hergehn mögen,
in Fesseln herübertreten,

nach dir hin sich niederwerfen,
nach dir hin beten:
Nur in dir ist Gottheit,
keiner sonst, nirgends ein Gott!
Gewiß,
du bist eine Gottheit, die sich verbirgt,
Jifsraels Gott,
Befreier!
Beschämt, gar enttäuscht allesamt,
in Enttäuschung gehn hinweg miteinander
die Former der Gebilde,
Jifsrael aber, befreit ists durch IHN
zu Siegfreiheit für die Zeiten,
nicht werdet ihr beschämt,
nicht werdet ihr enttäuscht
fort in die Zeiten, ewig fort.

Ja denn,
so hat ER gesprochen:
Der den Himmel schafft,
er eben ist der Gott;
der die Erde bildet und sie macht,
er eben erhält sie;
nicht als Irrsal hat er sie erschaffen,
zum Besiedeln hat er sie gebildet –
ICH bins und keiner sonst.
Nicht im Verborgnen habe ich geredet,
in einem Orte des Finsterlands,
nicht gesprochen zu Jaakobs Samen:
Sucht mich im Irrsal!
ICH bin es,
der Wahrhaftigkeit redet,
der Gerades meldet.

Zuhauf! kommt!
miteinander stellet euch ein,
der Stämmewelt Entronnene!
Nichts haben erkannt,
die das Holz ihrer Schnitzdocke tragen,

zu einer Gottheit beten, die nicht befreit.
Meldets,
stellet jene heran
– mögen sie sich doch miteinander beraten –:
Wer hat von einsther erhorchen dies lassen,
von vormals es angemeldet?
bins nicht ICH?
kein Gott sonst ist neben mir,
Gottheit, wahrhaftig und befreiend,
außer mir keiner!
Wendet euch mir zu
und laßt euch befreien,
alle Enden der Erde,
denn ich bin Gottheit,
keiner sonst!
Ich habe bei mir geschworen,
aus meinem Mund fuhr Bewährtes,
Rede, die nicht zurückkehrt:
Ja,
mir beugen wird sich alles Knie,
zuschwören alle Zunge.
Nur bei IHM,
wird man sprechen,
habe ich Bewahrheitung und Macht.
Zu ihm kommen,
beschämt,
alle wider ihn Entflammten,
als durch IHN bewahrheitet preist sich
aller Same Jifsraels.

Bel hat sich gebeugt, Nebo krümmt sich nieder,
diese ihre Popanze sind zum Tier, zum Lastvieh geworden,
aufgepackt seid ihr zum Tragen, Tracht den ermatteten, –
sie haben sich gekrümmt, haben sich gebeugt zumal,
aber nicht vermögen die Tracht sie entrinnen zu lassen
und ihr Selbst geht mit in die Gefangenschaft.
Hört auf mich, Haus Jaakobs
und aller Überrest vom Haus Jifsraels,
ihr vom Mutterleib an Aufgepackten,
ihr vom Schoße an Getragnen
und bis ins Alter –
ich bin derselbe!
bis in das Greisentum –
ich selber belade mich,
ich selber habe es getan,
ich selber will weiter tragen,
ich selber belade mich
und lasse entrinnen.
Wem wollt ihr mich vergleichen
und anähneln
und zupassen,
daß wir uns glichen?!
Die schütten Gold aus dem Beutel,
mit dem Unzener wägen sie Silber,
dann dingen sie einen Schmelzer,
daß ers zu einem Abgott macht,
bücken sich, werfen sich auch hin;
tragen sie ihn auf der Schulter,
müssen sie ihn schleppen;
lassen sie ihn auf seinen Platz nieder,
steht er da,
weicht von seinem Ort nicht;
mag einer auch zu ihm schreien,
er antwortet nicht,
befreit ihn nicht von seiner Bedrängnis.

Gedenket dessen und erstrafft,
Abtrünnige, ins Herz laßts euch kehren!
gedenkt des Frühen von der Vorzeit her:

ja, ich bin Gottheit, keiner sonst,
Gott, nirgendwas ist nur gleich,
der von der Frühe her anmeldet die Späte,
von einst, was noch nicht getan ward,
der spricht: Mein Ratschluß bleibt aufrecht,
all mein Begehren, ich tus!
der vom Aufgang den Stoßvogel beruft,
vom Land der Ferne den Mann seines Rats:
so habe ich geredet,
so lasse ichs kommen,
gebildet habe ich,
so tue ichs.
Hört auf mich, ihr Herzensrecken,
die ihr von der Bewährung fern seid:
schon nähere ich meine Bewährung,
sie ist nicht mehr fern,
und meine Siegbefreiung,
sie verspätet sich nicht,
Siegfreiheit gebe ich an Zion,
mein Prangen über Jifsrael.

Steige herab,
sitze in den Staub,
Tochter Babel, du Maid,
sitze hin zur Erde,
entthront,
Chaldäertochter,
denn nicht bist du fortan, die sie rufen:
Zarte, Verwöhnte.
Nimm die Handmühle
und schrote Mehl!
Mache dich bar deines Schleiers,
stecke den Rockschweif auf,
mache den Schenkel bar,
schreite durch Ströme!
Bar wird deine Blöße,
ja, gesehen wird deine Schande.
Rache nehme ich,
lasse nicht Menschen dazwischentreten.
– Unser Auslöser,
ER der Umscharte ist sein Name,
der Heilige Jifsraels.
– Sitze hin zum Verstummen,
komm ein in die Finsternis,
Chaldäertochter,
denn nicht bist du fortan, die sie rufen:
Gebieterin der Königreiche.

Ergrimmt war ich über mein Volk,
so gab ich mein Eigentum preis,
lieferte in deine Hand sie,
du aber hast ihnen Erbarmen nicht zugewandt,
sehr wuchten ließest du auf dem Alten dein Joch.
Du sprachst:
In Weltzeit werde ich bleiben,
ewig Gebieterin.
Du wandtest dir dies nicht zu Herzen,
du gedachtest nicht deines Später.
Und jetzt höre dies, Wollüstige,
die gesichert dasitzt,

die in ihrem Herzen spricht:
Ich und nirgendwas sonst!
nicht werde als Witwe ich sitzen,
Kinderberaubtsein nicht kennen!
Kommen werden an dich diese zwei
im Nu, an Einem Tag,
Kinderberaubtsein und Witwenschaft,
in ihrer Gänze kommen sie über dich,
trotz der Menge deiner Zaubereien,
trotz der sehr großen Macht deiner Bannkünste.
Sicher warst du in deiner Bosheit,
du sprachst: Keiner sieht mich!
Deine Klugheit, deine Kenntnis,
die hat dich verkehrt,
daß du sprachst in deinem Herzen:
Ich und nirgendwas sonst!
Nun kommt über dich ein Böses,
du kennsts nicht, es wegzuhexen,
nun überfällt dich ein Schicksal,
du vermagst dich nicht dagegen zu decken,
plötzlich überkommt dich ein Unheil,
du kennst es nicht.

Stell dich doch hin mit deinen Bannkünsten,
mit der Menge deiner Zaubereien,
womit du dich mühtest von deiner Jugend auf!
vielleicht vermagst du Nutzen zu schaffen,
vielleicht scheuchst dus hinweg!
Abgeplagt hast du dich mit deiner Ratschläge Menge,
so mögen doch aufstehn und dich befreien
die Himmelsabteiler,
die die Sterne beschauen,
die bekanntmachen mondneuungsgenau,
wohers über dich kommt!
Wohl, sie sind wie Stroh geworden,
da sie das Feuer verbrennt,
nicht retten sie die eigene Seele
vor dem Griff der Lohe –
keine Kohle ists, sich zu wärmen,

noch Herdglut, daran zu sitzen!
So sind für dich geworden, durch die du dich mühtest,
deine Handelspartner, von deiner Jugend auf,
sie taumeln, jedermann nach seiner Seite hin,
keiner ist, der dich befreit.

Höret dies, Haus Jaakobs,
ihr, mit Jifsraels Namen gerufen,
die aus den Wassern Jehudas fuhren –
ihr, bei SEINEM Namen schwörend,
die des Gottes Jifsraels gedenken,
nicht in Treuen
und nicht in Bewährung, –
nach der Stadt des Heiligtums werden sie ja gerufen,
und an Jifsraels Gott lehnen sie sich,
ER der Umscharte sein Name:
Das Frühre, von eh habe ichs angemeldet,
aus meinem Mund fuhrs, ich ließ es erhorchen,
plötzlich tat ich, es kam:
weil ich wußte, daß du hart bist,
eine Eisensehne dein Nacken,
deine Stirn Erz,
habe von eh ich es angemeldet,
bevor es kam dichs erhorchen lassen, –
sonst möchtest du sprechen:
Mein Schnitzbild hat es getan,
mein Gemeißeltes, mein Gegoßnes es geboten!
Du hast es damals erhorcht,
nun schaue es alles,
und ihr, wollt ihrs nicht weitermelden?
Von jetzt an aber
lasse ich dich Neues erhorchen,
Verwahrtes, das du nicht kennst,
jetzt ists geschaffen, von eh nicht,
vor heute, da hörtest dus nicht,
sonst möchtest du sprechen:
Wohl, das war mir bekannt!
Nichts doch hast du erhorcht,
nichts doch hast du erkannt,
für nichts war von eh doch geöffnet dein Ohr.
Ja denn, bekannt war es mir:
tückisch wirst Tücke du üben,
Abtrünniger vom Schoß auf bist du gerufen.
Um meines Namens willen
halte ich hin meinen Zorn,

um meine Lobpreisung
zäume ich ihn gegen dich,
dich unausgerottet zu lassen.
Wohl, ich habe dich geschmolzen,
nicht zu Silbergewinn,
dich geprüft im Ofen des Elends.
Um meinet-, meinetwillen werde ichs tun, –
ja, wie würde das preisgegeben!
meinen Ehrenschein überlasse ich nicht einem andern.

Höre auf mich, Jaakob,
Jifsrael, mein Berufener!
Ich bin derselbe,
ich der Urfrühe,
ich der Letztspäte auch.
Hat doch meine Hand auch die Erde gegründet,
meine Rechte den Himmel gedehnt,
ich rufe ihnen zu,
da stehn sie zumal.
Zuhauf, ihr alle, und hört!
Wer bei jenen hat dies angemeldet:
den ER liebt,
wird sein Begehren an Babel tun,
sein Armwerk an den Chaldäern:
Ich selber, ich selber habe geredet,
habe ihn auch gerufen,
ihn kommen lassen,
daß sein Weg ihm gelinge.
Nahet mir,
höret dies!
nie, von der Frühe an,
habe ich im Verborgnen geredet,
von der Stunde an, als es ward,
war ich dabei.

– Jetzt also
hat mein Herr, ER, mich gesandt und seinen Geist.
So hat ER gesprochen,
dein Auslöser,
der Heilige Jifsraels:

ICH bin es, dein Gott,
der dich zunutz belehrt,
der dich bewegt auf dem Weg, den du gehn sollst.
Merktest du nur auf meine Gebote,
dein Friede würde wie der Strom,
wie die Meereswellen deine Bewahrheitung,
dein Same würde wie der Sand,
wie dessen Körner, was deinem Kerne entsprang,
nie würde ausgerottet,
nie ausgetilgt
vor meinem Antlitz sein Name.

– Fahret aus von Babel,
rennt aus Chaldäa!
mit Jubelschall
vermeldets, lasset dies hören,
laßts umfahren bis an den Rand der Erde
sprecht:
Ausgelöst hat ER
seinen Knecht Jaakob!
nicht dürsten sie
in den Öden, durch die er sie gehn läßt,
rieseln läßt er ihnen Wasser vom Felsen,
den Felsen spaltet er
und die Wasser fließen.

Kein Friede, hat ER gesprochen, für die Frevler!

Hört auf mich, Ozeanküsten,
fernher aufmerkt, Nationen!

ER berief mich vom Schoße auf,
von meiner Mutter Leib auf gedachte er meinen Namen.
Er machte meinen Mund einem scharfen Schwert gleich
– hat im Schatten seiner Hand mich versteckt!
er machte mich zu einem blanken Pfeil
– hat in seinem Köcher mich verborgen!
Er sprach zu mir:
Mein Knecht bist du,
Jifsrael du, mit dem ich prangen darf.
Und doch habe ich sprechen müssen:
Ins Leere habe ich mich gemüht,
in Irrsal und Dunst meine Kraft allvertan –!
Gleichwohl:
mein Recht war bei IHM,
mein Werklohn bei meinem Gott.

Jetzt aber
hat ER gesprochen,
der vom Mutterleib auf mich bildete zum Knecht sich,
Jaakob zu ihm zurückkehren zu lassen,
daß Jifsrael zu ihm heimgebracht werde
– gewichtig bin ich in SEINEN Augen
und mein Gott ist mein Sieg nun –,
er sprach:
Zu gering ists dafür, daß du mir Knecht wardst,
zu erstellen Jaakobs Stäbe,
die Bewahrten Jifsraels umkehren zu lassen, –
den Weltstämmen gebe ich dich zum Licht,
daß meine Freiheit werde bis an den Rand des Erdreichs.

So hat ER gesprochen,
der Auslöser Jifsraels,
sein Heiliger,
zu dem Seelenverachteten,
zum Abscheu der Stämmewelt,
zum Knecht der Zwingherrn:

Könige werdens sehn, und aufstehn,
Fürsten, und sich niederwerfen,
um SEINER willen, daß er treu ist,
des Heiligen Jifsraels, der dich wählte.

So hat ER gesprochen:
In der Stunde der Gnade
antwortete ich dir,
am Tag der Befreiung
half ich dir,
ich will dich aber verwahren,
ich will dich aber begeben
zu einem Volksbund,
das Erdreich herzustellen,
verödete Eigentume einzueignen,
zu den Gekerkerten zu sprechen:
Fahret aus!
zu denen in Finsternis:
Werdet offenbar!

An den Wegen sollen sie weiden,
auf allen Kahlhängen ist ihnen Weidegrund,
sie werden nicht hungern,
sie werden nicht dürsten,
nicht schlägt sie Samum und Sonne,
denn sie lenkt ihr Erbarmer,
an Wassersprudel leitet er sie.

All meine Berge mache ich zu Weg,
hoch laufen meine Straßen:
diese da kommen von fern,
diese da vom Norden, vom Westmeer,
diese vom Sfiniterland.
Jubelt, ihr Himmel,
frohlocke, Erde,
brecht, ihr Berge, in Jubel aus,
denn ER tröstet sein Volk,
seiner Gebeugten erbarmt er sich.

Zion spricht: ER hat mich verlassen,
vergessen hat mich mein Herr! –
Vergißt denn ein Weib ihren Saugling
ohn Erbarmen für den Sohn ihres Leibes?
auch diese mögen vergessen,
ich aber, ich vergesse dich nicht.
Da, auf beide Handflächen
habe ich dich eingegraben,
stets sind deine Gemäuer vor mir.
Schon eilen deine Söhne herbei;
deine Zerstörer, deine Veröder,
schon fahren sie von dir aus.
Hebe rings deine Augen und sieh,
alle kommen sie dir zuhauf!
sowahr ich lebe,
ist SEIN Erlauten,
ja, sie alle umkleidest du dir als Geschmeid,
als Brautschärpe knüpfst du sie um!
Ja, deine Ödungen, deine Starrnisse,
dein zerschundenes Land –
ja, zu eng wirst du jetzt vor Siedlerschaft,
da entfernt sind, die dich verschlangen.
Noch werden sprechen vor deinen Ohren
die Söhne deiner Vereinsamung:
Zu eng ist mir der Raum,
rück mir fort, daß ich Sitz habe!
Du sprichst dann in deinem Herzen:
Wer hat diese für mich geboren?
vereinsamt war ich und versteint,
hinweggeschleppt, umgetrieben,
und diese – wer zog sie groß?
ich da, allein war ich verblieben,
diese – wo sind sie her?

So hat mein Herr, ER, gesprochen:
Da, ich hebe meine Hand zu den Stämmen,
zu den Völkern schwinge ich mein Banner,
daß mit deinen Söhnen im Kleidbausch sie kommen,
deine Töchter auf der Schulter getragen.

Könige werden dir Betreuer,
ihre Fürstinnen dir Ammen,
Stirn zur Erde wirft man sich vor dir nieder,
man leckt den Staub deiner Füße, –
dann erkennst du, daß ICH es bin,
an dem nicht enttäuscht werden, die sein harren.

– Kann vom Helden zurückerbeutet werden die Beute
oder kann der Fang des Wüterichs entrinnen?
– Ja denn,
so hat ER gesprochen,
auch der Fang des Helden wird zurückerbeutet,
die Beute des Wüterichs entrinnt,
ich selber, ich bestreite deinen Bestreiter,
ich selber, ich befreie deine Söhne,
deine Placker lasse ich fressen ihr eigenes Fleisch,
an ihrem Blut berauschen sie wie an Most sich.
Alles Fleisch, sie sollen erkennen,
daß ICH dein Befreier bin,
dein Auslöser der Recke Jaakobs.

So hat ER gesprochen:
Wo ist der Scheidebrief eurer Mutter,
damit ich sie fortgeschickt hätte?
oder wer von meinen Gläubigern ists,
dem ich euch hätte verkauft?
Ob eurer Verfehlungen wurdet ihr da verkauft,
ob eurer Abtrünnigkeiten ward fortgeschickt eure Mutter.
Weshalb war kein Mann, als ich kam,
kein Antwortender, als ich rief?
Ist allzu kurz, fürs Abgelten allzu kurz mein Arm,
oder keine Kraft in mir, zu erretten?!
Da, mit meinem Dräuen trockne ein Meer ich,
mache Ströme zur Wüste,
stinkend wird ihre Fischbrut, weil kein Wasser mehr ist,
sterben muß sie vor Durst.
Ich kleide die Himmel in Düsternis,
mache Sackleinen ihnen zur Hülle.

Gegeben hat E R, mein Herr,
mir eine Lehrlingszunge.
Daß ich wisse,
den Matten zu ermuntern,
weckt er Rede am Morgen.
Am Morgen weckt er das Ohr mir,
daß ich wie die Lehrlinge höre.

Geöffnet hat E R, mein Herr,
mir das Ohr.
Ich aber, ich habe nicht widerstrebt,
ich bin nicht nach hinten gewichen,
den Schlagenden gab ich hin meinen Rücken,
den Raufenden meine Wangen beide,
mein Antlitz habe ich nicht verborgen
vor Schimpf und Bespeiung.

Mir hilft E R, mein Herr,
darum wurde ich nicht zum Schimpf,
darum konnte ich mein Antlitz kieselgleich machen,
ich wußte, daß ich nicht enttäuscht werde:
nah ist, der mich bewährtspricht!
Wer will mit mir streiten?
treten miteinander wir vor!
wer ist mein Rechtsgegner?
er stelle sich mir!

Da, mir hilft E R, mein Herr, –
wer ists,
der mich bezichtigen mag?
da, allsamt
zerfasern sie einem Gewand gleich,
die Motte frißt sie auf.

Wer unter euch ist S E I N fürchtig,
hörend auf die Stimme seines Knechts,
daß im Finstern er gehn kann, wo ihm kein Strahl ist:
er verläßt sich auf S E I N E N Namen,
er stützt sich auf seinen Gott!
– Ihr alle da,

die ihr Feuer entzündet,
euch ausrüstet mit Fackeln,
geht in die lichte Lohe eures Feuers,
in die Fackelglut, die ihr entbrannt habt!
Von meiner Hand geschieht euch dieses,
zur Pein müßt ihr euch niederlegen.

Höret auf mich,
die ihr der Wahrhaftigkeit nachjagt,
die ihr MICH suchet!
Blicket auf den Fels,
daraus ihr wurdet gehauen,
auf die Brunnenhöhlung,
daraus ihr wurdet erbohrt!
blickt auf Abraham, euren Vater,
auf Sfara, die mit euch kreißte!
denn als Einzelnen
habe ich ihn berufen,
daß ich ihn segnete,
daß ich ihn mehrte.
– Ja denn,
ER tröstet Zion,
tröstet all ihre Ödungen,
macht Eden gleich ihre Wüste,
SEINEM Garten gleich ihre Steppe,
drin wird Wonne und Freude gefunden,
Danklied und Saitenspielschall.

– Merket auf mich,
du mein Volk!
meine Nation du,
auf mich lauschet!
denn Weisung,
von mir fährt sie aus,
und meine Gerechtigkeit,
zum Licht der Völker winke ich sie heran.
Meine Wahrheit ist nah,
meine Freiheit fuhr aus,
meine Arme werden die Völker richten,
auf mich harren die Ozeanküsten,

auf meinem Arm warten sie.

Hebt eure Augen zum Himmel,
blicket zur Erde drunten:
ja denn,
rauchgleich verfledern die Himmel,
gewandgleich muß die Erde zerfasern,
einem Mückenschwarm gleich müssen ihre Insassen sterben,
aber meine Befreiung,
für die Weltzeit ist sie da,
aber meine Bewährung,
nie stürzt sie ein.

Höret auf mich,
die ihr die Wahrhaftigkeit kennt,
du Volk
mit meiner Weisung in den Herzen!
Fürchtet nimmer den Hohn von Menschen,
durch ihre Schmähungen laßt euch nimmer bestürzen!
Denn gewandgleich frißt sie die Motte,
wollzeuggleich frißt sie die Schabe,
aber meine Bewährung,
für die Weltzeit ist sie da,
aber meine Befreiung
bis ins Endgeschlecht der Geschlechter.

Wache, wache,
kleide dich in Sieg,
du SEIN Arm!
Wache, wie in den Tagen von einst,
denen der Vorzeitgeschlechter!
warst nicht dus,
der das Ungetüm zerhieb,
den Drachen erstach?
warst nicht dus,
der das Meer austrocknete,
die Wasser des großen Wirbels?
der durch die Tiefen des Meers den Weg legte,
daß hindurchschritten Ausgelöste?
So mögen heimkehren die von IHM Abgegoltnen,
kommen nach Zion mit Jubel,
Weltzeit-Freude um ihr Haupt:
sie erlangten Wonne und Freude,
Gram und Seufzen müssen entfliehn.

– Ich selber, ich selber
bins, der euch tröstet:
wer bist du, daß du dich fürchtetest
vor einem Menschen, der sterben wird,
vorm Adamssohn, dahingegeben als Gras!
du vergaßest IHN, der dich machte,
der die Himmel spannt und die Erde gründet,
erschrocken warst du stets, all den Tag,
vor der Grimmglut des Bedrängers,
dieweil er zielte, zu verderben, –
und wo ist nun die Grimmglut des Bedrängers?!
Eilends wird der Krummgeschloßne entkettet,
nicht muß er hinsterben zur Grube,
nicht ermangelt er mehr seines Brots.

ICH selber bins, dein Gott,
der das Meer emporwinkt,
daß seine Wellen tosen,
dessen Name ist ER der Umscharte:
ich setzte meine Reden in deinen Mund,
und habe dich zugehüllt

mit dem Schatten meiner Hand:
einen Himmel zu pflanzen,
eine Erde zu gründen
und zu Zion zu sprechen:
Du bist mein Volk.

Erwache, erwache,
steh auf, Jerusalem,
die du von SEINER Hand trankst
den Becher seiner Grimmglut,
den Humpenbecher der Betäubung
trankst du, schlürftest du aus!
Keiner war, der sie leitete,
von allen Söhnen, die sie gebar,
keiner, der an der Hand sie faßte,
von allen Söhnen, die sie großzog!
Zweierlei ists, das dich betraf
– wer nickt dir zu?! –
Verwildrung, Verstörung,
Hungersnot, Schwerttod,
– wer tröstet dich?!
Deine Söhne, umdunkelt,
liegen zuhaupt aller Gassen,
wie eine Antilope im Netz,
die SEINER Grimmglut vollen,
des Dräuens deines Gottes.
Drum höre doch dies, Gebeugte,
du, nicht von Wein, Berauschte!
So hat ER, dein Herr, gesprochen,
dein Gott, der für sein Volk streitet:
Da,
ich nehme aus deiner Hand
den Becher des Taumels,
den Humpenbecher meiner Grimmglut,
du sollst ihn fortan nicht trinken!
ich setze ihn in die Hand deiner Quäler,
die zu deiner Seele sprachen:
Wirf dich hin, daß wir drüber schreiten!
und du setztest deinen Rücken der Erde gleich,

einer Gasse gleich für die Schreitenden.

Erwache, erwache,
in deinen Sieg kleide dich, Zion!
kleide dich in deine Prachtgewänder,
Jerusalem, des Heiligtums Stadt!
denn nicht fortan noch kommt in dich
ein Vorhautiger oder ein Makliger.
Schüttle dir den Staub ab, steh auf,
Gefangne, Jerusalem!
öffne dir die Halsfesseln,
Gefangne, Tochter Zion!
Denn so hat ER gesprochen:
Umsonst seid ihr verkauft worden,
nicht mit Silber werdet ihr ausgelöst.
Ja denn,
so hat mein Herr, ER, gesprochen:
Nach Ägypten stieg mein Volk in der Frühzeit hinab,
dort zu gasten,
Assyrien hat es grundlos bedrückt,
jetzt aber
was habe ich hier!
– SEIN Erlauten –
umsonst ja ist hinweggenommen worden mein Volk,
seine Zwingherrn kreischen,
– SEIN Erlauten –
und stets, all den Tag,
wird mein Name gelästert.
Darum soll mein Volk
meinen Namen erkennen,
darum, an jenem Tag,
daß ichs bin, der redet:
Da bin ich.

Wie anmutig sind auf den Bergen
die Füße des Märebringers,
der hören läßt: Friede!,
der gute Märe bringt,
der hören läßt: Befreiung!,
der zu Zion spricht:
Dein Gott trat die Königschaft an!
Stimme deiner Späher, –
sie erheben die Stimme,
sie jubeln vereint,
denn Aug in Aug sehn sie,
wie ER nach Zion zurückkehrt.
Aufjauchzet, jubelt vereint,
Ödungen Jerusalems,
denn ER tröstet sein Volk,
er löst Jerusalem aus.
Bloßgestreift hat ER
den Arm seiner Erheiligung
vor aller Weltstämme Augen,
daß sehn alle Enden der Erde
die Befreiertat unseres Gottes.

Weichet! weichet!
fahret von dort aus!
Makliges rührt nimmer an!
fahret aus ihrer Mitte!
läutert euch,
Träger SEINER Geräte!
Nicht in Hast ja fahret ihr aus,
in Flucht nicht geht ihr hinweg,
ER ja geht vor euch her,
und eure Nachhut ist Jisraels Gott.

Wohlan,
ergreifen wirds mein Knecht,
wird sich erheben,
emporgetragen werden,
mächtig ragen.
Ebenwie vor ihm die Vielen erstarrten
– so unmenschlich verderbt war sein Aussehn,
ungleich Adams Söhnen seine Gestalt –,
so wird er die vielen Weltstämme überraschen,
Könige werden ihren Mund über ihn spötzen,
denn was ihnen nie erzählt wurde,
das sehen sie,
wovon sie nie hörten,
des werden sie inne:

– Wer konnte vertrauen dem für uns Erhorchten?
Sein Arm,
an wem hat er sich da offenbart?!
Wie ein Keimling stieg er auf vor sich hin,
wie eine Wurzel aus dürrer Erde,
nicht Gestalt er, nicht Glanz,
daß wir ihn angesehn hätten,
nicht Aussehn,
daß wir sein begehrt hätten,
von Menschen verschmäht, gemieden,
ein Mensch der Schmerzen,
der Krankheit bekannt,
wie wenn das Antlitz sich vor uns verbergen muß:
so verschmäht –
wir achteten sein nicht.
Dennoch:
unsere Krankheiten hat der getragen,
unsere Schmerzen, sie hat er aufgeladen –
und wir,
wir achteten ihn für einen Schadengeplagten,
einen von Gott Geschlagnen und Niedergebeugten!
er aber,
durchbohrt war er für unsere Abtrünnigkeiten,
gemalmt für unsere Verfehlungen,

Züchtigung uns zum Frieden war auf ihm,
durch seine Strieme wurde uns Heilung:
wir alle,
wie Schmalvieh hatten wir uns verlaufen,
jeder seines Wegs hatten wir uns gewandt,
ER aber ließ auf ihn die Fehlbuße treffen
für uns alle.
Getrieben wurde er,
und er, er beugte sich hin,
öffnete nicht den Mund,
wie ein Lamm,
das zur Schlachtbank gebracht wird,
wie ein Mutterschaf,
das vor seinen Scherern verstummt,
öffnete nicht den Mund.
Aus der Abgehegtheit,
aus dem Gerichtsbann
ist er genommen worden, –
aber in seinem Geschlecht, wer mochte klagen,
daß er abgeschnitten war aus dem Land der Lebendigen,
ihm der Schade geworden war aus der Abtrünnigkeit meines
　　Volks!
Man gab sein Grab neben Frevlern an,
neben Übeltätern bei seinen Toden,
obgleich er nie Unbill getan hatte,
Betrug nie in seinem Mund war...

– So wollte es ER:
sein Zermalmter,
den er verkränkt hatte,
setzt seine Seele das Schuldopfer ein,
soll noch Samen sehen,
Tage längern,
und durch seine Hand gerät SEIN Wille.
Der Pein seiner Seele los
wird er sehen,
wird ersatten
an dieser seiner Erkenntnis:
Bewähren sollte die Vielen der Bewährte, mein Knecht,

indem er ihre Fehle sich auflud,
drum teile ich die Vielen ihm zu,
die Menge teilt er als Beute,
dafür daß er entblößte seine Seele zum Tode,
unter die Abtrünnigen gerechnet ward.
Und trug doch, er, die Sünde der Vielen,
für die Abtrünnigen ließ er sich treffen.

Juble, Entwurzelte,
die nicht geboren hat,
brich in Jubel aus, jauchze,
die nicht gekreißt hat,
denn mehr sind
der Söhne der Verstarrten
als der Söhne der Verehlichten,
hat ER gesprochen.

Weite den Raum deines Zelts!
deiner Wohnungen Behänge spanne man auseinander!
spare nimmer,
verlängre deine Stricke,
deine Pflöcke verfestige!
denn rechts- und linkshin dehnst du dich aus,
Stämme beerbt dein Same,
erstarrte Städte besiedeln sie neu.

Fürchte dich nimmer,
denn du wirst nicht zuschanden,
schäme dich nimmer,
denn du brauchst nicht zu erröten!
denn die Schande deiner Ledigkeit
darfst du vergessen,
denn der Schmach deiner Witwenschaft
sollst du nicht mehr gedenken!
denn der dich ehelicht,
der dich machte ists,
ER der Umscharte sein Name!
der dich auslöst,
der Heilige Jifsraels ists,
Gott alles Erdreichs wird er gerufen.

Ja denn,
wie ein verlassenes Weib,
ein geistverhärmtes,
ruft ER dich zurück:
Das Weib der Jugend,
kanns denn verworfen werden?

hat dein Gott gesprochen.
Eine kleine Regung lang
habe ich dich verlassen,
aber in großem Erbarmen
hole ich dich wieder herbei.
Als der Groll überschwoll,
verbarg ich mein Antlitz
eine Regung lang vor dir,
aber in Weltzeit-Huld
erbarme ich mich nun dein,
hat dein Auslöser, ER, gesprochen.

Ja denn,
ein Noachsgewässer ist mir dies:
wie ich verschworen habe,
daß nochmals ein Noachsgewässer die Erde überzöge,
so habe ich verschworen,
dir zu grollen,
dich zu bedräuen.
Ja denn,
die Berge mögen weichen,
die Hügel mögen wanken,
meine Huld weicht nicht von dir,
der Bund meines Friedens wankt nicht,
hat dein Erbarmer, ER, gesprochen.

Gebeugte,
Verstürmte,
nie Getröstete!
Wohlan,
ich lege deine Steine in Hartmörtel ein,
ich gründe dich in Saphire,
aus Rubin mache ich deine Zinnen,
deine Tore von Karfunkelsteinen,
all deine Umfassung von Edelgestein.
All deine Söhne sind Lehrlinge IHM,
groß ist der Friede deiner Söhne,
durch Bewährung wirst du aufgerichtet.
Wisse dich fern dem Druck,
denn du hast ihn nicht zu fürchten,

und dem Sturz,
denn er darf dir nicht nahn:
reizt ein Gegner wohl Gegnerschaft auf,
von mir her hat er den Garaus,
wer als Gastsasse dir begegnet,
fällt dir zu.
Wohlan:
ich selber schuf den Schmied,
der das Essenfeuer anbläst
und nach seiner Machweise ausführt die Waffe,
und ich selber schuf den Verderber
zum Zerstören, –
aller Waffe, gegen dich gebildet,
geräts, nicht,
alle Zunge, die zum Rechtstreit mit dir sich erhebt,
überweisest du des Frevels:
dies ist das Eigen MEINER Knechte,
ihre Bewährung von mir her.
SEIN Erlauten ists.

Ach, ihr Dürstenden alle,
kommt her zum Wasser!
auch wer kein Silber hat,
kommt, ermarktet und eßt!
ja, kommt her, ermarktet
– für Silber nicht, nicht für Geldwert –
Wein und Milch!
Warum wägt ihr Silber hin
für Nichtbrot,
eure Arbeit
für Nichtsättigendes?!
hört nur, höret auf mich,
daß ihr Gutes zu essen habet,
eure Seele am Mark sich erquicke!
Neigt eure Ohren,
kommt her zu mir!
hört,
daß auflebe eure Seele!
Schließen will ich euch
einen Weltzeit-Bund,
die getreuen Hulden Dawids:
gleichwie ich ihn begab
zum Zeugen für Nationen,
für Nationen Herzog, Gebieter,
gleichso wirst du herbeirufen
manchen Stamm, den du nicht kanntest,
zueilen werden sie dir,
mancher Stamm, der dich nicht kannte:
»Um SEINER deines Gottes willen,
des Heiligen Jifsraels,
denn er läßt dich prangen.«

Suchet IHN,
da er sich finden läßt!
rufet ihn an,
da er nah ist!
Der Frevler verlasse seinen Weg,
der Mann des Args seine Planungen,
er kehre um zu IHM,

und er wird sich sein erbarmen,
zu unserem Gott,
denn groß ist er im Verzeihn.
Denn:
»Nicht sind meine Planungen
eure Planungen,
nicht eure Wege
meine Wege.«
ist SEIN Erlauten.
Denn:
»Hoch der Himmel über der Erde,
so hoch
meine Wege über euren Wegen,
mein Planen über eurem Planen.«
Denn:
– Gleichwie der Regen und der Schnee
vom Himmel niedersinkt
und kehrt dorthin nicht zurück,
er habe denn erst die Erde durchfeuchtet,
sie gebären, sie sprossen lassen,
dem Säenden Samen gegeben,
dem Essenden Brot,
so geschiehts mit meiner Rede,
die aus meinem Munde fährt,
fruchtleer nicht kehrt sie wieder zu mir:
sie habe denn getan, was mein Wille war,
geraten lassen, wozu ich sie sandte. –

Ja denn,
in Freuden fahret ihr aus,
in Frieden werdet ihr hergebracht,
die Berge und die Hügel
brechen vor euch in Jubel aus,
alle Bäume des Feldes
klatschen in die Hände.
Anstatt des Kameldorns
steigt der Wacholder,
anstatt der Nessel
steigt die Myrte,

das wird I H M
zu einem Namensmal,
zu einem Zeichen für Weltzeit,
das nie ausgerodet wird.

So hat ER gesprochen:
»Hütet Gerechtigkeit,
tuet Wahrhaftiges,
denn nah ist meine Befreiung zu kommen,
meine Bewährung, sich zu offenbaren.«
O Glück des Menschen,
der dieses tut,
des Adamssohns,
der dran festhält,
die Wochenfeier vor Preisgabe hütend,
vor allem bösen Tun hütend seine Hand!
Und nimmer spreche der Sohn der Fremde,
der IHM Anhangende,
solche Sprache:
ER sondert, sondert mich ab von seinem Volk!
Und nimmer spreche der Hämling:
Ach wohl, ich bin ein dürrer Baum!
Denn so hat ER gesprochen:
»Den Hämlingen,
die meine Wochenfeiern hüten
und erwählen, was mein Wille ist,
festhaltend an meinem Bund,
ihnen gebe ich
in meinem Haus, in meinen Mauern
ein Handzeichen, ein Namensmal,
besser als Söhne und Töchter,
jedem gebe ich ein Namensmal für Weltzeit,
das nie ausgerodet wird.«
Und die Söhne der Fremde,
die IHM Anhangenden,
ihm zu amten
und SEINEN Namen zu lieben,
ihm Knechte zu werden:
»Allwer die Wochenfeier vor Preisgabe behütet,
die an meinem Bund Festhaltenden,
sie lasse ich kommen
zum Berg meines Heiligtums,
sie heiße ich sich freuen
in meinem Haus des Gebets,

ihre Darhöhungen und ihre Schlachtmahle
seien zu Begnadung auf meiner Schlachtstatt:
denn mein Haus,
das Haus des Gebets wird es gerufen werden
bei allen Völkern.«
SEIN, meines Herrn Erlauten ists
der Jifsraels Verstoßene zuhaufholt:
»Noch heranhäufen will ich ihm
über seine Zuhaufgeholten.«

Alles Getier des Feldes,
laufet zusammen!
zum Fraß herbei,
alles Getier in dem Wald!

Hier spähen Blinde,
sie alle erkennen nichts,
sie alle sind stumme Hunde,
vermögen nicht zu bellen,
jappend, hingelagert,
schlummerverliebt.
Seelenfrech sind die Hunde,
kennen nicht Sattsein!
Und selber die Hirten!
kennen nicht Unterscheiden,
sie alle eignem Weg zugewandt,
jedermann seinem Gewinn,
bis auf den letzten:
Lauft herbei,
ich hole Wein,
Rauschtrank wollen wir saufen,
und der morgende Tag sei wie dieser,
großartig im Überschwang!

Der Bewährte schwindet,
und kein Mensch nimmts zu Herzen,
die Menschen des Holdsinns werden entrafft,
indes keiner unterscheidet:
ja, ob der Bosheit wird entrafft der Bewährte.
In den Frieden kommt,
wo sie ruhen auf ihren Lagern,
wer grade vor sich hinging.
Ihr aber,
naht nur herzu,
Söhne der Hexe,
Buhlersame, selber verhurt!
Über wen erlustigt ihr euch,
über wen sperrt weit ihr das Maul auf,
reckt lang ihr die Zunge heraus?!

Seid ihr nicht Kinder der Abtrünnigkeit,
Same der Lüge?!
die ihr brünstig seid an den Göttereichen,
unter alljedem üppigen Baum!
die ihr Kinder in den Bachgründen metzt,
unten in Felsenklüften!
Bei den Schlüpfrigen des Grunds ist dein Schlupf,
sie, sie sind dein Los,
ihnen auch hast du Gußspende geschüttet,
Hinleite dargehöht –
soll ich das leiden?!
Hoch auf steilem, ragendem Berg
setztest dein Lager du hin,
dort auch machtest du zur Höhe dich auf,
Schlachtung zu schlachten.
Und hinter der Tür und dem Pfosten
setztest dein Mannsgedenk du,
ja, von mir hinweg
stelltest du offenbar aus,
machtest hoch und breit du dein Lager,
erhandeltest dir welche von denen,
deren Beilager du liebst,
schautest das Handmal an.
Zum Molech wallfahrtest du mit Öl,
mehrtest deine Salben,
sandtest deine Herolde bis in die Ferne,
stiegst nieder bis zum Gruftreich,
durch die Menge deines Wegs ermüdetest du
und sprachst doch nicht: Verzweifelt!
Belebung fandest du durch dein Handmal,
darum wurdest du nicht schwach.
Und vor wem solltest du bangen,
brauchtest du zu fürchten,
daß du versagen könntest?!
meiner gedenkst du doch nicht,
nimmst es nicht zu Herzen:
nichtwahr, ich schweige,
seit Urzeit,
von mir hast du nichts zu befürchten!

Ich aber,
vermelden will ich deine Bewährung.
Deine Gemächte,
sie werden dir dann nichts nützen:
wann du schreist,
mögen deine Angehäuften dich retten!
Sie alle
trägt ein Wind hinweg,
holt ein Lüftchen davon.
Wer aber an mir sich birgt,
eignet das Land,
erbt den Berg meines Heiligtums.

Es spricht:
Dämmet auf, dämmet auf,
bahnet einen Weg!
hebt fort, was straucheln macht,
vom Wege meines Volks!
Ja, so hat er gesprochen,
der Hohe und Ragende,
Ewig- und Heiligwohnender ist sein Name:
Hoch und heilig
wohne ich –
und bei dem Zermalmten
und Geisterniederten:
zu beleben den Geist der Erniederten,
zu beleben den Geist der Gemalmten.
Ja denn,
nicht auf Weltzeit will ich streiten,
nicht auf Dauer will ich grollen,
denn der Geist,
vor meinem Antlitz verzagt er,
die Hauchseelen,
die ich selber habe gemacht.
Um die Verfehlung seiner Gewinnsucht
 ergrollte ich, schlug ich ihn,
mich verbergend, da ich grollte.
Er ging abgekehrt
auf dem Weg seines Herzens –
seine Wege, ich sah sie.
Aber ich will ihn heilen,
aber ich will ihn leiten,
mit Tröstungen ihn befrieden,
seine Trauernden,
als Schöpfer der Lippenfrucht.
Frieden, Frieden
dem Fernen und dem Nahen!
hat ER gesprochen,
ich heile ihn.

Doch die Frevler sind wie das aufgewühlte Meer,

denn es mag sich nicht stillen,
seine Wasser wühlen Schlamm und Kot auf:
Kein Friede, hat mein Gott gesprochen, für die Frevler!

Rufe aus der Kehle,
dämpfe nimmer,
posaunengleich erhebe deine Stimme,
vermelde
meinem Volk ihre Abtrünnigkeit,
Jaakobs Haus ihre Sünden!
Zwar mich beforschen sie tagtäglich,
gelüsten meine Wege zu wissen,
als wären sie gleich einem Stamm,
der Wahrhaftiges tat,
seines Gottes Recht nicht verließ,
heischen von mir Gerichte der Bewahrheitung,
gelüsten nach Gottesnähe:
Wozu haben wir uns kasteit—
du hast es nicht angesehn,
unsre Seelen wir gebeugt –
du willst es nicht wissen!
– Wohl:
am Tag eurer Kasteiung
findet ihr doch ein Gelüst aus
und treibt all euren Erwerb bei!
wohl:
zu Streit und Gerauf kasteiet ihr euch,
mit frevler Faust dreinzuschlagen, –
nicht kasteit ihr euch, wies heutzutag ist,
in der Erhabenheit eure Stimme hören zu lassen.
Soll dergleichen die Kasteiung sein,
die ich erwähle,
der Tag,
an dem der Mensch seine Seele beugt?!
Daß er seinen Kopf binsengleich hangen läßt,
Sackleinen und Asche sich unterbettet,
willst du dazu ausgerufen haben:
Kasteiung! Gnadentag IHM!?
Ist nicht erst dies die Kasteiung,
die ich erwähle:
die Klammern des Frevels zu öffnen,
der Jochstange Bande zu sprengen
und Geknickte auszuschicken ledig?

alljedes Joch solltet ihr zertrümmern!
Ists nicht:
für den Hungernden brechen dein Brot,
daß schweifende Gebeugte
du ins Haus kommen lassest,
wenn du einen Nackenden siehst
daß du ihn hüllest:
vor deinem Fleisch verstecke dich nicht! –
Dann dringt dein Licht hervor
der Morgenröte gleich,
eilends wächst deine Wundhaut zu,
deine Wahrhaftigkeit geht vor dir einher,
Nachhut dir ist SEIN Ehrenschein.
Rufst du dann,
antwortet dir ER,
schluchzest du auf,
spricht er: Hier bin ich.
Räumst du aus deiner Mitte
Unterjochung, Fingerstrecken, Arggered,
reichst dem Hungernden dein eignes Seelenbegehr,
sättigst eine niedergebeugte Seele:
da strahlt dein Licht in der Finsternis auf,
sonnenhöhgleich wird dein Düster,
stetig geleitet dich ER,
sättigt in der Wildnis deine Seele,
ermuntert dein Gebein,
daß du gleich wirst einem erfrischten Garten,
einem Wasserborn gleich,
dessen Wasser nie versagt.
Trümmer der Vorzeit
bauen die Deinen auf,
Grundmauern von Geschlecht für Geschlecht
errichtest du wieder,
rufen wird man dich
Rißverzäuner,
Rückbringer der Pfade für die Besiedlung.
Hältst du zurück deinen Fuß
wegen der Wochenfeier,
vom Tun nach deinen Gelüsten

am Tag meiner Heiligung,
rufst die Feier du: Erquickung,
die MIR heilig ist: Ehrwürdige,
ehrst du sie,
statt deine Wege zu tun,
statt zu finden dein Gelüst
und Gerede zu reden,
dann wirst du dich laben an MIR,
ich fahre dich
über Kuppen des Lands,
ich atze dich
mit Jaakobs deines Vaters Eigen.
Ja, geredet hats SEIN Mund.

Wohlan,
nicht verkürzt hat sich SEIN Arm,
daß ers lassen müßte, zu befreien,
nicht verstumpft hat sich sein Ohr,
daß ers lassen müßte, zu erhören,
sondern eure Verfehlungen
sind Scheidewände geworden
zwischen euch und eurem Gott,
eure Versündigungen
verbergen euch das Antlitz,
daß ers lassen muß, zu hören.
Denn eure Hände sind besudelt mit Blut,
eure Finger mit Fehl,
eure Lippen reden Lüge,
eure Zunge flüstert Falschheit.
Keiner, der vorruft um Wahrheit!
keiner, der rechtet um Treue!
ein Sichverlassen auf Irrsal,
ein Wahngered!
ein Schwangergehn mit Pein,
ein Erzeugen von Arg!
Sie brüten Kreuzotterneier,
sie weben Spinnenfäden,
wer von ihren Eiern ißt, stirbt,
aus dem zerquetschten kriecht Raschlerbrut.
Ihre Fäden werden nie zum Gewand,
in ihre Machwerke hüllt man sich nicht,
Werke des Args sind ihre Werke,
Unbillübung ist an ihren Händen.
Behend sind ihre Beine zum Bösen,
eilen unsträfliches Blut zu vergießen,
Pläne des Args sind ihre Pläne.
Auf ihren Straßen Verwildrung, Verstörung,
den Weg des Friedens kennen sie nicht,
kein Recht ist in ihren Geleisen,
ihre Pfade haben sie sich gekrümmt,
allwer sich darauf bewegt,
kennt den Frieden nicht mehr.
Darum

bleibt uns die Rechtschaffung fern,
erreicht uns die Bewährtsprechung nicht.
Auf das Licht harren wir,
aber wohl, Finsternis ists,
auf das Erstrahlen,
im Düster müssen wir gehn.
Wir tappen an der Wand wie die Blinden,
wie ohne Augen tappen wir hin,
wir strauchlen im Sonnglanz, wie wenn Dämmerung wäre,
in der Leibesfrische sind wir wie Tote.
Wir schnaufen allsamt wie die Bären,
wie die Tauben gurren wir, gurren,
wir harren auf Rechtschaffung –
es gibt keine,
auf Befreiung –
sie bleibt uns fern.
Denn viele sind vor dir
unsre Abtrünnigkeiten,
unsre Versündigungen,
das überantwortet uns,
denn unsre Abtrünnigkeiten
sind um uns her,
unsre Verfehlungen,
wir kennen sie:
Ihm abtrünnig sein und verleugnend,
sich von unsres Gottes Nachfolge wenden,
Bedrückung und Auflehnung reden,
schwanger sein mit Reden der Lüge
und sie hervorstoßen aus dem Herzen.
Hintan hatte das Recht sich gewandt,
fernstehn mußte Bewährung,
auf dem Marktplatz ja strauchelte Treue,
Geradheit vermochte nicht zu kommen,
so wurde Treue zur Vermißten,
wer wider das Böse sich auflehnt, zum Ausgeplünderten.

Er sah es,
und böse wars in seinen Augen,
daß kein Recht war.

Er sah,
daß kein Mann war,
er erstaunte,
daß kein Dazwischentretender war:
so mußte sein Arm ihn befreien,
seine Wahrhaftigkeit, sie mußte ihn stützen.
Mit Wahrhaftigkeit bekleidete er sich
wie mit einem Panzer,
mit dem Helm der Freiheit sein Haupt,
in Gewänder der Ahndung kleidete er sich
als in ein Alltagskleid,
den Eifer schlug er um sich
wie einen Mantel.
Gemäß dem an Taten Gereiften,
dem gemäß zahlt er heim,
Grimmglut seinen Bedrängern,
das Ausgereifte seinen Feinden,
den Ozeanküsten zahlt er heim
das Ausgereifte.
Sehen wird man von Abend her
SEINEN Namen,
vom Aufgang der Sonne her
seinen Ehrenschein.
Denn es kommt
wie ein drängender Strom,
den SEIN Windbraus treibt.

– Aber für Zion
kommt ein Löser:
für die in Jaakob,
die umkehrten von der Abtrünnigkeit.
SEIN Erlauten ists.
Mein eigner Bund mit ihnen
ist dieses,
hat ER gesprochen:
Mein Geist,
der auf dir ist,
und meine Reden,
die ich lege in deinen Mund,

sollen nicht weichen
aus deinem Mund
und aus dem Mund deines Samens
und aus dem Mund des Samens deines Samens,
hat ER gesprochen,
von jetzt an und auf Weltzeit.

Erhebe dich,
werde licht,
denn dein Licht ist gekommen,
SEIN Ehrenschein,
über dir ist er erstrahlt.
Denn da
hüllt die Finsternis noch die Erde,
Wetterdunkel die Nationen,
aber über dir strahlt ER auf,
sein Ehrenschein läßt über dir sich sehn.
Weltstämme gehen in deinem Licht,
Könige im Glanz deines Strahlens.

Trage empor ringsum deine Augen,
sieh:
allsamt zuhauf sind dir sie gekommen,
deine Söhne
kommen von der Ferne,
deine Töchter
werden an der Seite gewartet.
Siehst du dich dann um,
schimmerst du auf,
dein Herz ist noch verschreckt,
aber es weitet sich schon.
Denn ein Meeresgetöse
wälzt über dich sich heran:
ein Heer von Stämmen,
sie kommen zu dir.
Der Schwall der Kamele
überhüllt dich,
Dromedarfohlen Midjans und Efas,
von Saba her kommen sie alle,
tragen Gold und Weihrauch heran
und bringen SEINE Lobpreisungen aus.
Alle Schafe von Kedar
sammeln sich dir zuhauf,
die Widder der Nabatäer
wollen dein zum Amten sein,
sie besteigen meine Schlachtstatt zugnaden,

und so lasse ich prangen das Haus meiner Pracht.

Wer sind diese,
die herbeifliegen wie Gewölk,
wie Tauben zu ihren Wandlöchern?
Ja, mir
harren Ozeanküsten entgegen,
die Tarschisch-Schiffe voran,
deine Söhne von der Ferne heimkommen zu lassen,
ihr Silber und ihr Gold mit ihnen.
– Um SEINEN, deines Gottes Namen,
um den Heiligen Jifsraels,
denn er läßt dich prangen.

– Söhne der Fremde baun deine Mauern auf,
ihre Könige wollen dir amten.
Denn zwar in meinem Groll
habe ich dich geschlagen,
aber in meiner Gnade
habe ich dein mich erbarmt.
Offen hält man stets deine Tore,
tags und nachts werden sie nicht geschlossen,
ein Heer von Stämmen zu dir kommen zu lassen,
ihre Könige, einhergeleitet.
Denn der Stamm und das Königreich,
die dir nicht wollen zu Dienst sein,
werden bald zu Dunst,
die Stämme veröden zur Ödnis.
Der Ehrenschein des Libanon
soll zu dir kommen,
Wacholder, Esche und Zypresse vereint,
die Stätte meines Heiligtums prangen zu machen,
ich lasse die Stätte meiner Füße ehrumschienen sein.

Bücklings gehn auf dich zu
die Söhne derer, die dich beugten,
zu deinen Fußsohlen bücken sich
alle die dich schmähten,
und sie rufen dich:
SEINE Stadt,

Zion des Heiligen Jifsraels.

Statt daß du eine Verlassene warst,
eine Gehaßte,
zu der keiner heranschritt,
setze ich dich ein
zum Stolze der Weltzeit,
ein Entzücken für Geschlecht um Geschlecht.
Der Erdstämme Milch sollst du saugen,
du saugst der Könige Überfluß.
Erkennen wirst du,
daß ICH dein Befreier bin,
dein Löser der Recke Jaakobs.

Statt des Erzes lasse ich einkommen Gold,
statt des Eisens einkommen Silber,
statt der Hölzer Erz,
statt der Steine Eisen.
Als deine Aufpasserschaft
setze ich ein
den Frieden,
als deine Antreiber
die Bewährung.
Nicht hört man Unbill in deinem Land mehr,
in deinen Marken Verwildrung, Verstörung.
Befreiung rufst du deine Mauern an
und deine Tore Preisung.

– Nicht muß dir mehr die Sonne dasein
zu einem Licht am Tag,
noch zu einem Glanz
der Mond dir leuchten,
ER selber ist dir da
zum Weltzeit-Licht,
dein Gott
zu deiner Pracht.
Nie mehr hinab
kommt dir nun deine Sonne,
und dein Mond,
nie wird er eingezogen,

denn ER ist dir da
zum Weltzeit-Licht,
die Tage deiner Trauer
sind nun vollendet.

– Dein Volk,
allsamt nun sind sie Bewährte,
auf Weltzeit erben sie nun das Land,
Schößling meiner Pflanzung,
Werk meiner Hände,
damit zu prangen.
Der Kleinste
wird zur Tausendschaft,
der Geringste
zum kernhaften Stamm.
ICH selber,
beschleunigen will ichs
zu seiner Frist.

SEIN, meines Herrn, Geist ist auf mir,
weil ER mich gesalbt hat,
mich entsandt hat,
Glücksmär zu bringen den Demütigen,
zu verbinden die gebrochenen Herzens,
zuzurufen Gefangenen: Loskauf!
Eingekerkerten: Auferhellung!
auszurufen ein Jahr SEINER Gnade,
einen Tag der Ahndung unseres Gottes,
alle Trauernden zu trösten,
den um Zion Trauernden zu ersetzen:
ihnen zu geben
prangenden Schmuck statt Schmutzes,
Wonneöl statt umflorender Trauer,
Lobpreis statt verglimmenden Geistes.
Rufen soll man sie
die Gotteichen der Wahrheit,
SEINE Pflanzung, damit zu prangen.

Trümmer der Vorzeit bauen sie auf,
Verödungen der Frühen stellen sie wieder her,
zertrümmerte Städte erneun sie,
Ödnisse von Geschlecht um Geschlecht.
Unzugehörige treten vor,
euch die Schafe zu weiden,
Söhne der Fremde,
euch Ackrer, euch Winzer zu sein,
ihr aber,
Priester IHM werdet ihr gerufen,
Unserm Gott Amtende spricht man euch an.
Der Erdstämme Reichtum sollt ihr genießen,
mit ihrem Ehrenschein dürfet ihr tauschen.
Statt des Doppelmaßes eurer Schande
und daß den Schimpf als »ihr Teil« man bejauchzte,
darum gilts:
– In ihrem Lande erben sie Doppelmaß,
Weltzeit-Freude soll ihnen werden.
Denn ICH bins,
der das Recht liebt,

der das Rauben durch Fälschung haßt, –
ihren Werklohn gebe ich ihnen in Treuen,
einen Weltzeit-Bund schließe ich ihnen,
bekannt wird unter Stämmen ihr Same,
ihre Nachfahrn inmitten der Völker,
alle, die sie sehn, merken an ihnen:
– Ja,
die sind ein Same,
den ER gesegnet hat.

Entzücken will ich mich, entzücken an IHM,
um meinen Gott will meine Seele jubeln,
denn er kleidet mich in Gewänder der Freiheit,
schlägt mich ein in den Mantel der Bewahrheitung,
wie ein Bräutigam priestergleich prangt,
wie eine Braut anlegt ihr Geschmeide.
Ja,
wie das Land sein Gewächs emporfahren läßt,
wie ein Garten wachsen läßt sein Gesäm,
so läßt wachsen mein Herr, ER,
die Bewährung,
den Lobpreis allen Erdstämmen zugegen.

Um Zions willen
darf ich nicht schweigen,
um Jerusalems willen
darf ich nicht stillsein,
bis für es Bewahrheitung
ausfährt wie Lichtglanz,
für es Befreiung
wie eine Fackel brennt.
Ansehn werden
deine Wahrhaftigkeit die Weltstämme,
deinen Ehrenschein die Könige alle.
Rufen wird man dich
mit einem neuen Namen,
den SEIN Mund prägt.
Du wirst ein Prachtkranz
in SEINER Hand,
ein königlicher Stirnbund
im Griff deines Gottes.
Nicht mehr spricht man dich an:
Verlassene!
dein Land spricht man nicht mehr an:
Verstarrte!
sondern dich ruft man:
An-ihr-mein-Gefallen!
und dein Land:
Verehelichte!
Denn ER hat Gefallen an dir
und geehelicht wird dein Land.
Denn wie der Jüngling die Maid ehelicht,
ehelicht dich dein Erbauer,
und wie der Freier an der Braut sich entzückt,
entzückt dein Gott sich an dir.

Über deine Gemäuer,
Jerusalem,
habe ich Wächter verordnet.
All den Tag,
all die Nacht,
immerdar

sollen sie nicht schweigen:
Die ihr IHN sollt erinnern,
nimmer euch Rast!
nimmer Rast gebt ihm,
bis er gründet,
bis er einsetzt
Jerusalem
als einen Lobpreis im Erdland!
Hat ER doch mit seiner Rechten geschworen,
mit dem Arme seines Siegs:
Gebe ich je noch dein Korn
zum Essen deinen Feinden,
trinken je die Söhne der Fremde
deinen Most, um den du dich mühtest,
…!
sondern
die es einheimsten, sollen es essen,
sollen MICH preisen,
die ihn einsammelten, sollen ihn trinken
in den Höfen meines Heiligtums.

– Zieht,
zieht durch die Tore!
bahnet dem Volke den Weg!
dämmet,
dämmet die Dammstraße auf!
räumt die Steine hinweg!
hebt ein Banner den Völkern zu!
Wohlan,
ER hats hören lassen
bis an den Rand der Erde:
Sprecht zur Tochter Zion:
Wohlan,
deine Freiheit kommt!
wohlan,
sein Sold ist bei ihm,
sein Werklohn vor seinem Antlitz.
Man wird sie rufen:
Volk in Heiligung!

durch IHN Ausgelöste!
Dich aber ruft man:
Aufgesuchte!
Stadt, niemals verlassen!

– Wer ist dieser da,
der von Edom, dem »Rotland«, her kommt?
grellgefleckt die Gewänder,
von Bozra, der »Einherbste-Stadt«, her?
dieser da
im Blähen seines Kleids,
sich bäumend
in der Fülle seiner Kraft?

– Ich bins,
redend in Siegbewährung,
machtvoll, zu befreien.

– Weshalb die Röte an deinem Kleid,
deine Gewänder wie eines Keltertreters?

– Einsam trat ich die Kufe,
von den Völkern war niemand mit mir,
in meinem Zorn habe ichs zusammengetreten,
in meiner Grimmglut habe ichs zerpreßt,
der Saft davon spritzte an meine Gewänder,
all meine Kleider habe ich besudelt.
Denn ein Tag der Ahndung war mir im Herzen,
meiner Lösung Jahr war gekommen, –
ich blickte mich um:
keiner, der hülfe!
ich staunte umher:
keiner, der stützte!
so mußte mein Arm mich befreien,
mein Grimm, er mußte mich stützen, –
in meinem Zorn habe ich Völker zermalmt,
in meinem Grimm habe ich sie zerschmettert,
ihren Saft ließ ich rinnen zur Erde.

SEINER Hulden will ich gedenken lassen,
SEINER Preiswürdigkeiten,
gemäß allem, was ER uns reifte,
dem Haus Jifsrael großes Gut,
denen reifen ers ließ nach seinem Erbarmen,
nach der Fülle seiner Hulden.

Er sprach:
Sie sind gewißlich mein Volk,
Söhne, dies nicht verleugnen!
Er ward ihnen zum Befreier.
In all ihrer Drangsal
wars nicht ein Herold und Bote,
sein Antlitz wars,
das sie befreit hat,
in seiner Liebe,
in seiner Milde
hat er selber sie ausgelöst,
er hub sie,
er trug sie
alle Tage der Vorzeit.
Sie aber waren widerspenstig,
sie betrübten den Geist seiner Heiligung.
Da wandelte er sich ihnen zum Feind,
er selber kämpfte nun gegen sie.
Da mußte man gedenken
der Vorzeittage,
Mosches, des »Der-herauszieht«: sein Volk.
Wo ist nun er,
der aus dem Meer sie aufsteigen ließ
mit dem Hirten seiner Schafe?!
wo ist er,
der ihm ins Innere setzte
den Geist seiner Heiligung?!
der gehn ließ zur Rechten Mosches
seinen prangenden Arm!
der spaltete die Wasser
vor ihrem Antlitz her,
sich einen Weltzeit-Namen zu machen!

der sie gängelte durch die Wirbel hin,
wie durch die Wüste ein Roß,
sie strauchelten nicht!
wie das Vieh ins Tal niederzieht,
trieb SEIN Geist sie zur Ruhe.
So hast du dein Volk geleitet,
dir einen prangenden Namen zu machen.

Blicke vom Himmel,
sieh her
vom Söller deiner Heiligkeit, deines Prangens!
Wo ist dein Eifer,
dein Heldentum,
das Regen deiner Eingeweide,
dein erbarmender Busen,
daß sie sich mir vorenthalten?!
Du ja bist unser Vater!
Abraham ja kennt uns nicht,
Jifsrael merkt nicht auf uns,
D U selber bist unser Vater,
Unser-Löser-seit-Urzeit dein Name!

Warum, D U,
lässest du uns
abirren von deinen Wegen,
unser Herz erharten
gegen die Furcht vor dir?
Kehre um
deiner Knechte halber,
der Stäbe deines Eigentums!
Erst ein winziges ists her,
daß enterbten das Volk deiner Heiligung,
daß zerstampften dein Heiligtum
unsre Bedränger:
schon sind wir solche geworden,
denen von Urzeit her nie
du obgewaltet hast,
über denen nie
dein Name gerufen war.

O zerrissest du den Himmel,

zögest hernieder,
daß vor deinem Antlitz die Berge wankten!
wie Reisig das Feuer entfacht,
Feuer das Wasser erwallen macht!
deinen Namen zu kennen gebend
deinen Bedrängern,
daß vor deinem Antlitz die Erdstämme zittern,
da du Furchtbares tatest,
das wir nicht mehr erhofften,
herniederzogst,
daß vor deinem Antlitz die Berge wankten!

Von Urzeit her
hat man nicht gehört,
hat man nicht erlauscht,
nie hat etwas ein Auge ersehn
von einem Gott
außer dir,
ders tut für den, der sein harrt:
Du begegnest
dem Freudigen,
dem Täter der Wahrhaftigkeit,
denen, die dein gedenken
auf deinen Wegen.
Und nun bist du es, der grollt,
wir aber verfehlen sie weiter!
Auf sie zurück, für Weltzeit!
schon sind wir befreit.

Allsamt
sind wir wie der Maklige worden,
all unsre Bewährungen
wie ein regelbeflecktes Gewand,
wie Laub welken wir alle,
wie der Wind trägt unser Fehl uns davon.
Keiner ist,
der deinen Namen noch anruft,
der sich aufrafft, dich festzuhalten,
denn du hast uns dein Antlitz verborgen,
hast uns hinschmelzen lassen

in der Hand unsrer Verfehlungen.
Jetzt aber, D u –
du bist unser Vater!
wir sind der Ton,
du bist unser Bildner,
allsamt sind wir Tat deiner Hände –
grolle nimmer, D u, maßlos fort,
nimmer noch fort gedenke der Verfehlung!
Blicke doch nun her,
allsamt sind wir dein Volk!
Die Städte deiner Heiligung
sind Wüste geworden,
Zion, geworden ists Wüste,
Jerusalem Starrnis,
das Haus unsres Heiligtums,
unseres Prangens,
wo unsre Väter dich priesen,
wurde zur Feuersbrunst,
all unsre Köstlichkeit
wurde zur Ödung –
kannst du darob
dich noch bezähmen,
D u,
stillsein,
uns niederbeugen
maßlos fort?!

– Ich war zu beforschen
für sie, die nicht fragten,
ich war zu finden
für sie, die mich nicht suchten,
ich sprach: Hier bin ich! hier bin ich!
zu einem Stamm, der meinen Namen nicht anrief,
ich breitete all den Tag meine Hände
zu einem abwendigen Volk,
die gehn den nichtguten Weg,
ihren eignen Planungen nach!
Das Volk derer, die mich verdrießen
mir ins Antlitz stetig,

die in den Gärten schlachten,
die auf den Ziegeln räuchern,
die in den Grabkammern sitzen,
nachten in den Verliesen,
die das Fleisch des Schweins essen,
Unflatbrühe ist in ihren Gefäßen,
die sprechen: Bleib nah dir selber,
tritt zu mir nicht heran,
denn ich bin verheiligt für dich! –
diese sind Qualm in meiner Nase,
ein Feuer, all den Tag lodernd.
Wohlan,
vor meinem Antlitz ist das geschrieben,
ich will nicht stillsein,
ich habe denn heimgezahlt, –
in ihren Schoß zahle ich heim.
Eure Verfehlungen
und die Verfehlungen eurer Väter miteins,
hat ER gesprochen,
die räucherten auf den Bergen,
auf den Hügeln mich höhnten, –
ich messe ihren Lohn in ihren Schoß zu
auf den ersten Schlag.

So hat ER gesprochen:
Wie, findet sich Most in der Traube, man spricht:
Verderbe sie nimmer, denn ein Segen ist darin!
so werde ich tun um meiner Knechte willen:
zu hindern, daß alles verderbe.
Ich führe aus Jaakob Samen hervor,
aus Jehuda einen Erben meiner Berge,
erben sollen es meine Erwählten,
meine Knechte anwohnen dort,
der Saron wird wieder zur Trift der Schafe,
und noch das Rüttetal zum Rinderlager
für mein Volk: sie, die nach mir forschen.
Ihr aber,
die ihr MICH verließet,
den Berg vergaßt meines Heiligtums,

dem Glück herrichtet den Tisch,
dem Geschick einfüllt den Mischkrug, –
dem Schwert beschicke ich euch,
zur Abschlachtung duckt ihr euch alle:
weil, als ich rief, ihr nicht antwortetet,
als ich redete, ihr nicht hörtet,
tatet das in meinen Augen Böse
und was mir nicht gefällt erwähltet.

Darum,
so hat mein Herr, ER, gesprochen,
wohlan,
meine Knechte werden essen,
und ihr, ihr werdet hungern,
wohlan,
meine Knechte werden trinken,
und ihr, ihr werdet dürsten,
wohlan,
meine Knechte werden sich freuen,
und ihr, ihr werdet euch schämen,
wohlan,
meine Knechte werden jauchzen
vor Herzenslust,
und ihr, ihr werdet schreien
vor Herzeleid,
vor Geistes Niederbruch
werdet ihr heulen.
Euren Namen übermittelt ihr
meinen Erwählten zum Fluchschwur:
...ebenso mag mein Herr, ER, dich töten!
– Seine Knechte aber ruft er mit geändertem Namen!
Daß wer sich segnet im Land
sich segne beim Gotte der Treue
und wer schwört im Land
schwöre beim Gotte der Treue:
denn vergessen sind dann die frühern Bedrängnisse,
denn verborgen sind sie von meinen Augen hinweg.

Denn, wohlan, ich schaffe

den Himmel neu,
die Erde neu,
nicht gedacht wird mehr des Frühern,
nicht steigts im Herzen mehr auf,
sondern entzückt euch, jubelt
fort und fort,
drob was ich schaffe!
Denn, wohlan, ich schaffe
aus Jerusalem einen Jubel,
aus seinem Volk ein Entzücken,
ich juble über Jerusalem,
ich entzücke mich an meinem Volk.
Nicht hört man mehr darin
Stimme des Weinens,
Stimme des Geschreis.
Nicht soll dorther mehr einer sein,
zart an Tagen und doch gealtert,
der seine Tage nicht vollendet,
denn als jugendlich wird der Hundertjährige sterben,
und der Sünder wird verwünscht, nur ein Hundertjähriger
    zu werden.
Sie bauen Häuser und siedeln,
pflanzen Reben, essen ihre Frucht:
sie bauen nicht, daß ein anderer siedle,
pflanzen nicht, daß ein anderer esse.
Denn wie die Tage des Baums sind die Tage meines Volks
    nun,
was das Tun ihrer Hände erbringt, sollen meine Erwählten
    verbrauchen.
Sie sollen nicht ins Leere sich mühen,
nicht zu Bestürzung gebären,
denn SEINER Gesegneten Same sind sie und ihre Nachfahrn
    mit ihnen.

– Geschehen wirds:
eh sie rufen, antworte ich,
sie reden noch, und ich erhöre.
Wolf und Lamm weiden wie eins,
der Löwe frißt Häcksel wie das Rind,

und die Schlange, Staub ist nun ihr Brot:
nicht übt man mehr Böses,
nicht wirkt man Verderb
auf all dem Berg meines Heiligtums,
hat ER gesprochen.

So hat ER gesprochen:
Der Himmel ist mein Stuhl,
die Erde der Schemel meiner Füße, –
was ists für ein Haus, das ihr mir bauen wollt,
was für ein Ort wäre mir Ruhestatt?!
Hat all dies meine Hand doch gemacht,
da ist all dies geworden,
ist SEIN Erlauten,
doch auf den blicke ich:
auf den Gebeugten,
Geistzerschlagnen,
meiner Rede Entgegenbebenden.

Ebender den Opferstier metzt,
ebender erschlägt einen Mann;
ebender das Lamm schlachtet,
ebender genickt einen Hund;
ebender höht Hinleitspende dar –
und Schweineblut;
ebender Weihrauch als Gedenkteil emporsteigen
   läßt,
ebender segnet ein Arggebild.
Haben die sich nun ihre Wege erwählt,
hat an ihren Scheusalen ihre Seele Gefallen,
erwähle auch ich nun: ihnen mitzuspielen,
wovors ihnen graut, lasse ich über sie kommen, –
weil ich gerufen habe
und kein Antwortender war,
geredet habe
und sie nicht hören wollten,
das in meinen Augen Böse taten
und erwählten, was mir nicht gefällt.

Höret SEINE Rede,
die ihr seiner Rede entgegenbebt:
Gesprochen haben eure Brüder,
die euch hassen, euch verstoßen
um meines Namens willen:
ER lege Ehre ein,
daß wir eure Freude besehn!

Zuschanden sollen die werden!

Schall eines Lärms aus der Stadt,
Schall aus der Tempelhalle,
Stimmschall von Ihm:
das Gereifte zahlt er heim seinen Feinden!

Ehe sie kreißte,
wird sie geboren haben,
eh eine Wehe sie ankam,
ist sie eines Männleins genesen.
– Wer hat dem gleiches gehört,
wer hat dergleichen gesehn?
kreißt mit einem Land man an einem einzigen Tag
oder wird ein Stamm auf ein einziges Mal geboren?!
denn kaum wird Zion kreißen,
schon wird sie ihre Söhne gebären.
– Sollte ich,
ich durchbrechen lassen
und nicht lassen gebären?
hat Er gesprochen.
Wo ichs bin, der gebären läßt,
sollte ich absperren?
hat dein Gott gesprochen.

Freut euch mit Jerusalem,
jubelt um sie,
alle ihr, die sie lieben!
entzückt euch an ihr, seid entzückt,
alle ihr, die über sie trauern!
damit ihr sauget, euch sättigt
am Überfluß ihrer Tröstungen,
damit ihr schlürfet, euch erquicket
an der Brust ihres Ehrenscheins.

Denn so hat Er gesprochen:
Wohlan,
ich lenke zu ihr hin
wie ein Strom
den Frieden,
wie einen flutenden Bach

der Erdstämme Ehrenschein,
daß ihr zu saugen habt!
an der Seite sollt ihr getragen werden,
auf den Knien gekost!
Wie einen Mann, den seine Mutter tröstet,
so will ich selber euch trösten,
an Jerusalem werdet ihr getröstet.
Ihr sehts, euer Herz entzückt sich,
eure Gebeine sprossen wie Gras auf,
an seinen Knechten gibt SEINE Hand sich zu kennen, –
aber er beschilt seine Feinde.

Denn, wohlan,
ER kommt im Feuer,
wie die Windsbraut sind seine Gefährte,
in Glut seinen Zorn zu erstatten,
sein Dräuen in Feuerflammen.
Denn ER rechtet durch Feuer,
durch sein Schwert mit allem Fleisch,
groß ist die Zahl der von IHM Durchbohrten.
Die sich zuheiligen,
die sich zureinigen
für die Gartenweihen
hinter einem in der Mitte her,
die Fleisch des Schweins, des Scheuelzeugs und der Maus
    essen,
vereint sollen sie enden,
ist SEIN Erlauten.

Und ich –
ihre Taten und ihre Pläne,
zurechtgekommen ists,
alle Stämme und Zungen zuhaufzuholen,
daß sie kommen, sehn meinen Ehrenschein,
ich setze durch sie ein Zeichen:
Entronnene von ihnen sende ich an die Stämme,
Tarschisch, Put und Lud die Bogenspanner, Tubal und
    Jawan,
die fernen Ozeanküsten,
die nicht hörten mein Erhorchenlassen,

nicht sahn meinen Ehrenschein, –
sie sollen unter den Stämmen meine Ehre melden.

– Dann läßt man aus allen Stämmen heimkommen all eure
   Brüder
als Hinleitspende IHM
auf Rossen, auf Fahrzeug, auf Sänften, auf Maultieren, auf
   Dromedarstuten,
– Herauf zum Berg meines Heiligtums, nach Jerusalem!
   hat ER gesprochen –,
gleichwie die Söhne Jifsraels die Hinleitspende in SEIN Haus
   kommen zu lassen pflegen
in reinem Gefäß.
– Und auch von ihnen will ich zu Priestern nehmen,
zu den Lewiten hinzu,
hat ER gesprochen.
Ja denn,
wie der neue Himmel und die neue Erde,
die ich mache,
vor meinem Antlitz bestehen,
ist SEIN Erlauten,
so wird bestehn euer Samen und euer Name.
Geschehen wirds:
Mondneuung um Mondneuung
und Wochenfeier um Wochenfeier
kommt alles Fleisch, vor meinem Antlitz sich niederzuwerfen,
hat ER gesprochen.
Geht man aber hinaus,
dann muß man die Leichen der Männer ansehn,
die von mir abtrünnig wurden,
denn ihr Wurm stirbt nicht,
und ihr Feuer lischt nicht,
ein Schauder sind sie allem Fleisch.

DAS BUCH

JIRMEJAHU

Reden Jirmejahus Sohns Chilkijahus, von den Priestern, die in
　　Anatot im Lande Binjamin waren,
zu dem SEINE Rede geschah in den Tagen Joschijahus Sohns
　　Amons, Königs von Jehuda, im dreizehnten Jahr seiner
　　Königschaft,
und geschah in den Tagen Jojakims Sohns Joschijahus, Königs
　　von Jehuda,
bis ganz wurde das elfte Jahr Zidkijahus Sohns Joschijahus,
　　Königs von Jehuda:
bis zur Verschleppung aus Jerusalem, in der fünften Mond-
　　neuung.

SEINE Rede geschah zu mir, es sprach:
Ehe ich dich bildete im Mutterleib,
habe ich dich gekannt,
ehe du aus dem Schoße fuhrst,
habe ich dich geheiligt,
als Künder den Weltstämmen habe ich dich gegeben.
Ich sprach:
Ach, mein Herr, DU,
da, ich weiß nicht zu reden,
ich bin ja ein Knabe.
ER aber sprach zu mir:
Sprich nimmer: Ich bin ein Knabe!
Ja denn,
allwohin ich dich schicke,
wirst du gehen,
allwas ich dir entbiete,
wirst du reden.
Fürchte dich nimmer vor jenen,
denn ich bin mit dir.
dich zu erretten.
SEIN Erlauten ists.
Dann schickte ER seine Hand aus,
er ließ sie meinen Mund berühren,
ER sprach zu mir:
Da,
ich gebe meine Reden in deinen Mund,

sieh,
ich verordne dich an diesem Tag
über die Weltstämme,
über die Königreiche,
auszureuten, einzureißen,
abzuschwenden, hinzuschleifen,
zu bauen, zu pflanzen.

SEINE Rede geschah zu mir, es sprach:
Was siehst du, Jirmejahu?
Ich sprach:
Eine Rute vom Zeitigreg, der Mandel, sehe ich.
ER sprach zu mir:
Gut hast du gesehn,
ja, zeitig rege ich mich über meiner Rede,
sie zu tun.

SEINE Rede geschah zu mir ein zweites Mal, es sprach:
Was siehst du?
Ich sprach:
Einen Kessel sehe ich unterheizt,
seine Vorderseite nordher voran.
ER sprach zu mir:
Von Norden her
eröffnet sich das Böse
über alle Insassen des Lands.
Denn, wohlan, ich berufe
nordher alle Königtumssippen,
ist SEIN Erlauten,
daß sie kommen,
daß sie geben
jedermann seinen Stuhl
vor die Öffnung der Tore Jerusalems,
und wider all seine Mauern rings
und wider alle Städte Jehudas.
Dann rede ich meine Gerichte an die,
um all ihr Böses,
daß sie mich verlassen haben,

ließen aufrauchen anderen Göttern,
warfen sich vor dem Gemächt ihrer Hände nieder.
Du aber
gürte deine Hüften,
stelle dich hin,
rede zu ihnen
alles, was ich selbst dir entbiete, –
sei nimmer bestürzt vor ihnen,
sonst bestürze ich dich vor ihnen!
Ich,
wohlan, ich gebe dich heut
zur Festungsstadt,
zur eisernen Säule,
zu ehernen Mauern
wider all das Land,
den Königen Jehudas,
seinen Obern,
seinen Priestern,
dem Volke des Lands:
sie werden gegen dich kämpfen
und werden dich nicht übermögen,
denn ich bin mit dir,
ist SEIN Erlauten,
dich zu erretten.

SEINE Rede geschah zu mir, es sprach:
Geh,
rufe in die Ohren Jerusalems, sprich:
So hat ER gesprochen:
Ich gedenke dir
die Holdschaft deiner Jugend,
die Liebe deiner Brautschaft,
da du mir nach durch die Wüste gingst,
durch ein Land, das nie besät wird:
ein Geheiligtes ist Jifsrael IHM,
sein Anfangsteil von der Ernte,
alle, die den verzehren wollen,
müssen es büßen,
Böses kommt an sie,
SEIN Erlauten ists.

Höret SEINE Rede, Haus Jaakob,
und ihr Sippen alle vom Haus Jifsrael!
So hat ER gesprochen:
Was haben eure Väter an mir Falsches befunden,
daß sie hinweg von mir sich entfernten,
gingen dem Tande nach,
wurden zu Tand?!
Sie sprachen nicht: Wo ist ER,
der uns heraufholte aus dem Land Ägypten,
der uns gängelte in der Wüste,
in einem Land von Steppe und Schluft,
in einem Land von Dürre und Dunkel,
in einem Land, das nie jemand durchreist hat,
darin nie ein Mensch hat gesiedelt?
Ins Obstgartenland ließ ich euch kommen,
seine Frucht, sein Gut zu verzehren, –
ihr kamt herein, –
ihr bemakeltet mein Land,
machtet mein Eigen zum Greuel.
Die Priester sprachen nicht: Wo ist ER?,
Die Weisungsbeflissenen kannten mich nicht,
die Hirten waren abtrünnig mir,
die Künder kündeten vom Baal her,

sie gingen denen nach,
die nichts nützen können.
Darum muß ich noch mit euch streiten,
ist SEIN Erlauten,
muß streiten mit den Söhnen eurer Söhne.
Denn reist zu den Küsten der Kittäer
und seht,
nach Kedar sendet
und besinnet recht,
seht zu, ob je diesem Gleiches geschah:
hat ein Stamm Götter vertauscht
– und die da sind nicht einmal Götter! – ?
mein Volk aber
tauschte seine Ehre gegen das,
was nichts nützen kann.
Erstarrt, ihr Himmel, darob,
schaudert, erbebet sehr!
ist SEIN Erlauten.
Denn zwiefach Böses getan hat mein Volk:
sie verließen mich,
Born des lebendigen Wassers,
um sich Gruben zu hauen,
brüchige Gruben,
die das Wasser nicht halten.

Ist denn Jifsrael ein Knecht
oder ist er als Sklav hausgeboren?
weshalb wurde er zum Raub,
drüber Jungleun brüllend ihre Stimme erheben,
machte man sein Land zum Erstarren,
verfielen seine Städte, insassenlos?
　　– Auch noch die Söhne von Memphis und Tachpanches
　　weiden den Scheitel dir ab! –
Was dir dies antut, ists nicht,
daß du IHN deinen Gott verließest
– schon zur Zeit, da er dich gängelte auf dem Weg –?!
Und jetzt,
was hast du vom Weg nach Ägypten,
des Schwarzflusses Wasser zu trinken?

und was hast du vom Weg nach Assyrien,
das Wasser des Stroms zu trinken?
Züchtigen wird dich dein Böses,
deine Abkehrungen werden dich strafen –
so erkenns,
so ersiehs:
ja, bös und bitter wirds,
daß du IHN, deinen Gott, verließest!

Und nicht trat dich Furcht vor mir an,
ist meines Herrn, SEIN des Umscharten Erlauten,
von urher ja zerbrachst du dein Joch,
sprengtest du deine Fesseln,
du sprachst: Nun diene ich nicht mehr!
Ja,
auf alljedem hohen Hügel,
unter alljedem üppigen Baum
recktest du Hure dich hin!
Ich selber
pflanzte dich als Edelrotrebe,
alles treue Saat, –
wie hast du dich mir verwandelt,
in Triebe bastardischen Weinstocks!
Ja, wüschest du dich mit Aschensalz,
verschwendetest Lauge an dich,
schmutzhaft bleibt vor mir deine Verfehlung!
Erlauten ists von meinem Herrn, IHM.

Wie sprichst du: Ich bin nicht bemakelt,
den Baalen ging ich nicht nach!
Sieh deinen Weg in der Schlucht an,
erkenne, was du getan hast!
Leichte Jungkamelin,
die ihre Brunstwege verflicht,
Wildesel, von der Wüste belehrt
in der Gier seiner Seele,
so schnappt sie nach Luft, –
ihre Geilheit,
wer könnte die umkehren machen!
Alle, die sie suchen,

brauchen sich nicht müde zu laufen,
in ihrem Monde treffen sie sie.
– Erspare deinem Fuße die Blöße,
deiner Kehle den Durst!
– Du aber sprachst:
Umsonst ists!
nein!
denn ich liebe die Fremden,
ich muß ihnen nachgehn!

Wie ein Dieb zuschanden wird,
wenn er betroffen wurde,
so werden zuschanden
die vom Haus Jifsrael,
sie, ihre Könige, ihre Obern,
und ihre Priester und ihre Künder.
Zum Holz sprechend: Mein Vater bist du!
und zum Stein: Du hast mich geboren!
wandten sie ja den Nacken mir zu,
nicht das Antlitz mehr,
aber in der Zeit ihres Bösgeschicks
sprechen sie: Steh auf und befrei uns!
Und wo sind deine Götter,
die du dir gemacht hast?
sie sollen aufstehn,
ob sie dich befreien können
in der Zeit deines Bösgeschicks!
in der Zahl deiner Städte
waren ja deine Götter, Jehuda!

Wozu streitet ihr wider mich?!
Abtrünnig wart ihr mir alle,
ist SEIN Erlauten,
vergebens schlug ich eure Söhne,
sie nahmen Zucht nicht an,
euer Schwert fraß eure Künder
wie ein verderbrischer Löwe,
Ihr aber, Gegenwartsgeschlecht,
sehet zu:
– SEINE Rede ists –

War ich Jifsrael eine Wüste
oder ein Land der Düsternis?
weshalb sprachen sie, mein Volk:
Wir habens abgeschüttelt,
zu dir kommen wir nicht mehr!?
Vergißt ein Mädchen seinen Schmuck,
eine Braut ihre Schärpe?
mein Volk aber hatte mich vergessen
seit Tagen ohne Zahl!

Wie gut richtest du deinen Weg,
Liebschaft aufzusuchen!
Dadurch hast du nun auch das Bösgeschick
deine Wege gelehrt!
Auch an deinen Kleidzipfeln noch
betrifft man Blut
dürftiger, unsträflicher Wesen,
die du nicht beim Einbruch betrafst.
Ja, bei alldem, da sprichst du:
Ich bin ja unsträflich,
gewiß kehrt sein Zorn sich von mir!
Wohlan, ich will mit dir rechten
um dein Sprechen: Nicht habe ich gesündigt,
    – Was rennst du so sehr,
    deinen Brunstweg wieder zu wechseln?!
    auch an Ägypten wirst du zuschanden,
    wie du zuschanden wardst an Assyrien!
    Auch von dannen mußt du hinwegziehn,
    über deinem Kopf deine Hände,
    denn ER verwirft deine Sicherungen,
    nicht wirds dir mit ihnen gelingen. –
Mit dem Spruch:
Wohl, schickt ein Mann sein Weib fort
und sie geht von ihm, wird eines andern Mannes,
darf er noch zu ihr wiederkehren?
    – Heißts nicht:
    Entarten muß solch ein Land, entarten!? –
Du aber,
gehurt hast du mit vielen Gesellen,

und nun: »Kehre wieder zu mir«!
SEIN Erlauten ists.
Zu den Kahlhängen hebe deine Augen,
sieh:
wo bist du nicht beschlafen worden?
An den Wegen ersaßest du sie,
wie ein Steppenaraber in der Wüste.
Da entartetest du das Land
mit deiner Hurerei,
mit deiner Bosheit,
die Wolkengüsse wurden gehemmt,
der Lenzregen war nicht mehr.
Aber dein ist eines Hurenweibs Stirn,
du weigerst, dich zu schämen.
Von jetzt an, nicht wahr?,
magst du mir gern rufen:
»Mein Vater,
mein Jugendtrauter du!«
»Will auf Weltzeit er grollen,
auf Dauer denn es bewahren?!«
Wohl, so redest du,
aber du tust weiter das Böse
– und meinst zu übermögen?!

ER sprach zu mir in den Tagen des Königs Joschijahu:
Hast du gesehen,
was Frau Abkehr, Jifsrael, tat?
Da ging sie hin
auf alljeden hohen Berg,
unter alljeden üppigen Baum,
dort hurte sie.
Ich sprach,
nachdem sie all dies hatte getan:
Kehre um zu mir!
Sie aber kehrte nicht um.
Das sah
ihre Schwester, Frau Verrätrisch, Jehuda,
sie sah,

daß, alldieweil gebuhlt hatte Frau Abkehr, Jifsrael,
ich sie fortschickte,
ihr eine Trennungsurkunde gab,
aber nicht fürchtete sich die Verrätrin, Jehuda, ihre Schwester,
sie ging hin, hurte, auch sie.
Es geschah
durch die Leichtfertigkeit ihres Hurens,
da entartete sie das Land:
sie buhlte
mit dem Stein,
mit dem Baum.
Aber auch bei alle dem
kehrte nicht um zu mir
ihre Schwester, Frau Verrätrisch, Jehuda,
mit all ihrem Herzen,
sondern mit Lug,
ist SEIN Erlauten.

Weiter sprach ER zu mir:
Bewahrheitet hat ihre Seele Frau Abkehr, Jifsrael,
eher als die Verrätrin, Jehuda.
Geh,
rufe diese Rede nordwärts,
sprich:
Kehre um, Frau Abkehr, Jifsrael!
ist SEIN Erlauten,
nicht gesenkt wider euch will ich mein Antlitz lassen,
denn huldreich bin ich,
ist SEIN Erlauten,
nicht will auf Weltzeit ich grollen:
erkenne nur deine Verfehlung,
daß MIR, deinem Gott, du abtrünnig warst,
verstreutest deine Brunst an die Fremden
unter alljedem üppigen Baum,
und auf meine Stimme hörtet ihr nicht,
ist SEIN Erlauten.

Kehret um, abgekehrte Söhne,
ist SEIN Erlauten,
denn ich bins, der sich euer bemeistert!

So will ich euch nehmen,
einen von einer Stadt,
zweie von einer Sippe,
will euch kommen lassen nach Zion,
will euch Weidehirten geben
nach meinem Herzen,
weiden sollen die euch
in Erkenntnis und Begreifen.
Geschehen solls:
wenn ihr euch mehrt, ihr fruchtet im Land
in jenen Tagen,
ist SEIN Erlauten,
wird man nicht mehr sprechen:
Schrein SEINES Bundes!
nicht steigt der im Herzen dann auf,
nicht wird man seiner gedenken,
nicht wird man ihn vermissen,
nicht wird je wieder einer gemacht.
In jener Zeit
wird Jerusalem man rufen:
SEIN Thron!
Dahin stauen alle Weltstämme sich,
zu SEINEM Namen hin,
hin zu Jerusalem,
und der Sucht ihres bösen Herzens
gehen sie nicht mehr nach.

In jenen Tagen
werden sie gehn,
das Haus Jehuda samt dem Haus Jifsrael,
mitsammen werden sie kommen
aus dem Land des Nordens
in das Land, das ich euren Vätern zueignete.
Damals habe ich selber gesprochen:
Wie will ich dich einsetzen
unter den Söhnen!
Ich gab dir ein Wunschland,
ein Eigentum der Zier
vor den Zierden der Weltstämme.

Ich sprach zu mir,
»Mein Vater!« werdest du mich rufen,
von meiner Nachfolge dich nicht kehren.
Jedoch,
verriet je ein Weib seinen Genossen,
so verraten habt ihr mich,
Haus Jifsrael!
SEIN Erlauten ists.

An den Kahlhängen
ist eine Stimme zu hören,
ein flehentliches Weinen der Söhne Jifsraels,
daß sie ihren Weg verfehlten,
vergaßen IHN, ihren Gott.
– Kehret um,
abgekehrte Söhne,
ich will eure Abkehrungen heilen.
– Da sind wir,
wir laufen dir zu,
denn DU bists, unser Gott!
Ja doch, lügnerisch
war das von den Hügeln her,
das Toben auf den Bergen,
jedoch in IHM, unserm Gott,
ist die Befreiung Jifsraels!
Gefressen hat die Schande
das Erarbeitete unsrer Väter
von unsrer Jugend an,
ihr Schmalvieh, ihr Pflugtier,
ihre Söhne, ihre Töchter!
In unsrer Schande müssen wir liegen,
unsre Schmach muß uns hüllen,
denn an IHM unserm Gott
haben wir gesündigt,
wir und unsere Väter,
von unsrer Jugend an
und bis auf diesen Tag,
nicht gehört haben wir
auf SEINE, unsres Gottes, Stimme.

– Kehrst du um, Jifsrael,
ist SEIN Erlauten,
zu mir kehrst du wieder.
Tust du deine Scheusale weg
vom Angesicht mir,
brauchst du nicht umzuschweifen.
Schwörst du dann: ER lebt!
in Treue, in Recht, in Bewährung,
werden Weltstämme mit ihm sich segnen,
preisen werden sie sich mit ihm.

Ja denn,
so hat ER gesprochen
zu der Mannschaft Jehudas
und zu Jerusalem:
Erackert euch einen Acker,
säet nimmer unter die Dornen!

Beschneidet euch IHM:
tut die Vorhäute weg eures Herzens,
Mannschaft Jehudas,
Insassen Jerusalems,
sonst fährt mein Grimm aus wie Feuer,
zündet, und keiner kann löschen,
wegen eures bösen Spiels.

Meldets in Jehuda,
in Jerusalem laßts hören,
sprecht:
Blast die Posaune im Land,
rufet mit vollem Laut,
sprecht:
Rennet zusammen!
in die Festungsstädte müssen wir kommen!
hebt das Banner nach Zion hin!
berget!
steht nimmer da!
Denn:
– Ein Böses lasse vom Norden ich kommen,
einen großen Niederbruch,
aus seinem Dickicht steigt schon der Löwe,
zog aus der Verderber der Stämme,
fuhr von seinem Orte einher,
dein Land zur Starre zu machen,
deine Städte werden verfallen,
insassenlos!
Um dies gürtet euch mit Säcken,
jammert und heult,
denn nicht kehrt sich von uns
die Flamme SEINES Zorns!

An jenem Tag wirds geschehn,
ist SEIN Erlauten,
schwinden wird das Herz des Königs,
und das Herz der Obern,
erstarren werden die Priester,
die Künder werden sich entsetzen.

Dann wird man sprechen:
Ach, mein Herr, DU,
getäuscht hast du wahrlich, getäuscht
dieses Volk und Jerusalem,
sprechend: Friede wird euch sein, –
und nun rührt das Schwert an die Seele!

Zugesprochen wirds in jener Zeit
diesem Volk und Jerusalem:
Ein harscher Braus,
von Kahlhöhn in der Wüste,
des Wegs auf die Tochter meines Volks zu,
nicht zum Worfeln,
nicht zum Säubern,
ein Braus zu voll dafür!
Auch mich schon, jetzt, kommt der an,
reden muß ich Gerichte an sie.

– Wohlan, wie Gewölk steigts herbei,
wie Sturm sind seine Gefährte,
seine Rosse leichter als Adler...
– Weh uns,
denn wir werden gewaltigt!
– Wasche vom Bösen dein Herz,
Jerusalem,
damit du befreit wirst!
bis wann soll dir im Innern noch nachten
dein Planen des Args?!
– Wohl, eine Stimme meldets von Dan,
Arg läßt eine hören
vom Gebirge Efrajim!
– Gebts den Weltstämmen zu gedenken,
wohlan,
laßts hören um Jerusalem!
– Beobachter kommen aus fernem Land,
sie erheben ihre Stimme
um die Städte Jehudas,
wie Feldhüter sind sie nun um es her!
– Weil es mir widerspenstig war!

ist SEIN Erlauten,
dein Weg, dein Spiel haben dir dieses getan,
deine Bosheit dies;
wohl, nun ists bitter,
wohl, nun rührts dir ans Herz!

– Mein Eingeweid, mein Eingeweid!
Ich muß mich krümmen!
Wände meines Herzens!
Mein Herz tobt mir auf,
ich kann nicht schweigen,
denn Posaunenhall hast du gehört,
meine Seele,
das Schmettern des Kriegs!
Niederbruch um Niederbruch
wird ausgerufen:
– Wohl, gewaltigt wird alles Land,
jäh gewaltigt
meine Gezelte,
in einem Nu
meine Behänge!
– Bis wann noch
soll ich das Banner sehen,
soll ich den Posaunenhall hören?

– Wohl, mein Volk ist närrisch,
mich wollen sie nicht kennen,
törichte Söhne sinds,
unbesonnene sinds,
weise sind sie Böses zu tun,
aber Gutes üben,
das kennen sie nicht.

– Ich sah das Erdland an,
da war es Irrsal und Wirrsal,
zu den Himmeln empor,
hinweg war ihr Licht,
ich sah die Berge an,
da, sie schüttern,

und alle Hügel lockerten sich.
Ich sah,
da war der Mensch hinweg,
aller Himmelsvogel verflattert,
ich sah,
da war die Fruchtaue Wüste,
all ihre Städte niedergerissen –
vor IHM,
vor der Flamme seines Zorns.

Wohl, so hat ER gesprochen,
Starrnis werden soll alles Land,
nur daß ich den Garaus ihm nicht mache.
Darob trauert das Erdland,
umdunkeln die Himmel sich droben,
drob daß ich es redete
ich es entwarf
und lasse mirs nicht leidsein
und kehre nicht davon um.

– Vorm Schrei des Reisigen
und des Bogenschützen
flüchtet das Stadtvolk all,
sie kommen ins dichte Gebüsch,
auf die Schroffen steigen sie,
alle Städte bleiben verlassen,
niemand mehr siedelt darin.

Und du, Überwältigte,
was willst du tun?
Ob du dich in Karmesin kleidest,
ob du dich schmückst mit goldenem Schmuck,
ob du deine Augen aufränderst mit Bleiglanz,
vergebens richtest du dich schön her,
dich verschmähen nun die Hofierer,
an die Seele trachten sie dir.
Ja, einen Laut höre ich
wie von einer Kreißenden,
einen Angstruf

wie von einer Erstgebärenden, –
den Laut der Tochter Zion.
Sie ächzt,
sie breitet ihre Hände:
Weh mir, oh!
meine Seele erliegt ja den Würgern!

Streift durch die Gassen Jerusalems
und seht doch zu
und erkundet,
suchet auf ihren Plätzen,
ob ihr einen Mann findet,
obs einen gibt,
der Recht tut,
der nach Treue sucht, –
dann will ich ihr verzeihn!
Aber ob sie auch sprechen: Sowahr ER lebt!,
schwören gewiß sie zum Lug.

– DU,
sind nicht auf Treue aus deine Augen?!
Du hast sie geschlagen,
sie erbebten nicht,
du hast ihrer getilgt,
sie weigerten sich Zucht anzunehmen,
härter als ein Felsblock
ließen ihr Antlitz sie werden,
sie weigerten sich umzukehren.
Und ich, ich sprach zu mir:
Das sind doch die Geringen,
die freilich sind närrisch,
denn sie kennen nicht SEINEN Weg,
das Rechtsgeheiß ihres Gottes,
zu den Großen will ich nun gehn,
mit ihnen will ich reden,
denn die kennen SEINEN Weg,
das Rechtsgeheiß ihres Gottes.
Die jedoch, zumal
hatten das Joch sie zerbrochen,
hatten die Fesseln gesprengt.
– Drum soll vom Wald der Löwe sie schlagen,
der Steppenwolf soll sie gewaltigen,
an ihren Städten wacht der Pardel,
jeder, der heraustritt, wird zerrissen,
denn viel sind ihrer Abtrünnigkeiten,
mächtig ihre Abkehrungen.

–Wie soll ich dies dir verzeihn!
Deine Söhne haben mich verlassen,
sie schwören bei Nichtgöttern,
und mir schwur ich sie ein!
Sie haben sich verbuhlt,
im Hurenhaus rotten sie sich,
Hengste sind sie geworden,
wohlgenährte, daherschweifende,
sie wiehern,
jeder dem Weib seines Genossen zu.
Soll ich dies nicht zuordnen,
ist SEIN Erlauten,
oder soll an einem Stamm wie der da
meine Seele nicht ahnden?!

Ersteigt ihre Terrassen
und verderbet
– nur den Garaus dürft nimmer ihr machen! –,
haut ihre Rebranken ab,
denn MEIN sind sie nicht mehr.
Denn verraten haben sie mich, verraten,
Haus Jifsrael und Haus Jehuda,
ist SEIN Erlauten,
sie verleugneten MICH,
sie sprachen: Mit dem ist es nichts,
nicht kommt über uns ein Böses,
Schwert und Hunger, nicht werden wirs sehn,
die Künder werden zu Windbraus,
das Redende ist nicht in ihnen,
ihnen selber werde solches getan!

– Darum hat ER so gesprochen,
der Umscharte Gott:
Weil ihr diese Rede geredet habt:
Wohlan,
ich wandle
meine Reden im Mund dir zu Feuer
und das Volk da in Holzscheite,

daß es sie verzehre.
Wohlan,
ich lasse über euch kommen
einen Stamm aus der Ferne,
Haus Jifsrael,
ist SEIN Erlauten,
ein urständiger Stamm ists,
ein Stamm von der Vorzeit her ists,
ein Stamm, du kennst nicht seine Zunge,
hörst nicht heraus, was er redet.
Sein Köcher ist wie ein offenes Grab,
allesamt sind sie Helden.
Der verzehrt deine Ernte, dein Brot,
sie verzehren dir Söhne und Töchter.
er verzehrt dein Schaf und dein Rind,
er verzehrt dir Weinstock und Feige,
er zerspellt deine Festungsstädte,
die, mit denen du dich sicherst,
mit dem Schwert.
   – Aber auch in jenen Tagen,
    ist SEIN Erlauten,
     will ich euch den Garaus nicht machen. –
Und geschehen solls, wenn ihr sprecht:
Wofür tat ER unser Gott uns all dies?
dann sollst du sprechen zu ihnen:
Gleichwie ihr mich verließet,
dientet Fremdgöttern in eurem Land,
so sollt ihr nun den Auswärtigen dienen
in einem Land, das euer nicht ist.

Meldet dies im Haus Jaakob,
laßts hören in Jehuda, sprecht:
Hört doch dies,
törichtes Volk ohne Herzsinn,
haben Augen und können nicht sehen,
haben Ohren und können nicht hören:
Mich wollt ihr nicht fürchten,
ist SEIN Erlauten,
vor meinem Antlitz nicht erbeben,

der dem Meer ich als Grenze Sand setzte,
Weltzeit-Maß, das es nicht überschreite,
sie branden und vermögen nichts, seine Wellen,
tosen und könnens nicht überschreiten!
Aber dieses Volk hat ein Herz
abwendig und widerspenstig,
sie wandten sich ab, sie gingen,
sprachen nicht in ihrem Herzen:
Laßt uns fürchten doch IHN, unsern Gott,
der zu seiner Zeit Regen gibt,
Herbstguß und Lenzschauer,
die Wochen, die Gemäße der Ernte,
er bewahrt sie für uns!
Eure Verfehlungen
haben dies nun verbogen,
eure Versündigungen
haben euch das Gute verwirkt.

In meinem Volk ja finden sich Frevler,
das späht aus, wie Vogelsteller geduckt,
sie richten die Verderberfalle,
Menschen wollen sie fangen.
Wie der Korb sich mit Flügeltier füllt,
so mit Ertrognem füllen sich ihre Häuser,
darob werden sie groß, werden reich,
glattfeist werden sie.
Sie überschwellen gar von Reden der Bosheit,
der Sache der Waise
walten sie als Sachwalter nicht,
daß sie sie glücken ließen,
das Recht der Dürftigen,
nicht errechten sie es.
Soll ich dies nicht zuordnen,
ist SEIN Erlauten,
oder soll an einem Stamm wie der da
meine Seele nicht ahnden?!

Was erstarren, was ergrausen macht,
geschieht in dem Land,

die Künder künden vom Luge her,
die Priester wirtschaften ihnen zur Hand,
und mein Volk, die lieben es so –
aber was wollt ihr tun am Ende davon?

Berget, Söhne Binjamins,
aus dem Innern Jerusalems!
In Tekoa, der »Stoßstadt«,
stoßet in die Posaune!
Über Bet Kerem
erhöht das Hochzeichen!
Denn ein Böses lugt vom Norden herein,
ein großer Niederbruch!
Du Anmutige, du Verwöhnte,
geschweigt wirst du nun,
Tochter Zion!

Auf sie zu kommen daher
Weidehirten mit ihren Herden,
stoßen rings um sie Zeltpflöcke ein,
weiden jeder an seiner Seite.
– Heiliget Krieg gegen sie,
auf, am Mittag steigen wir an!
– Weh uns, schon ja wandte der Tag sich,
ja, die Abendschatten strecken sich schon!
– Auf, nächtens steigen wir an
und verderben ihre Paläste!

Denn so hat ER der Umscharte gesprochen:
Fället ihr Gehölz,
schüttet einen Sturmwall auf
gegen Jerusalem!
Das ist die Stadt, der nun zugeordnet wird,
in ihrem Innern ist alles Bedrückung,
wie der Brunnen sein Wasser läßt sprudeln,
so sprudeln läßt sie ihre Bosheit,
Unbill und Gewalt hört man drin,
stets ist Qual und Schlag mir vorm Antlitz.
Empfange Zucht, o Jerusalem,
sonst reißt sich von dir los meine Seele,
sonst wandle ich dich in Starrnis,
in niebesiedeltes Land.

So hat ER der Umscharte gesprochen:
Sie sollen nachgepflückt, nachgepflückt werden,

wie ein Rebstock,
der Überrest Jifsraels, –
kehre deine Hand wie ein Winzer
über die Triebe hin!
– An wen soll ich hinreden
und bezeugen,
daß sie mich hören?!
vorhautig ist doch ihr Ohr,
sie vermögen nicht aufzumerken,
zum Hohn ward ihnen doch SEINE Rede,
sie haben nicht Gefallen an ihr!
Voll bin ich nun SEINER Glut,
ohnmächtig, sie zu verhalten,
geschüttet muß sie werden
über das Spielkind auf der Gasse,
über den Jünglingskreis mitsammen.

Ja denn,
samt dem Weib wird auch der Gatte verstrickt,
der Alte samt dem Vollbetagten,
ihre Häuser rücken anderen zu,
Felder und Weiber mitsammen.
Denn ich strecke meine Hand aus
über die Insassen des Lands,
ist SEIN Erlauten.
Denn von ihren Kleinen bis zu ihren Großen
will alles Ausbeutung beuten,
und von Künder bis Priester
tut alles Lüge.
Den Niederbruch meines Volks
meinen sie leichthin zu heilen
mit dem Sprüchlein: Frieden, Frieden!
aber da ist kein Friede.
Beschämt müßten sie werden,
denn das Greuliche haben sie getan,
doch nicht vermögen sie sich schamhaft zu schämen,
doch nicht kennen sie das Erröten,
darum werden sie fallen
unter den Fallenden,

in der Zeit, da ich ihnen zuordne,
werden sie straucheln,
hat ER gesprochen.

So hatte ER gesprochen:
An die Wege tretet
und seht euch um
und fragt nach den Pfaden der Vorzeit:
Wo ist hier der Weg zum Guten?
und gehet darauf
und findet euren Seelen die Rast!
Sie aber sprachen:
Wir gehen nicht.
Und wieder:
Ich erstelle über euch Wächter,
merkt auf den Hall der Posaune!
Sie aber sprachen:
Wir merken nicht.
Darum nun:
Hört, ihr Weltstämme,
kennt das Zeugnis, das wider sie steht,
hörs, o Erdland:
Wohlan,
ein Böses lasse ich kommen
an dieses Volk da,
die Frucht ihres Planens,
denn auf meine Reden
haben sie nicht gemerkt,
meine Weisung,
sie haben sie verschmäht.
Wozu mir da Weihrauch,
der aus Saba kommt,
und das feine Würzrohr
aus dem Land der Ferne?!
Eure Darhöhungen
sind nicht zugnaden,
eure Schlachtmahle
sind mir nicht angenehm.
Darum,

so hat ER gesprochen,
wohlan,
Strauchelsteine gebe ich vor dieses Volk,
daß sie dran straucheln, –
Väter und Söhne mitsammen,
der Anwohner und sein Genosse,
sie sollen schwinden.

So hat ER gesprochen:
Wohlan, ein Volk kommt
aus dem Land des Nordens,
ein großer Stamm erweckt sich
vom Lendenbug der Erde her.
Sie fassen Bogen und Speer,
grausam ists, sie erbarmen sich nicht,
wie das tosende Meer ihr Stimmhall,
sie reiten auf Rossen dahin,
wie ein Mann gerüstet zum Krieg,
Tochter Zion, wider dich.
– Wir habens gehört,
das Hörensagen von ihm,
unsre Hände sind erschlafft,
Angst hat uns erfaßt,
Krampf, wie der Gebärenden.
Ziehet nimmer aufs Feld,
nimmer geht auf den Weg,
denn das feindliche Schwert,
ein Grauen, ist ringsum.

– Tochter meines Volks,
umgürte das Sackleinen dir,
wälze dich in der Asche,
richte dir eine Trauer
wie um den Einzigen,
Jammrung der Bitternisse,
denn plötzlich kommt über uns
der Vergewaltiger.

– Als Warte hatte ich dich gegeben
wider mein Volk, als Bollwerk,
als Wardein prüfend nun sollst du
erkennen ihren Weg.
– Der Abwendigen Abwendigste alle,
Verleumdung Feiltragende sinds:
Kupfer und Eisen,
alle sind sie verderbt.
Der Blasbalg keucht,
vom Feuer ist das Blei schon dahin, –
umsonst hat man geschmelzt und geschmelzt,
nicht ausscheiden läßt sich das Böse.
Verschmähtes Silber
ruft man sie nun,
denn Er hat sie verschmäht.

Die Rede, die zu Jirmejahu von IHM her geschah,
es sprach:
Tritt in das Tor SEINES Hauses,
rufe dort diese Rede, sprich:
Höret SEINE Rede,
alles Jehuda,
die ihr durch diese Tore kommt,
vor IHM euch niederzuwerfen!
So hat ER der Umscharte gesprochen,
der Gott Jifsraels:
Bessert eure Wege und eure Geschäfte,
und wohnen lasse ich euch
an diesem Ort.
Sichert euch nimmer mit den Reden der Lüge,
dem Spruch:
SEINE Halle, SEINE Halle, SEINE Halle ist das!
Ja,
bessert in Besserung ihr
eure Wege und eure Geschäfte,
tut Recht ihr, tuts
zwischen jedermann und seinem Genossen,
bedrücket nicht
den Gastsassen, die Waise, die Witwe,
vergießet nimmer
Blut des Unsträflichen
an diesem Ort,
geht anderen Göttern nicht nach,
euch zum Bösen,
dann will ich euch wohnen lassen
an diesem Ort,
in dem Land, das ich gab euren Vätern
von Urzeit her und für Weltzeit.
Ihr aber,
da sichert ihr euch mit den Reden der Lüge,
den unnützen!
Wie,
stehlen, morden, buhlen,
Lüge beschwören,
dem Baal aufrauchen lassen,

andern Göttern nachgehn,
die ihr nicht gekannt habt, –
dann wollt ihr herkommen,
vor mein Antlitz treten
in diesem Haus,
über dem mein Name gerufen ist,
wollt sprechen:
Wir sind errettet!
Um weiter all diese Greuel zu tun!
Ist dieses Haus,
über dem mein Name gerufen ist,
in euren Augen zur Räuberhöhle worden?
Wohl, auch ich selber sehe es so an,
ist SEIN Erlauten.
Ja,
geht doch nach meinem Ort, der in Schilo war,
wo vordem ich einwohnen ließ meinen Namen,
und seht, was ich ihm getan habe
wegen der Bosheit meines Volks Jifsrael!
Und nun:
weil ihr all diese Taten tut,
ist SEIN Erlauten,
als ich zu euch redete,
Rede vom Frühmorgen an,
hörtet ihr nicht,
als ich euch anrief,
antwortetet ihr nicht,
will ich dem Haus,
über dem mein Name gerufen ist,
mit dem ihr euch sichert,
und dem Ort,
den ich euch und euren Vätern gab,
so tun, wie ich Schilo habe getan,
fortschleudern will ich euch
von meinem Antlitz hinweg,
wie ich fortschleuderte all eure Brüder,
allen Efrajimsamen.

Du aber,

bete nimmer für dieses Volk,
erhebe nimmer für sie
Flehen und Gebet,
bedränge mich nimmer,
denn ich will dich nicht hören.
Siehst du nicht,
was sie machen
in den Städten Jehudas
und in den Gassen Jerusalems?
Die Kinder lesen Hölzer,
die Väter entzünden das Feuer,
die Weiber kneten Teig:
um Gebildwecken zu machen
für die Königin des Himmels!
Und Güsse gießt man
für andere Götter,
mich zu verdrießen.
Verdrießen sie mich,
ist SEIN Erlauten,
nicht sich selber nur,
ihr Antlitz zu beschämen?!
Darum,
so hat mein Herr, ER, gesprochen,
wohlan,
mein Zorn, mein Grimm
ergießt sich
an diesen Ort,
über den Menschen,
über das Vieh,
übers Gehölz des Feldes,
über die Frucht des Bodens,
zündet
und lischt nicht.

So hat ER der Umscharte gesprochen,
der Gott Jifsraels:
Eure Darhöhungen häuft noch
auf eure Schlachtmahle,
daß ihr Fleisch zu essen habt!

Denn nicht habe ich
mit euren Vätern geredet,
ihnen nicht geboten,
am Tag, als ich sie aus Ägypten führte,
Reden um Darhöhung und Schlachtmahl,
sondern diese Rede
habe ich ihnen geboten,
sprach:
Hört auf meine Stimme,
dann werde ich euch zum Gott
und ihr, ihr werdet mir zum Volk!
gehet in all dem Weg,
den ich euch gebiete,
damit euch gut sei!
Aber sie wollten nicht hören,
aber sie neigten ihr Ohr nicht,
gingen in den Ratschlägen weiter,
in der Sucht ihres bösen Herzens,
sie wurden zu einem Rücken,
nicht einem Angesicht mehr.
Vom Tag,
als eure Väter aus dem Land Ägypten fuhren,
bis zu diesem Tag
sandte ich all meine Diener, die Künder, zu euch
täglich, Sendung vom Frühmorgen an.
Aber sie horchten mir nicht,
sie neigten nicht ihr Ohr,
sie härteten ihren Nacken,
übten Bösres als ihre Väter.
Redest du nun all diese Rede zu ihnen
und sie horchen dir nicht,
rufst du sie auf
und sie antworten dir nicht,
dann sprich zu ihnen:
Dies ist der Stamm derer,
die auf SEINE, ihres Gottes, Stimme nicht hörten,
Zucht nicht annahmen, –
die Treue ist verschwunden,
aus ihrem Mund gerottet!

Schere dein Weihehaar ab
und wirfs fort,
auf den Kahlhöhn erhebe die Klage,
denn verschmäht hat E R,
verstoßen
das Geschlecht seines Überwallens.
– Denn das in meinen Augen Böse
taten die Söhne Jehudas,
ist SEIN Erlauten,
ihre Scheusale stellten sie auf
in dem Haus,
über dem mein Name gerufen ist,
es zu bemakeln,
und bauten die Kuppen des Ofenplatzes,
des in der Schlucht des Sohns Hinnoms,
im Feuer ihre Söhne und Töchter zu verbrennen,
was ich nie hatte geboten,
nie wars mir aufgestiegen im Herzen.
Darum:
wohlan, Tage kommen,
ist SEIN Erlauten,
dann wird man nicht mehr sprechen:
Ofenplatz, Schlucht des Sohns Hinnoms,
sondern: Schlucht des Würgens,
begraben wird man im Ofenplatz,
da sonst kein Raum ist.
Zum Fraß wird der Leichnam dieses Volks
dem Vogel des Himmels
und dem Getier des Erdlands,
und keiner scheucht auf.
Verabschieden will ich
aus den Städten Jehudas und aus den Gassen Jerusalems
Stimme von Wonne und Stimme von Freude,
Stimme von Bräutigam und Stimme von Braut,
denn zur Ödnis wird das Land.

Zu jener Zeit,

ist SEIN Erlauten,
zieht man aus ihren Gräbern
die Gebeine der Könige von Jehuda,
die Gebeine seiner Obern,
die Gebeine der Priester,
die Gebeine der Künder,
die Gebeine der Insassen Jerusalems,
man breitet sie hin
der Sonne, dem Mond und aller Schar des Himmels,
die sie liebten,
denen sie dienten,
denen sie nachgingen,
die sie beforschten,
vor denen sie sich niederwarfen:
nie heimst man sie ein,
nie begräbt man sie,
zu Dünger auf der Fläche des Bodens müssen sie werden.
Und noch erlesen ist der Tod
gegen das Leben all des Überrests,
der Restenden von dieser argen Sippschaft
an allen Orten,
wohin ich sie, die Restenden, versprengte.
Erlauten von IHM dem Umscharten ists.

Sprich zu ihnen:
So hat ER gesprochen:
Fällt man denn und steht nicht mehr auf,
kehrt sich einer ab und kehrt sich nicht mehr um?
weshalb bleibt sie abgekehrt,
dieses Volk, Jerusalem,
in dauernder Abkehr,
halten sie an der Trügerei fest,
weigern umzukehren?
– Ich merke auf, ich horche,
Grundnichtiges reden sie,
niemanden ists leid seines Bösen,
daß er spräche: Was habe ich getan!
Alles bleibt in seinem Lauf abgekehrt,
wie im Kampfe die Roßmacht flutet.

Auch der Storch am Himmel
kennt seine Gezeiten,
die Turtel, der Mauersegler, die Drossel
wahren die Frist ihres Kommens,
mein Volk aber,
sie kennen SEIN Rechtsgeheiß nicht!
Weh, wie mögt ihr sprechen:
weise sind wir,
SEINE Weisung ist bei uns!
Ja doch, wohl –
zur Lüge tätig war dann
der Lügengriffel der Schreiber!
Die Einsichtigen werden beschämt,
sie werden bestürzt, werden verstrickt,
wohl,
SEINE Rede haben sie verschmäht,
was für eine Einsicht können sie haben!

Darum gebe ihre Weiber ich andern,
ihre Felder den Enterbern.
Von Klein ja bis Groß
will alles Ausbeutung beuten,
von Künder bis Priester
tut alles Lüge.
Den Niederbruch der Tochter meines Volkes
meinen sie leichthin zu heilen
mit dem Sprüchlein: Frieden, Frieden!
aber da ist kein Friede.
Beschämt müßten sie werden,
denn das Greuliche haben sie getan,
doch nicht vermögen sie sich schamhaft zu schämen,
und nicht kennen sie das Erröten,
darum werden sie fallen
unter den Fallenden,
in der Zeit ihrer Zuordnung
werden sie straucheln,
hat ER gesprochen.

Raffend entraffe ich sie,
ist Sein Erlauten,
am Weinstock sind keine Trauben,
am Feigenbaum keine Feigen,
abgewelkt ist das Laub, –
ich gebe sie hin
denen, die drüberwandern.

– Wozu sitzen wir herum?
rafft euch zusammen,
in die Festungsstädte lasset uns kommen,
daß wir uns dort schweigend halten!
denn der uns geschweigt hat,
Er ists, unser Gott,
Giftwasser ließ er uns schlucken,
denn gesündigt haben wir Ihm.
Auf Frieden mochte man hoffen –
es ist kein Gutes mehr!
auf eine Zeit der Heilung –
und nun das Entsetzen!

Von Dan her hört man schon
das Schnauben seiner Rosse,
vom Wieherschall seiner Hengst-Recken
schüttert schon alles Erdland,
sie kommen,
sie fressen
das Land und seine Fülle,
die Stadt und die drin siedeln!

– Ja,
da schicke ich wider euch aus
Schlangen, Kreuzottern,
wider die kein Raunen gilt,
die sollen euch beißen,
ist Sein Erlauten.

– Ein Aufblinken mir
über der Kümmernis!
mein Herz in mir siecht!
Da ist der Schall,
der Hilfeschrei der Tochter meines Volks
aus dem Land der Ferne:
Ist ER nicht mehr in Zion,
ist sein König nicht mehr darin?!
– Weshalb haben sie mich verdrossen
mit ihren Docken,
mit den Tandgebilden der Fremde?!
– Vorüber ist die Ernte,
das Obsten ist dahin,
wir aber,
wir wurden nicht befreit!
...Überm Niederbruch
der Tochter meines Volks
bin ich niedergebrochen,
ich bin umdunkelt,
Erstarrung hat mich gefaßt.
...Ist kein Balsam in Gilad
oder ist kein Heilkundiger dort,
weshalb wächst denn noch nicht eine Wundhaut
der Tochter meines Volks?
...Wer gäbs,
mein Haupt wäre ein Gewässer,
meine Augen ein Born der Träne,
Tag und Nacht wollte ich beweinen
die Durchbohrten der Tochter meines Volks!

Wer gäbe mir in der Wüste
eine Nachthütte der Wandrer!
dürfte ich mein Volk verlassen,
hinweg von ihnen gehn!
Alle sind sie ja verbuhlt,
eine Innung von Verrätern.
Sie spannen ihre Zunge,
ihren Lügenbogen,

nicht in Treuen
schalten sie im Land.
– Ja:
von Bösem zu Bösem fahren sie hin,
und mich erkennen sie nicht,
ist Sein Erlauten.

Hüten müßt ihr euch,
jedermann vorm Genossen,
nimmer wähnt euch sicher
jeglicher beim Bruder,
denn jeglicher Bruder
schleicht als Fersenschleicher,
jeglicher Genosse
trägt Verleumdung feil.
Sie beschwindeln
jedermann den Genossen,
treulich reden können sie nicht:
sie lehrten ihre Zunge an
im Lügenreden,
im Fehlgehn
erschöpften sie sich.
– Dein Wohnsitz ist inmitten des Trugs,
in Trug weigern sie, mich zu erkennen,
ist Sein Erlauten.

Darum,
so hat ER der Umscharte gesprochen,
wohlan, ich schmelze sie,
ich prüfe sie aus, –
wie soll ich denn tun
angesichts der Tochter meines Volks!
Ein stechender Pfeil ist ihre Zunge,
Trug ist das Reden:
mit seinem Munde
redet einer Frieden zu seinem Genossen,
aber in seinem Innern
legt er ihm einen Hinterhalt.
Soll ich dies nicht zuordnen an ihnen,

ist SEIN Erlauten,
oder soll an einem Stamm wie der da
meine Seele nicht ahnden?!

– Über die Berge hin
hebe ich Weinen an
und Wehgesang,
über die Wüstentriften
die Klage,
denn verfallen sind sie,
daß niemand drüberzieht,
sie hören nicht mehr
den Laut der Herde,
vom Vogel des Himmels
bis zum Getier
verflattert,
davongegangen!
– Und auch Jerusalem gebe ich hin
zu Trümmerwällen,
ein Gehege der Schakale,
und gebe hin die Städte Jehudas,
eine Starrnis, insassenlos.

Wer ist der weise Mann,
daß er dieses besänne!
was da SEIN Mund zu ihm redet,
daß er das melden könnte!
Woran schwindet dieses Land,
verfällt, der Wüste gleich,
daß niemand drüberzieht?
ER sprach es aus:
Dran, daß sie meine Weisung verließen,
die vor sie hin ich gab,
und auf meine Stimme nicht hörten
und gingen in jener nicht,
ihres Herzens Sucht gingen sie nach
und den Baalen nach,
wie ihre Väter sie lehrten.
Darum,

so hat ER der Umscharte gesprochen, der Gott Jisraels:
wohlan,
Wermut gebe ich ihnen, diesem Volke zu essen,
Giftwasser ihnen zu schlucken,
ich zerstreue sie unter die Weltstämme,
von denen sie und ihre Väter nicht wußten,
das Schwert schicke ich aus, ihnen nach,
bis ich sie vernichtet habe.
So hat ER der Umscharte gesprochen.
Besinnet euch!

Ruft den Klagemüttern,
daß sie kommen,
zu den weisen Frauen schickt,
daß sie kommen,
daß sie eilen,
anzuheben über uns Wehgesang,
daß von Tränen unsre Augen rinnen,
unsre Lider Wassers überrieseln.
Ja denn,
Wehgesangs Schall ist vom Zion zu hören:
Wie sind wir gewaltigt!
sehr sind wir beschämt!
denn wir müssen das Land verlassen,
denn sie stürzen unsre Wohnungen nieder!
Ja denn,
hört, ihr Weiber, SEINE Rede,
vernehme euer Ohr die Rede seines Munds,
dann lehrt eure Töchter den Wehgesang,
jede ihre Genossin die Klage:
Ja denn,
gestiegen ist der Tod in unsre Fenster,
gekommen in unsre Paläste,
rottend
das Spielkind von der Gasse,
Jünglinge von den Märkten!
– Rede so,
ist SEIN Erlauten:

Fallen muß der Leichnam der Menschen
wie Dünger auf die Fläche des Felds,
wie ein Ährenbündel hinter dem Schnitter,
und keiner heimst.

So hat ER gesprochen:
Nimmer rühme sich der Weise
seiner Weisheit,
nimmer rühme sich der Held
seines Heldenmuts,
nimmer rühme sich der Reiche
seines Reichtums,
sondern dessen rühme sich,
wer sich rühmt:
zu begreifen
und mich zu erkennen,
daß ICH es bin,
der Huld, Recht und Wahrhaftigkeit macht auf Erden.
Ja, an solchen habe ich Gefallen,
ist SEIN Erlauten.

Wohlan, Tage kommen,
ist SEIN Erlauten,
da ordne ichs zu
allem Beschnittnen,
das doch eine Vorhaut hat,
Ägypten und Jehuda und Edom
und den Söhnen Ammons und Moab
und allen Haareckengestutzten, die in der Wüste siedeln,
Ja, vorhautig sind doch alle die Stämme,
auch alles Haus Jifsrael, vorhautig am Herzen.

Höret die Rede,
die ER an euch geredet hat,
Haus Jifsrael!
So hat ER gesprochen:
Zum Weg der Weltstämme hin
laßt euch nimmer belehren,
von den Zeichen des Himmels
laßt euch nimmer bestürzen,
mögen denn die Weltstämme bestürzt sein vor denen!
Denn die Sternsatzungsbilder der Völker,
Tand ists,
denn als Holz haut mans aus dem Wald,

mit dem Meißel wirds dann gemacht
von den Händen des Formers,
mit Silber, mit Gold verschön ers,
man festigts mit Nägeln und Hämmern,
daß es nicht wanke.
Wie die Scheuche im Gurkenfeld sind die,
reden können sie nicht,
tragen muß man sie, tragen,
denn schreiten können sie nicht, –
fürchtet euch nimmer vor ihnen,
denn böstun können sie nicht,
aber auch Gutes zu wirken
ist nicht bei ihnen.

– Gar keiner ist dir gleich,
Du,
groß bist du und groß dein Name
in Heldenmacht.
Wer sollte dich nicht fürchten,
König der Weltstämme!
Denn dir gebührts,
denn trotz allen Kunstfertigen der Stämme,
trotz all ihrer Königsmache:
gar keiner ist dir gleich!
Einheitlich sind sie dumm, sind sie albern,
ists eine Zucht von Tandwerk:
ein Holz bleibt das!
Gewalztes Silber,
von Tarschisch läßt man es kommen,
Gold von Ufas her,
ein Gemächt nun des Formers,
der Schmelzershände,
ihr Gewand sind Purpur und Scharlach,
Kunstfertiger Gemächt sind sie alle.
Er aber,
ein Gott ists in Treuen,
das ist der lebendige Gott,
der König der Zeiten!
Die Erde schüttert vor seinem Grimm,

nicht halten seinem Dräuen die Weltstämme stand.
   – Also sprecht zu ihnen:
   Die Götter,
   die Himmel und Erde nicht haben geschaffen,
   abgeschafft werden sie vom Erdreich,
   unterhalb dieses Himmels hinweg. –

Der mit seiner Kraft die Erde macht,
mit seiner Kunst das Rund errichtet,
den Himmel streckte mit seinem Besinnen:
beim Niederschallen,
da an den Himmel er Wassers Getös gibt,
Dämpfe steigen läßt vom Ende der Erde,
Blitze beim Regen macht,
aus seinen Kammern den Windbraus führt,
verdummt alljeder Mensch
mit seinem Wissen,
beschämt wird aller Schmelzer
mit seiner Docke.
Denn Lug ist, was er goß,
nicht ist Geistbraus darin,
Tand sind die,
ein Gaukelgemächt,
in der Zeit ihrer Zuordnung
werden sie abgeschafft.
Nicht wie diese in Jaakobs Teil,
denn der Bildner des Alls, der ists,
Jifsrael die Stabschaft seines Eigens,
sein Name ER der Umscharte.

Raffe deinen Kram von der Erde,
die du in der Einengung sitzest!
Denn so hat E R gesprochen:
Wohlan,
Diesmal schleudre ich ab
die Insassen des Erdlands,
und in die Enge treibe ich sie,
auf daß sie zu finden beginnen.

– Wehe mir
über meinen Niederbruch!
quälend ist mein Geschlagensein!
Und ich, ich hatte gesprochen:
Dies ist nun eben meine Qual,
ich will sie tragen!
Gewaltigt wurde mein Zelt,
alle meine Seile zerrissen!
Meine Kinder sind mir entführt,
keins ist mehr da,
keiner mehr, der mein Zelt mir spannt,
meine Behänge erstellt!

Denn die Hirten verdummten.
I H N beforschten sie nicht,
darum konnten sies nicht ergreifen,
all ihre Herde ist zerstreut.
Stimme des Erhorchten:
Da kommts!
Großes Schüttern aus nördlichem Land!
Jehudas Städte in Starrnis zu wandeln,
ein Gehege der Schakale!

– Ich erkenne es, D U:
ja,
nicht des Menschen ist sein Weg,
nicht des gehenden Manns
das Richten seines Schritts.
Züchtige mich, D U,
doch in Gerechtigkeit,

nimmer in deinem Zorn,
sonst lässest du zu wenig mich werden!

...Schütte deine Glut aus
über die Stämme,
die dich nicht kennen,
über die Sippen,
die deinen Namen nicht rufen!
Denn sie verzehren Jaakob,
sie verzehren ihn,
sie verheeren ihn,
seine Trift verstarren sie!

Die Rede, die zu Jirmejahu von IHM her geschah,
Es sprach:
Hört die Redeworte dieses Bunds
und redet sie
zur Mannschaft Jehudas
und an die Insassen Jerusalems!
Und das noch sprich zu ihnen:
So hat ER, der Gott Jifsraels, gesprochen:
Verflucht der Mann,
der nicht gehorcht den Worten dieses Bundes,
den ich euren Vätern entbot
des Tags, da ich sie führte
aus dem Land Ägypten,
aus dem Eisenschmelzofen,
sprechend:
Hört auf meine Stimme,
tut es,
allwie ich euch gebiete,
dann werdet ihr mir zum Volk,
und ich werde euch zum Gott!
Um den Schwur zu erstellen,
den ich schwur euren Vätern,
ihnen zu geben das Land,
Milch und Honig träufend, –
wies nun am Tag ist.
Ich aber antwortete, sprach:
Jawahr, DU!
Und weiter sprach ER zu mir:
Rufe all diese Worte
in den Städten Jehudas
und in den Gassen Jerusalems,
sprich:
Gehorcht den Worten dieses Bundes,
tut es!
Denn ermahnt habe ich eure Väter, ermahnt
vom Tag, da ich sie heraufholte
aus dem Land Ägypten
bis zu diesem Tag,
Mahnung vom Frühmorgen an,

sprechend:
Hört auf meine Stimme!
Sie aber wollten nicht hören,
sie aber neigten ihr Ohr nicht,
sie gingen, jedermann,
in der Sucht ihres bösen Herzens.
So ließ ich über sie kommen
alle Worte dieses Bunds,
die zu tun ich ihnen entbot,
sie aber taten nicht.
Und weiter sprach ER zu mir:
Aufruhr ist befunden
an der Mannschaft Jehudas
und an den Insassen Jerusalems,
rückgekehrt sind sie
zu den Verfehlungen ihrer Vorväter,
die sich weigerten, meine Worte zu hören,
auch sie gingen anderen Göttern nach,
ihnen zu dienen,
sie zertrennten,
das Haus Jifsrael und das Haus Jehuda,
meinen Bund,
den mit ihren Vätern ich schloß.
Darum,
so hat ER gesprochen,
wohlan, ein Böses lasse ich über sie kommen,
dem sie nicht zu entfahren vermögen,
und wenn sie zu mir schreien,
will ich sie nicht erhören:
dann sollen sie doch hingehn,
die Städte Jehudas
und die Insassen Jerusalems,
sollen zu den Göttern schreien,
denen sie aufrauchen ließen,
und die befreien, sie befreien nicht können
in der Zeit ihres Bösgeschicks.
An Zahl ja gleich deinen Städten
wurden deine Götter, Jehuda,
an Zahl gleich Jerusalems Gassen

habt ihr Schlachtstätten errichtet
dem Schandgebild,
Schlachtstätten, aufrauchen zu lassen
dem Baal.
Du aber,
bete nimmer um dieses Volk,
erhebe nimmer um sie
Flehen und Gebet,
denn ich höre nicht mehr
zur Zeit, da sie mich anrufen
um ihr Bösgeschick.
Was hat mein Freund noch
in meinem Haus,
wo die Vielen es bereiten:
das Ränkewerk –
und das Fleisch der Darheiligung!
– Frau, sie werden von dir hinwegziehn,
die ja dein Bösgeschick sind!
alsdann magst du frohlocken!

»Saftiger Ölbaum,
frucht- und gestaltschön«
hat ER deinen Namen gerufen –
nun zum Schall großen Getöses
steckt ers mit Feuer an,
daß seine Äste knacken.
ER der Umscharte,
der dich gepflanzt hat,
redet über dich das Böse.
– Zu Folge des Bösen
des Hauses Jifsrael
und des Hauses Jehuda,
das sie taten,
mich zu verdrießen,
dem Baal aufrauchen zu lassen!

ER hat mirs zu erkennen gegeben,
und so habe ichs erkannt –
ihre Geschäfte ließest du mich da durchschauen.
Ich selber aber:
wie ein zutrauliches Lamm,
das zum Schlachten geführt wird,
erkannte ichs nicht,
daß wider mich sie Planungen planten:
»Laßt uns den Baum in seinem Mark verderben,
laßt uns ihn roden aus dem Lande des Lebens,
nicht werde mehr seines Namens gedacht!«
Aber DU, Umscharter,
Richter in Wahrhaftigkeit,
Prüfer von Nieren und Herz:
möge ich schauen deine Rache an ihnen,
denn überwälzt habe ich dir meinen Streit.
– Darum,
so hat ER gesprochen,
wider die Leute von Anatot,
die an die Seele dir trachten,
sprechend: Künde nicht in SEINEM Namen,
willst du nicht von unsrer Hand sterben! –
darum,
so hat ER der Umscharte gesprochen,
wohl, ich ordne ihnen zu:
die Jungmannen sterben durchs Schwert,
ihre Söhne, Töchter sterben durch Hunger,
nicht bleibt ihrer ein Rest,
denn das Böse lasse ich kommen
an die Leute von Anatot
im Jahr ihrer Zuordnung.

– Bewahrheitet bist du stets, DU,
wenn ich gegen dich streiten wollte,
dennoch muß ich mit dir reden
um die Gerechtigkeit.
Weshalb glückt der Weg der Frevler,
behagts allen, die verrätrisch verraten?

Du selber pflanzest sie,
sie wurzeln auch schon ein,
sie gehen auf,
bereiten auch schon Frucht, –
nah bist du ihnen im Munde,
von ihren Nieren fern.
DU aber
kennst mich,
siehst mich,
prüfst mein Herz, das mit dir ist, –
reiße jene hervor
wie Schafe zur Schlachtbank,
verweihe sie
auf den Tag des Würgens!
Bis wann soll dorren das Erdland,
alles Feldes Kraut vertrocknen?
Um die Bosheit derer, die drin siedeln,
ist Getier und Vogel entrafft!
Sie sprechen ja:
Der sieht unsre Zukunft nicht!

– Mit Fußgängern ja erst bist du gelaufen,
schon sie haben dich erschöpft,
wie wirst du wetteifern mit Rossen?!
in friedlichem Land nur meinst du dich sicher,
wie wirst dus machen im Hochwuchs des Jordans?!
Auch deine Brüder ja, das Haus deines Vaters,
auch die verraten dich,
auch die rufen hinter dir her aus voller Kehle, –
du darfst ihnen nimmer trauen,
wenn sie zu dir Gutes reden!

– Ich habe mein Haus verlassen,
ich habe mein Eigen verworfen,
die Freundschaft meiner Seele
gab ich in den Griff ihrer Feinde.
Geworden war mir mein Eigen
gleich einem Löwen im Wald:
wider mich gabs aus seine Stimme –
darum mußte ich es hassen!
Ein buntgefärbter Geier,
so ist mir mein Eigen nun –
die Geierschaft rings drüber hin!
Geht, holt das Feldgetier alles,
heißt sie rennen zum Fraß!
Viele Hirten verderbten den Weinberg,
zerstampften das Ackerteil mir,
das Ackerteil meines Wunsches
gaben zu Wüste, Starrnis sie hin!
Man hats zu Starrnis gewandelt,
verstarrt trauerts mich an,
alles Land ist starr geworden,
denn zu Herzen wandte sichs keiner!
– Über alle Kahlhöhn der Wüste
kommen die Gewaltiger,
ja, ein Schwert hat ER, das frißt
von Lands Ende bis zu Lands Ende,
kein Friede mehr allem Fleisch!

Haben sie Weizen gesät,
Disteln müssen sie ernten,
haben sie sich abgequält,
wird es ihnen nicht nützen,
beschämt werden an eurem Ertrag sie
vorm Entflammen SEINES Zorns.
So hat ER gesprochen:
Wider all meine bösen Anwohner,
die antasten das Eigentum,
das ich übereignet habe
an mein Volk, an Jisrael:
wohlan,

ich reute sie aus ihrem Boden,
das Haus Jehuda reute ich aus ihrer Mitte.
Aber es soll geschehn:
nachdem ich sie gereutet habe,
kehre ich um, erbarme mich ihrer,
heimkehren lasse ich sie,
jedermann zu seinem Eigen,
jedermann zu seinem Land.
Es soll geschehn:
lernen, erlernen sie
die Wege meines Volks,
bei meinem Namen zu schwören:
sowahr ER lebt!,
wie sie gelehrt hatten mein Volk,
beim Baal zu schwören,
dann werden sie erbaut
inmitten meines Volks.
Wollen aber welche nicht hören,
jenen Stamm reute ich aus:
Gereutet und geschwendet!
ist SEIN Erlauten.

So hat ER zu mir gesprochen:
Geh, erwirb dir einen leinenen Schurz,
lege ihn um deine Hüften,
in Wasser aber laß ihn nicht kommen.
Ich erwarb den Schurz SEINER Rede gemäß,
legte ihn um meine Hüften.
SEINE Rede geschah zu mir ein andermal, es
    sprach:
Nimm den Schurz, den du erworben hast,
der um deine Hüften ist,
und mach dich auf, geh an den Euphrat
und in einem Felsspalt verscharre ihn dort.
Ich ging, ich verscharrte ihn am Euphrat,
wie ER mir geboten hatte.
Es geschah nach Ablauf vieler Tage,
daß ER zu mir sprach:
Mach dich auf, geh an den Euphrat
und hole von dort den Schurz,
den dort zu verscharren ich dir geboten habe.
Ich ging an den Euphrat,
grub nach,
holte den Schurz
an dem Ort, wo ich ihn hatte verscharrt, –
da, der Schurz war verdorben,
taugte zu nichts mehr.
SEINE Rede geschah zu mir, es sprach:
So hat ER gesprochen:
Eben so werde ich verderben
den Hochmut Jehudas
und den großen Hochmut Jerusalems.
Dieses böse Volk,
die sich weigern, meine Reden zu hören,
die in der Sucht ihres Herzens gehn,
nachgehn anderen Göttern,
ihnen zu dienen, sich vor ihnen niederzuwerfen,
es werde wie dieser Schurz,
der zu nichts mehr taugt.
Denn wie der Schurz an den Hüften des Mannes haftet,
so angeheftet habe ich mir

alles Haus Jifsrael und alles Haus Jehuda,
ist SEIN Erlauten,
mir zum Volke zu werden,
zu einem Namen, zu einer Preisung, zu einem Ruhm, –
aber sie wollten nicht hören.
Sprich zu ihnen nun diese Rede:
So hat ER, der Gott Jifsraels, gesprochen:
Aller Krug wird mit Wein gefüllt.
Und wenn sie zu dir sprechen:
Ist uns das nicht bekannt und bekannt,
daß aller Krug mit Wein gefüllt wird?!
dann sprich zu ihnen:
So hat ER gesprochen:
Wohlan,
ich fülle alle Insassen dieses Lands,
die Könige, die auf dem Stuhle Dawids sitzen,
die Priester und die Künder
und alle Insassen Jerusalems
mit einer Trunkenheit,
ich zerschelle sie einen am andern,
die Väter und die Söhne mitsammen,
ist SEIN Erlauten,
ich schone nicht,
ich bedaure nicht,
ich erbarme nicht,
daß ichs ließe, sie zu verderben.

Höret! lauschet!
stolzieret nimmer!
denn ER hat geredet.
Ehre gebt IHM eurem Gott,
ehe es sich verfinstert,
eh eure Füße sich stoßen
an den Bergen der Dämmerung
und, dehnt ihr euch dem Licht zu,
er es macht zu Todesschatten,
taucht in Wetterdunkel!
Hört ihr das aber nicht,
im Verborgenen weint dann
meine Seele ob der Hoffart,
vergießt Tränen um Tränen,
nieder rinnt in der Träne mein Auge,
denn gefangengeführt wird SEINE Herde!

Sprecht zum König und zur Gebieterin:
Zuniederst setzet euch hin,
denn gesunken von euren Häuptern
ist die Krone eures Prangens!
Geschlossen sind die Städte des Mittags,
und keiner öffnet,
verschleppt wird Jehuda allsamt,
gänzlich verschleppt!
Hebt eure Augen und seht,
die vom Norden her kommen!

Wo ist, Stadt, die Herde.
die dir gegeben ward,
die Schafe deines Prangens?
Was wirst du sprechen,
wenn er verordnet,
die selbst über dich du einübtest,
die Vertrauten,
zum Haupt über dich?
werden nicht Wehn dich ergreifen
wie ein gebärendes Weib?
Wenn du aber sprichst in deinem Herzen:

Weshalb trifft mich dieses? –
um die Menge deiner Verfehlung
wirst du bar gemacht deiner Schleppen,
deine Beine gewaltsam entblößt.
Wandelt ein Mohr seine Haut,
ein Pardel seine Streifen?
so vermöchtet auch ihr gutzutun,
im Bösen Eingeübte!
– Im Wüstenwind lasse ich sie zerstieben,
wie verfliegende Spreu!
Dieses ist dein Los,
Gebühr, dir von mir zugemessen,
ist SEIN Erlauten,
die du mich vergessen hast,
sichertest dich mit der Lüge.
Auch ich habe nun deine Schleppen
aufgesteckt dir übers Antlitz,
daß sichtbar wird dein Schimpf.
Deine Verbuhltheit,
dein Lustgewieher,
die Unzucht deines Hurens
auf den Hügeln des Gefilds,
gesehen habe ichs,
deine Scheusäligkeit,
Weh dir, Jerusalem!
Du wirst nicht eher rein
als nach... wie lange noch?!

Welche Rede von IHM zu Jirmejahu geschah,
die Mangelszeiten beredend:

– Jehuda trauert,
seine Torstädte härmen sich ab,
beugen sich umdüstert zur Erde,
Jerusalems Wimmern steigt auf.
Ihre Herrlichen senden
ihre Geringen nach Wasser,
die kommen an die Gruben,
finden nirgends Wasser,
kehren heim, leer die Gefäße, –
nun, beschämt, verzagt,
umfloren sie ihr Haupt.
Um den bestürzten Boden,
denn nicht gibts mehr Regen im Land,
sind die Bauern beschämt,
sie umfloren ihr Haupt.
Ja, auch die Hindin im Feld
verläßt, was sie eben gebar,
denn nicht gibt es mehr Gras.
Die Wildesel stehn auf den Kahlhöhn,
schnappen schakalgleich nach Luft,
ihre Augen versagen,
denn es gibt kein Kraut.

– Überführen uns
unsre Verfehlungen,
DU,
tu um deines Namens willen!
Ja, viel sind unsrer Abkehrungen,
an dir haben wir gesündigt.
Hoffnungsziel Jifsraels,
sein Befreier zur Zeit der Drangsal,
warum bist du nun geworden
wie ein Gastsasse im Land,
wie ein Wandrer, der abbiegt zu nachten!
warum bist du nun geworden
wie ein eingeschüchterter Mann,

wie ein Held, der zu befrein nicht vermag!
Und bist doch drinnen bei uns,
D U,
über uns ist dein Name gerufen, –
nimmer darfst du uns liegen lassen!

So hat E R von diesem Volke gesprochen:
Sie lieben eben zu schweifen,
halten ihre Füße nicht ein!
– Zugnaden nimmt E R sie nicht an,
jetzt gedenkt er ihrer Verfehlung,
ordnet ihrer Versündigung zu.
E R sprach zu mir:
Bete nimmer zum Guten für dieses Volk!
wenn sie sich auch kasteien,
höre ich ihrem Flehen nicht zu,
wenn sie Darhöhung, Hinleite höhen,
nehme ich sie zugnaden nicht an,
ja, durch Schwert, durch Hunger, durch Seuche
vertilge ich selber sie.
Ich sprach:
Ach, mein Herr, D U,
da sprechen die Künder zu ihnen:
Ihr werdet ein Schwert nicht sehn,
Hunger wird bei euch nicht sein,
denn einen getreuen Frieden
gebe ich euch an diesem Ort.
E R aber sprach zu mir:
Lüge künden die Künder
mit meinem Namen,
ich habe sie nicht gesandt,
ich habe sie nicht entboten,
ich habe nicht geredet zu ihnen, –
erlogene Schau,
nichtige Wahrsagerei,
Trügerei ihres Herzens
künden die euch daher.
Drum,
so hat E R gesprochen,

wider die Künder,
die mit meinem Namen künden
und ich bins nicht, der sie gesandt hat:
jene sprechen:
»Schwert und Hunger wird in diesem Lande nicht sein!« –
durch das Schwert und durch den Hunger
werden jene Künder vergehn.
Und das Volk, denen jene künden,
hingeschlendert werden sie sein
in den Gassen Jerusalems
vor Hunger und Schwert,
und keiner ist, der jene begräbt,
jene, ihre Weiber, Söhne, Töchter, –
ihre Bosheit schütte ich aus über sie.
Sprich zu ihnen diese Rede!

Nieder rinnen
meine Augen in der Träne,
Nacht und Tag,
nimmer stillen sie sich.
Denn zusammengebrochen,
in großem Zusammenbruch,
ist die Maid,
die Tochter meines Volks,
von einem sehr quälenden Schlag.
Ziehe hinaus ich aufs Feld,
da sind Schwertdurchbohrte,
komme ich zurück in die Stadt,
da sind Hungerqualen!
Ja, der Künder auch, auch der Priester
müssen reisen nach einem Land,
das sie nicht kennen.

Hast du verworfen Jehuda, verworfen?
widerts deine Seele Zions?
weshalb hast du uns so geschlagen,
daß für uns keine Heilung ist?
Auf Frieden mochte man hoffen –
es ist kein Gutes mehr!
auf eine Zeit der Heilung –
und nun das Entsetzen!

Wir erkennen, DU,
unseren Frevel,
auch den Fehl unserer Väter,
ja, wir haben dir gesündigt.
Verschmähe nimmer –
um deines Namens willen!
verschände nimmer
den Thron deiner Ehre!
gedenke!
deinen Bund mit uns trenne nimmer!

Wesen denn Regenspender
unter der Weltstämme Tandgebilden?!
oder kann der Himmel selber

Streifschauer geben?!
Bist nicht du es,
DU, unser Gott?!
auf dich hoffen wir,
denn du, du hast all dies gemacht!

ER aber sprach zu mir:
Stünde Mosche und Schmuel
mir vorm Antlitz,
wollte doch nicht meine Seele
auf dieses Volk zu, –
schicks fort mir vom Antlitz,
sie sollen ziehn!
Es geschehe:
wenn sie zu dir sprechen:
Wohin sollen wir ziehn?
dann sprich zu ihnen:
So hat ER gesprochen:
Wer des Pesttods ist,
zum Pesttod,
wer des Schwertes ist,
zum Schwert,
wer des Hungers ist,
zum Hunger,
wer der Gefangenschaft ist,
zur Gefangenschaft!
Verordnen will ich über sie
vier Sippen,
ist SEIN Erlauten:
das Schwert,
niederzuhauen,
die Hunde,
fortzuzerren,
den Vogel des Himmels
und das Getier des Erdlands,
zu fressen
und zu verderben.
Zu einem Popanz gebe ich sie
allen Königreichen der Erde.–

Dem zu Folge,
was Mnasche, Sohn Chiskijahus, König von Jehuda, getan
   hat in Jerusalem.

Ah,
wen dauert es dein,
Jerusalem,
wer nickt dir zu,
wer wendet sich her,
nach dem Wohl dich zu fragen!
Du, du hast mich verstoßen,
ist SEIN Erlauten,
rückwärts bist du gegangen.
Nun strecke ich meine Hand über dich
und verderbe dich,
ich bin erschöpft, mirs leidsein zu lassen.
Mit der Worfel worfle ich sie
in den Toren des Landes,
der Kinder beraube ich,
zum Schwinden verdamme ich
mein Volk:
von ihren Wegen kehren sie nicht um.
Dichter werden mir seine Witwen
als der Sand der Meere,
kommen lasse ich ihnen,
über die Mutter des Jungmanns,
im Mittagsglanz den Verstörer,
jäh lasse über jede ich fallen
Angstfieber und Verwirrung.
Nun welkt, die sieben gebar,
die Seele schwillt ihr auf,
ihre Sonne versinkt noch am Tag,
beschämt ward sie und entwürdigt.
Und noch den Überrest von ihnen
gebe ich dem Schwerte hin,
vors Antlitz ihren Feinden.
SEIN Erlauten ists.

– Wehe mir,
meine Mutter,
daß du mich gebarst,
einen Mann des Streits,
einen Mann des Haders
für alles Land!
Ich habe nicht verborgt,
geborgt haben sie mir nicht,
doch verwünschen mich alle!
So spreche ich:
DU,
habe ich dir nicht geamtet
zum Guten,
bin ich nicht bei dir eingetreten
in der Zeit des Bösgeschicks,
in der Zeit der Drangsal
für den Feind,
…!

– Kann denn Eisen zertrümmern
nordisches Eisen mit Erz?!
Deine Macht und deine Schätze
gebe ich zu Plünderung hin,
nicht um irgend Entgelt,
für all deine Versündigungen
in all deinen Gemarkungen,
Dienen lasse ich dich deinen Feinden
in einem Lande, das du nicht kennst,
denn ein Feuer schwelt in meiner Nase,
auf euch will es niederlohn.

– Du selber weißt es,
Du!
gedenke mein,
ordne mir zu,
ahnde meine Sache
an meinen Verfolgern!
nimmer durch deine Langmut
laß hinweg mich genommen werden!
Wisse es,
wie ich Hohn um dich trage!
Fanden sich Reden von dir,
ich verschlang sie,
zur Wollust ward mir deine Rede,
zur Wonne meines Herzens,
denn gerufen über mir ist dein Name,
Du, Umscharter Gott!
Im Kreis der Scherzenden
gesessen habe ich nie,
daß ich fröhlich geworden wäre,
unter deiner Hand
einsam habe ich gesessen,
denn mit Unmut hast du mich gefüllt.
Warum ist mein Schmerz dauernd worden,
meine Schlagwunde versehrend,
weigert, sich heilen zu lassen?
Du wirst mir, wirst
gleichwie versiegendes Wasser,
ein Gewässer, das ungetreu ist!

–Wohl denn,
so hat ER gesprochen,
kehrst du um,
dann lasse ichs für dich wiederkehren,
vor meinem Antlitz sollst du stehn.
Bringst du das Echte hervor,
des Gemeinen entledigt,
wie mein Mund sollst du werden.
Zu dir müssen jene sich kehren,

nicht sollst du dich kehren zu ihnen.
Ich gebe dich für dieses Volk
zur ehernen, steilen Mauer:
sie mögen dich bekriegen,
sie werden dich nicht übermögen,
denn ich bin mit dir,
dich zu befreien,
dich zu erretten,
ist SEIN Erlauten,
aus der Hand der Bösen
will ich dich retten,
aus dem Griff der Wütigen
will ich dich lösen.

SEINE Rede geschah zu mir, es sprach:
Ein Weib sollst du dir nicht nehmen,
Söhne, Töchter sollst du nicht haben
an diesem Ort!
Denn so hat ER gesprochen
wider die Söhne, wider die Töchter,
die geboren werden
an diesem Ort,
wider ihre Mütter, die sie gebaren,
wider ihre Väter, die sie erzeugten
in diesem Land:
Des Qualensterbens müssen sie sterben,
nicht seien sie bejammert.
nicht seien sie begraben,
zu Dünger auf der Fläche des Bodens sollen sie werden,
durch Schwert und durch Hunger vertilgt,
ihr Leichnam werde zu Fraß
dem Vogel des Himmels
und dem Getier des Erdlands!
Ja,
so hat ER gesprochen,
in das Haus des Totengelages komm nimmer,
geh nimmer hin zu bejammern,
nicke ihnen nimmer zu!
Denn entrafft habe ich diesem Volk
meinen Frieden,
ist SEIN Erlauten,
die Huld und das Erbarmen.
Sterben sie, Große und Kleine,
in diesem Land,
begräbt man sie nicht,
man jammert nicht um sie,
nicht ritzt man sich Furchen,
nicht schert man sich die Glatze um sie,
nicht bricht man das Trauerbrot ihnen,
einen zu trösten um den Verstorbnen,
nicht kredenzt man den Trostbecher ihnen
um eines Vater, um eines Mutter.
Und ins Trinkhaus komm nicht,

mit ihnen zu sitzen,
um zu essen und um zu trinken.
Denn, so hat E R der Umscharte gesprochen, der
  Gott Jifsraels,
wohlan, ich verabschiede von diesem Ort,
vor euren Augen, in euren Tagen
Stimme von Wonne und Stimme von Freude,
Stimme von Bräutigam und Stimme von Braut,
Es soll geschehn:
wenn du diesem Volk meldest all diese Rede,
sie aber sprechen zu dir:
Um was redet E R wider uns
all dieses große Bösgeschick?
was ist unsre Verfehlung,
was unsre Versündigung,
die wir sündigten an I H M unserm Gott? –
sprich zu ihnen:
Drum daß mich eure Väter verließen,
ist SEIN Erlauten,
gingen anderen Göttern nach,
bedienten sie, warfen vor ihnen sich hin,
verließen mich
und wahrten nicht meine Weisung,
ihr aber tatet noch Bösres
als eure Väter,
wohl, und geht nun einher,
jedermann der Sucht seines bösen Herzens nach,
ohne auf mich zu hören.
Nun schüttle ich euch hinweg
aus diesem Land
in das Land, das ihr nicht kanntet,
ihr und eure Väter, –
dort müßt ihr andere Götter bedienen
Tag und Nacht,
da ich Gunst euch zu finden nicht gebe.
  – Dennoch:
  Wohlan, Tage kommen,
  ist ein Erlauten von I H M,
  dann wird nicht mehr gesprochen werden:

Sowahr ER lebt,
der die Söhne Jifsraels heraufbrachte
aus dem Land Ägypten!
sondern:
Sowahr ER lebt,
der die Söhne Jifsraels heraufbrachte
aus dem Land des Nordens
und aus allen Ländern,
wohin er sie versprengte!
Kehren lasse ich sie auf ihren Boden,
den ich ihren Vätern gab. –
Wohlan,
ich sende um viele Fischer,
ist SEIN Erlauten,
die sollen sie fischen,
und danach will um Jäger, viele, ich senden,
die sollen sie jagen,
herunter von allem Berg,
herunter von allem Hügel
und noch aus den Spalten des Geklüfts.
Denn meine Augen sind über all ihren Wegen,
nirgends sind sie vor mir verborgen,
und ihr Fehl verheimlicht sich nicht meinen Augen.
Ich zahle erstmals heim,
ein Doppel ihres Fehls, ihrer Sünde,
dafür daß sie preisgaben mein Land
durch die Äser ihrer Scheusale
und mit ihren Greueln füllten mein Eigen.

– DU,
mein Schutz und meine Schutzwehr,
meine Zuflucht am Tage der Drangsal!
Zu dir werden die Weltstämme kommen
von den Rändern der Erde her,
sie werden sprechen:
»Nur Lug eigneten unsre Väter,
Tand, keins ist drunter, das nützte!
kann sich denn ein Mensch Götter machen?!
Götter sind die eben nicht!«

– Ebendarum, wohlan,
lasse diesmal ich sie erkennen,
kennen lasse ich sie
meine Hand, meine Heldenkraft,
erkennen sollen sie,
daß mein Name sei:
ER IST DA.

Eingeschrieben
ist Jehudas Versündigung
mit eisernem Griffel,
eingegraben
mit diamantner Spitze
auf die Tafel ihres Herzens
und an ihrer Schlachtstätten Hörner
– wie ihre Kinder Gedächtnis tragen,
so ihre Schlachtstätten –
und ihre Pfahlbäume,
an das üppige Gehölz,
auf die Hügel, die hohen.
Bergler im Gefild!
deine Macht,
all deine Schätze
gebe ich zur Plünderung hin,
deine Kuppen
um die Versündigung
in all deinen Gemarkungen.
Dann wirst du endlich ablockern,
was man dir geschuldet hat
von deinem Eigentum her,
das ich dir gegeben habe!
Dienen lasse ich dich deinen Feinden
in einem Lande, das du nicht kennst,
denn ein Feuer ließt in meiner Nase ihr schwelen,
für Weltzeit wills niederlohn.

So hat ER gesprochen:

Verflucht der Mann,
der mit Menschen sich sichert,
Fleisch sich zum Arme macht,
aber von IHM weicht sein Herz.
Der wird sein
wie ein Wacholder in der Steppe:
wenn Gutes kommt,
sieht er nichts davon,
Flammengrund in der Wüste bewohnt er,
salziges Geländ,
das nie besiedelt wird.

– Gesegnet der Mann,
der mit IHM sich sichert:
ER wird seine Sicherheit.
Der wird sein
wie ein Baum, ans Wasser verpflanzt,
an den Lauf sendet er seine Wurzeln:
wenn Glut kommt,
sieht er nicht darauf,
üppig bleibt sein Laub,
im Mangeljahr sorgt er nicht,
läßt nicht ab, Frucht zu bereiten.

– Schlichereich ist das Herz
mehr als alles
und sehrend wund ist es,
wer kennt es aus?

– ICH bins,
der das Herz ergründet,
der die Nieren prüft,
jedem zu geben nach seinem Weg,
nach der Frucht seiner Geschäfte.

Ein Rebhuhn, das ausheckt,

was es nicht gelegt hat,
so wer Reichtum machte,
aber rechtmäßig nicht:
in der Hälfte seiner Tage
wirds ihn verlassen,
und in seiner Späte
gilt er als Schelm.

Ein Thron der Ehre,
erhaben von Anfangszeit her,
ist der Ort unsres Heiligtums.
Hoffnungsziel Jifsraels,
DU,
alle, die dich verlassen,
werden beschämt,
die Abgewichnen auf Erden
werden eingeschrieben,
daß sie verlassen haben
den Born des lebendigen Wassers,
IHN.

Heile mich, DU,
dann bin ich heil,
befreie mich,
dann bin ich frei.
Ja, du bist mein Ruhm.
Wohl, jene sprechen zu mir:
Wo bleibt nun SEINE Rede?
komme sie doch!
Ich aber,
ich hetzte nicht hinter dir her
aus Bössinn,
den versehrenden Tag
wünschte ich nicht herbei,
du selber weißts:
was von den Lippen mir fuhr,
dir vorm Angesicht war es gewesen.
Werde mir nimmer zum Sturz,
meine Bergung du am Tage des Bösgeschicks!
Laß beschämt werden meine Verfolger,
nimmer möge beschämt werden ich,
bestürzt lasse jene werden,
nimmer möge bestürzt werden ich,
auf sie laß den Tag des Bösgeschicks kommen,
mit gedoppeltem Bruch brich sie nieder!

So hat ER zu mir gesprochen:
Geh, tritt ins Tor der Volkssöhne,
durch das Jehudas Könige kommen
und durch das sie ziehen,
und in alle Tore Jerusalems!
Sprich zu ihnen:
Höret SEINE Rede,
Könige von Jehuda
und alles Jehuda
und alle Insassen von Jerusalem,
die durch diese Tore kommen!
So hat ER gesprochen:
Hütet euch um eure Seelen
und tragt nimmer Traglast
am Tag der Feier,
daß ihr sie brächtet
durch die Tore Jerusalems!
Zieht aus euren Häusern nicht Traglast
am Tag der Feier,
allerart Arbeit sollt ihr nicht machen:
heiligt den Tag der Feier,
wie ich euren Vätern gebot,
sie aber wollten nicht hören,
sie aber neigten ihr Ohr nicht,
sie härteten ihren Nacken,
ungehört es zu lassen,
unangenommen die Zucht.
Es wird geschehn:
Hört ihr gehorsam auf mich,
ist SEIN Erlauten,
es zu lassen, Traglast zu bringen
durch die Tore dieser Stadt
am Tag der Feier,
zu heiligen den Tag der Feier,
es zu lassen, an ihm allerart Arbeit zu machen,
dann werden kommen
durch die Tore dieser Stadt
Könige und Fürsten:
die auf Dawids Stuhl sitzen,

mit Fahrzeug und Rossen fahren,
sie und ihre Fürsten,
die Mannschaft Jehudas
und die Insassen Jerusalems,
besiedelt bleibt diese Stadt
auf Weltzeit.
Herbeikommen werden sie
aus den Städten Jehudas,
aus dem Umkreis Jerusalems,
aus dem Lande Binjamin,
aus der Niederung,
aus dem Gebirg,
aus dem Mittag,
herbeibringend
Darhöhung und Schlachtmahl,
Hinleitspende und Weihrauch,
und die herbei das Dankopfer bringen
in SEIN Haus.
Gehorcht ihr mir aber nicht,
zu heiligen den Tag der Feier,
es zu lassen, Traglast zu tragen
durch die Tore Jerusalems kommend
am Tag der Feier,
dann entfache ich einen Brand
in seinen Toren,
der frißt Jerusalems Paläste
und lischt nicht.

Die Rede, die zu Jirmejahu von IHM her geschah, es
    sprach:
Auf,
steig hinab ins Haus des Töpfers,
dort will ich dich meine Rede hören lassen.
Ich stieg hinab ins Haus des Töpfers,
der machte grad die Arbeit an der Doppelscheibe.
Und verdarb das Gefäß, das er machte,
noch im Ton, in des Töpfers Hand,
dann machte er daraus ein andres Gefäß,
gleichwies zu machen rechtdünkt des Töpfers Augen.
SEINE Rede geschah zu mir, es sprach:
Vermag ich nicht,
wie dieser Töpfer,
es mit euch zu machen,
Haus Jifsrael?
ist SEIN Erlauten.
Da,
wie Ton in der Töpferhand,
so seid in meiner Hand ihr,
Haus Jifsrael!
Im Nu rede ich
über einen Stamm,
über ein Königreich,
auszureuten,
einzureißen,
abzuschwenden, –
aber kehrt jener Stamm um
von seinem Bösen,
derentwegen ichs über ihn redete,
lasse ichs mir leidsein des Bösen,
das für ihn zu machen ich plante.
Und wieder im Nu rede ich
über einen Stamm,
über ein Königreich,
aufzubauen,
einzupflanzen,
aber tut es
das in meinen Augen Böse,

daß ungehört bleibt meine Stimme,
lasse ichs mir leidsein des Guten,
damit ihm gutzutun
ich gesprochen hatte.
Jetzt aber sprich doch
zur Mannschaft Jehudas
und zu den Insassen Jerusalems,
sprich:
So hat ER gesprochen:
Da,
ich bilde töpfergleich
über euch ein Böses,
ich plane
über euch eine Planung, –
kehrt doch um,
von seinem bösen Weg jedermann,
gut lasset werden
eure Wege und eure Geschäfte!
Aber sie sprechen:
Umsonst ists!
denn unseren Planungen
wollen wir nachgehn,
tun wollen wir, jedermann,
nach der Sucht seines bösen Herzens.
Darum,
so hat ER gesprochen,
fragt doch unter den Weltstämmen nach,
wer diesem gleiches je hörte!
gar Schauerliches
hat die Maid Jifsrael getan.
Läßt denn nach am Fels im Gefild
die Schneeflut des Libanons?
versickern etwa die Wasser,
die fremden, kühlen, rieselnden?
Vergessen ja hat mich mein Volk,
dem Wahngebild ließen sie rauchen,
sie strauchelten auf ihren Wegen,
Bahnen von der Vorzeit her,
um nun Stege zu gehn,

ungeebneten Weg:
ihr Land zum Erstarren zu machen,
einem Weltzeit-Gezischel,
allwer dran vorüberwandert,
erstarrt, schüttelt sein Haupt.
Wie ein Ostwind zerstreue ich sie
vorm Antlitz des Feindes her,
zu sehn gebe ich sie
als Nacken, nicht als Antlitz
am Tag ihres Verhängnisses.

Sie sprechen:
– Auf, laßt uns Planungen planen
wider Jirmejahu!
geschwunden ist ja noch nicht
Weisung vom Priester,
Ratschluß vom Weisen,
Rede vom Künder!
Auf, laßt uns mit der Zunge ihn schlagen
und nimmer merken auf all seine Reden!
– Merke, D U, auf mich,
hör der Stimme zu meiner Bestreiter!
Wird mit Böses für Gutes gezahlt?!
ein Loch graben sie ja meiner Seele!
Gedenke, wie ich trat vor dein Antlitz,
über sie Gutes zu reden,
deinen Grimm abzukehren von ihnen!
Drum gib nun ihre Söhne dem Hunger,
der Hand des Schwertes liefre die hin,
kinderberaubt und verwitwet
laß ihre Weiber werden,
daß ihre Männer vom Pesttod erwürgt sind,
ihre Jugend schwertgeschlagen im Krieg!
Geschrei sei aus ihren Häusern zu hören,
wenn du Rotten jäh über sie bringst,
ein Loch gruben sie ja, mich zu verstricken,
für meine Füße versteckten sie Schlingen.
Du selber aber kennst, D U,

all ihren Todes-Ratschluß wider mich,
decke nimmer ihre Verfehlung,
ihre Sünde wisch nimmer weg dir vorm Antlitz,
vor deinem Antlitz laß nieder sie straucheln,
zur Zeit deines Zorns tus an ihnen!

So hat ER gesprochen:
Geh,
besorge beim Geschirrtöpfer einen Schöpfkrug
und von den Ältesten des Volks und von den Ältesten der
     Priesterschaft,
zieh hinaus zur Schlucht des Sohns Hinnoms,
die am Eingang des Scherbentors ist,
rufe dort die Redeworte aus, die ich zu dir rede,
sprich:
Höret SEINE Rede,
ihr Könige von Jehuda
und ihr Insassen von Jerusalem!
So hat ER der Umscharte gesprochen, der Gott Jifsraels:
Wohlan, über diesen Ort
lasse ich ein Bösgeschick kommen,
daß, allwers hört, die Ohren ihm gellen, –
weil sie mich verließen,
verfremdeten diesen Ort,
ließen aufrauchen dran anderen Göttern,
die sie nicht gekannt hatten,
sie, ihre Väter und die Könige von Jehuda,
füllten diesen Ort
mit Blut von Unsträflichen,
bauten die Baalskoppen,
ihre Söhne zu verbrennen im Feuer,
Darhöhungen dem Baal,
was ich nie geboten habe,
nie geredet habe,
nie stiegs im Herzen mir auf.
Darum,
wohlan, Tage kommen,
ist SEIN Erlauten,
dann ruft man nicht mehr diesen Ort
Ofenplatz, Schlucht des Sohns Hinnoms,
sondern Schlucht des Würgens.
Aushöhlen will ich
den Ratschluß Jehudas und Jerusalems
an diesem Ort.
Durchs Schwert lasse ich sie fallen

vors Antlitz hin ihrer Feinde,
durch deren Hand, die an die Seele ihnen trachten.
Ich gebe ihren Leichnam zum Fraß
dem Vogel des Himmels
und dem Getier des Erdlands.
Ich mache diese Stadt
zu einem Erstarren und Zischeln:
allwer dran vorüberwandert,
erstarrt und zischelt über all ihre Schläge.
Essen lasse ich sie
das Fleisch ihrer Söhne, das Fleisch ihrer Töchter,
jedermann das Fleisch seines Genossen sollen sie essen
in der Bedrängnis, in der Beengnis,
womit ihre Feinde sie beengen
und die an die Seele ihnen trachten.
Dann zerbrich den Krug
unter den Augen der Männer, die mit dir gehn,
sprich zu ihnen:
So hat ER der Umscharte gesprochen:
Ebenso zerbreche ich
dieses Volk und diese Stadt,
wie man das Gerät des Töpfers zerbricht,
das nicht wieder geheilt werden kann,
und im Ofenplatz werden sie begraben,
da kein Raum zum Begraben mehr ist.
Solches will ich tun diesem Ort,
ist SEIN Erlauten,
und seinen Insassen,
hinzugeben diese Stadt, daß sie dem Ofenplatz gleiche,
werden sollen die Häuser von Jerusalem
und die Häuser der Könige von Jehuda
gleich dem Ort des Ofenplatzes:
makelig –
alle Häuser nämlich,
auf deren Dächern sie aller Himmelsschar aufrauchen
    ließen
und gossen Güsse anderen Göttern.

Als Jirmejahu vom Ofenplatz gekommen war,

wohin ER ihn gesandt hatte zu künden,
trat er in den Hof SEINES Hauses.
Er sprach zu allem Volk:
So hat ER der Umscharte gesprochen, der Gott Jifsraels:
Wohlan, über diese Stadt
und über all ihre Tochterstädte,
lasse ich alles Böse kommen,
das über sie ich geredet habe,
denn gehärtet haben sie ihren Nacken,
ungehört meine Reden zu lassen.

Als nun Paschchur Sohn Immers, der Priester,
– der war Hauptverordneter in SEINEM Haus –
Jirmejahu diese Rede künden hörte,
ließ Paschchur Jirmejahu, den Künder, schlagen,
er ließ ihn in den Krummblock geben,
den am obern Binjaminstor, das an SEINEM Haus ist.
Am Nachmorgen dann wars,
da ließ Paschchur Jirmejahu aus dem Block holen.
Jirmejahu aber sprach zu ihm:
Nicht Paschchur ruft ER deinen Namen,
sondern Magor, Grauen, ringsum.
Denn so hat ER gesprochen:
Wohlan, ich übergebe dich dem Grauen,
dies für dich und für alle, die dich lieben,
fallen sollen sie durchs Schwert ihrer Feinde,
während deine Augen zusehn,
und ich gebe alles Jehuda
in die Hand des Königs von Babel,
daß der sie nach Babel verschleppe
oder durchs Schwert sie erschlage.
Ich gebe allen Hort dieser Stadt,
all ihr Erarbeitetes,
all ihre Kostbarkeit,
alle Schätze der Könige von Jehuda
gebe ich in die Hand ihrer Feinde,
daß die sie plündern, sie nehmen,
sie kommen lassen nach Babel.
Und du, Paschchur,

und alle Insassen deines Hauses,
ihr geht in die Gefangenschaft,
nach Babel wirst du kommen,
und dort wirst du sterben
und dort begraben werden,
du und alle, die dich lieben,
denen du in der Lüge hast künden lassen.

Betört hast du mich, Du,
ich ließ mich betören,
gepackt hast du mich,
du hast übermocht.
Ich bin zum Gelächter worden
alletag,
alles spottet mein.
Ja, sowie ich reden will,
muß ich schreien,
Unbill! rufen und: Gewalt!
zu Hohn ja und zu Posse
ist SEINE Rede mir worden
alletag.
Spreche ich: Ich will ihn nicht gedenken,
nicht mehr reden mit seinem Namen,
bleibts mir im Herzen
wie ein sengendes Feuer,
eingehegt mir im Gebein,
ich erschöpfe mich es zu verhalten,
ich vermags nicht.
Ja, ich höre das Flüstern der Vielen,
ein Grauen ringsum:
Meldets! wir wollens melden!
Was an Menschen mir im Friedensbund steht,
die passen meinem Ausgleiten auf:
Vielleicht wird er betört,
dann übermögen wir ihn,
nehmen an ihm unsre Rache!
Aber ER ist mit mir
wie ein trotziger Held,
drum müssen straucheln
meine Verfolger
und sie vermögen nichts,
werden sehr beschämt,
denn sie haben nichts ergriffen, –
eine Weltzeit-Schmach,
die nie vergessen wird.
Du Umscharter,
bewährter Prüfer,

der Nieren und Herz durchschaut!
mag ich schaun deine Rache an ihnen,
denn überwälzt habe ich dir meinen Streit.
Singet Ihm,
preiset Ihn,
denn er rettet des Bedürftigen Seele
aus der Hand der Bösgesinnten.

Verflucht sei der Tag,
an dem ich geboren bin!
der Tag, da mich meine Mutter gebar,
nimmer werde er gesegnet!
   – Verflucht sei der Mann,
   der meinem Vater brachte die Mär,
   sprach: Ein Kind, ein Sohn ist dir geboren!,
   hieß ihn sich freuen, sich freuen.
   Jener Mann müßte werden
   wie die Städte, die ER umgestürzt hat
   und ließ sichs nicht leidsein!
   Geschrei müßte er hören am Morgen,
   Kriegsgeschmetter zur Mittagszeit! –
Der mich nicht hat im Schoß sterben lassen,
daß meine Mutter mein Grab blieb,
in Weltzeit schwanger ihr Schoß!
Warum doch bin aus dem Schoß ich gefahren,
Pein zu schauen und Gram,
daß in Schande meine Tage vergehn!

Die Rede, die zu Jirmejahu von IHM her geschah,
als der König Zidkijahu zu ihm Paschchur Sohn Malkijas und
   Zfanja Sohn Maaſsejas den Priester sandte, zu sprechen:
»Beforsche doch für uns IHN,
denn Nebukadrezar König von Babel kriegt wider uns,
vielleicht tut ER an uns all seinen Wundern gleich,
daß der hinweg von uns, wegziehe!«
und Jirmejahu hatte zu ihnen gesprochen:
»So sollt ihr zu Zidkijahu sprechen:
So hat ER, der Gott Jiſsraels, gesprochen:
Wohlan,
ich wende die Kriegsgeräte, die in eurer Hand sind,
womit ihr den König von Babel und die Chaldäer bekriegt,
die euch einengen außer der Mauer,
ich hole sie ein mitten in diese Stadt.
Ich selber will euch bekriegen
mit gestreckter Hand, mit starkem Arm,
mit Zorn, mit Grimm, mit großem Unmut,
schlagen will ich die Insassen dieser Stadt,
den Menschen und das Vieh,
an einer großen Seuche sollen sie sterben.
Und danach,
ist SEIN Erlauten,
gebe ich
Zidkijahu, König von Jehuda,
seine Diener und das Volk,
die noch übrig sind in dieser Stadt
von der Seuche, vom Schwert, vom Hunger,
in die Hand Nebukadrezars, Königs von Babel,
in die Hand ihrer Feinde,
in deren Hand, die ihnen an die Seele trachten,
er schlägt sie mit der Schneide des Schwerts,
er bedauert sie nicht,
er schont nicht,
er erbarmt nicht!«

Zu diesem Volk sprich nun:
So hat ER gesprochen:
Wohlan,

ich gebe vor euch hin
den Weg des Lebens und den Weg des Todes.
Wer in dieser Stadt sitzen bleibt,
stirbt durchs Schwert, durch den Hunger, durch die Seuche,
wer hinausgeht und zufällt den Chaldäern, die euch einengen,
lebt, er hat seine Seele zur Beute.
Denn ich richte mein Antlitz gegen diese Stadt
zum Bösen, nicht zum Guten,
ist SEIN Erlauten,
in die Hand des Königs von Babel wird sie gegeben,
der verbrennt sie im Feuer.

　　– Aber zum Hause des Königs von Jehuda:
Höret SEINE Rede, Haus Dawids!
So hat ER gesprochen:
Urteilet morgendlich gerecht,
rettet den Geschundenen aus der Hand des Pressers,
sonst fährt mein Grimm aus wie Feuer,
zündet, und keiner löscht,
um die Bosheit eurer Geschäfte. –

Wohlan,
an dich will ich,
die du sitzest im Tal,
Felsbau der Ebene,
ist SEIN Erlauten,
die ihr sprecht:
»Wer kann über uns geraten!
wer kommt in unsre Gemächer!«
Ich ordne für euch zu
nach der Frucht eurer Geschäfte,
ist SEIN Erlauten,
ich entfache ein Feuer
im Waldhaus ihr,
das frißt alles rings um sich her.

So hat ER gesprochen:
Steig hinab ins Haus des Königs von Jehuda,
rede dort diese Rede, sprich:
Höre SEINE Rede,
König von Jehuda,
der auf Dawids Stuhl sitzt,
du, deine Diener, dein Volk,
die durch diese Tore kommen!
So hat ER gesprochen:
Tut Recht und Wahrhaftigkeit,
rettet den Geschundnen aus der Hand des Pressers,
den Gastsassen, die Waise, die Witwe plackt nimmer,
übt nimmer Unbill,
unsträfliches Blut vergießt nimmer
an diesem Ort.
Ja, tut ihrs, tut nach dieser Rede,
werden Könige kommen durch die Tore dieses Hauses,
die auf dem Stuhle Dawids sitzen,
die mit Gefährt und mit Rossen fahren,
der selber, seine Diener, sein Volk.
Hört ihr aber diese Redeworte nicht,
ich habe bei mir geschworen,
ist SEIN Erlauten,
daß dann zur Ödnis dieses Haus werden muß.

Denn so hat ER gesprochen
wider das Haus des Königs von Jehuda:
Warst du mir auch ein Gilad,
ein Libanonhaupt, –
sollte ich nun nicht aus dir Wüste machen,
aus den Städten Niebesiedeltes,
…!
Ich weihe wider dich Verderber,
jedermann mit seinem Gerät,
die roden deiner Zedern Erlesenheit,
lassen aufs Feuer sie fallen.
Dann ziehen viele Weltstämme
vorüber an dieser Stadt,
die sprechen, jedermann zu seinem Genossen:

Um was hat ER solches getan
dieser großen Stadt?
Die aber sprechen:
Drum daß sie verlassen haben
SEINEN, ihres Gottes, Bund,
warfen vor anderen Göttern sich nieder,
denen dienten sie.

Nimmer weint um ihn, der tot ist,
nimmer nicket um den,
weinen sollt ihr, weinen
um ihn, der davongeht,
denn nie mehr wieder
sieht er das Land seiner Geburt.
Denn so hat ER gesprochen
von Schallum Sohn Joschijahus, König von Jehuda,
der an seines Vaters Joschijahu Statt Königschaft hatte:
Der von diesem Orte ausfuhr,
kehrt dahin nicht mehr zurück,
nein, am Ort, wohin man ihn verschleppte,
da muß er sterben,
dieses Land wird er nicht mehr sehn.

Weh ihm,
der sein Haus unwahrhaft baut,
seine Hochgemächer ungerecht,
seines Genossen sich bedient ohn Entgelt,
ihm seinen Werklohn nicht gibt!
der spricht:
Im Großmaß baue ich mir ein Haus,
weiträumige Hochgemächer!
fensterreich schlitzt er sichs aus,
getäfelt wirds mit Zedern
und mit Mennig gestrichen.
Hast dazu du Königschaft,
daß du wetteiferst in Zedern?!
hat dein Vater nicht gegessen, getrunken –

und hat Recht und Wahrhaftigkeit getan,
da war ihm gut!
als Sachwalter waltete er
für den Armen, Bedürftigen,
da wars gut!
Ist nicht dies das Mich-erkennen?!
ist SEIN Erlauten.
Auf nichts sind ja deine Augen, dein Herz aus
als auf deine Ausbeuterei,
aufs Blut des Unsträflichen,
es zu vergießen,
aufs Pressen und aufs Knicken,
es zu betreiben.
Darum hat ER so gesprochen
von Jojakim Sohn Joschijahus, König von Jehuda:
Man wird ihn nicht bejammern:
Weh Bruder weh Schwester!
man wird ihn auch nicht bejammern:
Weh Herr weh seine Hehre!
Wie man einen Esel begräbt,
wird er begraben:
fortzerren und hinwerfen,
fernab von Jerusalems Toren.

Steig auf den Libanon, Frau,
und schreie,
auf dem Baschan gib aus deine Stimme,
schreie vom Seitengebirg,
denn deine Liebhaber alle
sind niedergebrochen.
Geredet zu dir habe ich
in den Zeiten deines Behagens,
du sprachst: Ich mag nicht hören!
Dies war dein Weg von deiner Jugend an,
auf meine Stimme hörtest du nicht.
Allen deinen Hirten
Hirt ist nun der Wind,
deine Liebhaber

gehn in die Gefangenschaft
ja, dann bist du beschämt, bist verzagt
ob all deiner Bosheit.
Die du sitzest im Libanon,
eingenistet in Zedern,
wie wirst du niedergebeugt,
wenn dich ankommen die Wehn,
Krampf, wie der Gebärenden!

Sowahr ich lebe,
ist SEIN Erlauten,
ja, wäre
Konjahu Sohn Jojakims, König von Jehuda,
ein Siegelring an meiner rechten Hand, –
ja, von da risse ich dich.
Ich gebe dich
in deren Hand, die an die Seele dir trachten,
in deren Hand, vor deren Antlitz dir graut,
in die Hand Nebukadrezars Königs von Babel,
in die Hand der Chaldäer.
Ich schüttle
dich und deine Mutter, die dich gebar,
auf ein anderes Land hin,
darin ihr nicht wurdet geboren,
und darin werdet ihr sterben. –
Nach dem Lande aber,
dahin zurückzukehren sich ihnen die Seele hebt,
dahinüber werden sie nicht kehren.

– Ist denn ein verachtetes Trümmergebild
oder ein Gerät, das keinem gefällt,
dieser Mensch Konjahu?!
weshalb wurden sie hinweggeschüttelt,
er und sein Same,
hingeworfen
auf ein Land, das sie nicht kannten?!

Land, Land, Land,

höre SEINE Rede!
So hat ER gesprochen:
Schreibt diesen Menschen als kinderlos ein,
einen Mann, dems sein Lebtag nicht gerät,
denn nicht gerät aus seinem Samen ein Mensch,
der auf dem Stuhle Dawids sitzt
und wieder herrscht in Jehuda.

Weh den Weidehirten,
die sich verlieren lassen,
sich zerstreuen lassen
die Schafe meiner Weide!
ist SEIN Erlauten.
Darum,
so hat ER gesprochen, der Gott Jifsraels,
wider die Weidehirten
die mein Volk weiden:
Ihr,
meine Schafe habt ihr zerstreut,
versprengt habt ihr sie,
und zusammengeordnet habt ihr sie nicht,
wohlan,
ich ordne euch zu
die Bosheit eurer Geschäfte,
ist SEIN Erlauten,
und hole selber zuhauf
den Überrest meiner Schafe
aus allen Erdenländern,
dahin ich sie habe versprengt werden lassen,
und lasse sie heimkehren
auf ihre Trift,
daß sie fruchten und sich mehren,
Weidehirten erstelle ich über sie,
die sollen sie weiden,
dann fürchten sie sich nie mehr,
dann werden sie nie bestürzt,
dann brauchen sie nie zusammengeordnet zu werden,
ist SEIN Erlauten.

Wohlan, Tage kommen,
ist SEIN Erlauten,
da erstelle ich dem Dawid einen wahrhaften Sproß,
der wird königlich Königschaft haben.
Ergreifen wird ers,
wird auf Erden Recht und Wahrhaftigkeit tun.
In seinen Tagen
ist Jehuda befreit,

wohnt Jifsrael sicher.
Und dies ist sein Name,
mit dem ER ihn ruft:
Unsere Bewährung.

Darum:
wohlan, Tage kommen,
ist SEIN Erlauten,
da wird man nicht mehr sprechen:
Sowahr ER lebt,
der heraufbrachte die Söhne Jifsraels
aus dem Land Ägypten!
sondern:
Sowahr ER lebt,
der heraufbrachte,
der kommen ließ
den Samen des Hauses Jifsrael
aus dem Land im Norden
und aus allen Ländern
– wohin ich sie habe versprengt werden lassen –,
daß auf ihrer Scholle sie siedeln.

Gegen die Künder.

Gebrochen ist mein Herz mir im Innern,
alle meine Gebeine flattern,
wie ein berauschter Mensch bin ich worden,
wie ein Mann, den der Wein überkam,
vor Ihm,
vor der Rede seiner Heiligkeit:
Ja, von Verbuhlten voll ist das Land.
 – Schon dorrt von jenem Eidfluch das Erdland,
   vertrocknen die Triften der Steppe, –
so ward Böses ihr Laufziel,
Grundnichtiges ihre Mannheit.
Ja, auch der Künder, auch der Priester – entartet!
auch in meinem Hause fand ich ihre Bosheit,
ist Sein Erlauten.
Drum soll ihr Weg ihnen werden
wie Gleitglätten im Dunkel,
stolpern sollen sie drauf, sollen fallen,
ja, das Böse lasse ich über sie kommen,
das Jahr ihrer Zuordnung,
ist Sein Erlauten.

An den Kündern Samarias
hatte Widriges ich gesehn:
vom Baal aus kündeten sie,
machten irr mein Volk, Jifsrael.
Aber an den Kündern Jerusalems
habe Schauriges ich gesehn:
da ist ein Buhlen,
ein Umgehn mit der Lüge,
sie stärken die Hände der Bösgesinnten,
daß sies lassen, umzukehren
jedermann von seiner Bosheit.
Sie sind mir alle wie Sodom geworden,
seine Insassen wie Gomorra.
Darum,
so hat Er der Umscharte gesprochen
wider die Künder,

wohlan, Wermut gebe ich ihnen zu essen,
Giftwasser ihnen zu schlucken,
denn von den Kündern Jerusalems her
fuhr in all das Erdland Entartung.

So hat ER der Umscharte gesprochen:
Höret nimmer an
die Reden der Künder,
die für euch künden,
sie umdunsten euch,
ihres Herzens Geschau reden sie,
nicht aus MEINEM Mund!
Sie sprechen, sprechen zu denen,
die MEINE Rede verschmähen:
Frieden werdet ihr haben!
und wer alles in der Sucht seines Herzens geht,
da sprechen sie:
Nicht kommt das Böse an euch!
Ja, wer in MEINEM Einvernehmen steht,
daß er sieht, daß er hört dessen Rede,
wer auf meine Rede merkt,
der muß hören:
Da,
SEIN Stürmen,
Grimmglut fährt aus,
umwirbelnder Sturm,
auf der Frevler Haupt wirbelts nieder.
SEIN Zorn kehrt nicht um,
bis er getan hat,
bis er erstellt hat
die Entwürfe seines Herzens.
In der Späte der Tage
werdet ihr den Sinn dran ersinnen.
– Die Künder habe ich nicht gesandt,
sie aber, sie laufen,
nicht habe ich geredet zu ihnen,
sie aber, sie künden.
Hätten sie in meinem Einvernehmen gestanden,
müßten sie eben meine Rede

meinem Volke zu hören geben,
müßten die umkehren lassen
von ihrem bösen Weg,
von der Bosheit ihrer Geschäfte.

Bin ich ein Nahgott nur,
ist SEIN Erlauten,
und ein Ferngott nicht auch?!
birgt sich ein Mann im Verborgnen
und ich, ich sähe ihn nicht?!
ist SEIN Erlauten.
Der Himmel und die Erde,
bin ichs nicht, der sie erfüllt?!
ist SEIN Erlauten.
Ich hörte, was die Künder sprachen,
die Lüge künden mit meinem Namen,
sprechend: Mir träumte, mir träumte!
Bis wann noch!
Ists denn wirklich im Herzen der Künder,
die die Lüge künden,
Künder ihrer Herz-Trügerei:
planen sie, mein Volk meinen Namen vergessen zu lassen
über den Träumen, die sie erzählen,
jedermann seinem Genossen,
wie ihre Väter meinen Namen überm Baal vergaßen?!
Der Künder, bei dem ein Traum war,
erzähle einen Traum,
und bei dem meine Rede war,
rede meine Rede getreu:
was soll das Stroh bei dem Korn!
ist SEIN Erlauten.
Ist meine Rede nicht so:
dem Feuer gleich,
ist SEIN Erlauten,
und gleich einem Schmiedehammer,
der Felsen zerspellt?!
Darum,
wohlan, ich will an die Künder,
ist SEIN Erlauten,

die sich meine Rede erstehlen,
jedermann von seinem Genossen,
wohlan, ich will an die Künder,
ist SEIN Erlauten,
die hernehmen ihre Zunge
und Erlauten verlautbaren,
wohlan, an die will ich,
die Lügenträume verkünden,
ist SEIN Erlauten,
die sie erzählen,
die mein Volk irrmachen
mit ihren Lügen,
mit ihrem Geflunker,
ich aber,
ich habe sie nicht gesandt,
ich habe sie nicht entboten,
und nützen –
nützen können sie nichts diesem Volk.
ist SEIN Erlauten.

Und wenn dich dieses Volk fragt
oder ein Künder oder Priester,
sprechend: Was ists um SEIN Lastwort?!,
sprich zu ihnen:
Ihr seid die Last,
ich aber stoße euch ab,
ist SEIN Erlauten.
Und Künder und Priester und Volk,
wer da spricht: »SEIN Lastwort?!« –
zuordnen will ichs
jenem Mann und seinem Haus.
So sollt ihr sprechen
jedermann zu seinem Genossen,
jedermann zu seinem Bruder:
Was hat ER geantwortet?
und: Was hat ER geredet?
Aber »SEIN Lastwort?!« –
des sollt ihr nicht mehr gedenken!
– Denn Lastwort für jedermann wird

seine eigene Rede,
da ihr verdreht habt die Reden
des lebendigen Gottes,
unsres Gottes, SEIN, des Umscharten.
– So sollst du zum Künder sprechen:
Was hat ER dir geantwortet?
und: Was hat ER geredet?
Sprecht ihr »SEIN Lastwort?« aber,
alsdann,
so hat ER gesprochen,
– weil ihr spracht diese Rede: »SEIN Lastwort?!«
und ich hatte doch zu euch gesandt,
sprechend: Sprechet nicht »SEIN Lastwort?!« –
alsdann, wohl,
laste euch Last ich empor
und stoße euch ab
und die Stadt, die ich euch gab, euren Vätern,
von meinem Antlitz hinweg,
ich gebe über euch
Weltzeit-Hohn,
Weltzeit-Schmach,
die nie vergessen wird.

ER ließ mich sehn,
da: zwei Körbe Feigen,
bereitgestellt vor SEINER Halle
– nachdem Nebukadrezar König von Babel den Jechonjahu
  Sohn Jojakims, König von Jehuda, und die Fürsten von Jehuda und die Schmiede und die Plattner aus Jerusalem verschleppt und sie nach Babel hatte kommen lassen, wars –,
der eine Korb sehr gute Feigen,
den Feigen der Frühreife gleich,
der andre Korb sehr schlechte Feigen,
die nicht gegessen werden können vor Schlechtigkeit.
ER sprach zu mir:
Was siehst du, Jirmejahu?
Ich sprach:
Feigen,
die guten Feigen sind sehr gut,
die schlechten aber sind sehr schlecht,
daß sie nicht gegessen werden können vor Schlechtigkeit.
SEINE Rede geschah zu mir, es sprach:
So hat ER, der Gott Jifsraels, gesprochen:
Diesen guten Feigen gleich,
derart betrachte ich
die Verschlepptenschaft Jehudas,
die ich von diesem Ort fortschickte ins Land der Chaldäer,
zum Guten,
ich richte mein Auge auf sie
zum Guten,
heimkehren lasse ich sie in dieses Land,
ich baue sie auf,
schleife nicht mehr nieder,
ich pflanze sie ein,
reute nicht mehr aus.
Ich gebe ihnen ein Herz,
mich zu erkennen,
daß ICH es bin,
sie werden mir zum Volk
und ich, ich werde ihnen zum Gott,
denn sie kehren zu mir um
mit all ihrem Herzen.

Den schlechten Feigen gleich aber,
die nicht gegessen werden können vor Schlechtigkeit,
ja, so hat ER gesprochen,
derart gebe ich
Zidkijahu König von Jehuda,
seine Fürsten
und den Überrest Jerusalems,
die in diesem Land überbleiben,
und auch die im Land Ägypten siedeln,
zum Popanz gebe ich sie, zum schlechten,
allen Königreichen der Erde,
zum Hohn und zum Gleichnis,
zum Witzwetzen und zur Verwünschung
an allen Orten, wohin ich sie versprenge.
Ich schicke wider sie aus
das Schwert, den Hunger, die Seuche,
bis sie ganz dahin sind von dem Boden,
den ich ihnen, ihren Vätern gab.

Die Rede, die an Jirmejahu geschah
an alles Volk Jehuda
im vierten Jahr Jojakims Sohns Joschijahus, Königs von Jehu-
    da, das ist das erste Jahr Nebukadrezars Königs von Babel, –
die Jirmejahu der Künder redete
an alles Volk Jehudas und zu allen Insassen Jerusalems,
sprechend:

Vom dreizehnten Jahr Joschijahus Sohns Amons, Königs von
    Jehuda,
und bis auf diesen Tag,
nun dreiundzwanzig Jahre
ist zu mir SEINE Rede geschehn,
ich redete sie zu euch, Rede vom Frühmorgen an,
und ihr hörtet nicht
– so hatte ER zu euch all seine Diener, die Künder, gesandt,
Sendung vom Frühmorgen an,
und ihr hörtet nicht,
neigtet euer Ohr nicht zu hören –
sprechend:
Kehrt doch um,
jedermann von seinem bösen Weg,
vor der Bosheit eurer Geschäfte,
und siedeln dürft ihr auf dem Boden,
den ICH euch, euren Vätern gab
von Urzeit her und für Weltzeit, –
anderen Göttern geht nimmer nach,
ihnen zu dienen, euch vor ihnen niederzuwerfen,
verdrießet mich nicht mit dem Gemächt eurer Hände,
und ich will euch nicht böstun.
Ihr aber hörtet nicht auf mich,
ist SEIN Erlauten,
um mich weiter zu verdrießen mit dem Gemächt eurer Hän-
    de,
euch zum Bösen.
Darum,
so hat ER der Umscharte gesprochen,
weil ihr meine Reden nicht hören wolltet,
wohlan,

ich sende aus,
nehme alle Sippen des Nordens herbei,
ist SEIN Erlauten,
und zu Nebukadrezar König von Babel, meinem Knecht,
ich lasse sie über dieses Land kommen,
über seine Insassen,
über all diese Stämme ringsum,
ich banne die,
mache sie zu einem Erstarren und Zischeln,
zu Weltzeit-Ödnissen,
schwinden lasse ich aus ihnen
Stimme von Wonne und Stimme von Freude,
Stimme von Bräutigam und Stimme von Braut,
Handmühlenstimme und Lampenlicht,
zur Ödnis, zur Starre
soll werden all dieses Land,
dienen sollen diese Stämme dem König von Babel
siebzig Jahre.
Aber es wird geschehn,
wann siebzig Jahre erfüllt sind,
dann ordne ich zu
an dem König von Babel und an jenem Stamm,
ist SEIN Erlauten,
ihre Verfehlung,
und an dem Land der Chaldäer,
ich mache zu Weltzeit-Starrnissen ihn,
kommen lasse ich über jenes Land
all meine Reden, die ich über es geredet habe,
    – alles, was in diesem Buch geschrieben ist,
    das Jirmejahu kündete über alle Stämme, –
ja, dienstbar werden müssen auch sie
mächtigen Stämmen, großen Königen,
ich zahle ihnen nach ihrem Werk,
nach dem Tun ihrer Hände.

Ja, so hat ER zu mir gesprochen,
    der Gott Jifsraels:
Nimm diesen Becher Grimmglut-Weins
aus meiner Hand,

kredenze ihn allen Stämmen,
zu denen ich dich sende,
sie sollen ihn trinken,
sie sollen einherschwanken,
sie sollen einherrasen
angesichts des Schwerts,
das ich unter sie sende.

Ich nehme den Becher aus SEINER Hand,
ich kredenze ihn allen Stämmen, zu denen ER mich
sandte,
Jerusalem und den Städten Jehudas, seinen Königen, seinen
Fürsten,
sie hinzugeben zur Ödnis, zum Erstarren, zum Zischeln, zur
Verwünschung,
– wies nun am Tag ist, –
Pharao, dem König von Ägypten, seinen Dienern, seinen
Fürsten, all seinem Volk,
allem Gemisch, allen Königen des Landes Uz,
allen Königen des Landes Philistien, Askalon, Gasa, Ekron
und dem Rest von Aschdod,
Edom, Moab und den Söhnen Ammons,
allen Königen von Tyrus, allen Königen von Sidon, allen
Königen der Küste, die jenseits des Meers ist,
Dedan, Tema, Bus und allen Haareckengestutzten,
allen Königen Arabiens und allen Königen des Gemischs,
die in der Wüste wohnen,
allen Königen Simris, allen Königen Elams, allen Königen
Mediens,
allen Königen des Nordens, nahen und fernen,
allen Königreichen des Erdlands, die irgend auf der Fläche
des Bodens sind.
Und der König von »Duckduck« muß nach ihnen trinken. –
Nun sprich zu ihnen:
So hat ER der Umscharte gesprochen,
der Gott Jifsraels:
Trinkt, berauscht euch, speit,
fallt und steht nicht mehr auf
angesichts des Schwertes,
das ich unter euch sende!

Es soll aber geschehn:
wenn sie sich weigern,
den Becher zu nehmen aus deiner Hand
um zu trinken,
dann sprich zu ihnen:
So hat ER der Umscharte gesprochen:
Trinken müßt ihr, trinken!
wohl, mit der Stadt ja,
über der mein Name gerufen ist,
beginne ich das Böstun,
und ihr,
ihr wollt straflos, straflos bleiben!
Straflos bleibt ihr nicht,
denn ich berufe das Schwert
über alle Siedler der Erde,
ist SEIN, des Umscharten, Erlauten.
Du also künde ihnen all diese Rede,
sprich zu ihnen:
ER,
von der Höhe brüllt er,
von dem Hag seines Heiligtums
gibt er seine Stimme aus,
brüllt und brüllt über seiner Trift,
mit Heissa wie die Keltrer
singt er alle Siedler der Erde an.
Das Dröhnen kommt bis an den Erdrand,
denn mit den Weltstämmen hat ER den Streit,
über alles Fleisch hält er Gericht,
die Frevler, dem Schwert gibt er sie hin,
ist SEIN Erlauten.

So hat ER der Umscharte gesprochen:
Wohlan,
ein Böses fährt aus
von Stamm zu Stamm hin,
ein großer Sturm erwacht
vom Lendenbug der Erde.
An jenem Tag

sind SEINE Durchbohrten
vom Erdrand bis zum Erdrand,
sie werden nicht bejammert,
sie werden nicht eingeheimst,
sie werden nicht begraben,
zu Dünger auf der Fläche des Bodens müssen sie werden.

Heult, ihr Weidehirten, schreit!
wälzt euch, ihr Beherrscher der Herde!
Denn zur Schlachtung füllen euch sich die Tage,
zerspellen werde ich euch,
ihr fallt wie ein köstliches Gerät.
Zuflucht schwindet den Weidehirten,
Entrinnen den Beherrschern der Herde.
Da hallt das Schreien der Hirten,
das Heulen der Beherrscher der Herde,
denn ER gewaltigt ihre Weide.
Die Triften des Friedens verstummen
vorm Entflammen SEINES Zorns:
wie ein Jungleu verließ er sein Dickicht.
Ja, zur Starrnis wird ihr Land
vor dem verheerenden Schwert,
vorm Entflammen seines Zorns.

Gegen Anfang der Königschaft Jojakims Sohns Joschijahus,
  Königs von Jehuda,
geschah diese Rede von IHM her, es sprach:.
So hat ER gesprochen:
Tritt in den Hof MEINES Hauses,
rede an alle Städte Jehudas
– die kommen, sich in MEINEM Hause niederzuwerfen –
alle Rede, die ich dir zu ihnen zu reden gebiete,
kürze nimmer ein Redewort!
Vielleicht hören sie doch
und sie kehren um,
von seinem bösen Weg jedermann,
dann lasse ich mirs leid sein des Bösen,
das an ihnen zu tun ich plane
um die Bosheit ihrer Geschäfte.
Sprich zu ihnen:
So hat ER gesprochen:
Hört ihr nicht auf mich,
in meiner Weisung zu gehen,
die ich vor euch hin gab,
zu hören auf die Reden meiner Diener, der Künder,
– die ich zu euch sende,
Sendung vom Frühmorgen an,
und ihr wollt nicht hören, –
will ich dieses Haus hingeben wie Schilo,
und hingeben will ich diese Stadt
zur Verwünschung allen Stämmen der Erde.

Sie hörten zu,
die Priester, die Künder, alles Volk,
dem Jirmejahu, der diese Rede redete in SEINEM Haus.
Es geschah,
als Jirmejahu allgeendet hatte zu reden
alles, was ER ihm zu allem Volk zu reden geboten hatte,
ergriffen ihn die Priester, die Künder und alles Volk, spre-
    chend:
Sterben mußt du, sterben!
weshalb kündest du mit SEINEM Namen, sprichst:
Schilo gleich soll dieses Haus werden,

diese Stadt veröden, insassenlos!

Alles Volk sammelte sich um Jirmejahu in SEINEM Haus.

Als aber die Obern von Jehuda von all dieser Rede hörten,
stiegen sie vom Königshaus zu SEINEM Haus auf,
sie setzten sich im Einlaß SEINES neuen Tors.

Da sprachen die Priester und die Künder zu den Obern und
   zu allem Volk, sprachen:
Rechtspruch auf Tod ist für diesen Mann,
denn gegen diese Stadt hat er gekündet,
wie ihrs gehört habt mit euren Ohren.

Jirmejahu sprach zu allen Obern und zu allem Volk, sprach:
ER ists, der mich gesandt hat,
gegen dieses Haus, gegen diese Stadt zu künden
all die Rede, die ihr gehört habt.

Jetzt also
bessert eure Wege und eure Geschäfte,
hört auf SEINE eures Gottes Stimme,
und leidsein will ER sichs lassen des Bösen,
das wider euch er geredet hat.

Ich aber,
hier bin ich in eurer Hand,
tut an mir, wies euren Augen gut und gerad dünkt,
nur wissen sollt ihr es, wissen,
daß, tötet ihr mich,
daß unsträfliches Blut ihr dann gebt
über euch, an diese Stadt, an ihre Insassen,
denn, in Treuen:
ER hat mich an euch hergesandt,
in eure Ohren all diese Rede zu reden.

Da sprachen die Obern und alles Volk zu den Priestern und
   zu den Kündern:
Keinesfalls ist für diesen Mann Rechtspruch auf Tod,
denn mit SEINEM, unsres Gottes, Namen durfte er zu uns reden.

Männer von den Ältesten des Landes standen auf,
die sprachen zu aller Versammlung des Volkes, sprachen:
Micha der Moraschtit hat in den Tagen Chiskijahus Königs
   von Jehuda gekündet,
er sprach zu allem Volk von Jehuda, sprach:

So hat ER der Umscharte gesprochen:
Zion wird als Feld gepflügt,
Jerusalem wird eine Schutthalde,
der Berg des Hauses zum Kuppenhain.
Hat ihn etwa töten lassen, töten
Chiskijahu, König von Jehuda, und alles Jehuda?!
fürchtet er nicht IHN,
sänftete IHM das Antlitz?!
da ließ ER sichs leidsein des Bösen,
das wider sie er geredet hatte!
wir aber wollen ein Großböses tun –
wider unsre eigenen Seelen!

Auch war dann ein Mann, der kündete mit SEINEM Namen,
Urijahu Sohn Schmajahus aus Kirjat Jearim,
der kündete wider diese Stadt und wider dieses Land
allwie die Reden Jirmejahus.
Der König Jojakim hörte seine Reden,
samt all seinen Helden und all seinen Obern.
Nun trachtete der König ihn zu töten.
Urijahu hörte davon, er fürchtete sich,
entwich, kam nach Ägypten.
Aber der König Jojakim sandte Männer nach Ägypten,
Elnatan Sohn Achbors und Mannschaft mit ihm nach
    Ägypten,
sie holten Urijahu aus Ägypten,
ließen ihn zum König Jojakim kommen,
der hieß ihn mit dem Schwert erschlagen,
seinen Leichnam aber auf die Gräberstätte des Pöbelvolks
    werfen.

Fortan jedoch war mit Jirmejahu die Hand Achikams Sohns
    Schafans,
daß man ihn nicht in die Hand des Volks gäbe, ihn zu töten.

Gegen Anfang der Königschaft Jojakims Sohns Joschijahus,
Königs von Jehuda, geschah diese Rede von IHM her zu
Jirmeja, zu sprechen:

So hat ER zu mir gesprochen:
Mache Bande und Stangen dir,
gib welche auf deinen Hals,
sende welche
an den König von Edom, an den König von Moab, an den
   König der Söhne Ammons,
an den König von Tyrus und an den König von Sidon
durch die Hand der Boten,
die nach Jerusalem zu Zidkijahu König von Jehuda gekommen sind,
entbiete sie zu ihren Herren, sprich:
So hat ER der Umscharte, der Gott Jifsraels, gesprochen:
So sollt ihr zu euren Herren sprechen:
Ich bins,
der die Erde, den Menschen, das Vieh auf der Fläche der Erde
   gemacht hat,
mit meiner großen Kraft, mit meinem gestreckten Arm,
ich gab sie jedem hin, der in meinen Augen gerad war.
Jetzt also bin ichs,
der all diese Erdenländer in die Hand Nebukadnezars Königs
   von Babel, meines Knechts, gegeben hat,
auch noch das Getier des Felds habe ich ihm gegeben, ihm zu
   dienen.
dienen sollen ihm alle Weltstämme und seinem Sohn und
   dem Sohn seines Sohns,
bis auch für sein Land die Zeit gekommen ist,
daß er mächtigen Stämmen, großen Königen dienstbar wird.
Es soll geschehn:
der Stamm und das Königreich,
die nicht dienen wollen ihm, Nebukadnezar, König von Babel,
und was seinen Hals nicht gibt ins Joch des Königs von Babel,
mit dem Schwert, mit dem Hunger, mit der Seuche
zuordnen will ichs diesem Stamm,
ist SEIN Erlauten,

bis ich sie ganz in seine Hand getan habe.
Ihr also, höret nimmer
auf eure Künder, auf eure Wahrsager, auf eure Träumer,
eure Tagwähler und eure Zaubrer,
die Spruch zu euch sprechen:
Nicht sollt ihr dem König von Babel dienen!
Denn Lüge künden die euch,
dazu nur, daß ihr fernhin von eurer Scholle müßt,
daß ich euch versprenge, daß ihr schwindet.
Der Stamm aber,
der seinen Hals ins Joch des Königs von Babel kommen
   läßt,
ihm dient,
den lasse ich ruhn auf seinem Boden,
ist SEIN Erlauten,
daß er den bediene und darauf siedle.

Zu Zidkija, König von Jehuda, redete ich allwie diese Rede,
   sprach:
Laßt eure Hälse ins Joch des Königs von Babel kommen,
dient ihm und seinem Volk,
und ihr dürft leben.
Warum sollt ihr sterben, du und dein Volk,
durch das Schwert, durch den Hunger, durch die Seuche,
wie ER geredet hat für den Stamm,
der dem König von Babel nicht dienen will!
Höret nimmer auf die Reden der Künder,
die zu euch Spruch sprechen:
Nicht dient ihr dem König von Babel!
Denn Lüge künden die euch,
denn ich habe sie nicht gesandt,
ist SEIN Erlauten,
die aber künden mit meinem Namen zur Lüge,
dazu nur, daß ich euch versprenge,
daß ihr schwindet, ihr und die Künder, die euch künden.

Und zu den Priestern und zu all diesem Volk redete ich, sprechend:
So hat ER gesprochen:

Hört nimmer auf die Reden eurer Künder, die euch künden,
  sprechend:
Wohlan, die Geräte SEINES Hauses
werden jetzt, eilends aus Babel zurückgebracht!
Denn Lüge künden die euch.
Hört auf sie nimmer,
dient dem König von Babel,
und ihr dürft leben.
Warum soll diese Stadt zur Ödnis werden!
Sind sie aber Künder,
west bei ihnen SEINE Rede,
mögen sie doch IHN den Umscharten bedrängen,
daß nicht nach Babel kommen müssen die Geräte,
die überblieben sind in SEINEM Haus,
dem Haus des Königs von Jehuda und in Jerusalem.
Denn so hat ER der Umscharte gesprochen
von den Säulen, vom Meer, von den Fahrgestellen,
von den übrigen Geräten, die in dieser Stadt überblieben,
die nicht mitnahm Nebukadnezar König von Babel,
als von Jerusalem er nach Babel verschleppte
Jechonja Sohn Jojakims, König von Jehuda,
und alle Edeln von Jehuda und Jerusalem –
ja, so hat ER der Umscharte, der Gott Jifsraels, gesprochen
von den Geräten, die überblieben in SEINEM Haus,
dem Haus des Königs von Jehuda, und Jerusalem:
Nach Babel läßt man sie kommen,
dort werden sie sein
bis zum Tag, da für sie ich zuordne,
ist SEIN Erlauten,
ich hole sie herauf,
ich bringe sie zurück
an diesen Ort.

Es war in jenem Jahr,
gegen Anfang des Königtums Zidkijas, Königs von Jehuda,
im vierten Jahr, in der fünften Mondneuung,
da sprach zu mir Chananja Sohn Asurs, der Künder, der aus
    Gibon,
in SEINEM Haus, vor den Augen der Priester und alles Volks,
    sprach:
So hat ER der Umscharte, der Gott Jiſsraels, gesprochen, im
    Spruch:
Ich zerbreche das Joch des Königs von Babel!
noch ein Jahrespaar an Tagen,
dann bringe zurück ich an diesen Ort
alle Geräte MEINES Hauses,
die mitnahm Nebukadnezar, König von Babel, von diesem
    Ort
und ließ sie kommen nach Babel,
und Jechonja Sohn Jojakims, König von Jehuda.
Und alle Verschlepptenschaft Jehudas,
die nach Babel gekommen sind,
bringe zurück ich an diesen Ort,
ist SEIN Erlauten,
ja, ich zerbreche das Joch des Königs von Babel.
Jirmeja, der Künder, sprach zu Chananja, dem Künder,
vor den Augen der Priester und vor den Augen alles Volks,
die zusammengetreten waren in SEINEM Haus,
Jirmeja, der Künder, sprach:
Jawahr, so tue ER,
ER erstellte deine Rede, die du gekündet hast,
zurückzubringen die Geräte SEINES Hauses und alle Ver-
    schlepptenschaft
aus Babel an diesen Ort!
Nur höre doch diese Rede,
die ich rede in deine Ohren und in die Ohren alles Volks:
die Künder,
wie sie vor dir und vor mir von Urzeit her waren
und kündeten gegen mächtige Länder, wider große König-
    reiche
zu Krieg, zu Hunger, zu Seuche, –
der Künder wieder,

der zu Frieden kündete:
wann die Rede eines Künders eintrifft,
wird der Künder erkannt,
welchen ER sandte, in Treuen.
Da nahm Chananja, der Künder, die Stange vom Hals
    Jirmejas, des Künders,
er zerbrach es,
Chananja sprach vor den Augen alles Volkes, sprach:
So hat ER gesprochen:
Ebenso zerbreche ich
das Joch Nebukadnezars, Königs von Babel,
noch ein Jahrespaar an Tagen,
von aller Weltstämme Hals!
Jirmeja, der Künder, aber ging seines Wegs.

SEINE Rede geschah zu Jirmejahu,
nachdem Chananja, der Künder, die Stange vom Hals
    Jirmejas, des Künders, zerbrochen hatte, sprach:
Geh, sprich zu Chananja, sprich:
So hat ER gesprochen:
Stangen von Holz zerbrachst du,
statt ihrer mußt du Stangen von Eisen machen!
Denn so hat ER der Umscharte, der Gott Jifsraels, ge-
    sprochen:
Ein Eisenjoch gebe ich auf den Hals all dieser Stämme,
zu dienen Nebukadnezar, König von Babel,
sie werden ihm dienen,
auch noch das Getier des Feldes gebe ich ihm.
Jirmeja, der Künder, sprach zu Chananja, dem Künder:
Höre doch, Chananja!
ER hat dich nicht gesandt,
du aber,
sichern hießest du sich das Volk mit der Lüge!
Darum,
so hat ER gesprochen,
wohlan,
ich sende dich fort von der Fläche des Bodens,
des Jahrs stirbst du,
denn Abwendiges gegen IHN hast du geredet. –

Chananja, der Künder, starb in jenem Jahr, in der siebenten
Mondneuung.

Dies sind die Worte des Briefs,
den Jirmeja, der Künder, aus Jerusalem sandte
an die überbliebnen Ältesten der Verschlepptenschaft und an
   die Priester und an die Künder
– an alles Volk also, das Nebukadnezar aus Jerusalem nach
   Babel verschleppen ließ,
nachdem aus Jerusalem ziehn mußten Jechonja, der König,
   und die Gebieterin, und die Kämmerer, die Obern von Jehuda und Jerusalem, und die Schmiede und die Plattner, –
durch die Hand Elafsas Sohns Schafans und Gmarjas Sohns
   Chilkijas
– die Zidkija, König von Jehuda, an Nebukadnezar König
   von Babel gesandt hatte –,
nach Babel, um auszusprechen:

So hat ER der Umscharte, der Gott Jifsraels, gesprochen:
An alle Verschlepptenschaft, die ich aus Jerusalem nach Babel
   verschleppen ließ:
Baut Häuser und siedelt,
pflanzt Gärten und eßt ihre Frucht!
Nehmt Weiber und zeugt Söhne und Töchter,
nehmt euren Söhnen Töchter und eure Töchter gebt Männern,
daß sie Söhne und Töchter gebären,
mehrt euch dort, mindern dürft ihr euch nimmer!
Und fragt dem Frieden der Stadt nach, dahin ich euch verschleppen ließ,
betet für sie zu MIR,
denn in ihrem Frieden wird euch Frieden sein.

Ja, so hat ER der Umscharte, der Gott Jifsraels, gesprochen:
Nimmer sollen euch eure Künder täuschen, die drin bei euch
   sind, und eure Wahrsager.
nimmer hört auf die Träumer, die ihr träumen heißet,
denn in der Lüge künden sie euch mit meinem Namen,
ich habe sie nicht gesandt,
ist SEIN Erlauten.

Ja, so hat ER gesprochen:
Ja denn,

erst wenn sich Babel siebzig Jahre erfüllten,
ordne ich zu für euch,
lasse über euch erstehn meine Rede, jene gute,
euch an diesen Ort heimkehren zu lassen.
Denn ich, ich weiß die Planungen,
die ich über euch plane,
ist SEIN Erlauten,
Planungen des Friedens, nicht zum Bösen mehr,
euch Zukunft und Hoffnung zu geben.
Dann ruft ihr mich an,
geht, betet zu mir,
und ich will euch erhören,
dann verlangt ihr nach mir,
und ihr werdet finden:
wenn ihr mich mit all eurem Herzen sucht,
will ich mich von euch finden lassen,
ist SEIN Erlauten.
Ich lasse euch Wiederkehr kehren,
ich hole euch zuhauf
aus allen Stämmen, aus allen Orten, wohin ich euch ver-
      sprengte,
ist SEIN Erlauten,
ich lasse euch heimkehren an den Ort,
woher ich euch habe verschleppen lassen.

Ihr sprecht ja: Erstehn ließ ER uns Künder nach Babel!
Ja denn, so hat ER gesprochen
von dem König, der auf Dawids Stuhle sitzt,
und von allem Volk, das in dieser Stadt sitzt,
euren Brüdern, die nicht mit euch in die Verschleppung zo-
      gen,
so hat ER der Umscharte gesprochen:
Nun sende ich aus wider sie
das Schwert, den Hunger, die Seuche,
ich gebe, daß sie werden wie die aufgeplatzten Feigen,
die nicht gegessen werden können vor Schlechtigkeit,
ich jage ihnen nach mit dem Schwert, mit dem Hunger, mit
      der Seuche,
ich gebe sie zum Popanz für alle Königreiche der Erde,

zum Droheid, zum Erstarren, zum Zischeln, zum Hohn
unter allen Stämmen, dahin ich sie versprengte, –
dafür, daß sie auf meine Rede nicht hörten,
ist SEIN Erlauten,
da ich zu ihnen meine Diener, die Künder sandte,
Sendung vom Frühmorgen an,
ihr aber hörtet nicht,
ist SEIN Erlauten.
Hört also ihr MEINE Rede,
alle Verschlepptenschaft,
die ich von Jerusalem nach Babel fortgesandt habe!

So hat ER der Umscharte, der Gott Jifsraels, gesprochen:
Von Achab Sohn Kolajas und von Zidkijahu Sohn Maafsejas,
die euch mit meinem Namen Lüge künden:
wohlan, ich gebe sie in die Hand Nebukadrezars Königs von
    Babel,
daß er sie vor euren Augen erschlage.
Hergenommen wird von ihnen eine Verwünschung
für alle Verschlepptenschaft Jehudas, die in Babel ist,
ein Spruch:
Mache dich ER wie den Zidkijahu und wie den Achab,
die der König von Babel im Feuer braten ließ!
weil sie Schändliches taten in Jifsrael,
buhlten mit den Weibern ihrer Genossen,
redeten Lügenreden mit meinem Namen,
was ich ihnen nicht hatte entboten –
ich aber bin der Wissende und der Zeuge,
ist SEIN Erlauten.

...Und von Schmajahu dem Nechelamiter sprich den Spruch:
So hat ER der Umscharte, der Gott Jifsraels, gesprochen:
Weil du mit deinem Namen Briefschaft sandtest
an alles Volk, das in Jerusalem ist, an Zfanja Sohn Maafsejas,
    den Priester, und an alle Priester, auszusprechen:
Gegeben hat ER dich als Priester an den Platz Jejohadas, des
    Priesters,
damit in SEINEM Haus Verordnete seien

wider alljeden einherrasenden, einherkündenden Mann,
daß du den in den Krummblock und in den Halszwang ge
    best, –
jetzt also,
warum verschiltst du nicht Jirmejahu den Anatotiter, der euch
    einherkündet?!
da hat er ja gar zu uns nach Babel Spruch gesandt:
Langwierig ists, baut Häuser und siedelt, pflanzt Gärten und
    eßt ihre Frucht! –
– Es hatte nämlich Zfanja, der Priester, diesen Brief vor den
    Ohren Jirmejahus, des Künders, gelesen,
und SEINE Rede war zu Jirmejahu geschehen, sprechend:
Sende an alle Verschlepptenschaft den Spruch:
So hat ER von Schmaja dem Nechelamiter gesprochen:
Weil euch Schmaja gekündet hat,
da ich, ich ihn nicht gesandt hatte,
ließ an Lüge euch sicher werden,
darum,
so hat ER gesprochen,
wohlan, ich ordne es zu
Schmaja dem Nechelamiter und seinem Samen:
nicht wird ihm ein Mann bleiben, siedelnd inmitten dieses
    Volks,
nicht wird er das Gute sehn, das ich meinem Volke tue,
ist SEIN Erlauten,
denn Abwendiges hat er wider MICH geredet.

Die Rede, die zu Jirmejahu von I H M her geschah, im Spruch:
So hat E R gesprochen, der Gott Jifsraels, im Spruch:
Schreib dir in ein Buch alle Reden, die ich zu dir rede.

Denn, wohlan, Tage kommen,
ist S E I N Erlauten,
da lasse ich Wiederkehr kehren
meinem Volk, Jifsrael und Jehuda,
hat E R gesprochen,
lasse heimkehren sie zu dem Land,
das ich ihren Vätern gegeben habe,
sie sollens ererben.

Und dies sind die Reden, die E R von Jifsrael und von Jehuda
     geredet hat,
ja, so hat E R gesprochen:

Stimme hören wir einer Bangnis,
Schrecken und Friedlosigkeit –
forscht doch nach, seht euch um:
kann ein Mannsbild gebären?
weshalb sehe jeden Wehrhaften ich
die Hände an seinen Flanken
einer Gebärenden gleich,
und die Gesichter alle
zur Fahle gewandelt?

Weh! ja, groß ist jener Tag,
keiner gleicht ihm je,
Drangsal-Zeit für Jaakob ists, –
aber er wird draus befreit!
Geschehn wirds an jenem Tag,
Erlauten ists von I H M, dem Umscharten,
ich zerbreche sein Joch dir vom Hals,
deine Fesseln zerreiße ich.
Nicht mehr sollen Auswärtige sein sich bedienen:
dienen sollen sie M I R, ihrem Gott,
und ihrem König, dem Dawid,
den ich ihnen erstehen lasse.

Du also, fürchte dich nimmer,

mein Knecht Jaakob,
ist SEIN Erlauten,
Jiſsrael, laß dich nimmer bestürzen!
denn, wohlan, ich befreie dich fernher,
aus ihrer Gefangenschaft Land deinen Samen.
Dann kehrt Jaakob heim,
still ist er und sorglos
und keiner scheucht auf.
Denn ich bin mit dir,
ist SEIN Erlauten,
dich zu befreien.

Denn machte ich den Garaus allen Stämmen,
wohin ich dich verstreut habe,
dir würde ich den Garaus doch nicht machen,
züchtigen nur will ich dich rechtens,
kann dich strafledig nicht ledigen.

Ja denn,
so hat ER gesprochen,
dein Niederbruch ist sehrend,
dein Geschlagensein quält,
kein Sachwalter waltet deiner Sache,
die Eiterung auszupressen,
keine Heilmittel sind dir zur Vernarbung,
deine Liebhaber vergaßen dich alle,
dir fragen sie nicht nach.
Denn ich schlug dich mit Feindesschlag,
eines Grausamen Züchtigung,
um die Menge deiner Verfehlung,
das Anwachsen deiner Sünden.
Was schreist um deinen Niederbruch du,
deinen sehrenden Schmerz!
um die Menge deiner Verfehlung,
das Anwachsen deiner Sünden
habe ich dir dieses getan. –
Darum
werden alle verzehrt, die dich verzehren wollen,
gehen, die dich bedrängen, allsamt in die Gefangenschaft,
werden, die dich berauben, zum Raub,
alle, die dich plündern, gebe ich zur Plünderung hin.
Ja,
ich lasse Wundhaut dich überziehn,
von deinen Schlägen heile ich dich.
ist SEIN Erlauten,
»Verstoßne« riefen sie dich ja schon:
»Zion ists, – der fragt keiner nach!«

So hat ER gesprochen:
Wohlan, Wiederkehr kehren
lasse ich Jaakobs Zelten,
seiner Wohnungen erbarme ich mich,
neu erbaut wird dann
auf ihrem Schutthügel die Stadt,
auf seinen rechtmäßigen Platz
setzt sich das Schloß.
Was dann auffährt aus ihnen,

Danklied ists und der Spielenden Schall.
Mehren will ich sie dann,
sie sollen sich nicht mindern,
gewichtigen will ich sie,
sie sollen sich nicht ringern.
Seine Söhne sind dann wie einst,
vor mir aufgerichtet seine Gemeinde,
all seinen Bedrückern ordne ichs zu.
Sein Machthaber soll aus ihm sein,
aus seinem Innern fährt sein Herrscher hervor,
den lasse ich mir nahen,
daß er heran zu mir trete, –
denn wer wollte sein Herz sonst verpfänden,
zu mir heranzutreten!
ist SEIN Erlauten.
Werden sollt ihr mir zum Volk,
und ich werde euch zum Gott.

Wohlan,
SEIN Stürmen,
Grimmglut fährt aus,
hinrollender Sturm,
auf der Frevler Haupt wirbelts nieder.
SEINE Zornflamme kehrt nicht um,
bis er getan hat,
bis er erstellt hat
die Entwürfe seines Herzens.
In der Späte der Tage
werdet ihrs besinnen.
Zu jener Zeit,
ist SEIN Erlauten,
werde ich zum Gott
allen Sippschaften Jisraels,
und sie werden mir zum Volk.

So hat ER gesprochen:
Gefunden hat Gunst in der Wüste
das Volk, die dem Schwerte entrannen,
  – geh auf seinen Rastbefehl zu,

Jifsrael,
 fernher gibt sich E R mir zu sehen! –
und mit Weltzeit-Liebe liebe ich dich,
darum erstrecke ich dir die Huld.
Wieder will ich dich erbauen,
daß du auferbaut bist,
Maid Jifsrael,
wieder schmückst du mit Pauken dich
und fährst aus in der Spielenden Reigen,
wieder pflanzest Weingärten du
auf den Bergen Samarias,
Pflanzer pflanzen und dürfen auch schon genießen.
Ja, es west ein Tag,
 da rufen Wächter im Gebirg Efrajims:
Macht euch auf,
steigen wir den Zion hinan,
zu I H M unserm Gott!

Ja, so hat E R gesprochen:
Jubelt Freude Jaakob zu,
jauchzt den Weltstämmen zuhäupten,
lassets hören, preiset, sprecht:
Befreit hat E R sein Volk.
den Überrest Jifsraels!
Wohlan,
aus dem Nordland lasse ich sie kommen,
hole zuhauf sie von den Flanken der Erde,
unter ihnen Blinde und Lahme,
Schwangre und Gebärende zumal, –
eine große Versammlung,
kehren hierher sie zurück.
Mit Weinen werden sie kommen,
mit Gnadenrufen leite ich sie,
gängle sie zu Wasserbächen,
auf ebenem Weg,
darauf sie nicht straucheln.
Denn zum Vater bin ich Jifsrael worden,
mein Erstling ist Efrajim.

Weltstämme, hört SEINE Rede
und meldets den Küsten der Ferne,
sprecht:
Der Jifsrael worfelte,
holt es zuhauf,
hütets wie der Hirt seine Herde,
denn abgegolten hat ER Jaakob,
ihn gelöst aus des Stärkeren Hand.
Sie kommen,
jubeln auf der Zionshöhe,
erstrahlen an SEINER Guttat,
über Korn, über Most, über Glanzöl,
über jungen Schafen und Rindern,
wie ein erfrischter Garten
ist ihre Seele geworden,
fortan brauchen sie nicht zu schmachten.
Dann freut die Maid sich im Reigen,
Jünglinge und Alte zumal:
Ich wandle ihre Trauer in Wonne,
ich tröste sie,
nach ihrem Gram erfreue ich sie.
Der Priester Seele erfrische ich mit Mark,
mein Volk sättigt sich meiner Guttat,
ist SEIN Erlauten.

So hat ER gesprochen:
Eine Stimme ist in Rama zu hören,
ein Wehgesang,
ein Weinen der Bitternis.
Rachel verweint sich
um ihre Söhne,
weigert, sich trösten zu lassen
um ihre Söhne,
ach, keiner ist da!
So hat ER gesprochen:
Wehre

deiner Stimme das Weinen,
deinen Augen die Träne,
denn es west ein Lohn deinem Werk,
ist SEIN Erlauten,
aus dem Feindesland kehren sie heim,
eine Hoffnung west deiner Zukunft,
ist SEIN Erlauten,
Söhne kehren in ihre Gemarkung.

Gehört, gehört habe ich,
wie sich schüttelnd Efrajim klagt:
– Du hast mich gezüchtigt,
und ich empfing die Zucht
wie ein ungelehriges Stierkalb,
kehren lasse mich nun,
daß ich umkehren kann,
DU bist ja mein Gott!
Ja, nach meiner Abkehr
habe ichs mir leidsein lassen,
nachdem mir kundward,
klatschte ich mich auf die Lende,
ich schämte mich,
ich war gar verzagt,
denn meiner Frühe Schmach muß ich tragen.

– Ist mir denn Efrajim
ein so teurer Sohn
oder ein Kind des Ergötzens?!
Wie oft ich ja wider ihn rede,
muß ich sein denken noch, denken.
Drum wallt ihm mein Eingeweid zu,
ich muß sein mich erbarmen, erbarmen,
ist SEIN Erlauten.

Stelle Meilensteine dir auf,
setze Gemerke dir hin,
richte dein Herz auf die Straße,
den Weg, den du gegangen warst,
kehre wieder,

Maid Jiſsrael,
kehre wieder
zu diesen deinen Städten!
Bis wann willst du dich spröde gehaben,
abkehrige Tochter du!
– Ein Neues ja schafft nun ER auf Erden:
das Weib muß umwandeln den Mann. –

So hat ER der Umscharte gesprochen, der Gott Jifsraels:
Noch wird man diese Rede sprechen
im Land Jehuda, in seinen Städten,
wann ich ihnen Wiederkehr kehren lasse:
Segne dich ER,
Wahrhaftigkeitstrift,
Berg der Heiligkeit!
Siedeln werden darin
Jehuda und all seine Städte zumal,
Bauern und die ziehn mit der Herde.
Ja, die ermattete Seele erfrische ich,
fülle alle schmachtende Seele.

– Darüber heißts:
        Ich erwachte,
        ich sah mich um,
        da erst wurde süß mir mein Schlaf. –

Wohlan, Tage kommen,
ist SEIN Erlauten,
da besame ich
Haus Jifsrael und Haus Jehuda
mit Samen von Menschen und Samen von Vieh.
Es soll geschehn:
wie ich zeitig mich regte über ihnen,
auszureuten, einzureißen,
abzuschwenden, niederzuschleifen,
böszutun,
so will ich zeitig mich regen über ihnen,
zu bauen, zu pflanzen,
ist SEIN Erlauten.

In jenen Tagen
wird man nicht mehr sprechen:
Väter aßen Herlinge,
Söhnen werden Zähne stumpf.
Sondern
– um eigne Schuld stirbt der Mann –:
Jeder Mensch, der Herlinge ißt,

dem werden stumpf die Zähne.

Wohlan, Tage kommen,
ist SEIN Erlauten,
da schließe ich
mit Haus Jifsrael und mit Haus Jehuda
einen neuen Bund.
Nicht wie der Bund,
den ich mit ihren Vätern geschlossen habe
am Tag, als an der Hand ich sie faßte,
sie aus dem Land Ägypten zu führen:
daß sie selber diesen meinen Bund trennen konnten, –
und war ichs doch, der sich ihrer bemeistert hatte,
SEIN Erlauten,
Denn dies ist der Bund,
den ich mit dem Haus Jifsrael schließe
nach diesen Tagen,
ist SEIN Erlauten:
ich gebe meine Weisung in ihr Innres,
auf ihr Herz will ich sie schreiben,
so werde ich ihnen zum Gott,
und sie, sie werden mir zum Volk.
Und nicht brauchen sie mehr zu belehren
jedermann seinen Genossen,
jedermann seinen Bruder,
sprechend: Erkennet IHN!
Denn sie alle werden mich kennen,
von ihren Kleinen bis zu ihren Großen,
ist SEIN Erlauten.
Denn ihren Fehl will ich ihnen verzeihen,
ihrer Sünde nicht mehr gedenken.

So hat ER gesprochen,
der die Sonne zum Licht gibt bei Tag,
nach Satzungen,
Mond und Sterne zum Lichte bei Nacht,
der das Meer emporwinkt,
daß seine Wellen toben,
sein Name ER der Umscharte:

Könnten diese Gesetze
mir vorm Antlitz je schwinden,
ist SEIN Erlauten,
dann nur könnte Jisraels Samen
aufhören ein Stamm zu sein
mir vorm Antlitz alletag.
So hat ER gesprochen.
Könnten gemessen je werden
die Himmel droben,
könnten durchspäht je werden
die Erdgründe drunten,
dann nur könnte ich verwerfen
allen Samen Jisraels
um alles, was sie getan haben,
ist SEIN Erlauten.

Wohlan, Tage kommen,
ist SEIN Erlauten,
da wird MIR die Stadt wiedererbaut
vom Turm Chananel bis zu dem Ecktor,
ihm gegenüber ausfährt die Meßschnur
weiter zum Hügel Gareb,
wendet sich hin nach Goa.
Und all das Tal
– die Äser und die Fettasche –,
alle Fluren bis zum Bach Kidron,
bis zur Ecke des Roßtors nach Osten,
geheiligt ist das dann MIR,
nie wird es gereutet,
nie wird es geschleift
in Weltzeit.

Die Rede, die zu Jirmejahu von IHM aus geschah
im zehnten Jahr Zidkijahus Königs von Jehuda,
das ist das achtzehnte Jahr Nebukadrezars.
Damals engte das Heer des Königs von Babel Jerusalem ein.
Jirmejahu, der Künder, aber war verhaftet im Wachthof, der
     am Haus des Königs von Jehuda ist,
     da ihn Zidkijahu, König von Jehuda, hatte verhaften lassen,
     sprechend:
Weshalb kündest du den Spruch:
»So hat ER gesprochen:
Wohlan, ich gebe diese Stadt in des Königs von Babel Hand,
er soll sie bezwingen,
und Zidkijahu König von Jehuda entschlüpft nicht der Hand
     der Chaldäer,
denn gegeben wird er, übergegeben in die Hand des Königs
     von Babel,
daß dessen Mund zu seinem Munde rede,
daß dessen Augen in seine Augen sehn,
nach Babel läßt er gehn Zidkijahu,
und dort wird er bleiben,
bis ich ihm zuordne,
ist SEIN Erlauten.
Wenn ihr die Chaldäer bekriegt,
glückt es euch nicht.«
Jirmejahu sprach:
SEINE Rede ist zu mir geschehen, es sprach:
Wohlan, zu dir kommt Chanamel Sohn Schallums, deines
     Oheims, zu sprechen:
Kauf dir doch mein Feld, das in Anatot,
dein ist ja die Löser-Rechtspflicht zum Kaufen...
Zu mir kam in den Wachthof Chanamel, der Sohn meines
     Oheims
SEINER Rede gemäß, sprach zu mir:
Kauf doch mein Feld, das in Anatot, das im Lande Binjamin,
dein ist ja die Rechtspflicht des Erbes, dein die Löserschaft, kaufs
     dir!
Ich wußte, daß es das von IHM Geredete war:
kaufen sollte ich das Feld von Chanamel, dem Sohn meines
     Oheims, das in Anatot,

ihm zuwiegen das Silbergeld, sieben Vollgewicht und zehn
    war der Geldwert.
Ich schriebs in die Verbriefung, ich siegelte, ich ließ Zeugen
    bezeugen,
ich wog das Silbergeld auf dem Schalenpaar zu,
ich nahm den Kaufbrief: den versiegelten – Gebot und Satzun-
    gen – und den offnen,
ich gab den Kaufbrief an Baruch Sohn Nerijas Sohns Mach-
    sfejas
vor den Augen Chanamels, meines Oheimssohns,
und vor den Augen der Zeugen, die sich in den Kaufbrief ge-
    schrieben hatten,
vor den Augen aller Judäer, die im Wachthof saßen.
Ich entbot Baruch vor ihren Augen, sprechend:
So hat ER der Umscharte, der Gott Jifsraels, gesprochen:
Nimm diese Verbriefung, diesen Kaufbrief, so den versiegel-
    ten so diesen offnen Brief,
gib sie in ein Tongerät, damit sie viele Tage bestehen!
Denn, so hat ER der Umscharte, der Gott Jifsraels, gesprochen,
noch sollen gekauft werden Häuser, Felder, Weinberge in die-
    sem Land.
Dann betete ich zu IHM,
nachdem ich den Kaufbrief an Baruch Sohn Nerijas gegeben
    hatte,
sprechend:
Ach, mein Herr, DU!
Wohlan,
– du bists, der den Himmel und die Erde gemacht hat,
mit deiner großen Kraft, mit deinem gestreckten Arm,
nicht ist irgend ein Ding dir unmöglich,
der Huld tut ins Tausendste,
aber den Fehl der Väter ihren Söhnen nach ihnen heimzahlt
    in den Schoß,
der große, der heldische Gott, sein Name ER der Umscharte,
groß an Rat, mächtig an Handlung,
dessen Augen hellsichtig sind über allen Wegen der Menschen-
    söhne,
jedermann zu geben nach seinen Wegen, nach der Frucht sei-
    nes Handelns,

der du Zeichen und Erweise setztest im Land Ägypten, bis auf
    diesen Tag während,
so an Jifsrael so an Menschheit,
machtest dir einen Namen, wies an diesem Tag ist,
führtest dein Volk, Jifsrael, aus dem Land Ägypten
mit Zeichen und mit Erweisen, mit starker Hand, mit gestreck-
    tem Arm, mit großer Furchtbarkeit,
gabst ihnen dieses Land,
das du ihren Vätern zuschwurst ihnen zu geben: Land, Milch
    und Honig träufend,
sie kamen, sie ererbten es,
aber sie hörten nicht auf deine Stimme,
in deiner Weisung gingen sie nicht,
alles, was du ihnen zu tun geboten hattest, taten sie nicht,
da hast du sie mit all diesem Bösen getroffen, –
wohlan,
die Sturmdämme sind schon an die Stadt gekommen, sie zu
    bezwingen,
gegeben ist die Stadt in die Hand der Chaldäer, die sie umkrie-
    gen,
angesichts des Schwerts, des Hungers und der Seuche,
was du geredet hast, ist geschehn,
wohlan, du siehsts –
und du selber hast nun zu mir gesprochen,
DU, mein Herr:
Kauf dir das Feld um den Geldwert und lasse Zeugen bezeu-
    gen!
Und die Stadt ist doch in die Hand der Chaldäer gegeben!
Da geschah SEINE Rede zu Jirmejahu, es sprach:
Wohlan,
ICH bins,
der Gott alles Fleisches,
ist mir irgend ein Ding unmöglich?!
Darum,
so hat ER gesprochen,
wohlan, ich gebe zwar diese Stadt in die Hand der Chaldäer,
in die Hand Nebukadrezars, Königs von Babel,
er soll sie bezwingen,
kommen sollen die Chaldäer, die diese Stadt umkriegen,

sollen diese Stadt mit Feuer anstecken, sollen sie verbrennen,
die Häuser, auf deren Dächern man dem Baal rauchen ließ
und Güsse goß anderen Göttern, mich zu verdrießen
– taten ja die Söhne Jifsraels und die Söhne Jehudas nur das in
    meinen Augen Böse von ihrer Jugend an,
verdrossen mich ja nur die Söhne Jifsraels mit dem Tun ihrer
    Hände,
– SEIN Erlauten –
ist ja mir zum Zorn und mir zum Grimm dieser Stadt worden,
vom Tag, da man sie baute, bis auf diesen Tag,
sie mir vom Angesicht wegzuräumen,
um all das Böse der Söhne Jifsraels und der Söhne Jehudas, das
    sie taten mich zu verdrießen:
sie, ihre Könige, ihre Obern, ihre Priester, ihre Künder,
die Mannschaft Jehudas, die Insassen Jerusalems,
wandten mir den Nacken zu, nicht das Angesicht,
und wie ich sie belehren mochte, vom Frühmorgen an beleh-
    ren,
keinmal gehorchten sie, Zucht anzunehmen,
sie setzten ihre Scheusale in das Haus, darüber mein Name ge-
    rufen ist, es zu bemakeln,
sie bauten die Baalskoppen, die in der Schlucht des Sohns Hin-
    noms,
ihre Söhne und ihre Töchter dem Molech darzuführen,
was ich ihnen nie geboten hatte, nie stiegs mir im Herzen auf,
    daß man diesen Greuel tue,
um Jehuda zu versündigen, –
jetzt aber:
darum,
so hat ER, der Gott Jifsraels, gesprochen,
wegen dieser Stadt,
von der ihr redet: Gegeben ist sie in die Hand des Königs von
    Babel, durchs Schwert, durch den Hunger, durch die Seu-
    che!,
wohlan,
zuhauf will ich die da aus allen Ländern holen,
wohin ich sie in meinem Zorn, in meinem Grimm, in großem
    Unmut versprengte,
ich lasse sie heimkehren an diesen Ort.

und lasse sie siedeln in Sicherheit,
sie werden mir zum Volk
und ich werde ihnen zum Gott.
Ich gebe ihnen ein einiges Herz und einen einigen Weg,
mich zu fürchten alle Tage,
ihnen zu Gute und ihren Söhnen nach ihnen.
Ich schließe ihnen einen Weltzeit-Bund,
daß ich mich nicht abkehre hinter ihnen her: davon, an ihnen
    Gutes zu üben.
Und meine Furcht gebe ich in ihr Herz,
daß sies lassen, von mir zu weichen.
Erfreuen will ich mich ihrer, Gutes an ihnen zu üben,
pflanzen will ich in dieses Land sie in Treuen,
mit all meinem Herzen und mit all meiner Seele.
Ja, so hat ER gesprochen,
wie ich an dieses Volk kommen ließ all dieses große Bösgeschick,
so lasse ich über sie kommen all das Gute, das ich über sie rede.
Gekauft soll Feld werden in diesem Land,
davon ihr redet: Starrnis ists, ohne Mensch und Vieh, gege-
    ben ists in die Hand der Chaldäer!,
Felder werden gekauft um Geldwert,
geschrieben in Brief und versiegelt,
Zeugen läßt man bezeugen,
im Lande Binjamin, rings um Jerusalem,
in den Städten Jehudas, in den Städten des Gebirgs,
in den Städten der Niederung, in den Städten des Mittags,
denn ich lasse ihnen Wiederkehr kehren,
ist SEIN Erlauten.

SEINE Rede geschah zu Jirmejahu ein zweites Mal, während er
noch im Wachthof einbehalten war, es sprach:

So hat ER gesprochen, ders macht,
ER, der es bildet, es aufzurichten,
ER IST DA sein Name:
Rufe mich an,
und ich antworte dir,
ich melde dir Großes und Steiles,
davon du nichts weißt.
Ja, so hat ER gesprochen, der Gott Jifsraels:
Über die Häuser dieser Stadt
und über die Häuser der Könige von Jehuda,
die daran sind einzustürzen
vor den Sturmdämmen und vor dem Eisen,
mit den Chaldäern gekommen
um zu kriegen,
um jene anzufüllen
mit den Leichen der Menschen,
die ich geschlagen habe
in meinem Zorn,
in meinem Grimm,
und derenthalben,
wegen all ihrer Bosheit,
ich mein Antlitz barg dieser Stadt:
Wohlan,
mit Wundhaut überziehe ich sie,
mit Heilsalbe, ich will sie heilen,
ich wälze ihnen daher
Gewährung von Frieden und Treue,
kehren lasse ich
Wiederkehr für Jehuda,
Wiederkehr für Jifsrael,
ich erbaue sie wie vormals,
reinige sie von allem Fehl,
womit sie an mir sündigten,
verzeihe alle Verfehlungen ihnen,
womit sie an mir sündigten,
womit sie mir abtrünnig waren.

Werden sollen sie mir
zu einem Namen der Wonne,
zum Ruhm und zur Verklärung,
vor allen Stämmen der Erde,
die hören von all dem Guten,
das ich an diesen tue,
erbeben, erzittern
über all das Gute,
über all die Befriedung,
die ich ihr tue.

So hat ER gesprochen:
Hören soll man noch an diesem Ort,
davon ihr sprecht: Verödet ist er, ohne Menschen, ohne Vieh!,
in den Städten Jehudas und in den Gassen Jerusalems,
den verstarrten, ohne Menschen, ohne Insassen, ohne Vieh,
Stimme von Wonne und Stimme von Freude,
Stimme von Bräutigam und Stimme von Braut,
Stimme derer, die sprechen:
Danket IHM dem Umscharten,
denn er ist gütig,
IHM, denn in Weltzeit
währt seine Huld!,
die in SEIN Haus Dankspende bringen.
Ja, Wiederkehr lasse ich kehren dem Land,
wies vormals war,
hat ER gesprochen.

So hat ER der Umscharte gesprochen:
Werden soll noch an diesem Ort,
dem verödeten, ohne Mensch, auch Vieh,
und an all seinen Tochterstädten
Trift der Hirten,
die Schafe lagern lassen.
An den Städten des Gebirgs,
an den Städten der Niedrung,
an den Städten des Mittags,
im Lande Binjamin,
rings um Jerusalem,

an den Städten Jehudas
sollen noch vorüberziehn Schafe
unter des Zählenden Händen,
hat ER gesprochen.

Wohlan, Tage kommen,
ist SEIN Erlauten,
erstehen lasse ich dann
jene gute Rede,
die ich geredet habe
von dem Haus Jifsrael
und über das Haus Jehuda:
in jenen Tagen,
in jener Zeit
lasse ich sprießen dem Dawid
einen Sproß der Wahrhaftigkeit,
der tut Recht und Wahrhaftigkeit auf Erden.
In jenen Tagen
ist Jehuda befreit,
Jerusalem wohnt sicher,
und dies ist, wie ER ihm ruft:
Unsere Bewährung.
Ja, so hat ER gesprochen,
nicht schließt je dem Dawid Mannesfolge ab,
auf dem Stuhl des Hauses Jifsrael sitzend,
und den Priestern und den Lewiten .
schließt nicht Mannesfolge ab mir vorm Antlitz,
Darhöhung höhend,
Hinleite aufrauchen lassend,
Schlachtmahl bereitend alle Tage.

Weiter geschah SEINE Rede zu Jirmejahu, sprach:
So hat ER gesprochen:
Könntet ihr trennen meinen Bund mit dem Tag und meinen
    Bund mit der Nacht,
daß Tag und Nacht ausblieben zu ihrer Zeit,
dann nur würde auch mein Bund mit meinem Knecht Dawid
    getrennt,
daß ihm kein Sohn wäre, der auf seinem Stuhl Königschaft
    hat,

und mit den Lewiten und den Priestern, den mir Amtenden.
Wie die Schar des Himmels nicht zu zählen,
nicht zu messen ist der Sand des Meers,
so mehren will ich den Samen meines Knechtes Dawid
und die Lewiten, die mir amten.

Weiter geschah SEINE Rede zu Jirmejahu, es sprach:
Hast du nicht gesehn, was diese Volksleute reden,
sprechen: Zwei Sippen sinds, die ER hatte erwählt,
nun aber hat er sie verworfen!
Verschmäht heißen sie mein Volk,
unfähig, noch als Stamm vor ihrem Antlitz zu gelten.
So hat ER gesprochen:
Würde je zunichte mein Bund um Tag und Nacht,
Satzungen Himmels und Erden, machte ich sie zunichte,
dann nur könnte ich verwerfen auch Jaakobs Samen:
Dawid meinen Knecht,
aus seinem Samen Herrscher zu nehmen
für den Samen Abrahams, Jizchaks und Jaakobs.
Ja, ich lasse ihnen Wiederkehr kehren,
ich erbarme mich ihrer.

Die Rede, die zu Jirmejahu von I H M her geschah
– Nebukadrezar König von Babel und all sein Heer
und alle Königreiche der Erde, drüber seine Hand waltete, all
  die Völker
kriegten da wider Jerusalem und wider all seine Tochterstädte –,
es sprach:
So hat E R gesprochen, der Gott Jifsraels:
Geh, sprich zu Zidkijahu, König von Jehuda,
sprich zu ihm:
So hat E R gesprochen:
Wohlan,
ich gebe diese Stadt in die Hand des Königs von Babel,
daß er sie im Feuer verbrenne,
und du selber entschlüpfst seiner Hand nicht,
nein, gepackt wirst du, gepackt
und in seine Hand wirst du gegeben,
daß deine Augen in die Augen des Königs von Babel sehen
und sein Mund mit deinem Munde rede,
und nach Babel mußt du kommen.
Jedoch höre S E I N E Rede,
Zidkijahu, König von Jehuda,
so hat E R über dich gesprochen:
Du sollst durchs Schwert nicht sterben,
sterben sollst du in Frieden,
und wie die Leichenbrände deiner Väter waren,
die vor dir gewesen sind,
desgleichen wird man dir brennen,
mit »Weh, Herr!« wird man dich bejammern.
Ja, die Rede gilt,
ich selber habs geredet,
ist S E I N Erlauten.
Jirmejahu der Künder redete zu Zidkijahu König von Jehuda
  all diese Rede in Jerusalem,
das Heer des Königs von Babel aber kriegte wider Jerusalem
  und wider alle überbliebenen Städte Jehudas, gegen Lachisch
  und gegen Aseka,
denn die waren überblieben von den Städten Jehudas, den
  Festungsstädten.

Die Rede, die zu Jirmejahu von IHM her geschah,

nachdem der König Zidkijahu einen Bund mit allem Volk geschlossen hatte, das in Jerusalem war,

ihnen Freilauf auszurufen:

daß jedermann wegschicke seinen Dienstknecht, jedermann
seine Magd, den Ebräer und die Ebräerin, geledigt,

ohne daß weiter jemand sich jenen Judäer, seinen Bruder, dienstbar machte,

sie hörtens, alle Obern und alles Volk, die in den Bund gekommen waren,

geledigt wegzuschicken jedermann seinen Dienstknecht, jedermann seine Magd,

ohne daß man sie sich fortan dienstbar machte,

sie gehorchten, schickten sie weg,

danach aber kehrten sie sich wieder ab, hießen zurückkehren
die Knechte und die Mägde, die sie geledigt weggeschickt
hatten,

nötigten sie zu Knechten und zu Mägden, –

da geschah SEINE Rede zu Jirmejahu, von IHM her, es sprach:

So hat ER, der Gott Jifsraels, gesprochen:

Ich selber habe den Bund mit euren Vätern geschlossen,

am Tag, da ich sie aus dem Land Ägypten, aus dem Haus
der Dienstbarkeit führte,

sprechend:

Gegen Ablauf von sieben Jahren sollt wegschicken ihr

jedermann seinen Bruder, den Ebräer, der dir verkauft worden
ist,

sechs Jahre soll er dir dienen, dann schicke ihn geledigt von
dir weg!

Aber eure Väter hörten auf mich nicht, sie neigten ihr Ohr
nicht.

Nun wart ihr heut umgekehrt, habt das in meinen Augen
Grade getan,

Freilauf auszurufen, jedermann für seinen Genossen,

habt einen Bund geschlossen mir vorm Antlitz, in dem Haus,
drüber mein Name gerufen ist,

dann aber kehrtet ihr euch wieder ab, gabt meinen Namen
preis,

hießet zurückkehren jedermann seinen Knecht, jedermann seine Magd,
die ihr geledigt in ihre Selbständigkeit geschickt hattet,
nötigtet sie, euch zu Knechten, zu Mägden zu werden!
Darum hat ER so gesprochen:
Ihr, ihr habt auf mich nicht gehört,
Freilauf auszurufen jedermann für seinen Bruder, jedermann
für seinen Genossen,
wohlan, ich rufe für euch Freilauf aus,
ist SEIN Erlauten,
dem Schwert, der Seuche, dem Hunger,
ich gebe euch zum Popanz allen Königreichen der Erde.
Ich gebe die Männer, die meinen Bund überschritten haben,
die nicht erstehen ließen die Rede des Bundes, den sie geschlossen hatten mir vorm Antlitz,
da sie das Kalb entzwei schlissen, zwischen seinen Hälften hindurchschritten,
die Obern Jehudas, die Obern Jerusalems, die Kämmerer, die
Priester und alle Volkschaft des Lands, die zwischen den
Hälften des Kalbs hindurchgeschritten sind,
ich gebe sie in die Hand ihrer Feinde, in die Hand derer, die
ihnen an die Seele trachten,
daß ihr Leichnam zum Fraß werde dem Vogel des Himmels
und dem Getier des Erdlands,
Zidkijahu, König von Jehuda, und seine Obern gebe ich
in die Hand ihrer Feinde, in die Hand derer, die ihnen an die
Seele trachten,
in die Hand des Heers des Königs von Babel, ihrer, die sich
eben von euch hinweggehoben haben,
wohlan, ich entbiete,
ist SEIN Erlauten,
heiße zurückkehren sie gegen diese Stadt,
sie sollen wider sie kriegen, sollen sie bezwingen, sollen sie im
Feuer verbrennen,
und die Städte Jehudas gebe ich hin als Starrnis, insassenlos.

Die Rede, die zu Jirmejahu von IHM her geschah
in den Tagen Jojakims Sohns Joschijahus, Königs von Jehuda,
 es sprach:
Geh zum Haus der Rechabiten, rede zu ihnen,
lasse sie in MEIN Haus kommen, nach einer der Lauben,
kredenze ihnen Wein.
Ich nahm Jaasanja Sohn Jirmejahus Sohns Chabazinjas, seine
 Brüder und alle seine Söhne
und alles Haus der Rechabiten,
ich ließ sie in SEIN Haus kommen
nach der Laube der Söhne Chanans Sohns Jigdaljahus, des
 Gottesmannes,
der neben der Laube der Obern, der oberhalb der Laube
 Maafsejahus Sohns Schallums, des Wächters der Schwelle,
ich gab vor die Söhne des Rechabitenhauses Kelche voll
 Weins und Becher,
dann sprach ich zu ihnen:
Trinkt Wein.
Sie aber sprachen:
Wir können Wein nicht trinken,
denn Jonadab Sohn Rechabs, unser Vorvater, hat über uns geboten, sprechend:
Ihr sollt nicht Wein trinken,
ihr und eure Söhne auf Weltzeit,
ein Haus sollt ihr nicht bauen,
Saat sollt ihr nicht säen,
einen Rebgarten sollt ihr nicht pflanzen,
das sollt ihr nicht haben,
nein, in Zelten siedelt all eure Tage,
damit ihr viele Tage lebet
auf der Fläche des Bodens, darauf ihr gastet.
Wir hörten auf die Stimme Jonadabs Sohns Rechabs, unsres Vorvaters,
in allem, was er uns geboten hat,
keinen Wein zu trinken all unsre Tage,
wir, unsre Weiber, unsre Söhne und unsre Töchter,
keine Häuser zu bauen zu unserm Sitz,

Rebgarten, Saatfeld haben wir nicht,
in Zelten siedelten wir,
wir hörten, wir taten,
allwie uns Jonadab, unser Vorvater, hatte geboten.
Es geschah aber, als Nebukadrezar König von Babel gegen das
    Land heranzog,
da sprachen wir: Kommt, nach Jerusalem müssen wir kom-
    men
vor dem Heer der Chaldäer und vor dem Heer Arams!
und wir siedelten in Jerusalem.
SEINE Rede geschah zu Jirmejahu, sprach:
So hat ER der Umscharte gesprochen, der Gott Jifsraels:
Geh, sprich zur Mannschaft Jehudas und zu den Insassen
    Jerusalems:
Wollt ihr nicht Zucht annehmen,
auf meine Rede zu hören?!
ist SEIN Erlauten,
Vollführt wurde die Rede Jonadabs Sohns Rechabs,
die er seinen Söhnen geboten hat, keinen Wein zu trinken,
sie haben bis auf diesen Tag nicht getrunken,
denn sie hörten auf das Gebot ihres Vaters,
ich aber,
ich habe zu euch geredet,
Rede vom Frühmorgen an,
und ihr habt auf mich nicht gehört.
Ich sandte zu euch all meine Diener, die Künder,
Sendung vom Frühmorgen an,
zu sprechen: Kehrt doch um, jedermann von seinem bösen
    Weg,
bessert eure Geschäfte,
geht nimmer anderen Göttern nach, ihnen zu dienen,
und siedeln dürft ihr auf dem Boden, den ich euch und euren
    Vätern gab! –
ihr aber neigtet eurer Ohr nicht, ihr hörtet nicht auf mich.
Ja, vollführt haben die Söhne Jonadabs Sohns Rechabs
das Gebot ihres Vaters, das er ihnen gebot,
dieses Volk aber, sie haben auf mich nicht gehört.
Darum,
so hat ER, der Umscharte Gott, der Gott Jifsraels, gesprochen,

wohlan,
kommen lasse ich an Jehuda und an alle Insassen Jerusalems
all das Böse, das ich über sie geredet habe:
weil ich zu ihnen redete
und sie wollten nicht hören,
ich rief sie an
und sie antworteten nicht.
Zum Haus der Rechabiten aber sprach Jirmejahu:
So hat ER der Umscharte gesprochen, der Gott Jifsraels:
Dieweil ihr dem Gebot eures Vaters Jonadab gehorcht habt,
wahrtet all seine Gebote,
tatet, allwie er euch geboten hat,
darum,
so hat ER der Umscharte gesprochen, der Gott Jifsraels,
soll nicht abschließen Mannesfolge dem Jonadab Sohne Rechabs,
vor meinem Antlitz stehend, alle Tage.

Es geschah im vierten Jahr Jojakims Sohns Joschijahus, Königs
　　von Jehuda,
da geschah diese Rede zu Jirmejahu von IHM her, es sprach:
Nimm dir eine Buchrolle, schreibe darauf alle Redeworte,
die ich zu dir über Jifsrael, über Jehuda und über alle Welt-
　　stämme geredet habe
vom Tag an, da ich zu dir redete, von den Tagen Joschijahus,
　　bis zu diesem Tag!
Vielleicht hören die vom Hause Jehuda all das Böse, das ich
　　ihnen anzutun plane,
auf daß sie umkehren, jedermann von seinem bösen Weg,
daß ich ihnen verzeihn kann ihren Fehl, ihre Versündigung.
Jirmejahu rief Baruch Sohn Nerijas,
Baruch schrieb dem Mund Jirmejahus all SEINE Rede ab,
　　die er zu ihm geredet hatte, auf eine Buchrolle.
Dann gebot Jirmejahu dem Baruch, sprechend:
Ich werde abgehalten,
ich darf in SEIN Haus nicht kommen,
so komm du hin, rufe von der Rolle, die du meinem Mund
　　abgeschrieben hast, SEINE Reden aus
vor den Ohren des Volkes in SEINEM Haus an einem Tag der
　　Kasteiung,
und auch vor den Ohren alles Jehuda, die aus ihren Städten
　　kommen, sollst du sie rufen:
vielleicht fällt ihr Gunstheischen vor SEIN Antlitz nieder,
indem sie umkehren, jedermann von seinem bösen Weg,
denn groß ist der Zorn und die Glut, davon ER gegen dieses
　　Volk hat geredet.
Baruch Sohn Nerijas tat, allwie ihm Jirmejahu der Künder ge-
　　boten hatte.
SEINE Reden in SEINEM Haus von der Rolle auszurufen.
Als man nämlich, es war im fünften Jahr Jojakims Sohn Joschi-
　　jahus, Königs von Jehuda, in der neunten Mondneuung,
　　ausrief Kasteiung vor SEINEM Antlitz
allem Volk in Jerusalem und allem Volk, die aus den Städten
　　Jehudas nach Jerusalem kamen,
rief Baruch von dem Buch die Reden Jirmejahus in SEINEM
　　Haus aus,

in der Laube Gmarjahus Sohns Schafans, des Schreibers, im
    obern Hof, am Einlaß des neuen Tors SEINES Hauses,
vor den Ohren alles Volkes.
Als nun Michajhu Sohn Gmarjahu Sohns Schafans alle SEINE
    Reden aus dem Buch gehört hatte,
stieg er hinab zum Königshaus, in die Laube des Schreibers,
eben saßen dort alle Obern beisammen,
Elischama der Schreiber, Dlajahu Sohn Schmajahus, Elnatan
    Sohn Achbors, Gmarjahu Sohn Schafans, Zidkijahu Sohn
    Chananjahus und all die Obern,
ihnen meldete Michajhu all die Reden, die er gehört
    hatte,
als Baruch sie vor den Ohren des Volkes von dem Buch aus-
    rief.
Da sandten alle Obern zu Baruch den Jehudi Sohn Ntanjahus
    Sohns Schelemjahus Sohns Kuschis, zu sprechen:
Die Rolle, von der du vor den Ohren des Volkes ausgerufen
    hast,
nimm sie in deine Hand und geh her!
Baruch Sohn Nerijahus nahm die Rolle in seine Hand und
    kam zu ihnen.
Sie sprachen zu ihm:
Setze dich doch, rufs auch vor unsern Ohren aus!
Baruch riefs vor ihren Ohren aus.
Es geschah, als sie all die Reden gehört hatten:
sie erbebten einander zu,
dann sprachen sie zu Baruch:
Melden, melden müssen wir dem König all diese Rede.
Noch aber fragten sie Baruch, sprechend:
Melde uns doch,
wie hast du all diese Reden geschrieben, –
seinem Mund ab?
Baruch sprach zu ihnen:
Seinem Mund ab, er rief mir diese Reden zu,
und ich schriebs mit Tinte ins Buch.
Die Obern sprachen zu Baruch:
Geh, verbirg dich, du und Jirmejahu,
niemand soll wissen, wo ihr seid!
Sie kamen zum König in den Schloßhof,

die Rolle aber hatten sie in der Laube Elischamas des Schreibers verwahrt.

Sie meldeten vor den Ohren des Königs all die Rede.

Da sandte der König den Jehudi, die Rolle zu nehmen,
der nahm sie aus der Laube Elischamas des Schreibers.

Jehudi rief sie vor den Ohren des Königs aus und vor den
Ohren aller Obern, die den König umstanden.

Der König aber saß im Winterhaus – in der neunten Mondneuung wars –, vor sich das Kohlenbecken entzündet.

Es geschah, sooft Jehudi drei oder vier Spalten ausgerufen
hatte,
da riß jener es mit dem Schreibersmesser ab und warfs ins Feuer, das auf dem Kohlenbecken,
bis die ganze Rolle im Feuer, dem im Kohlenbecken, war.

Sie erbebten nicht,
sie rissen nicht ihre Kleider ein,
der König und all seine Diener, die all diese Rede hörten,
und wie auch Elnatan und Dlajahu und Gmarjahu den König
bedrängten, die Rolle unverbrannt zu lassen,
hörte er nicht auf sie.

Dann gebot der König Jerachmel dem Königssohn, Sfrajahu
Sohn Asriels und Schelemjahu Sohn Abdels, Baruch den
Schreiber und Jirmejahu den Künder festzunehmen.

Aber ER hatte sie verborgen.

SEINE Rede geschah zu Jirmejahu,
nachdem der König die Rolle mit den Reden, die Baruch dem
Mund Jirmejahus abschrieb, verbrannt hatte,
es sprach:

Nimm dir wieder eine andre Rolle,
schreibe drauf all die vorigen Reden,
die auf der vorigen Rolle waren, die Jojakim König von Jehuda verbrannt hat.

Und über Jojakim König von Jehuda sprich:

So hat ER gesprochen:

Du bists, der diese Rolle verbrannt hat,
um auszusprechen: Weshalb hast du darauf den Spruch geschrieben:

Kommen, kommen wird der König von Babel,

verderben wird er dieses Land,
wird draus verabschieden Mensch und Vieh –?
Darum,
so hat ER über Jojakim König von Jehuda, gesprochen,
bleibe ihm einer nicht, der auf Dawids Stuhl sitzt,
und sein Leichnam werde hingeworfen
der Hitze bei Tag,
dem Froste bei Nacht!
Zuordnen will ich ihm, seinem Samen, seinen Dienern ihre
   Verfehlung,
kommen lassen will ich über sie, über die Insassen Jerusalems
   und an die Mannschaft Jehudas all das Böse,
davon ich zu ihnen redete, sie aber wollten nicht hören.
Jirmejahu nahm eine andre Rolle, er gab sie Baruch Sohn
   Nerijahus dem Schreiber,
der schrieb darauf, dem Mund Jirmejahus ab, all die Reden
   des Buchs,
das Jojakim König von Jehuda im Feuer verbrannt hatte,
und noch hinzugefügt wurde zu denen, viele Reden ihresgleichen.

Zidkijahu Sohn Joschijahus hatte statt Konjahus Sohns Jojakims die Königschaft angetreten,
da ihn Nebukadrezar König von Babel im Land Jehuda gekönigt hatte.
Aber nicht hörte er, er und seine Diener und die Volkschaft
  des Landes auf SEINE Rede,
die er durch Jirmejahu den Künder redete.

Einst sandte der König Zidkijahu Juchal Sohn Schelemjas und
  Zfanja Sohn Maafsejas den Priester zu Jirmejahu dem Kün-
  der, zu sprechen:
Bete doch für uns zu IHM unserm Gott!
Jirmejahu kam und zog nämlich damals inmitten des Volkes,
man hatte ihn noch nicht in das Hafthaus gegeben.
Es war aber das Heer Pharaos aus Ägypten gezogen,
die Chaldäer, die Jerusalem einengten, hatten das Vernehmen
  von ihnen vernommen,
sie hatten sich hinweggehoben, von Jerusalem weg.
Da geschah SEINE Rede zu Jirmejahu dem Künder, es sprach:
So hat ER, der Gott Jifsraels, gesprochen:
So sprecht zum König von Jehuda, der euch zu mir sendet, mich
  zu beforschen:
Wohlan,
das Heer Pharaos, das euch zu Hilfe auszog,
kehrt in sein Land Ägypten zurück,
die Chaldäer kehren wieder, kriegen gegen diese Stadt,
bezwingen sie, verbrennen sie im Feuer.
So hat ER gesprochen:
Täuschet nimmer eure Seelen,
sprechend: Fortgegangen sind, hinweggegangen von uns die
  Chaldäer! –
nein,
sie gehen nicht fort.
Nein,
schlügt ihr alles Heer der Chaldäer, die euch bekriegen,
übrig blieben von ihnen etliche Männer, zerstochen, jedermann in seinem Zelt,
die stünden auf,
die verbrennten diese Stadt im Feuer.

Es war, als das Heer der Chaldäer sich vor dem Heer Pharaos
 von Jerusalem hinweghob,
da zog Jirmejahu aus Jerusalem, ins Land Binjamin zu gehn,
 um sein Erbteil dort zu empfangen,
mitten unterm Volk.
Wie er aber am Binjamintore war,
war dort ein Wachtmeister, Jirija Sohn Schelemjas Sohns
 Chananjas mit Namen,
der packte Jirmejahu, den Künder, sprechend:
Abfallen willst du zu den Chaldäern!
Jirmejahu sprach:
Lüge! ich bin keiner, der zu den Chaldäern abfällt.
Er aber hörte nicht auf ihn,
Jirija packte Jirmejahu an, er brachte ihn zu den Obern.
Die Obern entrüsteten sich über Jirmejahu, sie ließen ihn
 schlagen,
sie gaben ihn ins Gefängnishaus, ins Haus Jonatans des Schrei-
 bers,
denn das hatten sie zum Hafthaus gemacht.
So kam Jirmejahu ins Zisternenhaus, in die Gewölbe,
dort saß Jirmejahu viele Tage.
Einst aber sandte König Zidkijahu, er ließ ihn holen.
Der König befragte ihn in seinem Haus insgeheim, er
 sprach:
Ist Rede da von IHM her?
Jirmejahu sprach:
Sie ist da.
Er sprach weiter:
In die Hand des Königs von Babel wirst du gegeben.
Weiter sprach Jirmejahu zum König Zidkijahu:
Was habe ich an dir, an deinen Dienern, an diesem Volk ge-
 sündigt,
daß ihr mich ins Hafthaus gegeben habt?!
Wo aber sind eure Künder, die euch den Spruch kündeten:
Nicht kommt der König von Babel über euch, über dieses
 Land!
Jetzt also höre doch, mein Herr König,

möge mein Gunstheischen vor dein Antlitz niederfallen,
schicke mich nimmer wieder ins Haus Jonatans des
    Schreibers,
daß ich dort nicht sterben muß.
Der König Zidkijahu gebot,
man verwahrte Jirmejahu im Wachthof,
man gab ihm täglich einen Brotlaib aus der Bäckergasse,
bis alles Brot aus der Stadt ganz dahin war.
So saß Jirmejahu im Wachthof.

Es hörte aber Schfatja Sohn Matans, und Gdaljahu Sohn
    Paschchurs und Juchal Sohn Schelemjahus und Paschchur
    Sohn Malkijas, die Rede, die Jirmejahu zu allem Volke re-
    dete, sprechend:
So hat ER gesprochen:
Wer in dieser Stadt sitzen bleibt,
stirbt durchs Schwert, durch den Hunger und durch die
    Seuche,
wer hinaustritt zu den Chaldäern, darf leben,
er hat seine Seele zur Beute und lebt.
So hat ER gesprochen:
Gegeben wird diese Stadt, übergeben
in die Hand des Heers des Königs von Babel,
er soll sie bezwingen.
Da sprachen die Obern zum König:
Töten möge man doch diesen Mann!
dadurch erschlafft er ja die Hände der Kriegsmannschaft,
derer, die noch in dieser Stadt überblieben,
und die Hände alles Volkes,
indem er zu ihnen dergleichen Rede redet, –
dieser Mann trachtet ja diesem Volk nie zur Befriedung,
sondern zum Bösen.
Der König Zidkijahu sprach:
Wohl, er ist in eurer Hand,
der König vermag ja nichts wider euch.
Sie nahmen Jirmejahu, sie warfen ihn in die Zisterne Malki-
    jahus des Königssohns, die im Wachthof ist,
an Stricken ließ man Jirmejahu hinab,
in der Zisterne aber war kein Wasser, sondern nur Schlamm,

Jirmejahu sank in den Schlamm.

Als aber Ebed Melech der Mohr, ein Hämling, hörte,
er war eben im Königshaus,
daß man Jirmejahu in die Zisterne gegeben hatte,
der König aber saß damals im Binjamintor,
trat Ebed Melech aus dem Königshaus, er redete zum König,
     sprechend:
Mein Herr König,
Böses haben diese Männer verübt mit allem, was sie Jirmejahu
     dem Künder taten,
damit, daß sie ihn in die Zisterne geworfen haben,
daß er auf der Stelle vor Hunger sterben muß.
– Denn kein Brotvorrat war mehr in der Stadt. –
Der König gebot Ebed Melech dem Mohren, sprechend:
Nimm an die Hand dir von hier dreißig Männer,
bringe Jirmejahu den Künder aus der Zisterne herauf,
ehe er stirbt!
Ebed Melech nahm die Männer an seine Hand,
kam ins Königshaus unterhalb der Vorratskammer,
nahm von dort Haderlappen und Fetzenlappen,
die ließ er an Stricken zu Jirmejahu in die Zisterne hinab.
Ebed Melech der Mohr sprach zu Jirmejahu:
Lege doch die Hader- und Fetzenlappen unter deine Armge-
     lenke unterhalb der Stricke!
Jirmejahu tat so,
sie zogen Jirmejahu an den Stricken, sie brachten ihn aus der
     Zisterne herauf.
Dann saß Jirmejahu weiter im Wachthof.

Der König Zidkijahu sandte, er ließ Jirmejahu den Künder
     zu sich holen
zum dritten Eingang, der nach SEINEM Hause führt.
Der König sprach zu Jirmejahu:
Ich will dich um die Rede fragen,
verhehle mir aber nimmer ein Redewort!
Jirmejahu sprach zu Zidkijahu:
Wenn ichs dir melde,
wirst du mich denn töten nicht, töten?
und wenn ich dir rate,

wirst du doch nicht auf mich hören.

Da schwur der König Zidkijahu dem Jirmejahu insgeheim,
    sprechend:

Sowahr ER lebt, der uns diese Seele gemacht hat:

töte ich dich,

gebe ich dich in die Hand dieser Männer, die dir an die Seele
    trachten,

…!

Jirmejahu sprach zu Zidkijahu:

So hat ER, der Umscharte Gott, der Gott Jifraels gesprochen:

Trittst du hinaus, hinaus zu den Obern des Königs von Babel,

dann darf deine Seele noch leben,

diese Stadt wird nicht im Feuer verbrannt,

du lebst fort, du und dein Haus.

Trittst du aber nicht hinaus zu den Obern des Königs von
    Babel,

dann wird diese Stadt in die Hand der Chaldäer gegeben,

sie verbrennen sie im Feuer,

und du selber kannst ihrer Hand nicht entschlüpfen.

Der König Zidkijahu sprach zu Jirmejahu:

Besorgt bin ich vor den Judäern, die zu den Chaldäern abge-
    fallen sind,

man möchte mich etwa in ihre Hände übergeben, daß sie ihr
    Spiel mit mir treiben.

Jirmejahu sprach:

Man wird nicht übergeben –

höre doch nur auf SEINE Stimme

in dem, was ich zu dir rede,

und dir solls gut ergehn,

und deine Seele soll leben.

Weigerst du dich aber hinauszutreten,

dann ists dieses Geredete, wie ER mich hats sehen lassen:

wohlan,

alle Weiber, die noch überblieben sind im Haus des Königs
    von Jehuda,

werden hinausgebracht zu den Obern des Königs von Babel,

und sie sprechen dabei:

Verlockt haben sie dich,

übermocht haben sie dich,

die Männer, die dir im Friedensbund standen:
kaum sanken in den Sumpf deine Füße,
waren jene schon rückwärts entwichen!
Alle deine Weiber und deine Kinder werden hinausgebracht
   zu den Chaldäern,
und du selber kannst ihrer Hand nicht entschlüpfen,
nein, von der Hand des Königs von Babel wirst du gepackt,
und diese Stadt, im Feuer wird sie verbrannt.
Zidkijahu sprach zu Jirmejahu:
Nimmer darf jemand von dieser Unterredung wissen,
daß du nicht sterben mußt.
Und wenn die Obern hören, daß ich mit dir geredet habe,
zu dir kommen, zu dir sprechen:
Melde uns doch, was hast du zum König geredet?
verhehls uns nimmer, so mußt du nicht durch uns sterben!
und was hat der König zu dir geredet? –
dann sprich zu ihnen:
Niederfallen ließ ich mein Gunstheischen vors Antlitz des
   Königs,
mich nicht in Jonatans Haus zurückzuschicken, dort zu
   sterben.
Als nun alle Obern zu Jirmejahu kamen, sie ihn befragten,
meldete er ihnen all dieser Rede gleich, wie der König geboten hatte,
sie aber wandten sich schweigend von ihm, denn die Unterredung war nicht gehört worden.
Jirmejahu saß weiter im Wachthof
bis zu dem Tag, an dem Jerusalem bezwungen wurde.

Es geschah, als Jerusalem bezwungen wurde,
– im neunten Jahre Zidkijahus Königs von Jehuda, in der zehnten Mondneuung, war Nebukadrezar König von Babel und
   all sein Heer gegen Jerusalem gekommen, sie hatten es ein-
   geengt,
im elften Jahr Zidkijahus aber, in der vierten Mondneuung,
   am neunten auf die Neuung, wurde die Stadt erbrochen, –
da kamen alle Obern des Königs von Babel, sie saßen im Tor
   der Mitte,

Nergal Sſarezer von Sſimgar, Nbo Sſarſsechim sowie der
    Großkämmerer – Nergal Sſarezer war der Großmagier –
    und alle übrigen Obern des Königs von Babel.

– Es war aber geschehn, als Zidkijahu König von Jehuda sie
    sah, und alle Kriegsmannen,
da flohen sie, zogen nachts aus der Stadt, auf dem Weg beim
    Königsgarten, durch das Tor der Doppelmauer,
er zog fort, den Weg durch die Steppe,
jene aber, das Heer der Chaldäer, jagten ihnen nach, sie holten
    Zidkijahu in den Steppen von Jericho ein,
sie nahmen ihn gefangen, sie brachten ihn hinauf zu Nebu-
    kadrezar König von Babel nach Ribla im Lande Chamat,
    da redete er gerichtsmäßig mit ihm,
der König ließ die Söhne Zidkijahus in Ribla vor seinen Au-
    gen niedermetzeln,
alle Edeln von Jehuda ließ niedermetzeln der König von Ba-
    bel,
dann ließ er Zidkijahus Augen blenden, ließ mit Doppelerz
    fesseln, ihn so nach Babel mitkommen zu lassen.
Das Haus des Königs und das Haus des Volkes verbrannten
    die Chaldäer im Feuer,
und die Mauern Jerusalems rissen sie nieder.
Das übrige Volk, das noch in der Stadt als Rest verblieben
    war:
die Abgefallnen, die zu ihm abgefallen waren, und den übri-
    gen Volksrest
verschleppte Nebusaradan, der Großanführer der Leibdegen,
    nach Babel,
aber von der Volksarmut, denen die gar nichts hatten, ließ Ne-
    busaradan, der Anführer der Leibdegen, einen Rest im Land
    Jehuda zurück,
er gab ihnen Weinberge und Pflugland an jenem Tag. –

Nebukadrezar König von Babel hatte durch Nebusaradan,
    den Großanführer der Leibdegen, über Jirmejahu geboten,
    sprechend:
Nimm ihn, und deine Augen richte auf ihn, laß ihm gar nichts
    Böses tun,

sondern wie er zu dir reden wird, so tue an ihm.

Drum sandte Nebusaradan, der Großanführer der Leibdegen,
und Nebuschasban, der Großkämmerer, und Nergal Sfare-
zer, der Großmagier, und alle Großen des Königs von Babel,
sie sandten, ließen Jirmejahu aus dem Wachthof nehmen,
sie übergaben ihn Gdaljahu Sohn Achikams Sohns Schafans,
ihn frei nach Hause ziehen zu lassen.

Hinfort saß er inmitten des Volks.

Zu Jirmejahu war aber SEINE Rede geschehn, als er noch im
Wachthof einbehalten war, sprechend:

Geh, sprich zu Ebed Melech dem Mohren, sprich:

So hat ER der Umscharte gesprochen, der Gott Jisraels:

Nun lasse ich meine Rede über diese Stadt kommen,
zum Bösen, nicht zum Guten,
das wird dir vorm Angesicht sein an jenem Tag,
dich aber will ich retten an jenem Tag,
ist SEIN Erlauten,
du wirst nicht in die Hand der Männer gegeben, vor deren
Angesicht du bangst,
nein, entschlüpfen lasse ich dich, entschlüpfen,
durchs Schwert sollst du nicht fallen,
sollst deine Seele zur Beute haben,
denn du hast dich auf mich verlassen,
ist SEIN Erlauten.

Die Rede, die zu Jirmejahu von IHM her geschah,
nachdem ihn Nebusaradan, der Anführer der Leibdegen, von
　Rama aus freigeschickt hatte,
da er ihn herausholen ließ,
– er war nämlich, mit Armketten gefesselt, inmitten aller Ver-
　schlepptenschaft Jerusalems und Jehudas, die nach Babel
　verschleppt wurden –
der Anführer der Leibdegen ließ Jirmejahu heranholen, er
　sprach zu ihm:
ER, dein Gott, hat dieses Böse wider diesen Ort geredet,
er hats nun kommen lassen, getan hat ER, wie er geredet hatte,
denn gesündigt habt ihr an IHM, nicht gehört auf seine Stimme,
so ist diese Rede nun euch geworden.
Jetzt aber, wohlan, ich öffne heut die Ketten, die an deiner
　Hand sind:
ists in deinen Augen gut mit mir zu kommen nach Babel,
　komm,
ich will mein Auge auf dich richten,
ists aber in deinen Augen bös, mit mir zu kommen nach Babel,
　laß es,
sieh, alles Land ist vor dir, wohins in deinen Augen gut und
　recht ist zu gehn, dorthin geh!
Jener aber kehrt nicht mehr zurück,
kehre dich also zu Gdalja Sohn Achikams Sohns Schafans, den
　der König von Babel über die Städte Jehudas verordnet hat,
sitze bei ihm inmitten des Volkes,
oder wohin immer es in deinen Augen recht ist zu gehen, geh!
Der Anführer der Leibdegen gab ihm Zehrung und ein Ge-
　schenk, dann schickte er ihn frei.
Jirmejahu kam zu Gdalja Sohn Achikams nach Mizpa,
er saß bei ihm inmitten des Restvolks im Land.
Es hörten aber alle Obern der Heersplitter, die noch im Feld
　waren, sie und ihre Mannschaft,
daß der König von Babel Gdalja Sohn Achikams über das
　Land verordnet hatte
und daß er ihm zugeordnet hatte Männer, Weiber und Kinder
　von der Volksarmut, die nicht nach Babel verschleppt wor-
　den waren.

Da kamen sie zu Gdalja nach Mizpa,

Jischmael Sohn Ntanjahus, Jochanan und Jonatan Söhne Kareachs, Sraja Sohn Tanchumets, die Söhne Efajs des Ntofa-
titers und Jesanjahu Sohn des Maachatiters, sie und ihre
Mannschaft.

Gdaljahu Sohn Achikams Sohns Schafans schwur ihnen und
ihrer Mannschaft, sprechend:

Fürchtet euch nimmer, den Chaldäern zu dienen,

siedelt im Land und dient dem König von Babel, und euch
wird gut sein.

Ich, ich habe nun Sitz in Mizpa, euch vor den Chaldäern zu
vertreten, die zu uns kommen werden,

ihr aber, heimset nun Wein und Obst und Öl, bringts in eure
Behälter,

und siedelt in den Städten, die ihr erfaßt.

Auch alle Judäer, die in Moab, bei den Söhnen Ammons, in
Edom, und die in allen Ländern waren, hörten,

daß der König von Babel Jehuda einen Überrest gewährt hatte
und daß er darüber verordnet hatte Gdaljahu Sohn Achikams
Sohns Schafans,

da kehrten all die Judäer aus all den Orten, wohin sie versprengt waren, zurück,

sie kamen ins Land Jehuda, zu Gdaljahu nach Mizpa,

heimsten Wein und Obst, sehr viel.

Jochanan Sohn Kareachs aber und alle Obern der Heersplitter,
die noch im Feld gewesen waren, kamen zu Gdaljahu nach
Mizpa, sie sprachen zu ihm:

Weißt dus auch, weißt, daß Baalis König der Söhne Ammons
Jischmael Sohn Ntanjas hergesandt hat, dich am Leben zu
schlagen?

Aber Gdaljahu Sohn Achikams wollte es ihnen nicht glauben.

Jochanan Sohn Kareachs sprach dann insgeheim zu Gdaljahu
in Mizpa, sprach:

Ich will doch hingehn und Jischmael Sohn Ntanjas erschlagen,
und niemand wird darum wissen,

warum soll er dich am Leben schlagen,

daß alle von Jehuda, die sich um dich gesammelt haben, sich
zerstreuen,

daß der Überrest Jehudas schwindet!

Aber Gdaljahu Sohn Achikams sprach zu Jochanan Sohn Kareachs:

Nimmer darfst du diese Rede tun,

denn Falsches redest du wider Jischmael.

Es geschah in der siebenten Mondneuung,

da kam Jischmael Sohn Ntanjas Sohns Elischamas, von
königlichem Samen und der Großen des Königs einer,
und zehn Männer mit ihm zu Gdaljahu Sohn Achikams
nach Mizpa,

sie aßen dort das Mahl beisammen in Mizpa,

dann stand Jischmael Sohn Ntanjas auf und die zehn Männer,
die mit ihm waren,

sie erschlugen Gdaljahu Sohn Achikams Sohns Schafans mit
dem Schwert.

So tötete er ihn, den der König von Babel über das Land verordnet hatte.

Auch alle Judäer, die mit ihm, mit Gdaljahu, in Mizpa waren,
und die Chaldäer, die sich dort befanden, die Kriegsmänner,
erschlug Jischmael.

Es geschah nun am andern Tag nach der Tötung Gdaljahus,
niemand wußte noch darum,

da kamen Männer aus Sichem, aus Schilo und aus Samaria,
achtzig Mann,

den Bart geschoren, die Gewänder eingerissen, mit Trauer-
Ritzfurchen,

Hinleitspende und Weihrauch in ihren Händen, sie in SEINEM
Haus darzubringen.

Jischmael Sohn Ntanjas zog hinaus von Mizpa ihnen entgegen,
ging und weinte im Gehn,

es war, als er auf sie traf, da sprach er zu ihnen:

Kommt zu Gdaljahu Sohn Achikams!

Wie sie nun mitten in die Stadt gekommen waren,

metzelte Jischmael Sohn Ntanjas sie in die Zisterne nieder,
er und die Männer, die mit ihm waren.

Zehn Männer aber befanden sich unter jenen, die sprachen zu
Jischmael:

Töte uns nimmer,

denn wir haben Verscharrtes im Feld, Weizen, Gerste, Öl und
Honig.

Da ließ er ab und tötete sie nicht inmitten ihrer Brüder.

Die Zisterne aber, darein Jischmael alle Leichname der Männer warf, die er dem Gdaljahu zuseiten erschlagen hatte,

die hatte der König Afsa machen lassen wegen Baaschas Königs von Jifsrael,

sie füllte Jischmael Sohn Ntanjahus mit Durchbohrten.

Dann führte Jischmael allen Überrest des Volks, der in Mizpa
war, gefangen hinweg,

die Königstöchter und allen Volksrest in Mizpa, darüber Nebusaradan, den Großanführer der Leibdegen, den Gdaljahu
Sohn Achikams verordnet hatte,

die führte Jischmael Sohn Ntanjas gefangen hinweg,

so ging er, zu den Söhnen Ammons auszuwandern.

Als aber Jochanan Sohn Kareachs und alle Obern der Heersplitter, die mit ihm waren, von all dem Bösen hörten, das
Jischmael Sohn Ntanjas getan hatte,

nahmen sie alle Mannschaft, sie gingen, mit Jischmael Sohn
Ntanjas zu kämpfen.

Sie fanden ihn an dem großen Wasser, das bei Gibon ist.

Wie nun alles Volk, das mit Jischmael war, Jochanan Sohn Kareachs sah und alle Obern der Heersplitter, die mit ihm waren, freuten sie sich,

sie wandten sich, alles Volk, das Jischmael aus Mizpa gefangen
hinweggeführt hatte,

sie gingen hinweg, zu Jochanan Sohn Kareachs.

Jischmael Sohn Ntanjas aber entschlüpfte mit acht Männern
dem Jochanan, er ging zu den Söhnen Ammons.

Da nahm Jochanan Sohn Kareachs und alle Obern der Heersplitter, die mit ihm waren, allen Überrest des Volks, den er
von Jischmael Sohn Ntanjas zurückgeholt hatte,

den aus Mizpa, nachdem jener Gdalja Sohn Achikams erschlagen hatte, gebrachten,

Männer, Kriegsleute auch, Weiber, Kinder, und die Kämmerer, die er von Gibon zurückgeholt hatte,

sie gingen, sie verweilten in der Gasthalterei des Kimham, der
bei Betlehem,

um nach Ägypten weiterzukommen,

der Chaldäer wegen, denn sie fürchteten sich vor ihnen,
weil Jischmael Sohn Ntanjas Gdaljahu Sohn Achikams erschlagen hatte, den der König von Babel über das Land verordnete.

Da traten heran alle Obern der Heersplitter, Jochanan Sohn
  Kareachs und Jesanja Sohn Hoschajas und alles Volk von
  Klein bis Groß,
sie sprachen zu Jirmejahu dem Künder:
Möge doch unser Gunstheischen vor dein Antlitz niederfallen!
bete für uns zu IHM deinem Gott
für all diesen Überrest,
denn ein Weniges resten wir von Vielem,
wie deine Augen uns sehn!
Möge ER dein Gott uns melden
den Weg, auf dem wir sollen gehn,
die Rede, die wir sollen tun!
Jirmejahu der Künder sprach zu ihnen:
Ich habs gehört,
wohl, beten will ich zu IHM eurem Gott eurer Rede gemäß,
und es sei, alles Redewort, das ER euch erwidern wird,
das will ich euch melden, will nicht ein Wort euch vorenthalten.
Sie aber sprachen zu Jirmejahu:
ER sei gegen uns ein treuer und vertrauter Zeuge,
werden wir nicht aller Rede gemäß, damit ER, dein Gott, dich
  zu uns sendet, also tun!
obs gut, obs bös dünkt,
auf SEINE unsres Gottes Stimme, zu dem wir dich senden, wollen wir hören,
damit uns gut sei, weil wir auf SEINE, unsres Gottes, Stimme
  hörten.

Da geschahs, nach Ablauf eines Tagzehnts,
da geschah SEINE Rede zu Jirmejahu.
Er berief nun Jochanan Sohn Kareachs und alle Obern der
  Heersplitter, die mit ihm waren, und alles Volk von Klein
  bis Groß,
er sprach zu ihnen:

So hat ER gesprochen, der Gott Jifsraels,
zu dem ihr mich sandtet, euer Gunstheischen vor sein Antlitz
    niederfallen zu lassen:
Sitzet ihr seßhaft in diesem Land,
dann baue ich euch auf,
ich schleife nicht mehr nieder,
dann pflanze ich euch ein,
ich reute nicht mehr aus,
denn leidsein lasse ichs mir all des Bösen,
das ich euch angetan habe.
Fürchtet euch nimmer vorm Antlitz des Königs von Babel
vor dessen Antlitz ihr in Furcht seid,
fürchtet euch nimmer vor ihm,
ist SEIN Erlauten,
denn ich bin mit euch,
euch zu befreien,
euch aus seiner Hand zu retten.
Erbarmen gebe ich euch,
er soll sich euer erbarmen,
auf eurem Boden euch siedeln lassen.
Sprecht ihr aber: Wir wollen in diesem Lande nicht siedeln!,
SEINE eures Gottes Stimme ungehört lassend,
sprechend: Nein,
sondern ins Land Ägypten wollen wir kommen,
daß wir Krieg nicht mehr sehn,
daß wir Posaunenhall nicht mehr hören,
daß wir nach Brot nicht mehr hungern,
und dort wollen wir siedeln! –
dann hört jetzt dafür SEINE Rede,
Überrest von Jehuda:
So hat ER der Umscharte gesprochen, der Gott Jifsraels:
Richtet ihr nun euer Antlitz, richtets hin, nach Ägypten zu
    kommen,
kommt ihr hin, dort zu gasten,
dann solls geschehn:
das Schwert, davor ihr euch fürchtet,
dort, im Land Ägypten, wirds euch erreichen,
der Hunger, davor ihr euch sorget,
dort, in Ägypten, wird er sich an euch heften,

dort werdet ihr sterben.
Es soll geschehn:
alle Männer, die ihr Antlitz richten, nach Ägypten zu kom-
    men, dort zu gasten,
dort werden sie sterben durch Schwert, durch Hunger und
    durch Seuche,
nicht bleibt ihnen Bewahrtes, Entronnenes
vor dem Bösen, das ich über sie kommen lasse.
Denn so hat ER der Umscharte gesprochen, der Gott Jisraels:
Wie mein Zorn, mein Grimm sich ergoß
über die Insassen Jerusalems,
so wird mein Grimm niederfließen
über euch, wann ihr kommt nach Ägypten,
zum Droheid werdet ihr und zum Erstarren
und zur Verwünschung und zum Hohn,
diesen Ort sollt ihr nie wieder sehn.
ER hat das auf euch zu geredet,
Überrest von Jehuda:
Nimmer sucht nach Ägypten zu kommen!
Wisset gewiß,
ja, ich bezeuge es heut gegen euch:
wenn ihr, ihr irremachtet, dann nur euch selber!
Wenn ihr mich sandtet zu IHM, eurem Gott,
sprechend: Bete zu IHM, unserm Gott, für uns,
und allwie ER, unser Gott, spricht, so melds uns, wir tuns,
nun habe ich es heut euch gemeldet,
ihr aber hörtet nicht auf SEINE, eures Gottes, Stimme
in allem, womit er mich zu euch sandte,
dann wissets jetzt gewiß,
daß ihr sterben müßt durch Schwert, durch Hunger und durch
    Seuche
an dem Ort, dahin zu kommen euchs verlangt, dort zu gasten.
Es geschah, als Jirmejahu allbeendet hatte, zu allem Volk all
    SEINE, ihres Gottes, Rede zu reden,
womit ER ihr Gott ihn zu ihnen gesandt hatte, all diese Rede,
da sprach Asarja Sohn Hoschajas, und Jochanan Sohn Kare-
    achs, und alle vermessenen Männer,
zu Jirmejahu sprechen die:
Lüge redest du,

nicht hat E R unser Gott dich gesandt
zu sprechen: Ihr sollt nicht nach Ägypten kommen, dort zu
    gasten, –
sondern Baruch Sohn Nerijas hat dich wider uns verlockt,
um uns in die Hand der Chaldäer zu geben,
daß sie uns töten oder uns nach Babel verschleppen.
Nicht wollte Jochanan Sohn Kareachs, und alle Obern der
    Heersplitter und alles Volk, auf SEINE Stimme hören,
im Land Jehuda weiter zu siedeln,
es nahm Jochanan Sohn Kareachs, und alle Obern der Heer-
    splitter, allen Überrest Jehudas,
jene, die aus allen Weltstämmen, dahin sie waren versprengt
    worden, zurückgekehrt waren, im Land Jehuda zu gasten,
die Männer, die Weiber und die Kinder, die Königstöchter,
    und alle Seelen, die Nebusaradan, der Anführer der Leib-
    degen, bei Gdaljahu Sohn Achikams Sohns Schafans hinter-
    lassen hatte,
auch Jirmejahu den Künder und Baruch Sohn Nerijahus,
sie kamen ins Land Ägypten,
denn sie hörten nicht auf SEINE Stimme.
Sie kamen aber bis Tachpanches.

SEINE Rede geschah zu Jirmejahu in Tachpanches, es sprach:
Nimm in deine Hand große Steine
und scharre sie im Schutt am Ziegelbau ein, der am Einlaß des
    Hauses Pharaos in Tachpanches ist,
vor den Augen judäischer Männer
sprich zu ihnen:
So hat E R der Umscharte gesprochen, der Gott Jifsraels:
Wohlan, ich sende hin,
ich hole Nebukadrezar König von Babel, meinen Knecht,
ich setze seinen Stuhl oberhalb dieser Steine, die ich verschar-
    ren ließ,
er soll seinen Prachthimmel über ihnen spannen.
Er kommt daran,
er schlägt das Land Ägypten,
was des Pesttods ist, zum Pesttod,
was der Gefangenschaft ist, zur Gefangenschaft,
was des Schwertes ist, zum Schwert.

Mit Feuer anstecken lasse ich
die Häuser der Götter Ägyptens,
er soll sie verbrennen,
er soll die hinwegführen.
Er laust das Land Ägypten,
wie der Hirt sein Gewand laust,
dann zieht im Frieden er wieder von dort.
Er zerbricht die Standmale
des Sonnenhauses im Land Ägypten,
die Häuser der Götter Ägyptens
verbrennt er im Feuer.

Die Rede, die zu Jirmejahu geschah,
hin zu allen Judäern, die im Land Ägypten siedeln,
die siedeln in Migdol, in Tachpanches, in Memphis, im Lande
    Patros,
es sprach:
So hat ER der Umscharte gesprochen, der Gott Jifsraels:
Selber habt ihr all das Böse gesehn,
das ich über Jerusalem und über alle Städte Jehudas habe kom-
    men lassen,
wohl, eine Ödnis sind sie an diesem Tag,
keiner mehr siedelt darin, –
ihres Bösen wegen, das sie taten, mich zu verdrießen,
hinzugehen, mit Rauchopfern anderen Göttern zu dienen,
von denen sie selber nichts wußten, ihr und eure Väter.
Wohl sandte ich zu euch all meine Diener, die Künder,
Sendung vom Frühmorgen an,
zu sprechen: Tut doch nimmer dieses Greuelding, das ich
    hasse!,
sie aber wollten nicht hören,
sie aber neigten ihr Ohr nicht,
von ihrer Bosheit umzukehren,
abzulassen, andern Göttern aufrauchen zu lassen.
Da ergoß sich mein Grimm und mein Zorn,
zündete die Städte Jehudas, die Gassen Jerusalems,
daß sie zur Einöde und zur Starrnis wurden,
wies an diesem Tag ist.
Jetzt aber,
so hat ER, der Umscharte Gott gesprochen, der Gott Jifsraels,
warum tut ihr so große Bosheit gegen eure eignen Seelen,
daß ihr euch selber ausrottet aus Jehudas Mitte
Mann und Weib, Spielkind und Säugling,
ohne euch einen Überrest übrig zu lassen:
indem ihr mich verdrießt durch die Gemächte eurer Hände,
aufrauchen laßt andern Göttern im Land Ägypten, dahin ihr
    zu gasten kamt,
so daß ihr euch selber ausrottet,
so daß ihr zur Verwünschung und zum Hohn bei allen Stäm-
    men der Erde werdet?!
Habt ihr das Böse eurer Väter vergessen,

das Böse der Könige Jehudas, das Böse der Weiber eines jeden,
euer Böses und das Böse eurer Weiber,
das man tat im Lande Jehudas und in den Gassen Jerusalems?
Man ist bis auf diesen Tag nicht zerknirscht,
man fürchtet nicht,
man geht nicht in meiner Weisung, in meinen Satzungen,
die ich euch vors Angesicht, euren Vätern vors Angesicht gab.
Darum,
so hat ER der Umscharte gesprochen, der Gott Jifsrael,
wohlan, ich richte auf euch mein Angesicht zum Bösen,
auszurotten alles Jehuda,
ich nehme den Überrest Jehudas,
sie, die ihr Angesicht darauf gerichtet hatten, ins Land Ägyp-
    ten zu kommen, dort zu gasten,
vergehn müssen sie allsamt,
im Land Ägypten müssen sie fallen,
durch Schwert, durch Hunger vergehn sie
von Klein bis Groß,
durch Schwert und durch Hunger müssen sie sterben,
zum Droheid werden sie, zum Erstarren
und zur Verwünschung und zum Hohn.
Zuordnen will ichs den Siedlern im Land Ägypten,
wie ichs Jerusalem zugeordnet habe,
durch Schwert, durch Hunger und durch Seuche,
nicht bleibt dem Rest Jehudas ein Entronnenes, Bewahrtes,
ihnen, die dort zu gasten gekommen sind ins Land Ägypten,
so daß sie ins Land Jehuda zurückkehren dürften,
wohin zurückzukehren, um dort wieder zu siedeln, sich ihnen
    die Seele hebt,
denn sie kehren nie zurück, es sei denn ein paar Entronnene.

Da antworteten Jirmejahu alle Männer,
die wußten, daß ihre Weiber andern Göttern aufrauchen lie-
    ßen,
und alle Weiber, die umherstanden, eine große Versammlung,
alles Volk derer, die im Land Ägypten, in Patros auch, siedel-
    ten,
sprechend:
Die Rede, die du zu uns geredet hast mit SEINEM Namen –

wir hören nicht auf dich,

nein, tun, tun wollen wir alle die Rede, die uns aus dem Munde fährt,

aufrauchen zu lassen der Königin des Himmels und ihr Güsse
zu gießen,

wie wir getan haben, wir und unsre Väter, unsre Könige und
unsre Obern,

in den Städten Jehudas und in den Gassen Jerusalems,

wir wurden satt an Brot, waren gut dran und sahen Böses
nie,

seit wir aber aufhörten der Königin des Himmels aufrauchen
zu lassen und ihr Güsse zu gießen,

mangelts uns an allem, wir vergehn durch Schwert und durch
Hunger.

– Und wenn wir nun aufrauchen lassen der Königin des Himmels und Güsse ihr gießen,

ists etwa ohne unsere Ehegatten,

daß wir ihr Gebildwecken machen, sie abzugestalten, und
Güsse ihr gießen?!

Jirmejahu sprach zu allem Volk,

an die Männer, an die Weiber, an alles Volk, die ihm solche
Rede geantwortet hatten,

sprach:

Wars nicht eben das Rauchopfer, das ihr aufrauchen ließet in
den Städten Jehudas und in den Gassen Jerusalems,

ihr und eure Väter, eure Könige und eure Obern, und die
Volkschaft des Lands,

wessen ER gedachte, ließ zu Herzen sichs steigen,

daß ER es nicht mehr zu ertragen vermochte,

um die Bosheit eures Spiels, um die Greuel, die ihr tatet!

So wurde euer Land zur Ödnis, zum Erstarren, zur Verwünschung,

insassenlos, wies an diesem Tag ist.

Drum weil ihr so aufrauchen ließt und weil ihr an IHM sün-
digtet,

hörtet nicht auf SEINE Stimme, gingt nicht in seiner Weisung,
in seinen Satzungen, in seinen Vergegenwärtigungen,

deshalb ist euch dieses Böse begegnet, wies an diesem Tag ist.

Weiter sprach Jirmejahu zu allem Volk und zu allen Weibern:
Höret SEINE Rede,
alles Jehuda, das im Land Ägypten ist!
So hat ER der Umscharte gesprochen, der Gott Jifsraels:
Ihr und eure Weiber,
mit eurem Mund habt ihr geredet und erfülltets mit euren
  Händen,
was ihr sprecht: Tun, tun wollen wir unsre Gelübde, die wir
  gelobten,
aufrauchen zu lassen der Königin des Himmels und ihr Güsse
  zu gießen! –
so laßt nur erstehn eure Gelübde,
so tut, tut sie nur, eure Gelübde!
Darum,
– höret SEINE Rede,
alles Jehuda, die ihr im Land Ägypten siedelt –
wohlan,
ich schwöre bei meinem großen Namen,
hat ER gesprochen,
wird je noch mein Name gerufen vom Mund irgendeines
  Mannes von Jehuda irgendwo im Land Ägypten,
daß einer spräche: Sowahr mein Herr, ER, lebt!,
…!
Wohlan,
zeitig rege ich mich über euch,
zum Bösen, nicht zum Guten,
vergehn muß alle Mannschaft Jehudas, die im Land Ägyptens
  ist,
durch Schwert und durch Hunger, bis sie vertilgt sind.
Nur ein paar Schwertentronnene
kehren aus dem Land Ägypten ins Land Jehuda zurück,
zählige Leute,
dann werden alle vom Überrest Jehudas erkennen,
die ins Land Ägypten kamen, da zu gasten,
wessen Rede besteht, meine oder ihre.
Und dies sei euch das Zeichen,
ist SEIN Erlauten,
daß ichs euch zuordnen werde an diesem Ort,

damit ihr erkennt, daß meine Reden über euch zum Bösen
   bestehn, bestehn werden:

So hat ER gesprochen:

Wohlan, ich übergebe Pharao Chofra, König von Ägypten,
in die Hand seiner Feinde, in die Hand derer, die ihm an die
   Seele trachten,
wie ich übergeben habe Zidkijahu, König von Jehuda,
in die Hand Nebukadrezars, Königs von Babel, seines Feindes,
   dessen, der ihm an die Seele getrachtet hat.

Die Rede, die Jirmejahu der Künder redete zu Baruch Sohn
　　Nerijas,
als der diese Reden dem Mund Jirmejahus ab ins Buch schrieb,
im vierten Jahr Jojakims Sohns Joschijahus, Königs von Jehu-
　　da, sprechend:
So hat ER, der Gott Jifsraels, an dich, Baruch, gesprochen:
Du sprachst: Weh mir, oh,
denn Gram fügt ER mir zum Schmerz,
ich seufze mich müde
und Ruhe finde ich nicht!
So – sprich das zu ihm –,
so hat ER gesprochen:
Wohlan,
was ich baute,
muß ich schleifen,
was ich pflanzte,
muß ich reuten,
und es gilt die Erde all, –
und du,
du wolltest dir Großes begehren?!
Begehrs nimmermehr!
Ja, wohlan,
Böses lasse ich kommen
über alles Fleisch,
ist SEIN Erlauten,
aber dir gebe ich
deine Seele zur Beute
an allen Orten, dahin du gehst.

Welche Rede von IHM zu Jirmejahu dem Künder geschah
über die Weltstämme.

Wider Ägypten:
– Über das Heer des Pharao Necho, Königs von Ägypten,
   das am Strom Euphrat bei Karkemisch stand,
   das Nebukadrezar König von Babel schlug, im vierten Jahr
   Jojakims Sohns Joschijahus, Königs von Jehuda,

Rüstet Schild und Tartsche,
tretet an zum Kampf!
Schirret die Rosse,
steigt, ihr Reisigen, auf!
Stellt euch in Helmen!
Feget die Speere!
Legt die Panzer an!

Weshalb muß ichs sehn?!
Da sind sie, bestürzt,
sie weichen zurück,
ihre Helden zerstieben,
fliehen in Flucht,
wenden sich nicht!
Grauen ringsum!
ist SEIN Erlauten.

Nimmer entflieht nun der Schnelle,
nimmer rettet der Held sich!
nordhin,
dem Strom Euphrat zuseiten,
straucheln sie,
fallen!

Wer ists, der steigt wie der Nilfluß,
wie Ströme wogen seine Gewässer?
Ägypten, wie der Nil steigt es auf,
Wasser wogen wie Ströme dahin,
es spricht: Ich steige auf,
ich bedecke die Erde,
lasse Stadt und die Siedler drin schwinden.

Drauf nun, ihr Rosse!

raset, ihr Wagen!
Laßt ausziehn die Helden,
Kusch und Put,
fassend den Schild,
Ludier nun,
fassend spannend den Bogen!

Aber jener Tag
ist meinem Herrn, IHM dem Umscharten,
ein Tag der Ahndung,
zu ahnden an seinen Bedrängern.
Das Schwert schlingt, es wird satt,
erfrischt sich an ihrem Blut.
Denn Schlachtung hat mein Herr,
ER der Umscharte,
im Land des Nordens,
am Euphratstrom.

Steige nur nach Gilad,
hole Balsam her,
Tochter Ägypten, du Maid!
vergebens mehrst Heilmittel du,
für dich gibts keine Harschung!
Die Weltstämme hören deinen Schimpf,
dein Kreischen füllt die Erde,
Held ist über Held ja gestrauchelt,
mitsammen beide gefallen!

Die Rede, die ER zu Jirmejahu dem Künder redete,
aufs Kommen Nebukadrezars Königs von Babel, das Land
    Ägypten zu schlagen:
Meldets in Ägypten,
laßts hören in Migdol,
laßts hören in Memphis, in Tachpanches,
sprecht:
Stelle dich,
mache dich bereit,
denn rings um dich schlingt das Schwert!

Deine Reckengewalt,

weshalb wird sie hinweggeschwemmt?
Sie hält nicht stand,
denn ER stößt sie nieder!
Viele verstrauchelt er,
der Mann fällt gar über seinen Genossen,
sie sprechen:
Auf, kehren wir heim
zu unserm Volk, zum Land unsrer Geburt
vor dem verheerenden Schwert!

Rufet ihr immerhin dort,
du Pharao König von Ägypten:
Lärm nur! überschritten die Frist!
– Sowahr ich lebe,
ist das Erlauten des Königs,
dessen Name ER der Umscharte:
ja,
wie der Tabor unter den Bergen,
wie der Karmel am Meer,
wirds kommen.

Richte dir Wandergerät,
Siedlerin, Tochter Ägypten,
denn Memphis wird zum Erstarren,
zerstört, insassenlos!

Eine Kalbe, schöntuerisch,
das ist Ägypten, –
nordher die Bremse,
sie kommt, kommt!
Auch deine Söldner drinnen
sind Mastkälbern gleich:
ja, auch die wenden sich,
fliehen mitsammen,
halten nicht stand,
der Tag ihres Verhängnisses
ist über sie ja gekommen,
ihrer Zuordnung Zeit.

Seine Stimme ist wie einer Schlange,
die hinwegziehen muß,

denn sie ziehen mit Macht herbei,
mit Äxten kommen sie über es,
wie Holzhauer fällen sie seinen Wald,
ist SEIN Erlauten,
denn nicht auszuforschen ists,
denn mehr als der Heuschrecken sind ihrer,
sie haben keine Zahl.
Zuschanden ward die Tochter Ägypten,
in die Hand des Nordvolks gegeben!

Gesprochen hat ER der Umscharte,
der Gott Jifsraels:
Wohlan, ich ordne zu
dem Amon von Theben
und dem Pharao und Ägypten,
seinen Göttern und seinen Königen,
Pharao und ihnen, die mit ihm sich sichern,
ich übergebe sie
in deren Hand, die ihnen an die Seele trachten,
in die Hand Nebukadrezars Königs von Babel
und in die Hand seiner Diener. –
Danach aber solls wieder bewohnt sein
wie in den Tagen der Vorzeit,
ist SEIN Erlauten.

Du aber fürchte dich nimmer,
mein Knecht Jaakob,
Jifsrael, laß dich nimmer bestürzen!
denn, wohlan, ich befreie dich fernher,
aus ihrer Gefangenschaft Land deinen Samen.
Dann kehrt Jaakob heim,
still ist er und ist sorglos,
und keiner scheucht auf.
Du fürchte dich nimmer,
mein Knecht Jaakob,
ist SEIN Erlauten,
denn ich bin mit dir.
Denn machte ich den Garaus allen Stämmen,
dahin ich dich versprengt habe,
dir würde ich den Garaus nicht machen,

züchtigen nur will ich dich rechtens,
kann dich strafledig nicht ledigen.

Welche Rede von IHM zu Jirmejahu dem Künder geschah
gegen die Philister, ehe der Pharao Gasa schlug:

So hat ER gesprochen:
Wohlan, Wasser steigen vom Norden,
werden zum flutenden Bach,
überfluten das Land, seine Fülle,
die Stadt und die Insassen drin,
daß aufschreien die Menschen,
aller Sasse des Landes heult.
Vorm Hall des Stampfens
der Hufe seiner Hengst-Recken,
vorm Schüttern seines Fahrzeugs,
dem Tosen seiner Räder
wenden nimmer sich Väter zu Kindern,
vor Erschlaffung der Hände,
ob dem Tag, herbeigekommen,
zu gewaltigen alle Philister,
auszurotten für Tyrus und Sidon
allen noch bewahrten Helfer,
denn ER gewaltigt die Philister,
von der Kaftorküste den Rest.
Glatzschur kam über Gasa,
schweigsam ward Askalon, –
Überrest ihres Tals,
bis wann ritzest du noch Furchen dir ein?!

– Wehe, Schwert von IHM,
bis wohin hältst du nicht still?
in deine Scheide fahre,
raste und schweig!
– Wie könnte es stille halten?!
ER selber hat es entboten
wider Askalon, wider den Meerstrand,
dorthin hat ers bestellt.

Wider Moab:

So hat ER der Umscharte gesprochen, der Gott Jifsraels:
Wehe über Nbo,
denn es wird gewaltigt!
zuschanden, bezwungen Kirjatajim!
zuschanden das Steilwerk, gestürzt!
Mit Moabs Ruhm ists dahin!
Vor Cheschbon, dem »Planheim«-
plant Böses man wider es:
Geht, rotten wirs aus der Stämmewelt aus!
Madmen auch, du »Schweigpfuhl«,
geschweigt wirst du nun,
hinter dir her geht das Schwert.
Geschreis Hall von Choronajim:
Gewalt und Niederbruch groß!
Niedergebrochen ist Moab!
lassen Schrei bis nach Zoar sie hören.
Ah, den Steig nach Luchit
steigt Weinen hinan über Weinen,
ah, am Hang von Choronajim
hört man des Niederbruchs Zetergeschrei:
Flieht, entschlüpft mit dem Leben!
In der Wüste werden sie bleiben
wie der Wacholder.

Ja, weil du gesichert dich meintest
mit deinen Geschaften, mit deinen Schätzen,
wirst du nun auch bezwungen,
in die Verschleppung zieht Kmosch,
seine Priester, seine Obern mitsammen.
Der Gewaltiger kommt
über alljede Stadt,
nicht eine Stadt darf entschlüpfen, –
das Tal ist verloren,
die Ebne wird vernichtet,
wie ER gesprochen hat.
Gebt Schwungfedern Moab,
denn es soll sich schwingen, entschwinden!
Seine Städte werden zum Erstarren,

gar keiner mehr siedelt darin.

– Verflucht, wer lässig treibt Seine Arbeit,
verflucht, wer vorm Blute sein Schwert hemmt! –

Sorgenfrei war Moab von jung auf,
stille lag es auf seinen Hefen,
ward nicht geleert von Gefäß in Gefäß
– in die Verschleppung mußte es nicht gehn –,
daher haftet an ihm sein Geschmack,
sein Duft hat sich nicht geändert.
Drum, wohlan, Tage kommen,
ist Sein Erlauten,
da schicke ich ihm Schröter,
die schroten es aus,
leeren seine Gefäße –
und zerschellen die Krüge dabei.
Zuschanden wird Moab an Kmosch,
wie zuschanden wurden die vom Haus Jifsrael
an Betel, ihrer Sicherung.

Wie sprecht ihr: Helden sind wir,
wehrhafte Männer zum Kampf!
Gewaltigt wird Moab,
bald hat man seine Städte erstiegen,
die Erlesnen seiner Jugendlese
müssen zur Schlachtbank hinab.
– Erlauten ists des Königs,
des Name Er der Umscharte. –
Nah am Kommen ist Moabs Verhängnis,
sein Bösgeschick eilt geschwind.
Nicket klagend ihm zu,
alle ihr rings um es!
alle, die seinen Namen kennen,
sprecht:
Weh wie ist zerbrochen
der trotzige Stecken,
der prangende Stab!

Hinab von der Ehre,
sitz in der Dürre nieder,

Siedlerin, Tochter Dibon,
denn der Gewaltiger Moabs
steigt über dich nun heran,
deine Festungen verderbt er!
Stell an den Weg dich, späh aus,
Siedlerin, du Aroer,
den Flüchtling, die Entschlüpfte frag,
sprich: Was ist geschehn?
Zuschanden ist Moab geworden,
ah, es ist gestürzt!
heulet und schreiet,
meldets am Arnon:
Ah, Moab ist gewaltigt!

Gericht ist ans Flachland gekommen,
an Cholon, an Jahaz,
über Mefaat, über Dibon, über Nbo,
über Bet Diblatajim,
über Kirjatajim,
über Bet Gamul,
über Bet Meon,
über Krijot, über Bozra,
über alle Moabland-Städte,
die fernen und die nahen.
Abgehaun ist Moabs Horn,
sein Arm ist gebrochen,
ist SEIN Erlauten.

Berauscht es
– wider IHN ja hats großgetan! –,
daß hinklatsche Moab in sein Gespei,
daß auch es zum Gelächter werde!
War dir etwa nicht ein Gelächter
Jifsrael einst?!
wards unter Dieben etwa ertappt,
daß du, sooft du von ihm redetest,
dich schütteln mußtest?!
Verlaßt die Städte,
wohnt im Geklüft,
Insassen Moabs!

werdet der Wildtaube gleich,
die innseits des Schrundenmunds nistet!

Wir haben von Moabs Hoffart gehört,
des sehr hoffärtigen,
seiner Überhebung, seiner Hoffart, seinem Hochmut,
dem Stolz seines Herzens.
– Ich selber kenne,
ist SEIN Erlauten,
sein Überwallen,
seine Schwätzereien, grundnichtig,
Grundnichtiges haben sie getan.

– Darob muß über Moab ich heulen,
schreien um Moab allsamt,
wegen der Mannschaft von Burg-Chares stöhnen.
Mehr, als man Jasar beweinte,
weine ich um dich, Rebstock von Sfibma!
Deine Ranken drangen ans Meer,
bis nach Jaser reichten sie,
über dein Obsten,
über dein Herbsten
fiel der Gewaltiger her,
weggerafft ist die Freude, der Jubel
aus dem Fruchtgarten, aus dem Land Moab.
– Ich verabschiede den Wein aus den Bütten,
nicht wird man mit Heissa mehr keltern,
ein Hussa, nicht ein Heissa ists nun!

Von Cheschbons Geschrei bis Elale,
bis Jahaz geben ihre Stimme sie hin,
von Zoar bis Choronajim, Dritt-Eglat,
ah, auch die Wasser von Nimrim,
zu Starrnissen werden sie.
Ich verabschiede für Moab,
ist SEIN Erlauten,
jeden, der zur Kuppe steigen
und aufrauchen lassen will seinen Göttern.

– Darob, mein Herz, wegen Moab
schluchzt es wie Flöten,

mein Herz, um die Mannschaft von Burg-Chares
schluchzt es wie Flöten,
darob – das Erübrigte,
was man geschafft hat, ging verloren.
Ah, aller Kopf eine Glatze,
aller Bart gekappt,
an allen Händen Ritzfurchen,
an den Hüften Sackleinen,
über allen Dächern Moabs,
auf seinen Marktplätzen
ist alles Jammerung.

– Ja, zerbrochen habe ich Moab
wie ein Gefäß, das mißfällig ward,
ist SEIN Erlauten.

– Wie ist es gestürzt!
heulet!
Wie hat Moab den Nacken gewandt!
Schande!
Moab ist zum Gelächter geworden
und zur Bestürzung für alle ringsum.

Denn so hat ER gesprochen:
Wohlan,
wie der Adler schießt er herab,
gegen Moab breitet er seine Flügel!
Bezwungen sind dann die Burgen,
die Felswachten sind erobert,
das Herz der Helden Moabs
wird an jenem Tag wie das Herz
eines Weibes in Kindesbanden.
Moab wird aus dem Volksrang getilgt,
denn wider IHN hat es großgetan.
Schrecknis und Schrunde und Schlinge
über dich, du Insasse Moabs,
ist SEIN Erlauten,
wer vor dem Schrecknis flieht,
fällt in die Schrunde,
und wer hervor aus der Schrunde steigt,

verstrickt sich in die Schlinge.
Denn ich lasse an Moab kommen
das Jahr ihrer Zuordnung,
ist SEIN Erlauten.

Im Schatten Cheschbons
bleiben kraftlos Fliehende stehn, –
ah, von Cheschbon fährt Feuer aus,
Lohe von Sfichon hervor,
die frißt Moabs Schläfe,
den Scheitel der Söhne des Lärms.
Weh dir, Moab!
verloren das Volk des Kmosch!
denn deine Söhne sind ins Gefängnis genommen,
deine Töchter in die Gefangenschaft.

Aber ich lasse Moab Wiederkehr kehren
in der Späte der Tage,
ist SEIN Erlauten.

Bis hierher das Gericht über Moab.

Wider die Söhne Ammons:

So hat ER gesprochen:
Hat Jifsrael keine Söhne,
oder hats keinen Erben?
weshalb beerbt der Milkom Gad,
und sein Volk besetzt dessen Städte?
Darum, Tage kommen,
ist SEIN Erlauten,
da lasse ich hören
zu dem Großort der Söhne Ammons hin
Geschmetter des Kriegs,
zu einem Schutthaufen der Starrnis wird er,
seine Töchter mit Feuer zerstört.
Dann beerbt Jifsrael, die es beerbten,
hat ER gesprochen.

Aufheule, Cheschbon,
denn gewaltigt wards, eine Ruine!
Schreiet, Töchter des Großorts,
gürtet die Säcke um,
jammert, streift umher in den Hürden,
denn der Milkom geht in die Verschleppung,
seine Priester und seine Obern mitsammen.
Was rühmst du dich der Täler,
deines Tals, das übertrieft,
abgekehrte Tochter du,
die mit ihren Schätzen sich sichert:
Wer kann an mich kommen!
Wohlan, kommen lasse ich an dich
das Schrecknis,
ist meines Herrn, SEIN des Umscharten Erlauten,
rings um dich überallher,
versprengt werdet ihr, jedermann vor sich hin,
und keiner holt das Verflatterte zuhauf.

Hernach aber
lasse ich den Söhnen Ammons die Wiederkehr kehren,
ist SEIN Erlauten.

Wider Edom:

So hat ER der Umscharte gesprochen:
Ist keine Weisheit in Teman mehr?
den Besinnlichen ging der Ratschluß verloren,
ihre Weisheit ist ranzig geworden.
Fliehet, wendet euch,
setzet euch tiefhin,
Insassen von Dedan,
denn Efsaws Verhängnis lasse ich kommen über ihn,
die Zeit, da ich ihm zuordne.
　　– Wenn Winzer an dich kommen,
　　lassen Nachlese übrig sie nicht,
　　wenn Diebe in der Nacht,
　　verderben sie, sich zu Genüge. –
Ja, ich selber entblöße Efsaw,
offenbare seine Heimlichkeiten,
verstecken kann nun er sich nicht!
gewaltigt ist sein Same,
seine Brüder, seine Anwohner auch,
er ist dahin.

　　– Überlasse deine Waisen,
　　ich selber will am Leben sie halten,
　　und deine Witwen,
　　sie seien gesichert durch mich.

Ja, so hat ER gesprochen:
Wohl, an denen es rechtens nicht ist
zu trinken den Becher,
trinken müssen sie, trinken,
und du da,
du willst straflos, straflos bleiben!
Straflos bleibst du nicht,
sondern trinken, trinken mußt du!
Denn ich habe bei mir geschworen,
ist SEIN Erlauten:
Ja denn,
zum Erstarren, zum Hohn,
zur Öde, zur Verwünschung
werden soll Bozra,

all ihre Städte,
zu Weltzeit-Ödungen sollen sie werden.

– Ein Vernehmen von IHM her vernahm ich,
unter die Weltstämme ist ein Herold gesandt:
Zuhauf! kommt über es!
hebt euch zum Kampf!
Ja, klein mache ich dich unter den Stämmen,
verachtet unter den Menschen, –
dein Scheu-Erregen hat dich berückt,
die Vermessenheit deines Herzens.
Die in Schluchten du wohnst des Geklüfts,
festhältst den Gipfel der Höhe,
wenn wie der Adler du ragend dein Nest baust,
von dort noch hole ich dich nieder,
ist SEIN Erlauten.
Zu einem Erstarren wird Edom,
allwer dran vorüberwandert,
erstarrt und zischelt über all seine Schläge.
Wie der Umsturz an Sodom und Gomorra und seiner
    Anwohnerschaft,
hat ER gesprochen:
niemand wird dort siedeln,
nie ein Menschensohn drin gasten.

Wohlan,
wie ein Löwe steigt er auf
vom Hochwuchs des Jordans
zur urständigen Trift, –
ja, nun winke ich hin,
lasse ihn davon weg wieder laufen,
und wer erwählt ist, den verordne ich drüber.
Denn wer ist mir gleich,
wer lüde mich vor!
wer doch ist ein Hirt,
der mir ins Antlitz bestünde!
– Drum hört SEINEN Ratschluß,
den er beschloß gegen Edom,
und seine Planungen,
die gegen Temans Insassen er plant:

Zerren nicht die Schäferbuben sie fort,
erstarrt nicht über sie ihre Trift,
…!
Vom Hall ihres Sturzes
schüttert die Erde,
ein Geschrei, am Schilfmeer
hört man seinen Hall.
Wohlan,
wie ein Adler steigt er auf,
nun schießt er herab,
über Bozra breitet er seine Flügel,
und das Herz der Helden Edoms
wird an jenem Tag wie das Herz
eines Weibs in Kindesbanden.

Wider Damaskus:

Beschämt ist Chamat und Arpad,
denn sie vernahmen böses Vernehmen,
sie bangen, –
so ist am Meer Besorgnis,
wenn es sich nicht stillen mag:
Erschlafft ist Damaskus,
es wendet sich zu fliehn,
Beklemmung hat es erfaßt,
Angst und Wehen haben es gepackt
wie die Gebärende.
– Wie wird sie nicht losgelassen,
die Stadt des Ruhms,
die Burg meines Ergötzens!
– Ebendrum müssen ihre Jünglinge fallen
auf ihren Plätzen,
alle Kriegsmänner werden geschweigt
an jenem Tag,
– SEIN des Umscharten Erlauten –
ein Feuer entfache ich
an Damaskens Mauer,
das frißt Benhadads Paläste.

Wider Kedar und wider die Königschaft von Chazor
  [die Nebukadrezar König von Babel geschlagen hat]:

So hat ER gesprochen:
Hebt euch, steigt auf gegen Kedar,
gewaltigt die Söhne des Ostens!
Ihre Zelte nehme man, ihre Schafe, –
ihre Teppichbehänge,
all ihr Gerät, ihre Kamele
führe man sich hinweg,
man rufe über sie:
Grauen ringsum!
Fliehet, entschweifet geschwind,
setzet euch tiefhin,
Insassen von Chazor,
ist SEIN Erlauten,
denn Nebukadrezar König von Babel
beschließt über euch einen Ratschluß,
plant über euch eine Planung.

Hebt euch, steiget auf
gegen den behaglichen Stamm,
den in Sicherheit siedelnden,
ist SEIN Erlauten,
der hat nicht Türen, nicht Riegel,
einsam wohnen sie!
Zum Raub werden ihre Kamele,
das Getümmel ihrer Herden zur Beute!
Nach allem Wind worfle ich sie,
die Haareckengestutzten,
allseits komme lasse ich ihr Verhängnis,
ist SEIN Erlauten,
zum Geheg der Schakale wird Chazor,
eine Starrnis für Weltzeit,
niemand wird dort siedeln,
nie ein Menschensohn drin gasten.

Welche Rede von IHM zu Jirmejahu dem Künder geschah
gegen Elam
im Anfang des Königtums Zidkijas, Königs von Jehuda, es
    sprach:

So hat ER der Umscharte gesprochen:
Wohlan, ich breche den Bogen Elams,
den Anfang ihrer Heldenkraft,
kommen lasse ich an Elam
vier Winde von vier Rändern des Himmels,
ich worfle sie nach all diesen Winden
und es soll ein Volk nicht geben,
dahin nicht kämen Versprengte Elams.
Nieder stürze ich Elam
vor ihre Feinde hin,
vor die hin, die an die Seele ihnen trachten,
Böses lasse ich über sie kommen,
das Entflammen meines Zorns,
ist SEIN Erlauten,
hinter ihnen her schicke ich das Schwert,
bis ich ihnen den Garaus gemacht habe.

lasse schwinden von dort König und Fürsten,
ist SEIN Erlauten,
Meinen Stuhl stelle auf ich in Elam,
Aber es wird geschehn
in der Späte der Tage,
da lasse ich Wiederkehr kehren für Elam,
ist SEIN Erlauten.

Die Rede, die ER gegen Babel, gegen das Land der Chaldäer
  geredet hat durch Jirmejahu den Künder:

Meldets unter den Weltstämmen,
laßts hören, hebt das Banner,
laßt hören, verhehlts nimmer, sprecht:
Bezwungen ist Babel,
zuschanden ward Bel,
gestürzt Merodach,
zuschanden diese ihre Puppen,
gestürzt diese seine Klötze!
Denn auf stieg, herauf über es
ein Stamm vom Norden,
der macht sein Land zum Erstarren.
nicht bleibt ein Insasse drin,
vom Menschen bis zum Vieh
geflüchtet, davongegangen!

In jenen Tagen, in jener Zeit,
ist SEIN Erlauten,
werden die Söhne Jifsraels kommen,
sie und die Söhne Jehudas vereint,
gehn und weinen im Gehen.
Sie suchen IHN, ihren Gott,
nach Zion fragen sie,
auf den Weg hierher ihr Antlitz:
Kommt, hangen wir IHM an
in einem Weltzeit-Bund, nie zu vergessen!

– Abgeschwenkte Schafe,
das war mein Volk,
ihre Hirten haben sie abirren lassen,
hießen sie zu den Bergen sich kehren,
von Berg zu Hügel mußten sie gehn,
vergaßen ihre Lagerstätte,
  – alle, die sie fanden,
  durften sie verzehren,
  ihre Bedränger sprachen:
»Wir sind nicht bußfällig!«
deswegen daß IHM sie sündig waren, –

die Trift der Wahrhaftigkeit,
und ihrer Väter Hoffnungsziel, IHN.

Entschweifet aus Babels Mitte,
aus dem Land der Chaldäer zieht,
seid wie Böcke den Schafen zuvor!
Denn, wohlan, ich selber erwecke
und lasse steigen wider Babel
großer Stämme Versammlung
aus dem Lande des Nordens,
sie reihen sich gegen es,
von dorther wird es bezwungen:
jedes Pfeile wie ein griffsicher Held,
der nie leerer Hände von dannen sich kehrt.
So wird Chaldäa zur Beute,
alle, die es beuten, sättigen sich,
ist SEIN Erlauten.

Ja, freuet euch nur,
ja, erlustiget euch,
Räuber ihr meines Eigentums,
ja, stampft wie die dreschende Kalbe,
wie die Hengst-Recken wiehert!
Gar zuschanden wird eure Mutter,
entwürdigt, die euch gebar, –
wohl, das ist der Weltstämme Zukunft:
Wüste, Heide und Steppe!
Vor MEINEM Groll nichtbesiedelt,
bleibts eine Starrnis allsamt,
allwer an Babel vorüberwandert,
erstarrt und zischelt über all seine Schläge.

Reiht euch rings wider Babel,
ihr Bogenspanner alle,
schießet hinein,
schont nimmer des Pfeils,
denn MIR hat es gesündigt!
Schmettert rings wider es:
»Schon muß die Hand es strecken!
Schon fallen seine Türme!
Geschleift sind seine Mauern!«

Denn das ist MEINE Ahndung,
die ahndet an ihm,
tut ihm, wie es getan hat!
Den Säenden rottet aus Babel
und der die Sichel zur Erntezeit faßt!
Vor dem verheerenden Schwert
wenden, jedermann zu seinem Volk, sie,
fliehn sie, jedermann nach seinem Land.

Zerstobnes Schmalvieh ist Jifsrael,
das Löwen abgesprengt haben:
erst fraß es der König von Assyrien,
nun zuletzt benagt ihm die Knochen
Nebukadrezar König von Babel.
Darum,
so hat ER der Umscharte gesprochen, der Gott Jifsraels,
wohlan, ich ordne es zu
an dem König von Babel und an seinem Land,
wie ichs zugeordnet habe
an dem König von Assyrien.
Zu seiner Trift lasse ich Jifsrael kehren,
daß es abweide Karmel und Baschan,
in dem Gebirg Efrajim und dem Gilad
soll seine Seele ersatten.
In jenen Tagen, in jener Zeit,
ist SEIN Erlauten,
wird man die Verfehlung Jifsraels suchen,
und da ist keine mehr,
die Sünden Jehudas,
und sie werden nicht gefunden,
denn ich verzeihe denen,
die ich übriglasse als Rest.

Herauf widers Land Mratajim, »Doppelauflehnung«,
steige auf, herauf wider es,
gegen Pkods, der »Zuordnung«, Siedler,
mit dem Eisen banne hinter ihnen her,
ist SEIN Erlauten,
tu, allwie ich dir gebot!

– Kriegshall im Lande,
großer Niederbruch!
Ah wie ward zerhaun, zerbrochen
alles Erdlands Schmiedehammer!
ah wie ist zum Erstarren worden
unter den Weltstämmen Babel!
– Ich habe dir Schlingen gelegt,
und du hast dich auch, Babel, verstrickt;
du wußtest es selber noch nicht,
schon wardst gefunden du, schon auch gepackt,
denn gegen MICH hast du dich erregt.

– Seine Waffenkammer hat ER geöffnet,
die Geräte seines Unmuts geholt,
denn Arbeit hat mein Herr, ER der Umscharte,
im Land der Chaldäer.
Kommt drüber, bis aufs letzte!
Öffnet seine Speicher!
Wie Kornhäufer schüttet es auf!
Bannt es! nimmer bleibe ihm ein Rest!
Unters Eisen schickt all seine Farren,
sie sollen zur Schlachtbank hinab,
weh über sie, ihr Tag ist gekommen,
ihrer Zuordnung Zeit!
Fliehender, Entrinnender Stimme
vom Lande Babel her! –
zu melden in Zion
SEINE unsres Gottes Ahndung,
Ahndung seiner Tempelhalle.

In Gehorsam befehlt gegen Babel
Schützen, alle Bogenspanner!
Lagert rings euch um sie,
nimmer bleibe Entrinnen!
Zahlt heim ihm nach seinem Werk,
allwie es getan hat, tut ihm!
Denn gegen IHN hat es sich vermessen,
gegen den Heiligen Jifsraels.
Darum müssen seine Jünglinge fallen
auf seinen Marktplätzen,

all ihre Kriegsmänner werden geschweigt
an jenem Tag,
ist SEIN Erlauten.
Wohl, an dich will ich, Vermessenheit,
ist meines Herrn, SEIN des Umscharten Erlauten,
denn dein Tag ist gekommen,
die Frist, da ich dir zuordnen will:
nun strauchelt Vermessenheit,
nun fällt sie,
und keiner richtet sie auf,
ich entfache ein Feuer
in ihren Städten,
das frißt alles rings um sie her.

So hat ER der Umscharte gesprochen:
Gepreßt sind die Söhne Jiſraels
und die Söhne Jehudas vereint,
alle, die sie gefangenführten,
halten sie fest,
weigern, sie freizuschicken.
Fest jedoch ist ihr Löser,
sein Name ER der Umscharte,
streitbar streitet er ihren Streit,
so daß er ruhen die Erde,
zittern macht die Insassen Babels.
Eisen über die Chaldäer,
ist SEIN Erlauten,
an die Insassen Babels,
an seine Obern, seine Weisen!
Eisen an die Schwätzer, –
als Narren zeigen sie sich!
Eisen an seine Helden, –
sie verzagen!
Eisen an seine Rosse, an sein Fahrzeug,
an all das Gemisch inmitten, –
sie werden zu Weibern!
Eisen an seine Schätze, –
sie werden geraubt!
Eisen an seine Gewässer, –

sie trocknen aus!
Denn ein Land der Meißeldocken ist das,
mit den Gräßlichen rasen sie hin.
Drum soll da Wüstenspuk mit Küstenspuk siedeln,
siedeln sollen drin Strauße,
besiedelt wirds nie wieder, auf Dauer,
nie bewohnt, für Geschlecht um Geschlecht.
Wie der Umsturz Gottes
an Sodom, Gomorra und seiner Anwohnerschaft,
ist SEIN Erlauten,
niemand wird dort siedeln,
nie ein Menschensohn drin gasten.

Wohlan, ein Volk kommt nordher,
ein großer Stamm, viele Könige,
erweckt von den Flanken der Erde her.
Sie fassen Bogen und Speer,
grausam sind die, sie erbarmen sich nicht,
wie das tosende Meer ihr Stimmhall,
sie reiten auf Rossen dahin,
wie ein Mann gerüstet zum Krieg,
Tochter Babel, wider dich.
Babels König vernimmt ihr Vernehmen
und seine Hände erschlaffen,
Angst hat ihn erfaßt,
Krampf wie der Gebärenden.
Wohlan, wie ein Löwe
vom Hochwuchs des Jordans
zur urständigen Trift,
so steigt es auf, –
ja, nun winke ich hin,
lasse sie davon weg wieder laufen,
und wer erwählt ist, den verordne ich drüber.
Denn wer ist mir gleich,
wer lüde mich vor!
wer doch ist ein Hirt,
der mir ins Antlitz bestünde!
– Drum hört SEINEN Ratschluß,
den er beschloß gegen Babel,

und seine Planungen,
die gegens Land der Chaldäer er plant:
Zerren nicht die Schäferbuben sie fort,
erstarrt nicht die Trift über sie,
…!
Vom Hall »Erobert ist Babel!«
schüttert die Erde,
unter den Weltstämmen
vernimmt man das Geschrei.

So hat ER gesprochen:
Wohlan, ich erwecke wider Babel,
gegen die Siedler von Herz-des-Aufruhrs
einen Verderbergeist,
ich sende nach Babel Auswärtige,
die sollen es auswerfeln,
entleeren sollen sie sein Land, –
denn einst sind die rings darüber geraten
am Tage des Bösgeschicks.
Nimmer kann nun spannen,
der seinen Bogen spannen will,
nimmer sich in seinem Panzer recken.
Schonet seiner Jünglinge nimmer,
bannet all seine Schar!
– Gefallen liegen Durchbohrte im Land der Chaldäer,
Erstochne in seinen Gassen!
Denn nicht verwitwet ist Jifsrael und Jehuda
von seinem Gott, von IHM dem Umscharten,
denn jener Land ist voller Schuld
an dem Heiligen Jifsraels.

Fliehet aus Babels Mitte,
entschlüpfet jedermann mit dem Leben!
nimmer sollt geschweigt ihr werden
durch ihre Verfehlung!
Denn IHM ist das die Zeit der Ahndung,
das Gereifte zahlt er ihm heim.
Ein Goldwein-Becher war Babel
in SEINER Hand,
es berauschte die Erde all,

die Weltstämme tranken von seinem Wein,
die Weltstämme wurden drob rasend.
Plötzlich ist Babel gefallen,
es ist zerbrochen,
heulet über es!
– Holt Balsam für seinen Schmerz,
vielleicht wird es geheilt!
– Wir wollten Babel heilen,
zu heilen ist es nicht mehr!
laßt es, gehn wir davon,
jedermann nach seinem Land!
denn an den Himmel rührt sein Gericht,
es hebt sich bis in die Lüfte.
– Ausgeführt hat ER unsre Bewährung,
kommt, erzählen wir in Zion
SEINE unsres Gottes Tat!

– Schärfet die Pfeile!
wappnet mit Schilden!
Erweckt hat ER den Geist
der Könige Mediens,
denn wider Babel ist sein Entwurf,
es zu verderben,
denn das ist SEINE Ahndung,
Ahndung seiner Tempelhalle.
Nach den Mauern Babels hin
erhebt das Banner!
festigt die Bewachung!
stellt die Wachtposten auf!
richtet die Lauerer an!
Denn so hat ER entworfen,
so hat er getan,
was er redete gegen die Insassen Babels.
Die du wohnst an vielen Wassern,
vielfältig an Schatzkammern du,
gekommen ist dein Ende,
deines Abschnittes Elle!
Geschworen hat ER der Umscharte
bei sich selber:

Ja, mochte ich dich vollwerden lassen
von Menschen, wie wenns Grashüpfer wären,
wechselrufen soll man über dich
das Hussa!

– Der mit seiner Kraft die Erde macht,
mit seiner Weisheit das Rund errichtet,
den Himmel streckte mit seinem Besinnen:
beim Niederschallen,
da an den Himmel er Wassergetös gibt,
Dämpfe steigen läßt vom Ende der Erde,
Blitze beim Regensturz macht,
aus seinen Kammern den Windbraus führt,
verdummt alljeder Mensch
mit seiner Kenntnis,
beschämt wird aller Schmelzer
mit seiner Docke.
Denn Lug ist, was er goß,
nicht ist Geistbraus darin,
Tand sind die,
ein Gaukelgemächt,
in der Zeit ihrer Zuordnung
werden sie abgeschafft.
Nicht wie diese ist Jaakobs Teil,
denn der Bildner des Alls, der ists,
Stabschaft jener seines Eigens,
sein Name ER der Umscharte.

– Eine Keule bist du mir gewesen,
ein Kriegsgerät,
niederkeulte ich mit dir Stämme,
verderbte mit dir Königreiche,
niederkeulte ich mit dir Roß und Reiter,
niederkeulte ich mit dir Fahrzeug und Fahrer,
niederkeulte ich mit dir Mann und Weib,
niederkeulte ich mit dir Alten und Knaben,
niederkeulte ich mit dir Jüngling und Mädchen,
niederkeulte ich mit dir Hirt und Herde,
niederkeulte ich mit dir Bauer und Joch,
niederkeulte ich mit dir Viztume, Satrapen.

Heimzahlen will ich nun Babel,
allen Insassen Chaldäas
all ihr Böses, das sie taten an Zion
vor euren Augen,
ist SEIN Erlauten.

Wohlan, an dich will ich,
Berg des Verderbers.
ist SEIN Erläuten,
der all die Erde verderbte.
Ich strecke meine Hand wider dich,
ich wälze dich ab von den Schroffen,
ich mache dich zu einem Berg des Brandes.
Nie soll man von dir nehmen
einen Stein zur Ecke,
einen Stein zum Grunde,
denn Weltzeit-Starrnis sollst du werden,
ist SEIN Erlauten.

Erhebt ein Banner auf Erden,
unter den Weltstämmen stoßt in die Posaune,
die Weltstämme heiligt wider es,
in Gehorsam befehlt wider es Reiche,
Ararat, Minni und Aschknas,
Präfekten ordnet wider es ab,
Rosse laßt wie borstige Grashüpfer aufziehn!
Die Weltstämme heiligt wider es,
die Könige Mediens,
seine Viztume und all seine Satrapen,
alles Erdland seines Waltens!
Da schüttert die Erde, sie krampft sich,
denn SEIN Planen wider Babel ersteht,
Babels Land zum Erstarren zu machen,
insassenlos.
Babels Helden lassen vom Kampf,
in den Felsnestern sitzen sie,
ihr Heldenmut schrumpft,
sie sind zu Weibern geworden.
Seine Wohnungen hat man angesteckt,
seine Riegel sind zerbrochen.

Läufer läuft dem Läufer entgegen,
Melder entgegen dem Melder,
zu melden dem König von Babel,
daß bezwungen seine Stadt ward, bis aufs letzte,
eingenommen die Furten,
noch das Röhricht mit Feuer verbrannt, –
die Kriegsleute sind verstört.
Denn so hat ER der Umscharte gesprochen, der Gott
　　Jifsraels:
Die Tochter Babel gleicht einer Tenne
zur Zeit, da man sie gestampft hat,
ein geringes noch
und ihr kommt die Zeit der Ernte.

– Gefressen hat mich,
aufgezehrt hat mich
Nebukadrezar König von Babel,
mich weggeschoben, ein leeres Gefäß,
mich verschlungen wie ein Drache,
seinen Bauch mit meinen Leckerbissen gefüllt,
ausgeschwenkt hat er mich.
Meine Unbill, meine Zerfleischung über Babel!
spreche die Siedlerin Zion.
Mein Blut an die Siedler Chaldäas!
spreche Jerusalem.
Darum hat ER so gesprochen:
Wohl, ich streite deinen Streit,
ich ahnde deine Ahndung,
ich dorre sein Meer,
ich trockne seinen Born aus.
Zu Trümmerwällen wird Babel,
ein Gehege der Schakale,
ein Ding des Erstarrens und Zischelns,
insassenlos.
Noch brüllen sie wie Jungleun mitsammen,
noch knurren sie wie Löwenkätzchen, –
wann sie heiß sind, richte ich ihnen das Trinkmahl,
daß sie sich erlustigen und entschlafen,
Weltzeit-Schlafs, nie wieder erwachen,

ist SEIN Erlauten.
So lasse ich gleich Lämmern sie zum Schlachten hinab,
gleich Widdern samt den Leitböcken.

– Weh, wie ist bezwungen Duckduck,
erobert der Ruhm aller Erde!
weh, wie ist zum Erstarren geworden
unter den Weltstämmen Babel!
Herauf stieg auf Babel das Meer,
bedeckt wards vom Getös seiner Wellen.
Seine Städte wurden zum Erstarren,
ein Erdland von Heide und Steppe,
ein Land, nie siedelt irgend ein Mann drin,
hindurch wandert ein Menschensohn nie.
– Ich ordne dem Bel in Babel es zu,
sein Verschlungnes reiße ich aus dem Maul ihm,
nicht strömen mehr ihm Weltstämme zu, –
auch Babels Mauer ist gefallen.

– Zieht aus ihrer Mitte, mein Volk!
entschlüpfet jedermann mit dem Leben
vorm Entflammen SEINES Zorns!
Weich möchte euch das Herz etwa werden
und ihr euch fürchten beim Vernehmen,
das im Land sich vernehmen läßt,
da in dem Jahr ein Vernehmen daherkommt
und in dem Jahr danach ein Vernehmen,
und Unbill im Land ist,
Waltender wider Waltenden.
– Drum: wohlan, Tage kommen,
da ordne ich Babels Meisseldocken zu,
und all sein Land wird beschämt,
all seine Durchbohrten fallen in seiner Mitte, –
dann werden über Babel jauchzen
Himmel, Erde und was alles darin ist,
denn nordher kommt es an sie,
die Gewaltiger,
ist SEIN Erlauten.

So ist nun Babel am Fallen,

Durchbohrte ihr Jifsraels,
so fielen einst für Babel
Durchbohrte alles Erdlands.
Die ihr aber dem Schwerte entrannt,
geht fort, bleibt nimmer stehn!
gedenkt aus der Ferne SEIN,
Jerusalem steige im Herzen euch auf:
– Wir schämen uns,
denn Hohn haben wir vernommen,
Schmach bedeckt uns das Antlitz,
denn gekommen sind Auswärtige
über die Heiligtümer SEINES Hauses.
– Drum, wohlan, Tage kommen,
ist SEIN Erlauten,
da ordne ichs an seinen Meisseldocken zu,
in all seinem Lande stöhnt der Durchbohrte.
Wenn Babel zum Himmel stiege,
wenns die Höhe seines Trotzes noch steilte,
von mir her kommen Gewaltiger dran,
ist SEIN Erlauten.

Geschreis Hallen von Babel,
großer Niederbruch vom Land der Chaldäer!
Ja, ER gewaltigt Babel,
schwinden macht er den Großhall daraus:
vielen Wassern gleich tosen ihre Wellen,
ihr dröhnender Hall gibt sich her.
Ja, gekommen ist über es
der Gewaltiger, über Babel,
bezwungen sind seine Helden,
ihre Bogen zersplittern.
Ja, ein Gott des Vergeltungsreifens
ist ER, heim zahlt er, heim.
– Ich berausche seine Obern, seine Weisen,
seine Viztume, Satrapen und Helden,
daß sie Weltzeit-Schlafs entschlafen,
nie wieder erwachen!
ist das Erlauten des Königs,
ER der Umscharte sein Name.

So hat ER der Umscharte gesprochen:
Babels Ringmauer, die breite,
bloßgelegt wird sie, niedergelegt,
seine ragenden Tore
werden angesteckt mit Feuer.
Völker haben sich fürs Leere gemüht,
Nationen fürs Feuer, ermatteten.

Die Rede, die Jirmejahu der Künder dem Sfraja Sohn Nerijas
    Sohns Machssejas entbot,
als der mit Zidkijahu König von Jehuda im vierten Jahr seiner
    Königschaft nach Babel ging – Sfraja aber war Quartier-
    meister.
Jirmejahu hatte alles Böse, das über Babel kommen soll, in
    ein einziges Buch geschrieben: alle diese Reden, die geschrie-
    ben sind gegen Babel.
Nun sprach Jirmejahu zu Sfraja:
Wann du nach Babel kommst, sieh zu,
rufe all diese Reden aus,
erst aber sprich:
DU, geredet hast du gegen diesen Ort, ihn auszurotten,
daß er ohne einen Insassen bleibe, von Mensch bis Vieh,
denn Weltzeit-Starrnisse, das soll er werden.
Es geschehe aber, wann du vollendet hast dieses Buch auszu-
    rufen,
knüpfe einen Stein dran, wirfs mitten in den Euphrat,
sprich:
Ebenso sinke Babel,
hebe sich nicht wieder! –
– Das wegen des Bösen,
das ich über es kommen lasse:
sie sollen ermatten!

Bis hierher die Reden Jirmejahus.

Einundzwanzigjährig war Zidkijahu, als er die Königschaft
  antrat,
und elf Jahre hatte er Königschaft in Jerusalem.
Der Name seiner Mutter: Chamutal Tochter Jirmejahus aus
  Libna.
Er tat das in SEINEN Augen Böse, allwie Jojakim getan hatte.
Nach SEINEM Zorn ja geschahs in Jerusalem und Jehuda,
bis er sie von seinem Antlitz hinwegwarf.
Zidkijahu empörte sich wider den König von Babel,
aber dann geschahs, im neunten Jahr seiner Königschaft, in
  der zehnten Mondneuung, am zehnten auf die Neuung:
Nebukadrezar König von Babel kam über Jerusalem, er und
  all sein Heer,
sie belagerten es, sie bauten ein Schanzengeheg rings herum,
die Stadt kam in die Enge,
bis ins elfte Jahr des Königs Zidkijahu, in der vierten Mondneuung, am neunten auf die Neuung,
der Hunger wurde in der Stadt immer stärker, das Landvolk
  hatte nicht Brot mehr,
da wurde die Stadt erbrochen.
Alle Kriegsmannen waren entwichen,
sie waren nachts aus der Stadt gezogen, auf dem Weg durch
  das Tor der Doppelmauer, das am Königsgarten ist, während die Chaldäer noch rings um die Stadt waren,
nun gingen sie weiter, den Weg durch die Steppe.
Jene aber, das Heer der Chaldäer, jagten dann dem König
  nach, sie holten Zidkijahu in den Steppen von Jericho ein,
indes all sein Heer von ihm weg versprengt wurde,
sie ergriffen den König, sie brachten ihn zum König von Babel nach Ribla im Land Chamat hinauf,
da redete er gerichtsmäßig mit ihm.
Der König von Babel metzelte die Söhne Zidkijahus vor seinen Augen nieder,
und auch alle Obern von Jehuda metzelte er nieder in Ribla,
dann blendete er Zidkijahus Augen, fesselte ihn mit Doppel-
  erzketten,
der König von Babel ließ ihn nach Babel mitkommen,
er gab ihn in das Strafordnungshaus, bis an den Tag seines
  Todes.

In der fünften Mondneuung, am zehnten auf die Neuung, das
    war das neunzehnte Jahr der Jahre des Königs Nebukadrez-
    zar, des Königs von Babel,
mußte dann noch Nebusaradan, der Führer der Leibdegen,
    der vorm Antlitz des Königs von Babel stand, wider
    Jerusalem kommen,
er verbrannte SEIN Haus, das Königshaus und alle Häuser von
    Jerusalem, alljedes Haus eines Großen verbrannte er im
    Feuer,
alle Mauern Jerusalems ringsum schleiften sie, alles Heer der
    Chaldäer, das mit dem Führer der Leibdegen war.
Aber von der Volksarmut – das übrige Volk nämlich, die noch
    in der Stadt als Rest Verbliebnen: die Abgefallnen, die zum
    König von Babel abgefallen waren, und das übrige Ge-
    werk verschleppte Nebusaradan, der Führer der Leib-
    degen –
von der Landesarmut ließ Nebusaradan, der Führer der Leib-
    degen, einen Rest zurück, zu Winzern und zu Pflügern.
Die ehernen Säulen, die zu SEINEM Haus gehörten, und die
    Fahrgestelle und das eherne Meer, die bei SEINEM Haus wa-
    ren, zertrümmerten die Chaldäer, sie trugen all deren Erz
    nach Babel,
die Töpfe, die Schaufeln, die Zwicken, die Sprengen, die Kel-
    len, und alle ehernen Geräte, mit denen man amtete, nah-
    men sie mit,
die Becken, die Pfannen, die Sprengen, die Töpfe, die Leuch-
    ter, die Kellen, die Schalen, was Gold war in Gold, was Sil-
    ber war in Silber, nahm der Führer der Leibdegen.
Die Säulen, zwei,
das Meer, das eine,
Die Rinder, zwölf, von Erz, die drunter waren,
die Fahrgestelle, die der König Schlomo für SEIN Haus ge-
    macht hatte:
nicht zu wägen war ihr Erz, all dieser Geräte.
Und die Säulen: die Höhe der einen Säule achtzehn Ellen, um-
    ringen konnte die ein Faden von zwölf Ellen, ihre Dicke
    vier Finger, hohl war sie,

eine Bekrönung von Erz darauf, fünf Ellen die Höhe der einzelnen Bekrönung,

Gitterwerk und Granatäpfel auf der Bekrönung ringsum, alles von Erz,

und diesen gleich für die zweite Säule,

die Granatäpfel aber: der Granatapfel waren sechsundneunzig nach der freien Luft, – aller Granatäpfel hundert nebst dem Gitterwerk ringsum.

Der Führer der Leibdegen nahm Sfraja den Hauptpriester und Zfanja den Zweitpriester und die drei Schwellenhüter,

und aus der Stadt nahm er den einen Kämmerer, welcher der Kriegsmannschaft zugeordnet war, und sieben Männer von denen, die das Antlitz des Königs sehen durften, die sich in der Stadt fanden,

und des Scharobersten Schreiber, der die Volkschaft des Landes zusammenzuscharen hatte, und sechzig Mann von der Volkschaft des Landes, die noch mitten in der Stadt gefunden worden waren,

die nahm Nebusaradan, der Führer der Leibdegen, und ließ sie zum König von Babel nach Ribla gehn,

der König von Babel ließ sie in Ribla im Lande Chamat erschlagen, töten.

So wurde Jehuda von seiner Scholle hinweg verschleppt.

Dies ist das Volk, das Nebukadrezar verschleppte:

im siebenten Jahr dreitausendunddreiundzwanzig Judäer,

im achtzehnten Jahr Nebukadrezars aus Jerusalem achthundertzweiunddreißig Seelen,

im dreiundzwanzigsten Jahr Nebukadrezars verschleppte Nebusaradan, der Führer der Leibdegen, an Judäern, siebenhundertfünfundvierzig Seelen;

aller Seelen viertausend und sechshundert.

Es geschah im siebenunddreißigsten Jahr seit der Verschleppung Jojachins Königs von Jehuda, in der zwölften Neuung, am fünfundzwanzigsten auf die Neuung:

Ewilmerodach König von Babel erhob im Jahr seines Königtumsantritts das Haupt Jojachins Königs von Jehuda, er ließ ihn aus dem Kerkerhaus holen, er redete gütig mit ihm,

er gab seinen Stuhl oberhalb des Stuhls der Könige, die mit
ihm in Babel waren,

er durfte die Gewänder seiner Kerkerhaft wechseln,

er aß nun stetig das Mahl vor seinem Antlitz, alle Tage seines
Lebens,

sein Unterhalt wurde als steter Unterhalt ihm von dem König
von Babel gegeben, der Tagesbedarf an seinem Tag, bis
zum Tag seines Todes,

alle Tage seines Lebens.

DAS BUCH
JECHESKEL

Es geschah im dreißigsten Jahr, im Vierten, am fünften auf die
　　Mondneuung,
als ich inmitten der Verschlepptenschaft am Stromarm Kbar
　　war:
der Himmel öffnete sich,
ich sah Gottgesichte.

　　Am fünften auf die Neuung
　　– es war das fünfte Jahr seit König Jojachins Verschlep-
　　　pung –
　　geschah SEINE Rede, geschah
　　an Jecheskel Sohn Busis den Priester
　　im Land der Chaldäer, am Stromarm Kbar,
　　SEINE Hand war dort über ihm.
Ich sah,
da, ein Sturmbraus kam vom Norden:
große Wolke und insichgreifendes Feuer,
ihr ringsum ein Glanz,
aus jenes Mitte aber,
wie der Anblick des Asem-Erzes aus der Mitte des Feuers,
aus jenes Mitte vier Lebendiger Gestalt.
Und dies ihr Ansehn:
Menschgestalt an ihnen,
jedem einen der Antlitze vier,
jedem einen vier Flügel ihnen.
Ihre Beine – ein gerades Bein,
ihre Fußballen wie der Fußballen eines Kalbs,
und die funkelten wie der Anblick geglätteten Kupfers.
Menschenhände unterhalb ihrer Flügel,
an ihren vier Geviertseiten.
Ihre Antlitze aber und ihre Flügel, der Vier,
– ihre Flügel, jeder an sein Geschwister geheftet, –
drehten sich nicht im Gehn,
jeder in der Richtung seines Antlitzes, gingen sie.
Die Gestalt ihrer Antlitze aber:
ein Menschenantlitz,
zur Rechten ein Löwenantlitz, den Vier,
von links her ein Stierantlitz, den Vier,
und ein Adlerantlitz den Vier.
Ihre Antlitze das,

ihre Flügel aber drüberhin ausgespannt,
jedem zwei aneinandergeheftet,
und zwei hüllten ihre Körper zu.
Jeder in der Richtung seines Antlitzes, gingen sie,
wohin der Geistbraus gehn hieß, gingen sie,
drehten sich nicht im Gehn.
Und die Gestalt der Lebendigen: ihr Ansehn
– wie brennende Feuerkohlen, anzusehn wie Fackeln,
gings zwischen den Lebendigen um,
und Glanz war am Feuer,
und aus dem Feuer fuhr ein Blitz,
und die Lebendigen liefen und kehrten –
wie das Ansehn des Wetterleuchtens.
Ich sah die Lebendigen an,
da war je ein Rad auf der Erde
neben den Lebendigen, nach der Antlitzvierheit zu.
Das Ansehn der Räder und ihr Gemächt
wie der Anblick des Chalzedon,
und einerlei Gestalt den Vieren,
und ihr Ansehn und ihr Gemächt,
als wäre ein Rad inmitten des anderen Rads.
Nach ihren vier Geviertseiten gingen bei ihrem Gehn sie,
drehten sich nicht im Gehn.
Ihre Felgen aber,
Schwungmacht war deren, Furchtbarkeit war deren:
ihre Felgen voller Augen ringsum, den Vieren.
Wann aber die Lebendigen gingen, gingen die Räder dane-
    ben.
und hoben die Lebendigen sich von der Erde,
hoben die Räder sich.
Wohin der Geistbraus gehn hieß, gingen jene,
dahin ließ auch sie der Braus gehn,
die Räder hoben sich mit jenen zugleich,
denn der Braus des Lebendigen war in den Rädern.
Wann jene gingen, gingen sie,
wann jene standen, standen sie,
und hoben jene sich von der Erde,
hoben die Räder sich mit ihnen zugleich,
denn der Braus des Lebendigen war in den Rädern.

Gestalt aber war über des Lebendigen Häuptern,
ein Gewölb, wie der Anblick des furchtbaren Eises,
über ihren Häuptern gestreckt oberhalb.
Unter dem Gewölb waren ihre Flügel gerade,
jeder auf sein Geschwister zu,
zwei aber hatte der, die hüllten ihnen,
und zwei hatte der, die hüllten ihnen
ihre Körper zu.
Ich hörte den Hall ihrer Flügel
wie den Hall großer Wasser,
wie den Stimmhall des Gewaltigen,
wann sie gingen,
ein hallendes Tosen, wie eines Heerlagers Hall.
Wann sie aber standen,
ließen sie niederhangen ihre Flügel:
ein Stimmhall geschah
oberhalb des Gewölbs, das über ihren Häuptern war,
wann sie nun standen,
ließen sie niederhangen ihre Flügel.
Oberhalb des Gewölbs aber, das über ihren Häuptern war,
anzusehn wie Saphirstein
Gestalt eines Stuhls,
und auf der Gestalt des Stuhls
eine Gestalt
anzusehn wie ein Mensch,
oben darauf.
Ich sah:
wie der Anblick des Asem-Erzes,
anzusehn wie ein Feuer, das rings ein Gehäus hat,
vom Ansehn seiner Hüften aufwärts,
und vom Ansehn seiner Hüften abwärts
sah ich: anzusehn wie ein Feuer, das rings einen Glanz hat.
Anzusehn wie der Bogen, der im Gewölk wird am Regentag,
so anzusehn rings war der Glanz.
Das war das Ansehn der Gestalt SEINER Erscheinung.
Ich sah,
ich fiel auf mein Antlitz.

Nun hörte ich eines Redenden Stimmhall,

der sprach zu mir:
Menschensohn,
steh auf deine Füße,
ich will mit dir reden.
Geistbraus kam in mich, sowie er zu mir redete,
er stellte mich auf meine Füße,
ich hörte den zu mir Redenden.
Er sprach zu mir:
Menschensohn,
ich schicke dich zu den Söhnen Jiſsraels,
zu den empörerischen Stämmen, die sich gegen mich empör-
    ten,
sie und ihre Väter waren abtrünnig mir
bis auf ebendiesen Tag.
Die Söhne also,
starren Antlitzes, harten Herzens, –
ich schicke dich zu ihnen,
sprich zu ihnen:
So hat mein Herr, ER, gesprochen...!
Sie nun,
ob sie hören, ob sies lassen
– denn sie sind Haus Widerspann –,
erkennen werden sie,
daß ein Künder dawar in ihrer Mitte.
Du aber, Menschensohn,
fürchte dich nimmer vor ihnen,
vor ihren Reden fürchte dich nimmer,
weil Nesseln und Stachel um dich sind
und unter Skorpionen du siedelst,
vor ihren Reden fürchte dich nimmer,
vor ihrem Antlitz sei nimmer bestürzt,
denn sie sind Haus Widerspann.
Reden sollst du meine Reden zu ihnen,
ob sie hören, ob sies lassen,
denn sie sind Widerspann.
Du aber, Menschensohn,
höre, was ich zu dir rede,
sei nimmer widerspenstig
wie das Haus Widerspann!

Sperre deinen Mund auf
und iß, was ich dir gebe!
Ich sah,
da, eine Hand, zu mir ausgeschickt,
und da, eine Buchrolle in ihr,
die breitete er vor mich hin,
sie war vorn und hinten beschrieben,
und geschrieben war drüber:
Klagrufe, Seufzen und Weheschrei.
Er aber sprach zu mir:
Menschensohn,
was dir gereicht wird, iß,
iß diese Rolle,
und geh, rede zum Haus Jiſsrael!
Ich öffnete meinen Mund,
er aber ließ diese Rolle mich essen.
Dann sprach er zu mir:
Menschensohn,
atze deinen Leib,
fülle deinen Bauch
mit dieser Rolle, die ich dir gebe!
Ich aß sie,
sie ward in meinem Munde wie Honig süß.
Er aber sprach zu mir:
Menschensohn,
geh, komm zum Hause Jiſsrael,
rede mit meiner Rede zu ihnen!
Denn nicht zu einem Volk tiefer Lippe
und schwerer Zunge bist du geschickt, –
zum Haus Jiſsrael:
nicht zu vielen Völkern tiefer Lippe, schwerer Zunge,
aus deren Rede du nichts heraushörst, –
schickte ich dich zu denen, sie würden hören auf dich,
aber die vom Haus Jiſsrael werden nicht gewillt sein auf dich
　　zu hören,
denn sie sind keinmal auf mich zu hören gewillt,
denn alles Haus Jiſsrael,
harter Stirn und starren Herzens sind sie.
Da, ich gebe deinem Antlitz,

hart zu sein gemäß ihrem Antlitz,
deiner Stirn,
hart zu sein gemäß ihrer Stirn,
wie Diamant, härter als Kiesel,
gebe deiner Stirn ich zu sein,
fürchte sie nicht,
sei nicht vor ihrem Antlitz bestürzt,
denn sie sind Haus Widerspann.
Weiter sprach er zu mir:
Menschensohn,
alle Reden, die ich zu dir reden werde,
nimm auf mit deinem Herzen,
mit deinen Ohren höre,
dann geh, komm zu der Verschlepptenschaft,
zu den Söhnen deines Volkes,
rede zu ihnen,
sprich zu ihnen: So hat mein Herr, ER, gesprochen!,
ob sie hören, ob sies lassen.
Geistbraus erhob mich,
hinter mir aber hörte ich den Hall eines großen Schütterns,
– Gesegnet SEINE Erscheinung von ihrem Orte aus! –
den Hall der Flügel der Lebendigen, jeder sein Geschwister
    berührend,
den Hall der Räder ihnen gemäß,
den Hall eines großen Schütterns.
Geistbraus hob mich, er nahm mich hinweg,
ich ging mit Bitternis in der Glut meines Geistes,
SEINE Hand hielt hart mich gefaßt,
ich kam zu der Verschlepptenschaft in Tel Abib,
ihnen, die am Stromarm Kbar sitzen,
ich setzte mich hin,
sie sitzen dort,
so saß auch ich dort
sieben Tage in ihrer Mitte, betäubt.

Es geschah aber nach Ablauf der sieben Tage,
SEINE Rede geschah zu mir, es sprach:
Menschensohn,
als Späher habe ich dich dem Haus Jifsrael gegeben.

Hörst du Rede von meinem Mund, sollst du von mir her sie
    warnen.
Wann ich spreche zum Frevler: Sterben mußt du, sterben!
und du warnst ihn nicht,
redest nicht, um den Frevler von seinem Frevelsweg ab-
    zuwarnen,
ihn am Leben zu halten:
ein Frevler ist er, um seine Verfehlung wird er sterben,
von deiner Hand aber will ich heimfordern sein Blut.
Du aber, –
wenn du einen Frevler gewarnt hast
und er kehrt nicht um von seinem Frevel, von seinem Frevels-
    weg:
er, um seine Verfehlung wird er sterben,
du aber, deine Seele du gerettet.
Wann ein Bewährter sich abkehrt von seiner Bewährung,
tut Falsch,
da ich das als Strauchelstein vor ihn hingab,
er, sterben wird er, denn du hast ihn nicht gewarnt,
um seine Versündigung wird er sterben,
seiner Bewährungen, die er tat, wird nicht gedacht,
von deiner Hand aber will ich sein Blut fordern.
Du aber, –
wenn du einen Bewährten gewarnt hast, daß er ohne zu sün-
    digen bleibt:
bewährt ist er, er hat nicht gesündigt,
leben wird er, leben, denn gewarnt ist er worden,
du aber, deine Seele hast du gerettet.

Seine Hand war über mir dort,
er sprach zu mir:
Mach dich auf,
zieh in die Ebene hinaus,
dort will ich mit dir reden.
Ich machte mich auf, zog hinaus in die Ebene,
und da stand dort Seine Erscheinung,
wie die Erscheinung, die ich am Stromarm Kbar gesehen
hatte.
Ich fiel auf mein Antlitz.
Doch Geistbraus kam in mich, der stellte mich auf meine
Füße.
Er aber redete mit mir, er sprach zu mir:
Geh, verschließe dich mitten in deinem Haus!
Du nämlich, Menschensohn –
da, man gibt Stricke an dich, man fesselt dich mit ihnen,
daß du nicht ausziehn kannst mitten unter sie.
Und deine Zunge will ich an deinen Gaumen kleben,
daß du verstummen mußt
und sollst nicht weiter ihnen ein mahnender Mann sein,
denn sie sind Haus Widerspann.
Wann ich aber mit dir rede, will ich den Mund dir öffnen,
du sprichst dann zu ihnen: So hat mein Herr, Er, gesprochen…!
Wer hört, mag hören,
wers läßt, mags lassen,
denn sie sind Haus Widerspann.

Du aber, Menschensohn,
nimm eine Lehmplatte dir,
gib sie vor dich hin,
ritze darein eine Stadt,
Jerusalem,
Einengung gib wider sie,
baue wider sie ein Schanzengeheg.
schütte wider sie einen Damm,
gib wider sie Heereslager,
setze wider sie Sturmböcke rings!
Du aber nimm dir eine eiserne Pfanne,

und gib sie als eiserne Mauer
zwischen dich und die Stadt,
richte fest dein Antlitz auf sie,
in der Einengung soll sie dann sein,
einengen sollst du sie, –
ein Zeichen sei das für das Haus Jifsrael.
Und du liege auf deine linke Seite,
tue den Fehl des Hauses Jifsrael drauf.
Die Zahl der Tage, die du drauf liegst,
sollst ihren Fehl du tragen.
Ich nämlich, ich übergebe dir
die Jahre ihres Fehls als Tagzahl,
dreihundert und neunzig Tage,
daß du den Fehl des Hauses Jifsrael tragest.
Bist du dann fertig mit diesen,
liege zum andern auf deine rechte Seite,
trage den Fehl des Hauses Jehuda
vierzig Tage,
Tag als Jahr, Tag als Jahr gebe ichs dir.
Und zur Einengung Jerusalems hin
sollst dein Antlitz du richten,
bloßgestreift deinen Arm,
du sollst wider es künden,
Ich gebe da Stricke an dich,
kannst dich wenden nicht von Seite zu Seite,
bis du fertig hast deiner Einengung Tage.
Nun aber nimm du für dich
Weizen, Gerste, Bohnen, Linsen, Hirse, Spelt,
gib sie in ein einziges Gefäß,
bereite dir daraus Brot:
die Tagzahl, die du liegst auf deiner Seite,
dreihundertundneunzig Tage sollst du es essen.
Und dein Essen, das du essen sollst: gewogen,
des Tages zwanzig Gewicht,
zur Stunde iß es und wieder zur Stunde.
Und auch Wasser trinke abgemessen,
einen Sechstelkrug,
zur Stunde trinke und wieder zur Stunde.
Als einen Gerstenback sollst du es essen,

und den backe auf Ballen von Menschenkot
jenen vor Augen.

Weiter sprach ER:
Ebenso müssen die Söhne Jifsrael
ihr Brot, ein makliges, essen
unter den Stämmen, dahin ich sie versprenge.
Ich aber sprach:
Ach, mein Herr, DU,
meine Seele da ist nicht bemakelt,
Aas, Zerrißnes habe ich nicht gegessen
von meiner Jugend bis jetzt,
Unflatfleisch kam in meinen Mund nie.
Er sprach zu mir:
Sieh, ich gebe dir Rindermist
anstatt Menschenballen,
darauf sollst du dein Brot bereiten.
Weiter sprach er zu mir:
Menschensohn, da,
ich zerbreche den Stab des Brots in Jerusalem:
daß Brot sie essen abgewogen, in Sorge,
Wasser abgemessen trinken, in Starre,
damit sie Brots und Wassers ermangeln,
erstarren, jedermann und sein Bruder,
modern in ihrer Verfehlung.

Du aber, Menschensohn,
nimm dir ein scharfes Schwert,
als ein Schermesser sollst du dirs nehmen,
über dein Haupt, über deinen Bart führs,
dann nimm eine Schalenwaage dir und teils:
ein Drittel verbrenne in der Lohe
mitten in der Stadt
sowie die Tage der Einengung voll sind,
nimm ein Drittel, schlags mit dem Schwert ringsumher,
und ein Drittel streue in den Wind:
ein Schwert zücke ich hinter ihnen her.
Ein geringes an Zahl nimm davon aber,
die binde eng in deine Kleidzipfel,
doch von diesen auch sollst du noch nehmen,

sollst mitten ins Feuer sie werfen,
sie aufgehn lassen im Feuer:
Feuer zieht von da her
über alles Haus Jifsrael.
So hat mein Herr, ER, gesprochen:
Das ists um Jerusalem:
in die Mitte der Weltstämme setzte ich es,
Länder rings um es hin,
es aber war widerspenstig
gegen meine Rechtsgeheiße,
frevelhafter als die Weltstämme noch, –
gegen meine Satzungen,
als die Länder, die rings um es sind,
denn meine Rechtsgeheiße
haben sie verschmäht,
und meine Satzungen,
sie sind darin nicht gegangen.
Darum,
so hat mein Herr, ER, gesprochen,
weil ihr tobtet mehr als die Stämme,
die rings um euch sind,
in meinen Satzungen nicht ginget,
meine Rechte nicht tatet,
tatet nach den Rechten der Stämme,
die rings um euch sind, –
darum,
so hat mein Herr, ER, gesprochen,
da, auch ich will nun an dich;
ich tue in deiner Mitte ein Rechten
den Weltstämmen vor Augen.
Was ich nie tat, tue ich an dir,
desgleichen ich nie mehr tun werde,
wegen all deiner Greuel.
Darum
werden Väter Kinder verzehren.
in deiner Mitte,
Kinder werden ihre Väter verzehren.
Gerichte tue ich an dir,
streue all deinen Überrest

in allen Wind.
Darum, sowahr ich lebe,
ist meines Herrn, Sein Erlauten,
weil du bemakeltest mein Heiligtum
mit all deinen Scheusalen, all deinen Greueln,
stutze auch ich nun zu,
dauern solls nicht mein Auge,
auch ich schone nicht.
Ein Drittel von dir,
durch die Seuche sollen sie sterben,
durch Hunger erschöpft werden in deiner Mitte,
ein Drittel von dir,
durchs Schwert sollen sie rings um dich fallen,
und ein Drittel von dir,
in allen Wind streue ichs,
ein Schwert zücke ich hinter ihnen her.
Erschöpfen muß sich mein Zorn,
meine Grimmglut muß ich stillen an ihnen,
ich muß mich letzen.
Dann werden sie erkennen,
daß Ich es bin, der geredet hat,
an meinem Eifer,
wann meinen Grimm ich erschöpfe an ihnen.
Ich mache dich zur Öde, zur Schande
unter den Stämmen, die rings um dich sind,
allen Wandrern vor Augen,
Schande sei es und Schimpf,
Mahnungsschreck und Erstarren
den Stämmen, die rings um dich sind,
wann ich Gerichte tue an dir
mit Zorn, mit Grimm, mit grimmigem Züchtigen,
– Ich bins, der geredet hat –
wann die Hungerpfeile ich sende,
die schlimmsten unter ihnen,
die zum Verderben gereichen,
die sende, euch zu verderben,
an euch den Hunger verbrauche.
Den Stab des Brotes zerbreche ich,
Hunger sende ich über euch,

dazu schlimmes Getier,
daß es dich der Kinder beraube,
Seuche, Blutpest soll dich durchwandern,
ein Schwert lasse ich über dich kommen.
Ich bins, der geredet hat.

SEINE Rede geschah zu mir, es sprach:
Menschensohn,
richte dein Antlitz gegen Jifsraels Berge
und künde gegen sie, sprich:
Jifsrals Berge,
hört meines Herrn, SEINE, Rede!
so hat mein Herr, ER, gesprochen
zu den Bergen und zu den Hügeln,
zu den Bachgründen und zu den Schluchten:
Da, ich selber,
ein Schwert lasse ich über euch kommen,
eure Koppen mache ich schwinden,
eure Schlachtstätten sollen verstarren,
eure Glutmale zerbrechen,
ich fälle eure Durchbohrten
vor eure Klötze hin,
der Söhne Jifsraels Leichname gebe ich
vor ihre Klötze hin,
ich streue eure Gebeine
rings um eure Schlachtstätten aus.
In all euren Siedlungen
veröden müssen die Städte,
verstarren müssen die Koppen,
damit eure Schlachtstätten veröden, verstarren,
eure Klötze zerbrechen, zergehn,
umgehaun eure Glutmale,
eure Machwerke weggewischt werden,
in eurer Mitte fällt der Durchbohrte:
dann werdet ihr erkennen,
daß ICH es bin.

Übrig lasse ich doch...
Wann nun Schwertentronnene euch
unter den Weltstämmen sind,
wann ihr verstreut seid unter die Länder,
dann werden meiner gedenken
eure Schwertentronnenen
unter den Weltstämmen,
wohin sie verbracht sind,

da ich brechen lasse
ihr verbuhltes Herz,
das von mir gewichen ist,
ihre Augen, verbuhlt
hinter ihren Klötzen her:
ekeln werden sie sich vor sich selber,
um das Böse, das sie haben getan,
wegen all ihrer Greuel,
dann werden sie erkennen,
daß ICH es bin,
der umsonst nicht geredet hat,
ihnen dieses Böse zu tun.

So hat mein Herr, ER, gesprochen:
Schlage in deine Hand,
stampfe mit deinem Fuß
und sprich: Weh!
um alle bösen Greuel
derer vom Haus Jifsrael,
daß sie fallen müssen
durchs Schwert, durch den Hunger, durch die Seuche:
der Ferne stirbt durch die Seuche,
der Nahe fällt durch das Schwert,
und der Verbliebne, Eingeengte
stirbt durch den Hunger,
meinen Grimm erschöpfe ich an ihnen, –
dann werdet ihr erkennen,
daß ICH es bin.

Wann inmitten ihrer Klötze,
rings um ihre Schlachtstätten
ihre Durchbohrten sind,
um alljeden hohen Hügel,
auf allen Häuptern der Berge,
unter alljedem üppigen Baum,
unter alljeder dichten Eiche,
an welchem Ort sie dargaben einst
Ruch des Geruhens
für all ihre Klötze,

ich strecke meine Hand über sie,
gebe hin zu Erstarren und Starrnis
das Land von der Wüste bis Ribla
in all ihren Siedlungen:
dann werden sie erkennen,
daß ICH es bin.

SEINE Rede geschah zu mir, es sprach:
Du nun, Menschensohn:
So hat mein Herr, ER, gesprochen
zu dem Boden Jifsraels:
Ende!
das Ende ist gekommen
über die vier Zipfel des Landes,
jetzt über dir ist das Ende.
Meinen Zorn sende ich aus wider dich,
ich richte deinen Wegen gemäß,
über dich gebe ich all deine Greuel,
dauern solls dein nicht mein Auge,
schonen werde ich nicht,
ja, über dich gebe ich deine Wege,
in deiner Mitte sind nun deine Greuel, –
dann werdet ihr erkennen,
daß ICH es bin.

So hat mein Herr, ER, gesprochen:
Böses hinter Bösem,
da, es ist gekommen!
Ende ist gekommen,
gekommen ist das Ende,
die Ernte an dich, –
da, es ist gekommen!
Gekommen ist das Verflochtne
gegen dich, Insasse des Lands,
gekommen ist die Frist,
nah ist der Tag:
Kriegsgetöse ists,
nicht der Heißaruf mehr in den Bergen!
Nahe jetzt

schütte ich meinen Grimm über dich,
erschöpfe an dir meinen Zorn,
richte dich deinen Wegen gemäß,
über dich gebe ich all deine Greuel,
dauern solls nicht mein Auge,
schonen werde ich nicht,
deinen Wegen gemäß
gebe ichs über dich,
in deiner Mitte sind nun deine Greuel, –
dann werdet ihr erkennen,
daß Ich es bin,
der schlägt.

Da ist der Tag,
da, gekommen ists,
schon tritt das Verflochtne hervor:
der Stecken sproßt,
die Vermessenheit blüht auf,
die Unbill erwächst
zum Stecken des Frevels.
Nichts wird aus ihnen,
nichts aus ihrem Getümmel,
aus ihrer tummelnden Menge nichts,
nicht ein Wimmern mehr ist bald unter ihnen.
Gekommen ist die Frist,
eingetroffen der Tag!
Nimmer freue sich der Erwerber,
nimmer traure der Verkäufer
– denn ein Entflammen ist
gegen all ihr Getümmel –,
daß zum verkauften Gut
der Verkäufer nie zurückkehrt,
ob auch am Leben sie sind
unter den Lebenden noch,
denn ein Schauempfang gilt
gegen all ihr Getümmel:
Das kehrt nicht zurück,
jedermann, um seinen Fehl ist sein Leben,
die erstarken nicht mehr!

Sie blasen ins Blashorn,
man rüstet alles zu,
doch in den Kampf geht keiner,
denn mein Entflammen ist
gegen all ihr Getümmel.

Draußen das Schwert,
von innen die Seuche und der Hunger:
wer auf dem Felde ist,
stirbt durch das Schwert,
wer in der Stadt,
den fressen Hunger und Seuche.
Und entrannen Entronnene ihnen,
sollen in den Bergen sie sein
wie die Tauben der Schluchten,
Gurrende allesamt,
jeder um seine Verfehlung.
Alle Hände erschlaffen,
alle Knie überlaufen mit Wasser,
sie gürten Sackleinen um,
ein Schauder hüllt sie ein,
Schamröte ist an allen Gesichtern,
die Glatze auf all ihren Köpfen.
Ihr Silber werfen sie auf die Gassen,
ihr Gold ist zu Unrat geworden,
ihr Silber und ihr Gold
vermag sie nicht zu retten
am Tag MEINES Überwallens,
sie sättigen damit nicht ihre Seele,
sie füllen damit nicht ihren Leib,
denn der Strauchelstein ihres Fehls wars.
Die Köstlichkeit meines Schmucks,
zur Hoffart haben sie die verwandt,
die Bilder ihrer Greuel,
ihrer Scheusale machten sie draus,
darum habe ich gegeben,
daß es ihnen zu Unrat werde,
in der Auswärtigen Hand gebe ichs zur Beute,
den Frevlern des Erdlands zur Plünderung,

daß sie es preisstellen,
mein Antlitz wende ich von denen,
daß sie meinen Geheimschatz preisstellen,
hinkommen sollen die Räuber
preisstellen sollen sie ihn:
»Kettlein mache daraus!«
Ja, blutigen Unrechts voll ist das Land,
der Unbill voll ist die Stadt.
So lasse ich die Bösesten der Weltstämme kommen,
daß die ihre Häuser ererben,
verabschiede der Trotzigen Hoffart,
daß ihre Heiligtümer preisgestellt werden.
Die Beklemmung kommt,
Frieden suchen sie, und ist keiner,
Fügung auf Fügung wird kommen,
Vernehmen über Vernehmen,
nun suchen beim Künder sie Schau!
Entschwunden ist Weisung vom Priester,
Ratschluß von den Ältesten,
der König trauert,
der Fürst kleidet sich in Erstarren,
schrecklahm sind die Hände des Landvolks.
Von ihrem Weg her tue ichs ihnen,
nach ihren Rechten richte ich sie,
dann werden sie erkennen,
daß ICH es bin.

Es geschah im sechsten Jahr, im Sechsten, am fünften auf die
　　Neuung,
ich sitze in meinem Haus und die Ältesten Jehudas sitzen vor
　　mir:
dort fiel auf mich meines Herrn, SEINE, Hand.
Ich sah:
da, Gestalt, anzusehn wie ein Mann,
vom Ansehn seiner Hüften abwärts ein Feuer,
von seinen Hüften aufwärts wie das Ansehn eines Glasts,
wie der Anblick des Asem-Erzes.
Er schickte die Form einer Hand aus, er nahm mich an einer
　　Locke meines Kopfes,
ein Geistbraus trug mich zwischen der Erde und dem Him-
　　mel,
der brachte mich in Gottgesichten nach Jerusalem
an den Einlaß des Innentors, das nach Norden gewandt ist,
noch war der Sockel dort des Eiferbilds, das Eifer erregt.
Und da: dort war die Erscheinung des Gottes Jifsraels,
wie das Gesicht, das ich in der Ebene gesehen hatte.
Er sprach zu mir:
Menschensohn,
trage doch deine Augen empor des Weges nach Norden!
ich trug meine Augen empor des Weges nach Norden,
und da, nördlich vom Tore zur Schlachtstatt, am Eingang,
war jenes Eiferbild.
Er aber sprach zu mir:
Menschensohn,
siehst du, was sie tun,
Greuel groß, die sie hier tun, die vom Haus Jifsrael,
sich von meinem Heiligtum zu entfernen?
Aber noch mehr davon sollst du, große Greuel sehn.
Er brachte mich zum Einlaß des Hofs,
ich sah, da war ein Loch in der Mauer.
Er aber sprach zu mir:
Menschensohn,
durchstoße doch die Mauer!
Ich durchstieß die Mauer, da war ein Einlaß.
Weiter sprach er zu mir:
Geh hinein,

sieh die bösen Greuel, die sie hier tun!
Ich ging hinein, ich sah, da war allerhand Formung,
Gewürm und Vieh, Scheusäligkeit,
all die Klötze des Hauses Jifsrael,
eingemeißelt rings, rings in die Mauer,
und siebzig Männer, von den Ältesten des Hauses Jifsrael
– Jaasanjahu Sohn Schafans in ihrer Mitte stehend –,
standen vor ihnen, jedermann sein Rauchbecken in seiner Hand,
und der Duft der Räucherwolke stieg.
Er aber sprach zu mir:
Hast du gesehen, Menschensohn,
was die Ältesten des Hauses Jifsrael im Finstern tun,
jedermann in seiner Schaustückkammer?
sie sprechen ja: ER sieht uns nicht mehr,
verlassen hat ER das Land!
Weiter sprach er zu mir:
Noch mehr davon sollst du sehn,
große Greuel, die sie tun.
Er brachte mich zum Einlaß des Tors SEINES Hauses,
das nach Norden hin ist,
da saßen dort Weiber,
die beweinten den Tammus.
Er aber sprach zu mir:
Hast du gesehen, Menschensohn?
noch mehr davon sollst du sehn,
größere Greuel als diese.
Er brachte mich zum innern Hof SEINES Hauses,
da, am Einlaß SEINER Halle, zwischen Flursaal und Schlacht-
    statt
waren etwa fünfundzwanzig Männer,
ihre Rücken zu SEINER Halle, ihre Antlitze ostwärts,
und die warfen sich ostwärts nieder, vor der Sonne.
Er aber sprach zu mir:
Hast du gesehen, Menschensohn?
ists zu gering dem Hause Jehuda gewesen,
die Greuel zu tun, die sie hier getan haben?
sie füllen ja mit Unbill das Land,
immer mehr wollen sie mich verdrießen,
und nun stecken sie sich die Rute an die Nase!

Aber ich auch, im Grimm will ich tun,
dauern solls nicht mein Auge,
ich werde nicht schonen,
mögen sie in meine Ohren rufen mit lauter Stimme,
ich höre sie nicht.
Er rief in meine Ohren mit lauter Stimme, sprechend:
Nahet, Strafzuordner der Stadt,
jedermann sein Gerät des Verderbens in seiner Hand!
Da kamen sechs Männer
des Wegs vom oberen Tor, das nordwärts gewandt ist,
jedermann sein Gerät des Zermalmens in seiner Hand,
in der Mitte ein einzelner Mann,
in Leinwand gekleidet, das Farbbrett des Schreibers an seinen
       Hüften,
die kamen, stellten sich neben die eherne Schlachtstatt.
Die Erscheinung des Gottes Jiſrael aber war aufgestiegen,
auf vom Cherub, auf dem sie gewesen war,
hin zur Schwelle des Hauses.
Er rief dem in Leinwand gekleideten Mann, der an seinen
       Hüften das Farbbrett des Schreibers hatte,
ER sprach zu ihm:
Schreite mitten durch die Stadt, mitten durch Jerusalem,
male ein Mal auf die Stirnen der Männer,
die seufzen und ächzen über all die Greuel, die in seiner Mitte
       getan sind.
Zu jenen aber sprach er in meine Ohren:
Schreitet durch die Stadt hinter ihm und schlagt!
nimmer dauern solls euer Auge,
nimmer dürft ihr schonen,
Alte, Jünglinge, Mädchen, Kinder und Weiber bringt um:
Zum Verderben!
Doch all die Männer, an denen das Mal ist,
nimmer tretet die an!
Und an meinem Heiligtum beginnt!
Sie begannen mit den Männern, den Ältesten, die vor dem
       Haus waren.
Indes sprach er zu ihnen:
Bemakelt das Haus!
füllt die Höfe mit Durchbohrten!...

nun ziehet weiter!
Sie zogen weiter und schlugen in der Stadt.
Es geschah, als sie im Schlagen waren und ich war übrigge-
   blieben,
ich fiel auf mein Antlitz, ich schrie, ich sprach:
Ach, mein Herr, DU!
willst du allen Überrest Jifsraels verderben,
daß du deinen Grimm schüttest über Jerusalem?
Er sprach zu mir:
Sehr, sehr groß ist die Verfehlung des Hauses Jifsrael und Jehudas,
gefüllt hat das Land sich mit Blutschuld,
voller Rechtsbeugung ist die Stadt,
sie sprechen ja: Verlassen hat ER das Land,
ER sieht nicht mehr!
aber ich auch, dauern solls nicht mein Auge,
ich werde nicht schonen,
ihren Abweg gebe ich auf ihr Haupt.
Da aber war schon der in Leinwand gekleidete Mann, der das
   Farbbrett an den Hüften hatte,
er erstattete Rede, sprechend:
Ich habe getan, wie du mir geboten hast.

Ich sah,
da, am Gewölb, dem überm Haupt der Cheruben,
wars wie Saphirstein,
wie das Ansehn der Gestalt eines Throns war er über ihnen zu
   sehn.
Er aber sprach zu dem in Leinwand gekleideten Mann,
er sprach:
Komm in die Zwischenräume des Kreisenden, das unterhalb
   je eines Cheruben ist,
und fülle deine Fäuste mit Glutkohlen aus den Räumen zwischen den Cheruben
und streue sie über die Stadt!
Der kam vor meinen Augen hin.
Die Cheruben aber standen zur Rechten des Hauses, als der
   Mann hinkam,
und die Wolke füllte den inneren Hof,
– als nämlich SEINE Erscheinung sich erhoben hatte,

auf vom Cherub, hinüber zur Schwelle des Hauses,
hatte das Haus sich mit der Wolke erfüllt,
und der Hof hatte sich erfüllt mit dem Glanz SEINER Erschei-
　　nung,
der Hall aber der Cherubenflügel war bis an den äußern Hof
　　zu hören,
wie der Stimmhall des Gewaltigen Gottes, wann er redet.
Es geschah nun, als er dem in Leinwand gekleideten Manne ge-
　　boten hatte, sprechend:
Nimm Glut aus den Zwischenräumen des Kreisenden, den
　　Räumen zwischen den Cheruben!,
der kam hin, er stellte sich neben ein Rad,
ein Cherub aber schickte seine Hand aus von dem Raum zwi-
　　schen den Cheruben her
an die Glut, die zwischen den Cheruben war,
trug etwas davon, gabs in die Fäuste des in Leinwand Ge-
　　kleideten,
der nahms, zog hinweg.
Es war aber an den Cheruben die Form einer Menschenhand
　　unter ihren Flügeln zu sehn.
Ich sah nämlich, da, vier Räder den Cheruben zuseiten,
ein Rad zuseiten einem Cherub, ein Rad zuseiten einem
　　Cherub,
und das Aussehn der Räder wie der Anblick des Chalze-
　　donsteins,
das war ihr Aussehn: einerlei Gestalt den Vieren,
als wäre ein Rad inmitten des anderen Rads.
Bei ihrem Gehn gingen nach ihren vier Geviertseiten sie,
drehten sich nicht im Gehn,
denn nach der Gegend, wohin der zuhäupten sich wandte,
　　hinter dem her gingen sie,
drehten sich nicht im Gehn:
all ihr Fleisch, ihre Rücken, ihre Hände, ihre Flügel.
Und die Räder waren voller Augen rings, so waren ihre
　　Räder den Vieren.
Den Rädern aber, ihnen wurde in meine Ohren gerufen:
　　Kreisendes!
Jedem einen aber waren der Antlitze vier:
das eine Antlitz ein Cherubsantlitz,

das zweite Antlitz ein Menschenantlitz,
das dritte ein Löwenantlitz,
das vierte ein Adlerantlitz.
Wie sich dann die Cheruben erhoben
– das war das Lebendige, das ich am Stromarm Kbar gesehen
    hatte –:
wann die Cheruben gegangen waren, waren die Räder neben
    ihnen gegangen,
und wann nun die Cheruben ihre Flügel schwangen, sich von
    der Erde zu erheben,
drehten sich auch die Räder nicht ab von ihrer Seite,
wann jene standen, standen sie,
wann jene sich erhoben, erhoben sie sich mit ihnen,
denn der Braus des Lebendigen war in ihnen.
Es zog nun nämlich SEINE Erscheinung von über der Schwelle
    des Hauses,
sie stand über den Cheruben,
die Cheruben aber schwangen ihre Flügel, sie erhoben sich
    von der Erde vor meinen Augen,
hinwegziehend, die Räder zugleich mit ihnen,
stehn bliebs am Eingang des östlichen Tors SEINES Hauses,
und über ihnen, oben, die Erscheinung des Gottes Jifsraels.
Das war das Lebendige, das ich unter dem Gotte Jifsraels am
    Stromarm Kbar gesehen hatte:
ich erkannte, daß dies Cheruben waren, Vier.
Jedem einen der Antlitze vier,
jedem einen vier Flügel,
und die Gestalt einer Menschenhand unter ihren Flügeln.
Und die Gestalt ihrer Antlitze:
dies waren die Antlitze, deren Ansehn ich am Stromarm
    Kbar gesehen hatte.
Und sie, jeder in der Richtung seines Antlitzes, gingen sie.
Mich aber schwang ein Geistbraus empor,
er ließ mich an das östliche Tor SEINES Hauses kommen, das
    ostwärts gewandt ist.
Und da, am Einlaß des Tors, waren fünfundzwanzig Männer,
in ihrer Mitte sah ich Jaasanja Sohn Asurs und Platjahu Sohn
    Bnajahus, Obre des Volks.
Er aber sprach zu mir:

Menschensohn,
diese sind die Männer,
die in dieser Stadt Arg planen und bösen Rat raten,
die sprechen:
Fürs nächste gilts nicht, Häuser zuzubauen,
sie ist der Kessel und wir sind das Fleisch!
Darum künde wider sie,
künde, Menschensohn!
SEIN Geistbraus fiel auf mich,
er aber sprach zu mir:
Sprich:
So hat ER gesprochen:
Das habt ihr gesprochen, Haus Jiſsrael,
und was in eurem Geiste aufsteigt, ich kenne es:
gemehrt habt ihr eure Durchbohrten in dieser Stadt,
gefüllt mit Durchbohrten ihre Gassen.
Darum – so hat mein Herr, ER, gesprochen –:
eure Durchbohrten, die ihr hinstrecktet in ihrer Mitte,
die sind das Fleisch und sie ist der Kessel,
euch aber führe ich aus ihrer Mitte.
Schwert fürchtet ihr, Schwert lasse ich über euch kommen,
– Erlauten ists von meinem Herrn, IHM, –
ausführen will ich euch von ihrer Mitte,
will euch geben in die Hand von Auswärtigen,
Gerichte will ich an euch tun,
durchs Schwert müsset ihr fallen,
auf Jiſsraels Grenzmark will ich euch richten,
dann werdet ihr erkennen, daß ICH es bin:
sie wird euch nicht der Kessel sein,
in dessen Mitte ihr das Fleisch wärt,
an Jiſsraels Grenzmark will ich euch richten.
Dann werdet ihr erkennen, daß ICH es bin,
in dessen Gesetzen ihr nicht ginget
und dessen Rechte ihr nicht tatet,
aber nach den Rechten der Stämme, die rings um euch sind,
    habt ihr getan.
Wie ich nun kündete, geschahs,
daß Platjahu Sohn Bnajas starb.
Ich fiel auf mein Antlitz, ich schrie mit lauter Stimme:

Ah, mein Herr, DU,
den Garaus machst du dem Überrest Jifsraels!
SEINE Rede geschah zu mir, es sprach:
Menschensohn, um deine Brüder,
deine Brüder, die mit dir verschleppten Männer und das Haus
  Jifsrael allsamt,
von denen die Insassen Jerusalems gesprochen haben:
Fern sind sie nun IHM geworden,
uns ists zu Erbe gegeben, das Land! –
darum sprich: So hat mein Herr, ER, gesprochen:
Ja, unter die Weltstämme habe ich sie entfernt,
und ja, in die Länder habe ich sie versprengt,
nur noch ein weniges wurde ich ihnen zum Heiligtum
in den Ländern, wohin sie gekommen sind, –
darum sprich: So hat mein Herr, ER, gesprochen:
Aber ich hole euch zuhauf aus den Völkern,
aber ich sammle euch aus den Ländern,
wohin ihr versprengt worden seid,
ich gebe euch den Jifsraelsboden.
Dorthin sollen sie kommen,
hinwegräumen sollen sie daraus
all seine Scheusale,
alle seine Greuel.
Ich gebe ihnen ein einiges Herz,
einen neuen Geist gebe in ihre Brust ich,
das Steinherz räume ich aus ihrem Fleisch,
ich gebe ihnen ein Fleischherz:
damit sie in meinen Satzungen gehn,
meine Rechtsgeheiße wahren, sie tun.
Sie sollen mir werden zum Volk
und ich, ich werde ihnen zum Gott.
Deren Herz aber geht nach dem Herzen
ihrer Scheusale und ihrer Greuel,
deren Abweg gebe ich auf ihr Haupt.
Erlauten ists von meinem Herrn, IHM.

Die Cheruben schwangen ihre Flügel.
die Räder sich mit ihnen zugleich,
die Erscheinung des Gottes Jifsraels

war auf ihnen, obenauf.
So stieg auf SEINE Erscheinung,
auf mitten aus der Stadt,
sie stand auf dem Berg, der östlich der Stadt ist.
Mich aber schwang ein Geistbraus empor,
der ließ mich nach Chaldäa zur Verschlepptenschaft kommen,
im Gesicht, im Geistbraus Gottes,
aber aufgestiegen war, von mir auf, das Gesicht,
das ich gesehen hatte.
Nun redete ich zur Verschlepptenschaft all SEINE Rede,
die er mich hatte sehen lassen.

Seine Rede geschah zu mir, es sprach:
Menschensohn,
du sitzest inmitten des Hauses Widerspann,
die Augen haben zum Sehen und nicht sehen,
die Ohren haben zum Hören und nicht hören,
denn sie sind Haus Widerspann.
Du aber, Menschensohn,
richte dir Gerät der Verschlepptenwanderschaft,
rüste dich zum Wandern tags vor ihren Augen,
damit du von deinem Ort an einen andern Ort vor ihren
    Augen wanderst, –
ob sie wohl darauf sehen,
denn sie sind Haus Widerspann!:
tags ziehst du dein Gerät wie Wandergerät hinaus vor ihren
    Augen,
und am Abend ziehst du selber hinaus vor ihren Augen,
wie die Züge auf die Verschlepptenwanderschaft, –
vor ihren Augen durchstoße dir die Mauer, daß du durch sie
    hinausziehest,
vor ihren Augen trags auf der Schulter,
im Dunkel zieh dann hinaus,
dein Antlitz verhülle, daß du das Land nicht siehst,
denn als Erweis gebe ich dich dem Hause Jiſsrael.
Ich tat so, wie mir geboten worden war:
mein Gerät zog ich tags hinauf wie Wandergerät,
und am Abend durchstieß ich mit der Hand mir die Mauer,
im Dunkel zog ich hinaus,
auf der Schulter trug ichs fort vor ihren Augen.
Am Morgen geschah Seine Rede zu mir, es sprach:
Menschensohn,
haben sie zu dir nicht gesprochen,
das Haus Jiſsrael, das Haus Widerspann:
Was tust du?
Sprich zu ihnen:
So hat mein Herr, Er, gesprochen:
Dem Kronenträger gilt dieses Tragen in Jerusalem
und allem Haus Jiſsrael, in dessen Mitte die sind.
Sprich:
»Ich bin euch Erweis,

wie ich getan habe, wird ihnen getan.«
In die Verschleppung gehn sie, in die Gefangenschaft.
Und der Kronenträger, der in ihrer Mitte ist,
auf der Schulter wird er tragen, im Dunkel,
und wird so ausziehn,
die Mauer wird man durchstoßen, durch sie ihn hinauszuziehn,
sein Antlitz wird er verhüllen,
dieweil er eignen Auges das Erdland nicht mehr sehn soll:
ich breite mein Netz über ihn,
von meiner Schlinge wird er gegriffen,
nach Babel lasse ich ihn kommen, ins Land der Chaldäer,
aber auch das wird er nicht sehn,
und dort wird er sterben.
Und alles, was rings um ihn ist,
seine Hilfe, all seine Schwadronen,
streue ich in allen Wind,
und ein Schwert zücke ich hinter ihnen her.
Dann werden sie erkennen, daß ICH es bin:
wann unter die Weltstämme ich sie sprenge,
sie streue in die Erdenländer.
Zählige Männer lasse ich übrig von ihnen,
vom Schwert, vom Hunger, von der Seuche,
damit sie all ihre Greuel erzählen
unter den Weltstämmen, wohin sie kommen, –
dann werden die erkennen, daß ICH es bin.
SEINE Rede geschah zu mir, es sprach:
Menschensohn,
dein Brot iß mit Beben,
dein Wasser trink mit Zittern und Sorge,
und zum Volk des Landes sprich:
So hat mein Herr, ER, gesprochen
von den Siedlern Jerusalems, auf den Boden Jifsraels hin:
Ihr Brot werden mit Sorge sie essen,
ihr Wasser werden mit Erstarren sie trinken,
um des willen daß aus seiner Fülle verstarren muß das Land
ob der Unbill aller, die darin siedeln,
veröden müssen die besiedelten Städte,
eine Starrnis muß das Land werden,
dann werdet ihr erkennen, daß ICH es bin.

SEINE Rede geschah zu mir, es sprach:
Menschensohn,
was habt ihr da für ein Gleichwort
auf dem Boden Jifsraels, den Spruch:
»In die Länge ziehn sich die Tage,
zunichte wird alle Schau«! –
Darum sprich zu ihnen:
So hat mein Herr, ER, gesprochen:
Ich verabschiede dieses Gleichwort,
daß sie damit nicht mehr wörteln in Jifsrael,
sondern das rede zu ihnen:
In die Nähe rücken die Tage,
der Redegehalt aller Schau!
Denn nicht ist dann mehr allirgend Wahnschau
und schmeichelglatte Wahrsagerei
dem Haus Jifsrael inmitten,
sondern ICH rede, was ich rede,
geredet ists und getan wirds,
säumen wird es nicht mehr,
sondern in euren Tagen,
Haus Widerspann,
rede ich eine Rede und ich tue sie,
Erlauten ists von meinem Herrn, IHM.
Wieder geschah SEINE Rede zu mir, es sprach:
Menschensohn,
da sprechen die vom Haus Jifsrael:
»Die Schau, die er schaut,
gilt auf die Fülle der Tage,
er kündet auf ferne Zeiten!« –
darum sprich zu ihnen:
So hat mein Herr, ER, gesprochen:
Säumen wird es nicht mehr,
all meine Reden, die ich rede,
geredet ists und getan wirds.
Erlauten ists von meinem Herrn, IHM.

SEINE Rede geschah zu mir, es sprach:
Menschensohn,
künde wider Jiſsraels Künder,
die Künderei treiben,
sprich zu ihnen, die künden aus dem eigenen Herzen:
Höret SEINE Rede!
so hat mein Herr, ER, gesprochen:
Weh über die schändlichen Künder,
die nachgehn dem eigenen Geist
und ohne daß sie gesehen hätten!
Wie Füchse in Trümmern,
deine Künder, Jiſsrael, sinds geworden!
Ihr seid nicht in die Breschen gestiegen,
daß eine Mauer gemauert ihr hättet
um das Haus Jiſsrael,
dem Kampf zu stehen an MEINEM Tag!
– Wahn haben sie geschaut,
täuschende Wahrsagung,
die sprechen: »Erlauten von IHM«,
da ER sie doch nicht gesandt hat,
und dann harren sie,
daß das Redewort er sich bestätigen lasse.
– Habt ihr nicht nur Wahnschau geschaut,
täuschende Wahrsagerei gesprochen,
und sprecht: »Erlauten von IHM«, –
da doch ich, ich geredet nicht habe!
Darum, so hat mein Herr, ER, gesprochen,
weil ihr Wahn redet, Täuschung schaut,
darum will ich nun an euch,
Erlauten ists von meinem Herrn, IHM,
meine Hand gerät an die Künder,
die Wahn schauen und Täuschung wahrsagen,
im Kreise meines Volkes
sollen sie nicht sein,
in die Schrift des Jiſsraelhauses
werden sie nicht geschrieben,
auf den Boden Jiſsraels
dürfen sie nicht kommen
– dann werdet ihr erkennen, daß ICH Herr es bin –:

weil und diewcil sie mein Volk irreführen,
sprechend »Frieden!«, und ist kein Friede!
Das baut eine Steinschicht auf,
und die verstreichen sie nun mit Schleim!
Sprich zu den Schleimverstreichern,
daß sie schleift und fällt:
es gerät abschwemmender Regen,
ich gebe, daß Hagelschloßen fallen,
der Sturmwind niedersaust.
Ist nun gefallen die Wand,
wird dann etwa zu euch nicht gesprochen:
Wo ist der Lehmstrich, mit dem ihr verstrichet?!
Darum, so hat mein Herr, ER, gesprochen,
lasse den Sturmwind ich sausen
mit meiner Grimmglut,
abschwemmender Regen gerät
in meinem Zorn,
Hagelschloßen ingrimmig, zum Garaus,
niederreißen will ich die Wand,
die ihr mit Schleim habt verstrichen,
an die Erde lasse ich sie rühren,
daß ihr Grund offenbar wird,
sie fällt, ihr vergeht ihr inmitten,
dann werdet ihr erkennen, daß ICH es bin,
– wenn ich ausließ meinen Grimm an der Wand
und an denen, die mit Schleim sie verstrichen,
und wenn von euch gesprochen wird:
Dahin ist die Wand! dahin, die sie verstrichen! –
ihr Künder von Jiſrael,
die ihr über Jerusalem kündet
und ihm Schau eines Friedens erschaut,
und ist doch kein Friede!
Erlauten ists von meinem Herrn, IHM.

Und du, Menschensohn,
richte dein Antlitz auf die Töchter deines Volks,
die einherkünden aus dem eigenen Herzen,
künde wider sie, sprich:

So hat mein Herr, ER, gesprochen:
Weh den Frauen,
die Bannbinden nähn über alle Handgelenke,
die Zauberschleier machen über Köpfe allen Wuchses,
Seelen zu erjagen!
Jagt ihr Seelen ab meinem Volk,
euch Seelen am Leben zu halten?!
Ihr stellt preis mich vor meinem Volk
um ein paar Griff Gerste, um ein paar Happen Brots,
Seelen sterben zu lassen, die nicht sterben sollten,
Seelen leben zu lassen, die nicht leben sollten,
indem mein Volk ihr täuscht, sie, die auf die Täuschung
    hören.

Darum, so hat mein Herr, ER, gesprochen,
will ich nun an eure Bannbinden,
womit ihr Seelen als Flatternde jagt,
ich zerre sie euch von den Armen,
freischicke ich die Seelen, die ihr jagt,
Seelen als Flatternde,
ab zerre ich eure Zauberschleier,
ich rette mein Volk aus eurer Hand,
daß sie weiter nicht in eurer Hand ein Jagdfang seien, –
dann werdet ihr erkennen, daß ICH es bin.
Weil durch Lug ihr das Herz des Bewährten gekränkt habt,
den ich selber nicht wollte krank werden lassen,
und gestärkt habt die Hände des Frevlers,
ihn am Leben zu halten,
ohne daß er umkehrt von seinem bösen Weg,
darum sollt ihr Wahn nicht mehr schauen,
Wahrsagung fürder nicht sagen,
ich rette mein Volk aus eurer Hand, –
dann werdet ihr erkennen, daß ICH es bin.

Zu mir kamen Männer von den Ältesten Jifsraels,
sie saßen vor mir.
SEINE Rede geschah zu mir, es sprach:
Menschensohn,
diese Männer haben ihre Klötze in ihr Herz geschlossen,

den Strauchelstein ihrer Verfehlung haben sie sich grade vors
    Antlitz gegeben, –
lasse ich mich beforschen von denen, beforschen?!
Darum rede sie an, sprich zu ihnen:
So hat mein Herr, ER, gesprochen:
Mann um Mann vom Haus Jifsrael,
der seine Klötze in sein Herz schließt
und den Strauchelstein seiner Verfehlung sich grade vors
    Antlitz setzt
und kommt zum Künder, –
ICH selber will mich ihm antworten machen,
der mit der Menge seiner Klötze kommt:
damit ich das Haus Jifsrael an ihrem Herzen fasse,
die sich mir entfremdeten mit all ihren Klötzen.
Darum sprich zum Haus Jifsrael:
So hat mein Herr, ER, gesprochen:
Kehrt um! kehrt euch ab von euren Klötzen,
von all euren Greueln weg euer Antlitz!
denn Mann um Mann vom Haus Jifsrael
und von der Gastschaft, die in Jifsrael gastet,
entfremdet er meiner Nachfolge sich,
schließt seine Klötze er in sein Herz
und setzt den Strauchelstein seiner Verfehlung grad sich vors
    Antlitz,
und dann kommt er zum Künder, mich für sich zu beforschen,
ICH will mit mir selber mich ihm antworten machen:
ich gebe mein Antlitz wider jenen Mann,
ich verstarre ihn zu einem Zeichen und zu Gleichnissen,
ich rode ihn aus der Mitte meines Volks, –
dann werdet ihr erkennen, daß ICH es bin.
Wenn aber ein Künder betört wird und Rede redet,
ICH selber lasse betört sein jenen Künder,
ich strecke meine Hand wider ihn
und tilge ihn aus der Mitte meines Volks Jifsrael.
Ihre Verfehlungen sollen sie tragen,
gleich wird der Fehl des Beforschers, gleich der Fehl des Kün-
    ders sein, –
damit die vom Haus Jifsrael von meiner Nachfolge nicht mehr
    abirren

und sich nicht mehr bemakeln mit all ihren Abtrünnigkeiten.
Dann werden sie mir zum Volk
und ich, ich werde ihnen zum Gott.
Erlauten ists von meinem Herrn, Ihm.

SEINE Rede geschah zu mir, es sprach:
Menschensohn,
wenn ein Land gegen mich sündigte,
in Treubruch untreu zu werden,
ich meine Hand über es strecke,
den Brotstab ihm zerbreche,
Hunger schicke darein,
rotte draus Mensch und Vieh,
und ihm inmitten sind diese drei Männer:
Noach, Daniel und Ijob,
sie selber in ihrer Bewährung retten die eigne Seele,
Erlauten ists von meinem Herrn, IHM.
Lasse böses Getier ich durchs Land ziehn,
der Kinder es zu berauben,
daß es eine Starrnis wird,
die des Getiers wegen keiner durchzieht,
ihm inmitten aber sind die drei Männer,
sowahr ich lebe,
Erlauten ists von meinem Herrn, IHM,
ob sie Söhne, ob Töchter retten,...!
sie selber, allein, werden gerettet,
und das Land wird eine Starrnis.
Oder bringe über jenes Land ich ein Schwert,
spreche: Schwert durchziehe das Land,
rotte draus Mensch und Vieh,
ihm inmitten aber sind die drei Männer,
sowahr ich lebe,
Erlauten ists von meinem Herrn, IHM,
nicht erretten sie Söhne und Töchter,
sondern sie allein werden gerettet.
Oder schicke ich an jenes Land Seuche,
schütte in Blutpest darauf meinen Grimm,
draus zu rotten Mensch und Vieh,
und Noach, Daniel und Ijob sind ihm inmitten,
sowahr ich lebe,
Erlauten ists von meinem Herrn, IHM,
ob einen Sohn, ob eine Tochter sie retten,...!
sie selber in ihrer Bewährung retten die eigne Seele.
Ja – so hat mein Herr, ER, gesprochen –,

wie erst, da meine vier bösen Gerichte,
Schwert, Hunger, böses Getier und Seuche,
ich schicke an Jerusalem hin,
Mensch und Vieh draus zu rotten!
Und doch bleibt nun drin eine Entronnenschaft,
die Hinausgeführten, Söhne und Töchter.
Nun fahren sie zu euch aus,
ihr seht ihren Weg und ihre Geschäfte,
einen Trost habt ihr über das Böse,
das ich über Jerusalem brachte,
was alles ich brachte darüber, –
einen Trost verschaffen sie euch:
wenn ihren Weg ihr seht, ihre Geschäfte,
dann werdet ihr erkennen,
daß ich ohnnot nicht tat, was ich alles dran tat.
Erlauten ists von meinem Herrn, IHM.

SEINE Rede geschah zu mir, es sprach:
Menschensohn,
was hätte das Holz des Weinstocks
all dem Reisholz voraus,
das unterm Gehölz des Walds steckt?
wird davon Holz genommen, es zu einem Werk zu machen?
oder nimmt man von ihm einen Pflock, allerhand Geräte dran
    zu hängen?
Wohl, dem Feuer zum Fraße ists gegeben worden,
und schon hat das Feuer seine beiden Enden gefressen
und sein Mittelstück steht in Flammen,
solls zu einem Werke noch taugen?
Wohl, da es ganz ist, wirds zu einem Werk nicht gemacht,
wie erst, wenn das Feuer es anfraß und es in Flammen steht,
kanns nun zu einem Werk gemacht werden?
Darum, so hat mein Herr, ER, gesprochen,
wie das Holz des Weinstocks unterm Gehölz des Waldes,
das ich dem Feuer zum Fraße gegeben habe,
so gebe ich die Insassen Jerusalems hin,
ich gebe mein Antlitz wider sie,
Aus dem Feuer sind einst sie gefahren,
jetzt soll das Feuer sie fressen, –

dann werdet ihr erkennen,
daß ICH es bin:
wann mein Antlitz ich wider sie setze,
ich das Land hingebe zu Starrnis,
weil in Treubruch sie untreu wurden.
Erlauten ists von meinem Herrn, IHM.

SEINE Rede geschah zu mir, es sprach:
Menschensohn,
laß Jerusalem seine Greuel erkennen,
sprich:
So hat mein Herr, ER, zu Jerusalem gesprochen:
Dein Ursprung, deine Geburt
sind vom Kanaaniterland her,
dein Vater war der Amoriter,
deine Mutter Chetiterin.
Und das war deine Geburt:
am Tag, da du geboren wurdest,
ward deine Nabelschnur nicht abgeschnitten,
wardst nicht in Wasser gebadet zur Säubrung,
mit Salz wurdest du nicht besalzt,
in Windeln wurdest du nicht gewindelt,
nicht ein Auge hats dein gedauert,
dir eins von diesen zu tun,
Schonung dir zu gewähren, –
wardst aufs flache Feld hingeworfen,
da mißfällig war deine Seele
am Tag, da du geboren wurdest.
Ich aber trat zu dir, ich sah dich,
wie du zappeltest in deinem Blut,
ich sprach zu dir in deinem Blut:
»Lebe!«
Ich sprach zu dir:
»In deinem Blute lebe!«
Wachstum gab ich dir wie dem Sprosse des Feldes,
du wuchsest, du wurdest groß,
du kamst bis in die Reife,
gesteift schon waren die Brüste,
hervorgesproßt war dein Haar,
aber bar noch warst du und bloß.
Wieder trat ich zu dir, ich sah dich:
Zeit der Minne war nun deine Zeit.
Ich breitete über dich meinen Flügel,
ich hüllte deine Blöße ein,
ich schwur mich dir zu,
ich kam in den Bund mit dir,

Erlauten ists von meinem Herrn, I H M,
du wurdest mein.
Ich badete dich in Wasser,
ich spülte dein Blut von dir ab,
ich salbte dich mit Öl.
Ich kleidete in Buntgewirk dich,
beschuhte dich mit Seekuhhaut,
schlang dir einen Kopfbund von Linnen,
hüllte in Seide dich ein.
Ich schmückte dich mit dem Brautschmuck,
gab Spangen an deine Arme,
eine Kette um deinen Hals,
gab einen Reif an deine Nase
und Ringlein an deine Ohren
und auf dein Haupt eine prächtige Krone.
Du schmücktest mit Gold dich und Silber,
Linnen, Seide, Buntgewirk waren Kleid dir,
Kerngrieß aßest du, Honig und Öl.
Schön wurdest du, sehr, übersehr,
du taugtest zur Königschaft.
Über die Weltstämme hin zog dein Name
um deiner Schönheit willen,
denn völlig war sie in meinem Geschmeidsglanz,
den ich dir angelegt hatte.
Erlauten ists von meinem Herrn, I H M.
Aber sicher wurdest du da
ob deiner Schönheit,
du hurtest, –
ob deines Namens,
du schüttetest deine Hurerei
über alljeden, der herantrat,
wer es auch sei.
Du nahmst von deinen Gewändern,
machtest dir gefleckte Zeltkoppen,
hurtest darauf.
　– Die kommen nicht wieder,
　das geschieht nie mehr! –
Du nahmst deine Prachtgeräte,
von meinem Gold und von meinem Silber,

das ich dir gegeben hatte,
machtest dir Mannsgebilde,
damit hurtest du.
Du nahmst deine Buntwirkgewänder,
hülltest jene darein.
Mein Öl und mein Räucherwerk
hast du vor sie hingegeben.
Und mein Brot, das ich dir gab
– Kerngrieß, Öl und Honig, damit ich dich atzte –,
vor sie hast dus hingegeben
zu einem Ruch des Geruhens.
Das ist geschehn.
Erlauten ists von meinem Herrn, Ihm.
Du nahmst deine Söhne, deine Töchter,
die du mir geboren hattest,
du schlachtetest sie ihnen zum Essen.
Wars an deiner Hurerei noch zu wenig,
daß du metztest meine Söhne und gabst sie,
führtest jenen sie dar?!
Und bei all deinen Greueln und Hurereien
gedachtest du nie deiner Jugendtage,
da du bar warst und bloß,
zappelnd in deinem Blut warst.
Es geschah nach all deiner Bosheit
– Wehe, wehe dir! –
ist das Erlauten von meinem Herrn, Ihm –,
daß du dir einen Schwibbogen bautest,
auftatest dir einen Hochstand
bei alljedem breiten Platz,
an alljede Wegesecke
bautest du deinen Hochstand,
vergreueltest deine Schönheit,
spreiztest deine Beine
alljedem, der herantrat.
Du mehrtest deine Hurerei,
du hurtest nach den Söhnen Ägyptens hin,
deinen großgliedigen Nachbarn.
Du mehrtest deine Hurerei,
mich zu verdrießen,

– damals streckte ich meine Hand wider dich,
ich schmälerte dein Festgesetztes
gab dich der Gier deiner Hasserinnen,
der Philistertöchter,
die sich deines Unzuchtwegs schämten, –
du hurtest nach den Söhnen Assyriens hin,
da du ungesättigt warst,
du hurtest mit ihnen,
wurdest auch noch nicht satt.
Du mehrtest deine Hurerei
nach dem Krämerland Chaldäa hin,
und auch davon wurdest du nicht satt.
Was war dein Herzlein so schmachtend,
Erlauten ists von meinem Herrn, IHM,
da du all dieses getan hast,
eines freischaltenden Hurenweibs Tun,
da du deinen Schwibbogen bautest
an alljeder Wegesecke
und auftatest deinen Hochstand
an alljedem breiten Platz!
Und doch warst du nicht wie die Hure,
des Hingabelohns konntest du spotten:
»Buhlt ein Weib, seinem Mann unterstehend,
nimmt es – nur die Fremden selber!«
Angebind gibt man allen Huren,
du aber gabst dein Gebindnis
allen deinen Liebhabern hin,
du beschenktest sie, zu dir zu kommen
ringsher, in deine Hurerei,
ein Widerspiel wars bei dir zu den Weibern
in deiner Hurerei:
dir hurte man nicht nach;
da ja du den Hingabelohn gabst
und nicht gab man Hingabelohn dir,
wardst du zum Widerspiel.
Darum, Hure, höre SEINE Rede!
so hat mein Herr, ER, gesprochen:
Weil ausgegossen wurde dein Erz,
deine Blöße offen ward,

in deiner Hurerei
an deine Liebhaber hin,
an all deine greulichen Klötze,
und für das Blut deiner Söhne,
die du ihnen gegeben hast,
darum hole ich nun zuhauf
deine Liebhaber alle,
denen du wohlschmeckend warst,
alle, die du geliebt hast,
samt allen, die dir überdrüssig wurden,
hole ringsher sie wider dich,
ich mache offen ihnen deine Blöße,
daß sie alle deine Blöße sehen.
Dann richte ich dich nach dem Recht
für die da buhlen und Blut vergießen,
ich gebe dich hin zur Blutrache
des Grimms und der Eifersucht.
Ich gebe in ihre Hand dich,
deinen Schwibbogen reißen sie nieder,
deine Hochstände schleifen sie,
streifen deine Gewänder dir ab,
nehmen deine Prachtgeräte,
lassen dich bar und bloß.
Sie bringen auf wider dich die Versammlung,
die mit Steinen dich überschütten,
mit ihren Schwertern dich zerstücken,
deine Häuser mit Feuer verbrennen,
sie tun Gerichte an dir
vor den Augen vieler Weiber.
Da verabschiede ich dich als Hure,
Hingabelohn gibst du nicht mehr.
Ich stille an dir meine Grimmglut,
bis mein Eifer sich von dir hinweghebt,
ich ruhn darf und nicht mehr grolle.
Weil deiner Jugendtage du nicht gedacht hast,
reiztest mich auf durch all dies,
gebe auch ich hier deinen Weg auf dein Haupt,
Erlauten ists von meinem Herrn, IHM,
daß du nicht mehr die Unzucht übst

samt all deinen Greulichkeiten.
Wohl, wer alles Gleichworte sagt,
sagt den Spruch über dich:
Wie die Mutter war, ist die Tochter.
Die Tochter deiner Mutter bist du,
da mißfällig wurden ihr Mann und ihre Söhne,
die Schwester deiner Schwestern bist du,
da mißfällig wurden ihre Männer, ihre Söhne.
Eure Mutter war eine Chetiterin,
euer Vater ein Amoriter.
Deine große Schwester, Samaria ists
mit ihren Töchtern, zur Linken dir sitzend,
deine kleine Schwester, zur Rechten dir sitzend,
ist Sodom mit ihren Töchtern.
Du bist nicht in ihren Wegen gegangen,
ihren Greueln hast du nicht gleichgetan:
als sei das ein allzu Geringes,
triebst dus verderbter als sie in all deinen Wegen.
Sowahr ich lebe,
Erlauten ists von meinem Herrn, IHM:
hat Sodom, sie mit ihren Töchtern, getan,
was du tatest, du mit deinen Töchtern,...!
Wohl, dies war Sodoms Fehl, deiner Schwester:
auf Brotsattheit und sorglose Ruhe
hatte Stolz sie und ihre Töchter,
doch die Hand des Gebeugten, des Dürftigen
hat sie niemals gefaßt,
Hoffärtige waren sie,
taten ein Greuel vor mir,
da hob ich sie hinweg,
gleichwie du gesehen hast.
Und Samaria, nicht der Hälfte
deiner Sünden gleich hat sie gesündigt.
Gemehrt hast du deine Greuel
über die jener beiden hinaus,
ließest bewährt deine Schwestern erscheinen
durch all die Greuel, die du getan hast.
Trage nun auch du deine Beschämung,
die du mitteltest für deine Schwestern:

durch deine Sünden,
die du greulicher übtest als sie,
erschienen sie bewährt gegen dich;
und nun erröte auch du,
trage deine Beschämung,
daß deine Schwestern du bewährt hast erscheinen lassen.
Einst lasse ich ihnen die Wiederkehr kehren,
Sodom Wiederkehr und ihren Töchtern,
Samaria Wiederkehr und ihren Töchtern,
und dir lasse ich Wiederkehr kehren
in ihrer Mitte:
damit du tragest deine Beschämung,
über alles dich schämst, was du tatest,
ihnen zum Trost.
Deine Schwestern
Sodom und ihre Töchter kehren zu ihrem Vordem,
Samaria und ihre Töchter kehren zu ihrem Vordem,
und du und deine Töchter kehren zu eurem Vordem.
Und war Sodom deine Schwester nicht zu einer Märe ge-
      worden
dir im Mund an einem Tag deines Stolzes,
ehe eröffnet ward deine Bosheit, wies jetzt ist,
ein Hohn den Töchtern Edoms und rings um sie allen,
den Töchtern der Philister, die ringsher ihre hämische Lust an
      dir haben?!
Deine Unzucht und deine Greul,
du selber mußt sie nun tragen.
ist SEIN Erlauten.
Denn so hat mein Herr, ER, gesprochen:
Habe ich an dir getan dem gleich, was du tatest,
die den Droheid verachtete, trennend den Bund,
dann will ich selber gedenken meines Bundes mit dir
in den Tagen deiner Jugend,
einen Weltzeit-Bund lasse ich dir erstehn.
Dann gedenkst du deiner Wege und schämst dich,
wann du zu dir nimmst deine Schwestern, die größern samt
      den kleinern,
zu Töchtern ich sie dir gebe, aber nicht von deinem Bund
      aus;

dann lasse ich, ich meinen Bund mit dir erstehn,
dann wirst du erkennen, daß ICH es bin, –
damit du gedenkest und errötest
und nicht Mundöffnen mehr dir werde deiner Beschämung
    wegen,
wann ich dir Bedeckung gewähre für alles, was du getan hast.
Erlauten ists von meinem Herrn, IHM.

SEINE Rede geschah zu mir, es sprach:
Menschensohn,
flicht ein Rätselgeflecht,
sag eine Gleichnisansage
zu dem Haus Jifsrael, sprich:
So hat, mein Herr, ER, gesprochen:
Der große Adler,
groß an Flügeln,
lang von Schwingen,
vollen Gefieders,
des eigen das Buntgewand ist,
kam zu dem Libanon,
nahm die Spitze einer Zeder,
pflückte das Haupt ihrer Schossen,
brachte nach Krämerland es,
in Händlerstadt setzte ers ein.
Von den Sämlingen des Lands nahm er einen,
gab ihn in ein Saatfeld
– nahm eins an vielem Wasser –,
als Uferstrauch setzte er ihn ein,
daß er sprosse, zur Rebe werde,
einer wuchernden, niederen Wuchses,
ihre Zweige ihm zuzuwenden,
ihre Wurzeln seien ihm untertan.
Er wurde zur Rebe,
Äste bereitete sie,
Ranken schickte sie aus.
Da war noch ein großer Adler,
groß an Flügeln,
reichen Gefieders.
Nun bog diese Rebe ihre Wurzeln ihm zu,
schickte ihm ihre Zweige entgegen,
daß er sie tränke,
mehr als das Beet, darein sie gesteckt war, –
in ein besseres Feld,
an ein reicheres Wasser
möchte verpflanzt sie werden,
Laub zu bereiten,
Frucht zu tragen,

zu einer herrlichen Rebe zu werden.
Sprich:
So hat mein Herr, Er, gesprochen:
Wirds taugen?
zerrt dann jener ihr nicht an den Wurzeln,
knickt ihre Frucht ab, daß sie dorrt,
all ihr frisches Gesproß, es verdorrt, –
und nicht bedarfs ja großen Arms, vielen Volks,
mit den Wurzeln sie wegzutragen.
Nun ist sie verpflanzt – wird es taugen?
muß sie nicht dorren, verdorren,
sowie sie der Ostwind berührt,
auf dem Beet ihres Sprießens dorren?!
Seine Rede geschah zu mir, es sprach:
Sprich doch zum Haus Widerspann:
Wißt ihr nicht, was dieses heißt?
Sprich:
Nun kam der König von Babel nach Jerusalem,
er nahm dessen König und dessen Obre,
ließ sie zu sich kommen nach Babel,
er nahm einen vom Königssamen,
er schloß mit ihm einen Bund,
ließ in einen Droheid ihn kommen,
er nahm hinweg die Leitwidder des Landes:
daß es ein niedriges Königreich werde,
ohne empor sich zu tragen,
wahrend seinen Bund, daß es bestehe.
Aber wider ihn empörte sich der,
nach Ägypten schickte er seine Boten,
daß es Rosse und viel Kriegsvolks ihm gebe.
Wirds taugen?
Wird entschlüpfen, der dieses tat?
Hat den Bund getrennt – und sollte entschlüpfen?!
Sowahr ich lebe,
Erlauten ists, von meinem Herrn, Ihm:
muß nicht am Orte des Königs,
der ihn gekönigt hatte,
dessen Eid er verachtete,
dessen Bund mit ihm er trennte,

inmitten von Babel er sterben,...!
Und nicht mit großer Streitmacht,
mit vieler Heeresversammlung
wird der Pharao im Krieg für ihn handeln,
Sturmdamm schüttend, Wandelturm bauend,
viele Seelen auszurotten:
den Droheid hat er verachtet,
da er trennte den Bund
– er hatte ja die Hand ihm ergeben –
all dieses hat er getan,
er entschlüpft nicht.
Darum, so hat mein Herr, Er, gesprochen,
sowahr ich lebe:
meinen Eid, den er hat verachtet,
meinen Bund, den er hat getrennt, –
gebe den ich ihm nicht auf sein Haupt,...!
Mein Netz breite ich über ihn,
von meiner Schlinge wird er gegriffen,
nach Babel lasse ich ihn kommen,
dort will ich rechten mit ihm
um seine Untreue, daß er mir treubrüchig ward.
Und wo all seine Zuflucht ist,
in allen seinen Schwadronen,
durchs Schwert sollen sie fallen,
die Überbliebenen aber,
in allen Wind werden sie gebreitet, –
dann werdet ihr erkennen,
daß Ich es bin, der geredet hat.
So hat mein Herr, Er, gesprochen:
Dann will selber ich nehmen,
um es zu stecken,
von dem Wipfel der hohen Zeder,
von ihrer Schößlinge Haupt pflückte ich einen zarten,
dann will selber ich ihn verpflanzen
auf einen ragenden, türmenden Berg,
an die Berghöhe Jifsraels
verpflanze ich ihn,
daß er Laub trage, Früchte bereite,
zu einer herrlichen Zeder werde,

unter der sollen wohnen
alle Zwitschernden, alle Geflügelten,
wohnen im Schatten ihrer Zweige.
Dann werden erkennen
alle Bäume des Gefilds,
daß ICH es bin,
der den hohen Baum niedert,
der den niedern Baum höht,
der den saftigen Baum dörrt,
der den dürren Baum treiben macht:
ICH bin es,
ders redet,
ders tut.

SEINE Rede geschah zu mir, es sprach:
Was ists mit euch,
daß ihr wörtelt mit diesem Gleichwort
auf dem Boden Jifsraels, sprechend:
Väter essen Herlinge,
Söhnen werden Zähne stumpf!
Sowahr ich lebe,
Erlauten ists von meinem Herrn, IHM:
wirds euch fortan noch möglich sein,
mit diesem Gleichwort zu wörteln in Jifsrael, ..!
Wohlan, alle Seelen, mein sind sie,
gleich die Seele des Vaters,
gleich die Seele des Sohns,
mein sind sie:
die sündige Seele, die stirbt.
Wenn jemand ein Bewährter ist,
tut Recht und Wahrhaftigkeit,
beim Berggelag ißt er nicht mit,
er hebt nicht seine Augen
zu den Klötzen des Hauses Jifsrael,
bemakelt nicht das Weib des Genossen,
naht dem Weib in der Sondrung nicht,
niemanden plackt er,
läßt heimkehren sein Darlehnspfand,
Raub raubt er nicht,
sein Brot gibt dem Hungernden er,
den Nackten hüllt er in Gewand,
er gibt nicht um Zins,
nimmt Mehrung nicht,
vom Falsch kehrt er ab seine Hand,
übt zuverlässiges Recht
zwischen Mann und Mann,
in meinen Satzungen geht er,
hütet meine Rechtsgeheiße,
Zuverlässigkeit zu üben,
ein Bewährter ist er,
leben soll er, leben,
Erlauten ists von meinem Herrn, IHM.
Zeugt der einen verbrecherischen Sohn,

der Blut vergießt
und tut, ach, mehr als eins von jenen
– er aber tat all jene nicht –,
denn wohl ißt er beim Berggelag mit,
er bemakelt das Weib des Genossen,
den Bedrückten, den Dürftigen plackt er,
Raubgut raubt er,
ein Pfand läßt er heimkehren nicht,
zu den Klötzen hebt er seine Augen,
Greuliches tut er,
er gibt um Zins,
nimmt Mehrung, –
sollte der leben bleiben?
Leben darf er nicht,
all die Greuel hat er getan,
sterben muß er, sterben,
seine Blutlast wird auf ihm sein.
Zeugte der nun einen Sohn,
der sah alle Sünden seines Vaters, die er getan hat,
sah ein: er tut nicht ihresgleichen,
beim Berggelag aß er nicht mit,
er hob nicht seine Augen
zu den Klötzen des Hauses Jifsrael,
bemakelte nicht das Weib des Genossen,
niemanden hat er geplackt,
Pfandgut hat er nicht gepfändet,
Raub raubte er nicht,
sein Brot gab dem Hungernden er,
den Nackten hüllte er in Gewand,
von Bedrückung kehrte er seine Hand ab,
Zins und Mehrung nahm er nicht,
meine Rechtsgeheiße tat er,
in meinen Satzungen ging er,
der stirbt nicht um seines Vaters Verfehlung,
leben soll er, leben.
Sein Vater,
da er erpresserisch preßte,
räuberisch den Bruder beraubte
und, was nicht gut ist, tat

inmitten seiner Volksleute,
nun, er starb um seine Verfehlung.
Da sprecht ihr:
»Weshalb trägt der Sohn nicht mit
an der Verfehlung des Vaters?«
Recht und Wahrhaftigkeit
hat der Sohn doch getan,
meine Satzungen alle gehütet,
daß er sie tue, –
leben soll er, leben!
Die sündige Seele, die stirbt.
Der Sohn trägt nicht an der Verfehlung des Vaters,
der Vater trägt nicht an der Verfehlung des Sohns,
die Bewährung des Bewährten, auf ihm ist sie,
und der Frevel des Frevlers, auf ihm ist er.
Der Frevler aber, wenn er umkehrt
von all seinen Sünden, die er getan hat,
hütet all meine Satzungen,
tut Recht und Wahrhaftigkeit,
leben soll er, leben,
er muß nicht sterben:
all seine Abtrünnigkeiten, die er getan hat,
werden ihm nicht zugedacht,
durch seine Wahrhaftigkeit, die er getan hat,
wird er leben.
Habe ich denn Gefallen, Gefallen
am Sterben eines Frevlers,
Erlauten ists von meinem Herrn, Ihm,
nicht daran nur,
daß er von seinem Weg umkehre und lebe?
Wann aber der Bewährte sich abkehrt
von seiner Bewährung
und tut Falsch,
tut allen Greueln gleich, die der Frevler getan hat,
sollte der leben bleiben?
all seine Bewährungen, die er getan hat,
nicht zugedacht werden sie, –
um seine Untreue, da er treubrüchig wurde,
um seine Sünde, da er sündigte,

um sie muß er sterben.
Da sprecht ihr:
Nicht abzumessen ist der Weg meines Herrn!
Hört doch, Haus Jifsrael!
ists mein Weg, der nicht abzumessen ist?
sind es nicht eure Wege,
die nicht abzumessen sind?
Wann der Bewährte sich abkehrt von seiner Bewährung
und tut Falsch und stirbt darüber,
um sein Falsch, das er tat, muß er sterben,
und wann der Frevler umkehrt von seinem Frevel, den er
    tat,
tut Recht und Wahrhaftigkeit,
der belebt seine Seele:
sieht er ein, kehrt er um
von all seinen Abtrünnigkeiten, die er tat,
leben soll er, leben,
er muß nicht sterben.
Da sprechen die vom Haus Jifsrael:
Nicht abzumessen ist der Weg meines Herrn!
Sind es meine Wege,
die nicht abzumessen sind,
Haus Jifsrael?
sind es nicht eure Wege,
was nicht abzumessen ist?
Darum:
jedermann nach seinen Wegen
werde ich euch richten,
Haus Jifsrael,
ist meines Herrn, SEIN Erlauten.
Kehret um! kehret euch ab
von all euren Abtrünnigkeiten!
nicht werde euch das mehr
zum Strauchelstein der Verfehlung!
Werft von euch all eure Abtrünnigkeiten,
mit denen ihr abtrünnig wart!
Bereitet euch
ein neues Herz und einen neuen Geist!
Warum wollt ihr sterben,

Haus Jisrael?!
Denn ich habe nicht Gefallen
am Sterben dessen, der sterben muß,
ist meines Herrn, SEIN Erlauten:
kehret um und lebet!

Und du hebe eine Klage an
um die Fürsten Jifsraels, sprich:

Was wars um deine Mutter? eine Löwin,
zwischen Leuen lagerte sie,
inmitten reifender Tiere
zog ihre Welpen sie groß.

Sie brachte einen auf von ihren Welpen,
ein Reifling wurde daraus,
der lernte Beute erbeuten,
Menschen fraß bald er die Schar.

Man nahm Stämme wider ihn in Gehorsam,
in ihrer Grube gefaßt
führten sie ihn an den Haken
in das ägyptische Land.

Jene sah, daß sie umsonst sich abharrte, –
als ihre Hoffnung schwand,
nahm von den Welpen sie einen,
tat ihn als Reifling hinaus.

Der erging sich nun inmitten der Leuen,
ein Reifling wurde daraus,
er lernte Beute erbeuten,
Menschen fraß bald er die Schar.

Deren Paläste bekam er zu kennen,
machte ihre Städte öd,
des Erdlands Fülle erstarrte
vor dem Schall seines Gebrülls.

Da gab Stämme man um ihn auf die Lauer
von den Gauen ringsher,
ihr Netz über ihn zu breiten.
In ihrer Grube gefaßt,

gaben sie ihn in den Käfig an Haken,
führten ihn zum König von Babel,
zu führen ihn ins Burgverlies,
daß man seinen Schall nicht mehr höre
auf den Bergen Jifsraels.

Deine Mutter, wie eine Rebe,

erschlaffend ans Wasser verpflanzt,
fruchtdicht und rankenreich
ward sie vom vielen Wasser.
Es wurden ihr mächtige Stöcke
zu Stäben der Waltenden,
ihr Wuchs ragte über das Laubwerk,
sichtbar war sie in ihrem Wuchs,
in der Menge ihres Gezweigs.
Doch im Grimm ward sie gesenkt,
hingeworfen zur Erde,
ihre Frucht trocknet der Ostwind,
abgerissen sind und vertrocknet
mancher ihrer mächtigen Stöcke,
manchen frißt das Feuer.
Und jetzt ist sie rückverpflanzt in die Wüste,
in das Land von Dürre und Durst.
Da fährt Feuer aus
von einem Stock ihres Geästs,
es frißt ihre Frucht.
Nicht bleibt an ihr
ein mächtiger Stock,
ein Waltestab.

Ein Klaglied ist das,
zur Klage ist sie geworden.

Es geschah im siebenten Jahr,
im Fünften, am zehnten auf die Mondneuung,
da kamen Männer von den Ältesten Jisraels, IHN zu befor-
    schen,
die saßen vor mir.
SEINE Rede geschah zu mir, es sprach:
Menschensohn,
rede zu den Ältesten Jisraels,
sprich zu ihnen:
So hat mein Herr, ER, gesprochen:
Kommt ihr mich zu beforschen?
Sowahr ich lebe:
ließe ich von euch mich beforschen, ...
Erlauten ists von meinem Herrn, IHM.
Willst du sie zu Gericht ziehn,
zu Gericht ziehn, Menschensohn?
Laß sie die Greuel ihrer Väter erkennen,
sprich zu ihnen:
So hat mein Herr, ER, gesprochen:
Am Tag, da ich Jisrael erwählte,
meine Hand hob zum Samen des Jaakobhauses,
mich ihnen kenntlich machte im Lande Ägypten,
meine Hand ihnen zuhob,
sprechend: ICH bins, euer Gott, –
an jenem Tag erhob meine Hand ich ihnen,
sie aus dem Land Ägypten zu bringen
ins Land, das ich ihnen ausgespürt hatte,
das Milch und Honig träufende,
Zierde ist es vor allen Ländern,
ich sprach zu ihnen:
Werft weg, jedermann die Scheusale seiner Augen,
mit den Klötzen Ägyptens bemakelt euch nimmer,
ICH bin euer Gott!
Aber widerspenstig waren sie mir,
aber nicht gewillt, mir zu gehorchen,
jedermann die Scheusale seiner Augen
warfen sie nicht weg,
die Klötze Ägyptens
verstießen sie nicht.

Da sprach ich zu mir,
ich wolle meinen Grimm auf sie schütten,
meinen Zorn auslassen an ihnen
inmitten des Landes Ägypten.
Aber ich tat anders
um meines Namens willen,
daß nicht preisgestellt er würde
vor den Augen der Weltstämme,
in deren Mitte sie waren,
vor deren Augen ich mich ihnen kenntlich gemacht hatte,
sie aus dem Land Ägypten zu bringen:
ich brachte sie aus dem Land Ägypten,
ließ kommen sie in die Wüste,
ich gab meine Satzungen ihnen,
meine Rechtsgeheiße ließ ich sie erkennen,
als welche der Mensch tut und lebt durch sie.
Auch gab ich ihnen meine Wochenfeiern,
daß sie würden zu einem Zeichen
zwischen mir und ihnen,
zu erkennen, daß ICH es bin,
der sie heiligt.
Aber widerspenstig waren sie mir,
das Haus Jifsrael, in der Wüste,
sie gingen in meinen Satzungen nicht,
verschmähten meine Rechtsgeheiße,
als welche der Mensch tut und lebt durch sie,
meine Wochenfeiern haben sie sehr preisgestellt.
Da sprach ich zu mir,
ich wolle meinen Grimm auf sie schütten in der Wüste,
ihnen den Garaus zu machen.
Aber noch tat ich anders
um meines Namens willen,
daß nicht preisgestellt er würde
vor den Augen der Weltstämme,
vor deren Augen ich sie herausgebracht hatte.
Doch ich erhob ihnen auch meine Hand in der Wüste,
sie nicht kommen zu lassen in das Land,
das ich gegeben hatte,
das Milch und Honig träufende,

Zierde ist es vor allen Ländern:
weil sie meine Rechtsgeheiße verschmähten,
meine Satzungen, sie gingen darin nicht,
meine Wochenfeiern stellten sie preis,
denn hinter ihren Klötzen her ging ihr Herz.
Aber noch dauerte es ihrer mein Auge,
daß ichs ließ, sie zu verderben,
ich machte ihnen nicht den Garaus in der Wüste.
Ich sprach zu ihren Söhnen in der Wüste:
Geht nimmer in den Gesetzen eurer Väter,
wahret nimmer ihre Rechtsgeheiße,
bemakelt mit ihren Klötzen euch nimmer,
ICH bin euer Gott:
in meinen Satzungen geht,
meine Rechtsgeheiße wahret, tut sie,
meine Wochenfeiern heiligt,
daß sie werden zu einem Zeichen
zwischen mir und euch,
zu erkennen, daß ICH euer Gott bin.
Aber widerspenstig waren mir die Söhne,
in meinen Satzungen gingen sie nicht,
meine Rechtsgeheiße wahrten sie nicht, sie zu tun,
als welche der Mensch tut und lebt durch sie,
meine Wochenfeiern stellten sie preis.
Da sprach ich zu mir,
ich wolle meinen Grimm auf sie schütten,
meinen Zorn auslassen an ihnen in der Wüste.
Ich hielt aber zurück meine Hand,
tat anders um meines Namens willen,
daß nicht preisgestellt er würde
vor den Augen der Weltstämme,
vor deren Augen ich sie herausgebracht hatte.
Doch ich auch, ich erhob ihnen meine Hand in der Wüste,
sie unter die Weltstämme zu sprengen,
sie in die Länder zu streuen,
weil sie meine Rechtsgeheiße nicht taten,
meine Satzungen verschmähten,
meine Wochenfeiern preisstellten
und hinter den Klötzen ihrer Väter

waren ihre Augen her.
Doch ich auch, ich gab ihnen
nichtgut werdende Gesetze,
Rechtsgeheiße, durch die sie nicht leben,
ließ sie sich bemakeln durch ihre Gaben,
wann sie darführten allen Bruch eines Schoßes,
damit ich sie erstarren mache,
damit sie erkennen, daß ICH es bin.
Drum rede zum Haus Jifsrael,
Menschensohn, sprich zu ihnen:
So hat mein Herr, ER, gesprochen:
Noch damit beschimpften mich eure Väter,
daß in Treubruch sie untreu mir wurden:
kaum hatte in das Land ich sie kommen lassen,
das ihnen zu geben meine Hand ich erhoben hatte,
da ersahen sie sich
alljeden ragenden Hügel
und alljedes dichte Gehölz,
dort schlachteten sie ihre Schlachtmähler, sie
gaben dort den Verdruß ihrer Darnahungen hin,
legten dort ihre Rüche des Geruhens nieder,
gossen dort ihre Güsse.
– Man sprach damals zu ihnen:
Was ist das für eine Koppe,
wo ihr die Verkoppelten seid!
So rief man deren Namen: Koppe,
bis auf diesen Tag. –
Drum sprich zum Haus Jifsrael:
So hat mein Herr, ER, gesprochen:
Wie, noch immer bemakelt ihr euch
auf dem Weg eurer Väter,
hurt euren Scheusalen nach,
und mit dem Spenden eurer Gaben,
mit dem Führen eurer Kinder durchs Feuer
bemakelt ihr an all euren Scheusalen euch
bis heuttags –
und ich soll von euch mich beforschen lassen,
Haus Jifsrael!
Sowahr ich lebe,

Erlauten ists von meinem Herrn, IHM,
ließe ich von euch mich beforschen,...!
Und was aufsteigt in eurem Geist,
das wird, wird nicht geschehn,
die ihr sprecht:
Wie die Weltstämme wollen wir werden,
wie die Sippen der Erdenländer,
Holzes und Steins zu pflegen!
Sowahr ich lebe,
Erlauten ists von meinem Herrn, IHM:
wenn ich nicht mit starker Hand,
mit ausgestrecktem Arm,
mit ausgeschütteter Grimmglut
mich als König über euch erzeige,...!
Aus den Völkern will ich euch bringen,
aus den Ländern hole ich euch zuhauf
dahin ihr zersprengt worden seid,
mit starker Hand,
mit ausgestrecktem Arm,
mit ausgeschütteter Grimmglut.
In die Völkerwüste lasse ich euch kommen,
dort will ich rechten mit euch
Antlitz zu Antlitz:
wie ich rechtete mit euren Vätern
in der Wüste des Landes Ägypten,
so werde ich rechten mit euch,
Erlauten ists von meinem Herrn, IHM.
Ich führe euch unter dem Stab durch,
lasse in das umschränkende Gehege euch kommen,
da schränke ich von euch ab
die Empörer, die mir Abtrünnigen,
aus ihrem Gastschaftsland bringe ich sie fort,
doch zum Jifsraelsboden kommen sie nicht, –
dann werdet ihr erkennen, daß ICH es bin.
Und ihr, Haus Jifsrael.
so hat mein Herr, ER, gesprochen,
jedermann seinen Klötzen,
geht, dient ihnen nur, und hernach...,
da ihr nicht auf mich hören wollt!

doch meiner Heiligung Namen
preisstellen sollt ihr nicht länger
mit euren Gaben, mit euren Klötzen.
Denn auf dem Berg meiner Heiligung,
auf der Berghöhe Jifsraels,
Erlauten ists von meinem Herrn, IHM,
dort werden einst sie mir dienen,
alles Haus Jifsrael,
allsamt im Land,
dort nehme ich zugnaden sie an:
dort fordre ich eure Heben,
den Anbeginnsteil eurer Spenden,
an all euren Darheiligungen,
nehme zugnaden euch an im Ruch des Geruhens,
wann ich aus den Völkern euch bringe,
hole zuhauf euch aus den Ländern,
dahin ihr zersprengt worden seid.
Ich erheilige mich an euch
vor den Augen der Weltstämme,
dann werdet ihr erkennen, daß ICH es bin:
wann ich zum Jifsraelboden euch kommen lasse,
zum Land, das euren Vätern zu geben ich meine Hand erhob.
Dort werdet ihr gedenken
eurer Wege und all eurer Geschäfte,
womit ihr euch bemakelt habt,
ekeln wird es euch vor euch selber
um all euer Böses, das ihr getan habt.
Dann werdet ihr erkennen,
daß ICH es bin:
wann ich tue an euch
um meines Namens willen,
nicht nach euren bösen Wegen
und nach euren verderbten Geschäften,
Haus Jifsrael.
Erlauten ists von meinem Herrn, IHM.

SEINE Rede geschah zu mir, es sprach:
Menschensohn,
richte dein Antlitz des Wegs nach Süden
und laß fließen das Wort gegen Mittag,
künde gegen den Wald des Gefilds im Dürrgau,
sprich zum Walde des Dürrgaus:
Höre SEINE Rede!
so hat mein Herr, ER, gesprochen:
Wohlan, ich entzünde in dir ein Feuer,
es soll in dir fressen
allen frischgrünen Baum
und allen trockenen Baum,
nicht erlöschen soll
das Lodern der Lohe,
angesengt sollen die Antlitze werden
von dem Dürrgau nach Norden,
alles Fleisch soll sehen,
daß ICH es bin, ders entflammt hat:
es lischt nicht.
Ich aber sprach:
Ah, mein Herr, DU!
jene sprechen von mir:
Dichtet der nicht lauter Gleichnisgedichte?!

SEINE Rede geschah zu mir, es sprach:
Menschensohn,
richte dein Antlitz gegen Jerusalem
und laß fließen das Wort gegen die Heiligtümer,
künde gegen Jiſsraels Boden,
sprich zu Jiſsraels Boden:
So hat mein Herr, ER, gesprochen:
Wohlan, ich will an dich,
ich ziehe mein Schwert aus seiner Scheide,
ich rotte aus dir
Bewährte und Frevler!
Weil aus dir ich zu rotten habe
Bewährte und Frevler,
drum zieht aus mein Schwert von seiner Scheide
gegen alles Fleisch

von dem Dürrgau nach Norden, –
dann wird alles Fleisch erkennen,
daß ICH es bin,
der sein Schwert zog aus seiner Scheide:
es kehrt nicht mehr zurück.
Und du, Menschensohn,
seufze mit brechenden Lenden,
mit Bitternis seufze
vor ihren Augen.
Es sei, wenn sie zu dir sprechen:
Weswegen seufzest du?, sprich:
Ob des Erhorchten, daß es kommt,
da zerrinnen wird alljedes Herz,
erschlaffen werden alle Hände,
ertrüben wird aller Geist,
alle Knie überlaufen mit Wasser:
Wohlan, es kommt, es geschieht!
Erlauten ists von meinem Herrn, IHM.
Wieder geschah SEINE Rede zu mir, es sprach:
Menschensohn, künde, sprich:
So hat ER gesprochen:
Sprich:
Ein Schwert, ein Schwert, geschärft ists
und ist auch schon gefegt!
um Schlachtung zu schlachten, geschärft,
um die Blitzkraft zu haben, gefegt!
– Oder treiben wir etwa Scherz?
Den Stecken hast du verachtet,
mein Sohn, alles, was aus Holz ist!
da gab man das hin zum Fegen:
daß mit der Hand man es fasse,
dazu ist das geschärft, ein Schwert,
dazu ist das gefegt,
daß in den Griff des Würgers mans gebe!
  – Schreie, heule, Menschensohn,
  denn das will an mein Volk,
  das an alle Fürsten Jifsraels,
  dem Schwert sind sie verfallen
  mitsamt meinem Volk.

Darum klatsche dir an die Hüfte! –
Denn Prüfung
– und was sollte sie, da du den Stecken verachtest! –
ists nicht mehr, was nun geschieht,
Erlauten von meinem Herrn, IHM.
Und du, Menschensohn, künde
und schlage Hand wider Hand:
das Schwert spaltet zum dreifachen sich.
Das ist das Schwert der Niedergeworfnen,
das Schwert für den großen Verworfnen,
das sie umkreist.
Damit wanke das Herz
und viel Strauchelns sei,
gebe ich an all ihre Tore
das Wirbeln des Schwerts:
Du, zum Blitzen gemacht,
zum Schlachten gefegt,
eine dich nun,
fahre rechtshin, setze an, fahre linkshin,
wohin deine Schneiden bestimmt sind!
Auch ich selber schlage Hand wider Hand,
meine Grimmglut stille ich,
ICH bins, der geredet hat.

SEINE Rede geschah zu mir, es sprach:
Und du, Menschensohn,
setze dir der Wege zwei,
darauf das Schwert des Königs von Babel komme,
von dem Land des einen sollen sie beide ausgehn,
und ein Handmal haue aus,
an der Spitze des Wegs zu je einer Stadt haue es aus:
je ein Wegziel setze, dahin das Schwert komme,
den Großort der Söhne Ammons
und Jehuda im umwehrten Jerusalem.
Denn der König von Babel tritt hin
an die Weggabelung,
zur Spitze der beiden Wege,
Losung zu erlosen,
schüttelt die Pfeile

befragt die Wunschlarven,
besieht die Leber.
In seine Rechte fällt
das Los »Jerusalem«:
daß er Sturmböcke setze,
den Mund öffne zum Mordruf,
die Stimme erhebe zum Kampfgeschmetter,
Sturmböcke setze wider die Tore,
einen Damm aufschütte,
ein Schanzengeheg baue.
Freilich, denen hier dünkts
wie eine Wahnlosung in ihren Augen,
sie haben Leute, die Schwüre drauf schwören,
aber eben das läßt ihres Fehls gedenken,
so daß sie gefaßt werden können.
Darum, so hat mein Herr, ER, gesprochen,
weil ihr eures Fehls laßt gedenken,
da eure Abtrünnigkeiten sich offenbaren,
daß eure Sünden sichtbar werden
an allen euren Geschäften,
weil man euer gedenken muß,
soll der Zugriff euch erfassen.
Und du, Verworfener, Frevler,
Fürst von Jifsrael,
dessen Tag kommt
zur Zeit des Endesfehls,
so hat mein Herr, ER, gesprochen:
Weggetan den Kopfbund!
abgehoben die Krone!
Dies ist nicht mehr dies!
Das Niedre werde erhöht!
Das Hohe werde erniedert!
Umsturz, Umsturz, Umsturz,
darein versetze ichs!
Auch dieses, ein Niegewesnes,
bis daß kommt, dem zusteht das Recht,
ihm gebe ichs.

Und du, Menschensohn, künde, sprich:

So hat mein Herr, E R, gesprochen
zu den Söhnen Ammons, zu ihrem Hohn:
Du sprichst: Ein Schwert ist hier, ein Schwert,
gezückt zur Schlachtung,
gefegt, in sichs zu halten, damit es blitze!
– da man dir Wahn erschaute,
da man dir Trug erloste,
dich gäbe man an die Hälse
der Verworfnen-Niedergeworfnen,
der Frevler, deren Tag kam
zur Frist des Endesfehls –:
Kehren lasse mans in seine Scheide!
Am Ort, wo du geschaffen wardst,
in dem Land deines Ursprungs
will ich dich richten.
Ich schütte meinen Groll über dich,
mit dem Feuer meines Unmuts
fauche ich über dich hin,
ich gebe dich in die Hand viehischer Männer,
der Schmiede des Verderbens,
dem Feuer wirst du zum Fraß,
dein Blut bleibt inmitten des Erdreichs,
nicht wird mehr deiner gedacht,
denn I C H bins, der geredet hat.

SEINE Rede geschah zu mir, es sprach:
Und du, Menschensohn,
willst du zu Gericht ziehn,
zu Gericht die Stadt der Blutschuld?
Laß sie all ihre Greuel erkennen!
Sprich: So hat mein Herr, ER, gesprochen:
Stadt, die Blut in ihrer Mitte vergießt,
daß ihre Zeit komme,
und über sich Klötze macht,
sich zu bemakeln!
Durch dein Blut, das du vergossest,
bist du strafwürdig worden,
durch deine Klötze, die du machtest,
bist du bemakelt.
Nahgebracht hast du deinen Tag,
bis in deine Jahre bist du gekommen,
darum gebe ich dich den Stämmen als Hohn,
allen Erdenländern als Spott,
dich verspotten die dir nahen und fernen:
Du makligen Namens!
du groß an Getümmel!
Wohl, die Fürsten von Jiſrael,
jedermann für seinen eignen Arm waren sie in dir,
Blut zu vergießen.
Vater, Mutter hielt gering man in dir,
am Gastsassen übte man Erpressung in deiner Mitte,
Waise, Witwe plackte man in dir.
Meine Heiligtümer hast du verachtet,
meine Wochenfeiern hast du preisgestellt.
Verleumderische Männer waren in dir,
Blut zu vergießen.
Beim Berggelag aß man in dir,
Unzucht übte man in deiner Mitte,
die Blöße des Vaters machte mancher bar in dir,
die Sondrungsmaklige beugte man in dir,
mancher Mann übte Greuel mit dem Weib seines Genossen,
mancher Mann bemakelte seine Schwiegerin mit Unzucht,
mancher Mann beugte seine Schwester, seines Vaters Toch-
    ter, in dir.

Bestechung nahm man in dir,
Blut zu vergießen,
Zins und Mehrung hast du genommen,
ausgebeutet hast du deine Genossen mit Pressung.
Mich aber hast du vergessen,
Erlauten ists von meinem Herrn, IHM.
Nun schlage ich mit meiner Hand drein,
in deine Ausbeuterei, die du übst,
auf dein Blutwerk, das geschieht in deiner Mitte.
Wird nun standhalten dein Herz,
werden stark bleiben deine Hände in den Tagen,
da ich mich an dich mache?!
ICH bins, ders redet, ders tut:
ich versprenge unter die Weltstämme dich,
streue dich in die Erdenländer,
ganz tilge ich aus dir deinen Makel,
preisgestellt an dir will ich werden
vor der Weltstämme Augen,
dann wirst du erkennen, daß ICH es bin.

SEINE Rede geschah zu mir, sprach:
Menschensohn,
geworden sind mir die vom Haus Jiſsrael
zu einer Schlackenmasse allsamt;
was Erz, Zinn, Eisen, Blei inmitten des Ofens sind,
ein silberhaltiges Schlackenwerk sind sie geworden.
Darum, so hat mein Herr, ER, gesprochen,
weil ihr alle zu Schlackenwerk worden seid,
drum häufe ich euch nun inmitten Jerusalems.
Wie man Silber, Erz, Eisen, Blei, Zinn mitten in den Ofen
    häuft,
um Feuer dran zu fachen, es zu schmelzen,
derart häufe ich in meinem Zorn, in meinem Grimm,
ich schiebe ein, ich schmelze euch.
Ich geselle euch zueinander,
ich fauche wider euch mit dem Feuer meines Unmuts,
daß ihr schmelzet ihm inmitten.
Wie man Silber ausschmelzt inmitten des Ofens,
so werdet ihr geschmelzt ihm inmitten.

Dann werdet ihr erkennen, daß ICH es bin,
der seine Grimmglut goß über euch.

SEINE Rede geschah zu mir, es sprach:
Menschensohn, sprich zu ihm:
Du bist ein Land am Tage des Grolls,
nicht beregnet ist es, nicht benetzt.
Dessen Fürsten ihm inmitten
sind wie ein brüllender Löwe, der Raub raubt:
fressen Seelen, nehmen Hort und Wert,
seine Witwen mehren sie ihm inmitten.
Seine Priester verstümmeln meine Weisung,
meine Heiligtümer geben sie preis,
scheiden nicht zwischen Heiligem und Preisgegebnem,
machen nicht kenntlich, wies zwischen Maklig und Rein ist,
vor meinen Wochenfeiern bergen sie ihre Augen,
preisgegeben bin ich in ihrer Mitte.
Seine Obern in seinem Innern
sind wie Wölfe, die Raub rauben,
Blut vergießend, Seelen schwendend,
um Ausbeutung zu beuten.
Seine Künder tünchen ihnen mit Schleim,
schauen Wahn, losen ihnen Trug,
sprechen: So hat mein Herr, ER, gesprochen!
und ER hat nicht geredet.
Die vom Landvolk pressen, pressen, plündern, plündern,
placken den Bedrückten, den Dürftigen,
pressen den Gastsassen wider Recht.
Ich suchte unter ihnen einen Mann,
der die Mauer zumauerte,
der träte vor mir in die Bresche
für das Land, daß ichs nicht verderbte, –
ich habe nicht gefunden.
Nun gieße ich über sie meinen Groll,
vernichte sie im Feuer meines Unmuts,
ihren Abweg gebe ich auf ihr Haupt.
Erlauten ists von meinem Herrn, IHM.

Seine Rede geschah zu mir, es sprach:
Menschensohn!
Zwei Weiber waren, Töchter Einer Mutter,
die hurten in Ägypten,
in ihrer Jugend hurten sie,
dort wurden ihre Brüste betastet,
ihres Mädchentums Zitzen befühlt.
Und ihre Namen sind:
der Größern Ohola, Ihr-eigen-Zelt,
und ihrer Schwester Oholiba, Mein-Zelt-in-ihr.
Sie wurden mein, gebaren Söhne und Töchter.
Und ihre Namen sind:
Samaria-Ohola,
Jerusalem-Oholiba.
Ohola hurte, mir unterstehend,
sie hofierte ihren Liebhabern, den Assyrern:
Thronvertraute im hyazinthenen Kleid,
Viztume und Satrapen,
reizende Burschen sie alle,
Reisige, Pferdelenker.
An die gab sie ihre Hurerei hin,
sie alle Lese der Söhne Assyriens,
und von allen, denen sie hofierte,
von all deren Klötzen ließ sie sich bemakeln.
Doch ihre Hurerei von Ägypten her
mied sie deshalb noch nicht,
in ihrer Jugend hatten sie bei ihr gelegen,
die hatten ihres Mädchentums Zitzen befühlt,
hatten auf sie ihr Huren geschüttet.
Darum gab ich sie in ihrer Liebhaber Hand,
in die Hand der Söhne Assyriens,
denen sie hofiert hatte.
Die haben offenbar gemacht ihre Blöße,
haben ihre Söhne und Töchter genommen
und sie selber mit dem Schwert umgebracht,
ein Schreckname ward sie für die Weiber
mit den Gerichten, die man an ihr tat.

Das sah ihre Schwester Oholiba,
die hofierte nun noch verderbter als sie,
ihr Huren ging übers Huren ihrer Schwester.
Sie hofierte den Söhnen Assyriens:
Viztume und Satrapen,
Thronvertraute, in den Prunkrock gekleidet,
Reisige, Pferdelenker,
reizende Burschen sie alle.
Ich sah, daß sie sich bemakelte,
einerlei Weg wars für beide.
Sie aber fügte noch zu ihrer Hurerei,
sie sah Männer, Zeichnung an der Wand,
Chaldäerbilder, mit Mennig gezeichnet,
um ihre Lenden Schurzgurte,
auf ihren Köpfen niederwallende Bunde,
wie Drittkämpfer anzusehen sie alle,
Gestaltung der Söhne Babels,
Chaldäa das Land ihrer Geburt,
auf der Augen Sicht hin hofierte sie ihnen,
sandte Boten zu ihnen nach Chaldäa,
Babels Söhne kamen zu ihr
zum Beilager der Minne,
bemakelten sie mit ihrer Hurerei,
sie bemakelte sich durch sie,
bis ihre Seele sich losmachte von ihnen.
Da sie aber offenbar gemacht hatte ihr Huren,
darin sie ihre Blöße offenbar gemacht hatte,
machte sich von ihr los meine Seele,
wie meine Seele sich von ihrer Schwester losgemacht hatte.
Sie aber mehrte ihre Hurerei,
der Tage ihrer Jugend gedenkend,
da sie gehurt hatte im Lande Ägypten,
sie hofierte dessen Beischläfern,
deren Glied ein Eselsglied ist
und ihre Geilung eine Hengstgeilung:
du suchtest nach der Unzucht deiner Jugend,
da die von Ägypten deine Zitzen befühlten,
betasteten die Brüste deiner Jugend.
Darum, Oholiba,

so hat mein Herr, Er, gesprochen,
wohlan, ich erwecke deine Liebhaber über dich,
sie, von denen deine Seele sich losgemacht hat,
ich lasse ringsher über dich kommen
die Söhne Babels, alle Chaldäer,
Pkod, Schoa und Koa, alle Söhne Assyriens mit ihnen,
reizende Burschen, Viztume und Satrapen sie alle,
Drittkämpfer, Berufne, Pferdelenker sie alle,
sie kommen über dich,
eine Menge von Fahrzeug und Rädern, in einer Völkerver-
    sammlung,
mit Tartsche, Schild und Helm setzen sie ringsher an wider
    dich,
das Gericht gebe ich ihnen anheim, sie richten dich nach ihren
    Rechten.
Ich gebe auf dich meinen Eifer,
daß im Grimm sie tun an dir, schneiden Nase und Ohren dir
    ab,
dein Nachblieb fällt durch das Schwert, die nehmen dir Söhne
    und Töchter,
und was dir hier nachbleibt, wird vom Feuer gefressen.
Sie streifen die Gewänder dir ab, nehmen fort deine Pracht-
    geräte.
Dann verabschiede ich von dir deine Unzucht,
deine Hurerei vom Land Ägypten her,
du hebst nicht mehr deine Augen zu jenen,
Ägyptens wirst du fortan nicht gedenken.
Denn, so hat mein Herr, Er, gesprochen,
wohlan, ich gebe dich in die Hand derer, die du hassest,
in die Hand derer, von denen deine Seele abgerückt ist,
im Haß sollen sie an dir tun,
dein Erarbeitetes nehmen sie, lassen dich nackt und bloß,
daß die Blöße deines Hurens offenbar wird.
Deine Unzucht und deine Hurerei haben dir dies angetan,
da du nachhurtest den Weltstämmen,
weil du dich bemakeltest mit ihren Klötzen.
Du bist auf dem Weg deiner Schwester gegangen,
ihren Becher gebe ich in deine Hand.
So hat mein Herr, Er, gesprochen:

Deiner Schwester Becher mußt du trinken, den tiefen und
     weiten,
– zu Gelächter wirst du und zu Gespött: »Die hält viel aus!«,
von Trunkenheit wirst du voll und von Gram –,
den Becher des Erstarrens und Verstarrens, deiner Schwester
     Samaria Becher,
du trinkst ihn, schlürfst aus, du malmst seine Scherben,
die Brüste reißest du dir auf,
denn ich bins, der geredet hat, –
Erlauten ists von meinem Herrn, IHM.
Darum, so hat mein Herr, ER, gesprochen,
weil du mich vergessen hast,
warfst mich hinter deinen Rücken,
trag auch du nun deine Unzucht und deine Hurerei!

Weiter sprach ER zu mir:
Menschensohn,
willst du zu Gericht ziehn Ohola und Oholiba?
vermelde ihnen ihre Greuel!
Denn sie haben gebuhlt und Blut ist an ihren Händen:
gebuhlt haben sie mit ihren Klötzen,
und haben auch ihre Söhne, die sie mir geboren hatten, ihnen
     zum Fraß dargeführt.
Noch dies haben sie mir getan:
mein Heiligtum haben sie bemakelt – an demselben Tag –
und haben preisgestellt meine Wochenfeiern;
wann sie ihre Söhne ihren Klötzen metzten,
kamen sie in mein Heiligtum, an demselben Tag, es preiszu-
     stellen,
und, wohl, so haben sie inmitten meines Hauses getan.
Ja, sie schickten gar zu Männern, die fernher gekommen
     waren,
– zu denen war ein Bote geschickt, und wohl, schon kamen
     sie,
für die du gebadet, deine Augen umschminkt und dich
     mit Schmuck geschmückt hattest,
dann saßest du auf einem glänzenden Lager, davor ein Tisch
     zugerichtet,
und hattest mein Räucherwerk und mein Öl darauf gesetzt,

indes der Stimmenschall des sorglosen Getümmels heran-
    kam, –
und zu Männern aus dem Menschenhaufen, die ließ man
    mitkommen, Zechlustige aus der Wüste,
man gab Spangen an ihre Arme und eine prächtige Krone auf
    ihr Haupt.
Ich sprach zu mir: »Buhlerei der Zermorschten?
zum Ekel werden muß jetzt ihr Huren und sie!«
Aber man kam zu ihr, wie man zu einem Hurenweib kommt,
so kamen sie zu Ohola und nun zu Oholiba, dem Weibe der
    Unzucht.
Bewährte Männer, die sollen sie beide richten,
nach dem Recht derer, die sich verbuhlen, nach dem Recht
    derer, die Blut vergießen,
denn verbuhlt sind sie und Blut ist an ihren Händen.
Ja denn, so hat mein Herr, ER, gesprochen,
man lade wider sie eine Versammlung,
man gebe sie hin zum Popanzspiel und zur Plündrung.
Die Versammlung, sie werden Steine auf sie werfen,
sie mit ihren Schwertern zerhauen,
ihre Söhne und ihre Töchter wird man erwürgen,
ihre Häuser wird man im Feuer verbrennen.
Verabschieden will ich die Unzucht vom Erdland,
daß alle Weiber sich warnen lassen und nicht tun eurer Un-
    zucht gleich.
Eure Unzucht wird man auf euch geben,
die Versündigungen mit euren Klötzen müßt ihr tragen,
dann werdet ihr erkennen, daß ICH Herr es bin.

SEINE Rede geschah zu mir im neunten Jahr, in der zehnten
   Mondneuung, am zehnten auf die Neuung, es sprach:
Menschensohn,
schreib dir den Namen des Tags auf,
eben dieses Tags,
der König von Babel stemmt sich gegen Jerusalem
an eben diesem Tag.
Und sag eine Gleichnisansage zu dem Haus Widerspann,
sprich zu ihnen: So hat mein Herr, ER, gesprochen:
Heraufzurücken ist der Kessel, zu rücken,
und Wasser ist auch drein zu schütten,
seine Fleischstücke sind drein zu sammeln,
alle guten Stücke, Lende und Schulter,
mit erlesnen Knochen ist er zu füllen,
von erlesnem Kleinvieh sind die zu nehmen,
das Holz auch ist drunter zu schichten,
sieden soll sein Gesött,
auch seine Knochen kochen ihm inmitten.
Darum, so hat mein Herr, ER, gesprochen,
wehe, Stadt der Blutschuld,
Kessel, daran sein Rost haftet,
von dem sein Rost nicht abgehn will,
ließ auch Stück um Stück er herausgehn
und ein Los fiel drüber nicht!
Ja, ihr Mordblut blieb ihr inmitten,
auf die Felsenplatte hat sies getan
– hat es nicht auf die Erde gegossen,
es mit Staub zu verhüllen –,
den Grimm steigen zu lassen.
   Ahndungen zu ahnden,
      gebe ich ihr eigenes Blut
      auf die Felsenplatte,
      ohne daß es verhüllt wird.
Darum, so spricht mein Herr, ER,
wehe, Stadt der Blutschuld!
Ich auch mache den Schichtkreis groß,
man mehre die Holzscheite,
man entzünde das Feuer,
man lasse alle werden das Fleisch,

man verbraue die Brühe,
bis noch die Knochen anglühn.
Leer nun stelle man ihn auf seine Kohlen,
damit er sich erhitze
und sein Erz erglühe
und ihm inmitten schmelze sein Makel,
alle werde sein Rost!
Die Bemühungen hat man erschöpft,
sein vieler Rost will nicht von ihm abgehn,
sein stinkender Rost.
Wegen seiner Unzuchtsbemaklung,
weil ich dich reinigen wollte
und du wurdest nicht rein von deinem Makel,
nicht wirst du fortan mehr rein,
bis meine Grimmglut ich stillte an dir.
ICH bins, der geredet hat,
es kommt, ich werde es tun,
ich gebe nicht frei,
mich dauerts nicht,
ich lasse mirs nicht leidsein.
Nach deinen Wegen, nach deinen Geschäften
wird man dich richten.
Erlauten ists von meinem Herrn, IHM.

SEINE Rede geschah zu mir, es sprach:
Menschensohn,
ich nehme dir nun die Lust deiner Augen
durch einen Niederstoß,
du aber sollst nicht bejammern,
du sollst nicht beweinen,
nicht soll die Träne dir kommen,
seufze nur leis.
Eine Totentrauer sollst du nicht machen,
dein Kopfziertuch winde dir um,
deine Schuhe ziehe dir an die Füße,
den Lippenbart mumme nicht ein
und iß nicht das Leutebrot.
Als ich am Morgen darauf zum Volk redete
– am Abend war mir mein Weib gestorben,
und am Morgen hatte ich getan, wie mir geboten war –,
sprachen sie, das Volk, zu mir:
Willst du uns nicht vermelden,
was dies uns meine, daß du das tust?
Ich sprach zu ihnen:
SEINE Rede geschah zu mir, es sprach:
Sprich zum Haus Jifsrael:
So hat mein Herr, ER, gesprochen:
Nun gebe ich mein Heiligtum preis,
den Stolz eures Trotzes,
die Lust eurer Augen
und die Last eurer Seele.
Eure Söhne und Töchter, die ihr verlassen mußtet,
sie fallen durchs Schwert.
    – Ihr aber werdet tun, was ich tat,
    den Lippenbart mummt ihr nicht ein,
    das Leutebrot esset ihr nicht,
    euer Ziertuch auf euren Häupten,
    eure Schuhe an euren Füßen,
    werdet ihr nicht bejammern,
    werdet ihr nicht beweinen. –
Modern müßt ihr in eurem Fehl,
anstöhnen einer den andern.
Jecheskel sei euch zum Erweis:

wanns kommt, tut ihr allem gleich, was er tat.
Dann werdet ihr erkennen, daß ICH Herr es bin. –
Und du, Menschensohn,
nicht wahr?, an jenem Tag,
wann ich ihnen ihre Trutzburg genommen habe,
die Wonne ihres Gepränges,
die Lust ihrer Augen
und die Tracht ihrer Seele,
ihre Söhne auch und ihre Töchter,
an jenem Tag kommt der Entronnene zu dir,
es den Ohren zu Gehör zu bringen –
an jenem Tag öffnet dir der Entronnene den Mund,
du darfst reden, brauchst nicht mehr zu verstummen,
dann bist du zum Erweis ihnen geworden,
dann werden sie erkennen, daß ICH es bin.

SEINE Rede geschah zu mir, es sprach:
Menschensohn,
richte dein Antlitz auf die Söhne Ammons zu
und künde wider sie,
sprich zu den Söhnen Ammons:
Höret meines Herrn, SEINE, Rede!
So hat mein Herr, ER, gesprochen:
Weil du Ha! sprachst auf mein Heiligtum zu,
daß es preisgestellt ist,
und auf den Boden Jifsraels zu,
daß er verstarrt ist,
und auf das Haus Jehuda zu,
daß sie in die Verschleppung gingen,
darum, wohlan,
gebe ich dich den Söhnen des Ostens zum Erbe,
daß sie ihre Zeltringe in dir ansiedeln,
ihre Wohnungen in dich geben,
die werden deine Frucht essen,
die werden deine Milch trinken,
den Großort gebe ich zur Kameltrift,
das Ammonssöhneland zum Schafslagerplatz.
Dann werdet ihr erkennen, daß ICH es bin.
Denn, so hat mein Herr, ER, gesprochen,
weil du in die Hände klatschtest,
mit den Füßen stampftest,
freutest dich mit all deiner hämischen Lust
von der Seele aus
auf den Boden Jifsraels zu,
darum, wohlan,
strecke ich meine Hand über dich,
ich gebe dich den Weltstämmen zur Plündrung,
ich rotte dich aus den Völkern,
ich schwende dich aus den Ländern,
ich tilge dich,
dann wirst du erkennen,
daß ICH es bin.

So hat mein Herr, ER, gesprochen:
Weil Moab, wie Sfeïr, spricht:

»Wohl, allen Weltstämmen gleichts,
das Haus Jehuda!«
darum, wohlan,
öffne ich die Flanke Moabs
– daß es der Städte ledig wird, seiner Städte bis ans Ende,
der Zierde des Landes, Bet Jeschimot, Baal Mon, Kirjatajim –
den Söhnen des Ostens
[noch zu dem Ammonssöhneland, das zum Erbe ich übergebe,
damit des Ammonssöhnelands unter den Weltstämmen nicht
    gedacht werde],
an Moab will ich Gerichte tun,
dann werden sie erkennen,
daß ICH es bin.

So hat mein Herr, ER, gesprochen:
Weil Edom rachsüchtig Rache am Haus Jehuda übte,
als die Sträflichen Strafe empfingen, sie sich rächten an ihnen,
darum, so hat mein Herr, ER, gesprochen,
strecke ich meine Hand über Edom,
rotte daraus Mensch und Vieh,
gebe, daß von Teman bis Dedan es Einöde werde,
durchs Schwert sollen sie fallen,
ich gebe meine Rache an Edom in die Hand meines Volks
    Jifsrael,
sie sollen sie üben an Edom nach meinem Zorn und nach mei-
    nem Grimm,
daß sie meine Rache erkennen.
Erlauten ists von meinem Herrn, IHM.

So hat mein Herr, ER, gesprochen:
Weil die Philister Rache übten, rachsüchtig sich rächten
mit hämischer Lust, von der Seele aus,
zum Verderben, in Weltzeit-Feindschaft,
darum, so hat mein Herr, ER, gesprochen,
wohlan, strecke ich meine Hand über die Philister,
ich rotte die Kreterrotten,
ich lasse den Überrest schwinden am Strande des Meers,
ich übe große Rachetaten an ihnen
mit Züchtigungen des Grimms,

dann werden sie erkennen,
daß ICH es bin,
wann meine Rache ich an sie gebe.

Es geschah im elften Jahr, am ersten auf die Mondneuung, da
   geschah SEINE Rede zu mir, es sprach:
Menschensohn,
dieweil Tyrus über Jerusalem sprach:
»Ha! zerschlagen die Völkertür!
zu mir wendet sichs, voll werde ich, die öd!«,
darum, so hat mein Herr, ER, gesprochen,
wohlan, über dich will ich, Tyrus,
viele Stämme führe über dich ich herüber,
wie das Meer herüberführt seine Wogen,
sie verderben die Mauern von Tyrus,
seine Türme reißen sie ein.
Ich fege noch seinen Schutt von ihm weg,
ich mache es zur Felsenplatte,
ein Netzbreiteplatz wirds inmitten des Meers,
denn ich bins, der geredet hat,
Erlauten ists von meinem Herrn, IHM.
Den Weltstämmen wird es zur Beute,
seine Töchter, die im Gefild,
vom Stahl werden sie umgebracht.
Dann werden sie erkennen, daß ICH es bin.
Denn, so hat mein Herr, ER, gesprochen,
wohlan, an Tyrus lasse ich kommen
Nebukadrezar, König von Babel,
vom Norden her, der Könige König,
mit Rossen, mit Fahrzeug, mit Reisigen,
eine Ansammlung, vieles Volk.
Deine Töchter, die im Gefild,
mit dem Stahl bringt er sie um.
Schanzenwerk gibt er wider dich,
schüttet wider dich einen Damm,
errichtet wider dich ein Schilddach,
an deine Mauern gibt er den Stoß einer Ramme,
mit seinem Stahl schleift er deine Türme.
Vom Schwall seiner Rosse deckt dich ihr Staub,
vom Lärm der Reisigen, Räder, Gefährte
schüttern deine Mauern,
wann er kommt in deine Tore,
wie man eben in eine aufgebrochene Stadt kommt.

Mit den Hufen seiner Rosse zerstampft er all deine Gassen,
dein Volk bringt er mit dem Stahl um,
die Standmale deines Trotzes, das sinkt zur Erde.
Sie plündern deine Macht,
sie beuten deinen Handelsschatz,
sie reißen ein deine Mauern,
deine köstlichen Häuser schleifen sie,
und deine Steine, dein Holz, deinen Schutt
werfen sie mitten ins Wasser.
Ich verabschiede das Getös deiner Lieder,
der Lärm deiner Leiern wird nicht wieder gehört.
Ich mache dich zur Felsenplatte,
ein Netzbreiteplatz sollst du werden,
nicht wirst du wieder erbaut,
denn ICH bins, der geredet hat.
Erlauten ists von meinem Herrn, IHM.

So hat mein Herr, ER, zu Tyrus gesprochen:
Ists nicht so: vom Lärm deines Falles,
wann der Durchbohrte stöhnt,
wann das Würgen würgt in deiner Mitte,
schüttern die Ozeanküsten.
Dann sinken von ihren Thronen
alle Fürsten des Meers,
sie tun ihre Mäntel von sich,
streifen ab die buntgewirkten Gewänder,
kleiden sich in zitternde Scheu,
sitzen auf der Erde,
erzittern jederweil,
erstarren über dich.
Sie heben Klage über dich an,
sie sprechen zu dir:
Weh wie bist du verschwunden,
Siedlungsreiche du, von den Meeren,
du die gepriesene Stadt,
die stark war auf dem Meer,
sie und ihre Besiedler,
die ihren Schrecken gaben
auf alle seine Besiedler!

Nun erzittern die Küsten
am Tage deines Falls,
bestürzt sind die Inselküsten,
die im Meer, daß du daraus zogst!
Ja denn,
so hat mein Herr, Er, gesprochen,
wann zur verödeten Stadt ich dich mache,
den Städten gleich, die nicht besiedelt mehr sind,
wann die Wirbelflut ich über dich führe,
daß dich die vielen Wasser verhüllen,
dann senke ich dich
zu den in die Grube Gesunknen,
zu dem Volke der Urzeit,
dann setze ich dich
in das Unterste des Erdreichs,
in die Ödnis von urher
mit den in die Grube Gesunknen,
damit du nicht mehr siedelst und Ruhm machst
im Reich der Lebendigen.
Ich mache aus dir ein Ergrausen
und schon bist du dahin,
gesucht wirst du dann
und wirst in Weltzeit nicht wieder gefunden.
Erlauten ists von meinem Herrn, Ihm.

Seine Rede geschah zu mir, es sprach:
Und du, Menschensohn,
hebe über Tyrus ein Klaglied an, sprich:
An Tyrus,
die an des Meeres Zugängen sitzt,
Händlerin der Völker
nach den vielen Küsten hin:
So hat mein Herr, Er, gesprochen:
Du selber sprachst es, o Tyrus:
Ich bin die Ganzschöne.
Deine Mark ist im Herzen der Meere,
deine Erbauer haben deine Schönheit ganz werden lassen.
Aus Wacholdern von Sfnir bauten sie dir alle Planken,
nahmen vom Libanon Zeder, für dich einen Mast zu machen,

aus Eichen von Baschan machten sie deine Ruder,
dein Getäfel machten sie aus Elfenbein und Zypressen von den
Kittäerküsten,
Linnen mit Buntgewirk aus Ägypten war dein Tuch, dir zum
Segel zu dienen,
Hyazinth und Purpur von den Elischaküsten war dein Deck.
Die Insassen von Sidon und Arwad waren dir Ruderer,
deine eignen Weisen, Tyrus, waren in dir, sie selber deine
Steuerleute,
die Ältesten von Byblos und seine Weisen waren in dir, dein
Zersplißnes verfestigend,
alle Schiffe des Meers und ihre Matrosen waren in dir, deine
Tauschware zu tauschen.
Perser, Lud und Put waren in deiner Heermacht als deine
Kriegsmannen,
Schild und Helm hingen sie in dir auf, die gaben dir den Glanz,
die Söhne Arwads mit deiner Heermacht, auf deinen Mauern
waren sie rings, die Gamader auf deinen Türmen,
ihre Tartschen hingen sie an deinen Mauern rings auf,
die haben deine Schönheit ganz werden lassen.
Tarschisch war deine Verkäuferin ob der Menge all des Guts,
für Silber, Eisen, Zinn und Blei gaben sie deinen Überschuß
hin,
Jawan, Tubal und Maschech, die waren deine Händler,
für Menschenseelen und Erzgerät gaben deine Tauschware sie,
vom Haus Togarma gaben sie Waffenpferde, Rosse, Maultie-
re um deinen Überschuß hin,
Dedans Söhne waren deine Händler, viele Küsten Verkäufer-
schaft dir zuhanden,
Elfenbein-Hörner und Ebenholz lieferten sie dir als Entgelt,
Aram deine Verkäuferin ob der Menge deiner Arbeiten,
für Türkis, Purpur, Gewirk, Byssus, Korallen und Rubine gaben sie deinen Überschuß hin,
Jehuda und das Land Jisrael, die waren deine Händler,
für Weizen von Minnit, Süßzeug, Honig, Öl und Mastix gaben deine Tauschware sie,
Damaskus deine Verkäuferin, mit der Menge deiner Arbeiten,
ob der Menge all des Guts,
für Wein von Chelbon und hellfarbne Wolle,

Wadan und Jawan von Usal, für deinen Überschuß gaben sie
    Eisen und Barren,
Kassia und Würzrohr waren in deiner Tauschware,
Dedan Händlerin dir, für Sattelgewänder zum Reiten,
Arabien und alle Fürsten von Kedar, die waren Verkäufer dir
    zuhanden,
für Lämmer und Widder und Böcke, dafür waren sie deine
    Verkäufer,
die Saba- und Raama-Händler, die waren Händler dir,
für den Auszug aller Balsame und für allerlei Edelgestein und
    Gold gaben sie deinen Überschuß hin,
Charan und Kanne und Eden, Sabas Händler, Assyrien und
    alles Medien waren dir Händlerschaft,
die waren dir Händler für Prunkröcke, für Burnusse von Hya-
    zinth und Buntgewirk,
für Hüllen von Mischgeweb, für geknüpfte und dichtgeschnür-
    te Stricke waren sie in deinem Händlertum,
Tarschisch-Schiffe waren Reisende mit deiner Tauschware dir.
Du wurdest voll, wurdest sehr schwer im Herzen der Meere.
In große Wasser brachten, die dich ruderten, dich,
ein Ostwind zerschlug dich im Herzen der Meere.
Dein Gut und dein Überschuß, deine Tauschware,
deine Matrosen und deine Steuerleute,
die dein Zersplißnes verfestigen, und die deine Tauschwaren
    tauschen,
all deine Kriegsmannen, die in dir sind,
all deine Ansammlung, die dir inmitten ist,
sie fallen im Herzen der Meere am Tag deines Falls.
Vom lauten Schrei deiner Steuerleute schüttern die Fluren.
Dann steigen von ihren Schiffen alle, die das Ruder führen,
Matrosen, alle die durchs Meer steuern, treten ans Land,
sie lassen über dich laut ihre Stimme hören,
sie schreien bitterlich,
bringen Staub auf ihr Haupt,
in der Asche wälzen sie sich,
lassen sich um dich eine Glatze ausglätten,
gürten Säcke um,
weinen um dich aus verbitterter Seele, ein bitteres Jammern,
heben um dich in ihrem Weh ein Klagelied an,

sie klagen über dich:
Wer war wie Tyrus,
wie die nun inmitten des Meeres Verstummte!
Wann dein Überschuß auszog vom Meerstrand,
sättigtest du Völker die Menge,
durch die Menge deines Guts, deiner Waren
bereichertest du die Könige der Erde.
Nun bist du zerschlagen,
hinweg von dem Meerstrand,
in Wassertiefen.
Deine Tauschware
und all deine Versammlung,
dir inmitten sind sie gefallen.
Alle Siedler der Küsten
erstarren über dich,
ihre Könige
schaudern und schaudern,
zuckenden Angesichts,
die Kaufherrn unter den Völkern
zischeln über dich,
ein Ergrausen bist du geworden,
dahin bist du für Weltzeit.

SEINE Rede geschah zu mir, es sprach:
Menschensohn,
sprich zu dem Herzog von Tyrus:
So hat mein Herr, ER, gesprochen:
Weil dein Herz hochfahrend war,
du sprachst: »Ein Gott bin ich,
ich besitze einen Gottheitssitz
im Herzen der Meere!«
da du doch Mensch und nicht Gott bist,
gibst dir nur ein Herz
einem Gottheitsherzen gleich
– wohl, weiser bist du als Daniel,
alles Heimliche, dir bleibts nicht dunkel,
mit deiner Weisheit, mit deinem Besinnen
hast du ja Macht dir erworben,
erwarbst Gold in deine Kammern und Silber,

mit deinem Reichtum an Weisheit,
mit deinem Händlertum
hast du reich gemehrt deine Macht,
hochfahrend ward nun dein Herz
an deiner Macht –:
darum, so hat mein Herr, ER, gesprochen,
weil du ein Herz dir gibst
einem Gottheitsherzen gleich,
darum, wohlan,
lasse Auswärtige ich über dich kommen,
die wütigsten unter den Stämmen,
daß sie ihre Schwerter zücken
wider deine schöne Weisheit,
preisstellen deine Strahlung,
sie stürzen dich zur Grube,
du stirbst des Durchbohrten Versterben
im Herzen der Meere.
Wirst du sprechen dann, sprechen:
Eine Gottheit bin ich –
deinem Würger ins Angesicht,
da du doch Mensch und nicht Gott bist
in dessen Hand, der dich durchbohrt?
Das Sterben der Vorhautigen stirbst du
in der Hand der Auswärtigen,
denn ich bins, der geredet hat.
Erlauten ists von meinem Herrn, IHM.

SEINE Rede geschah zu mir, es sprach:
Menschensohn,
hebe ein Klaglied an über den König von Tyrus,
sprich zu ihm:
So hat mein Herr, ER, gesprochen:
Ein Absiegel des Urmaßes du,
voller Weisheit, ganz schön,
in Eden warst du, dem Gottesgarten.
Deine Schirmung alles Edelgestein,
Spinell, Chrysolith und Onyx,
Chalzedon, Karneol und Nephrit,
Saphir, Türkis und Beryll,

und golden geschmiedet an dir
deine Fassung und deine Höhlung:
am Tage deiner Erschaffung
wurden auch sie gestiftet.
Mit dem gereckten schirmenden Cherub
habe ich dich zusammengetan,
auf dem Berg der Gottesheiligung warst du,
inmitten der Feuersteine ergingst du dich.
Geschlichtet warst du in deinen Wegen
vom Tage deiner Erschaffung
bis man an dir die Verfälschung fand:
durch deinen vielen Handel
füllte sichs dir inmitten von Unbill,
du hast gesündigt.
Da gab ich dich preis
von dem Gottesberge hinweg,
dich tilgte der schirmende Cherub
aus der Mitte der Feuersteine.
Dein Herz war hochfahrend worden
um deine Schönheit,
du hattest deine Weisheit verderbt
wegen deiner Strahlung:
zur Erde warf ich dich,
vor die Könige tat ich dich hin,
daß sie ihre Lust an dir sehn.
Durch deine viele Verfehlung,
durch die Falschheit deines Handels
gabst du deine Heiligtümer preis:
da ließ ich Feuer aus der Mitte dir fahren,
das hat dich gefressen,
machte zu Asche dich auf der Erde
vor aller Augen, die dich sahn.
Alle, die unter den Völkern dich kannten,
erstarren über dich,
ein Ergrausen bist du geworden,
dahin bist du für Weltzeit.

SEINE Rede geschah zu mir, es sprach:
Menschensohn,
richte dein Antlitz auf Sidon
und künde wider es, sprich:
So hat mein Herr, ER, gesprochen:
Wohlan, ich will an dich, Sidon,
ich erscheinige mich mitten in dir, –
dann wird man erkennen, daß ICH es bin,
wann Gerichte ich daran übe,
mich erheilige dran.
Ausschicken will ich darein
Seuche, Blutpest in seine Gassen,
gefallen liegen ihm inmitten Durchbohrte,
während ringsher das Schwert es umzieht, –
dann wird man erkennen, daß ICH es bin.
Nicht mehr hat dann das Haus Jifsrael
einen quälenden Stachel,
einen schmerzenden Dorn
von allen rings um sie her, die ihnen hämisch gesinnt sind, –
dann werden sie erkennen,
daß ICH Herr es bin.

So hat mein Herr, ER, gesprochen:
Wann zuhauf ich das Haus Jifsrael hole
aus den Völkern, unter die sie verstreut sind,
mich erheilige vor der Weltstämme Augen,
und sie siedeln auf ihrem Boden,
den ich Jaakob gab, meinem Knecht,
siedeln in Sicherheit drauf,
bauen Häuser, pflanzen Weinberge, –
siedeln in Sicherheit,
wann ich Gerichte übe
an allen ihnen hämisch Gesinnten
rings um sie her:
dann werden sie erkennen,
daß ICH ihr Gott es bin.

Im zehnten Jahr, im Zehnten, am zwölften auf die Neuung
   geschah SEINE Rede zu mir, es sprach:
Menschensohn,
richte dein Antlitz wider Pharao, den König von Ägypten,
und künde wider ihn und wider alles Ägypten,
rede, sprich:
So hat mein Herr, ER, gesprochen:
Wohlan, ich will wider dich, Pharao, König von Ägypten,
du großer Drache, der inmitten seiner Flußarme lagert,
der gesprochen hat: »Mein ist mein Fluß, ich bins, der ihn mir
   gemacht hat!«
Ich gebe in deine Kinnbacken Haken,
ich hefte das Fischvolk deiner Flußarme dir an die Schuppen,
ich ziehe dich herauf mitten aus deinen Flußarmen
und alles Fischvolk deiner Flußarme, das an den Schuppen dir
   haftet,
ich schleudre dich in die Wüste, dich und alles Fischvolk
   deiner Flußarme,
auf der Fläche des Gefilds sollst du hingefallen liegen,
du wirst nicht eingeheimst, du wirst nicht eingeholt,
•dem Wild der Erde und dem Vogel des Himmels gebe ich
   dich zum Fraß:
dann werden alle Insassen Ägyptens erkennen,
daß ICH es bin.
Weil sie eine Rohrstütze dem Hause Jisrael waren
– wann die mit der Hand dich fassen, knickst du ein,
reißest ihnen die Schulter all auf,
wann sie sich auf dich stützen, zerbrichst du,
lähmst ihnen die Hüften all –,
darum, so hat mein Herr, ER, gesprochen,
wohlan, das Schwert lasse ich an dich kommen,
Mensch und Vieh rotte ich aus dir.
Zu Starrnis und Öde soll das Land Ägypten werden,
dann werden sie erkennen,
daß ICH es bin.
Weil er sprach: »Mein ist der Fluß, ich bins, ders gemacht
   hat!«:
darum, wohlan, will ich an dich und an deine Flußarme,
ich gebe das Land Ägypten zu Einöden, Starrnis-Öde hin

von Migdol nach Syene und bis zur Grenze Äthiopiens.
Nicht durchschreitet es Fuß des Menschen,
Fuß des Viehs durchschreitet es nicht,
nicht besiedelt wirds, vierzig Jahre,
ich gebe das Land Ägypten als Starrnis hin inmitten verstarrter
 Länder,
seine Städte, inmitten verödeter Städte sollen sie Starrnis sein,
 vierzig Jahre,
ich zerstreue Ägypten unter die Weltstämme,
ich worfle es unter die Länder.
Ja denn, so hat mein Herr, ER, gesprochen,
am Ende der vierzig Jahre
hole ich Ägypten zuhauf aus den Völkern, dahin sie zerstreut
 worden waren,
Wiederkehr lasse für Ägypten ich kehren,
zurückkehren lasse ich sie in das Land Patros, zum Land ihres
 Ursprungs,
daß sie da ein niedriges Königreich werden:
niedriger soll das sein als die andern Königreiche,
über die Weltstämme soll es sich nicht wieder erheben,
ich mindre sie, daß ihnen kein Schalten mehr mit den Weltstämmen sei.
Nicht wieder kann zur Sicherung werden dem Haus Jifsrael,
der den Fehl zu Gedächtnis bringt, wann sie sich hinter ihnen
 her wenden.
Dann werden sie erkennen,
daß ICH Herr es bin.

Es geschah dann im siebenundzwanzigsten Jahr, im Ersten, einen auf die Neuung,
daß SEINE Rede zu mir geschah, es sprach:
Menschensohn,
Nebukadrezar, König von Babel, hat sein Heer gegen Tyrus
 großen Dienst dienen lassen.
alljeder Kopf ist kahl geworden, alljede Schulter wundgerie-
 ben,
doch Lohn ist ihm und seinem Heer von Tyrus nicht geworden
um den Dienst, den er um es diente.

Darum, so hat mein Herr, ER, gesprochen,
wohlan, ich gebe Nebukadrezar König von Babel das Land
   Ägypten,
daß er hinweghebe dessen Gepränge,
dessen Beute erbeute,
raube dessen Raub,
das sei Lohn seinem Heer:
als Werksold, daß wider jenes er diente, gebe das Land Ägypten ich ihm,
daß für mich sie gearbeitet haben.
Erlauten ists von meinem Herrn, IHM,
An jenem Tag
lasse ich ein Horn dem Hause Jifsrael sprossen
und dir gebe ich Eröffnung des Mundes in ihrer Mitte, –
dann werden sie erkennen,
daß ICH es bin.

SEINE Rede geschah zu mir, es sprach:
Menschensohn, künde, sprich:
So hat mein Herr, ER, gesprochen:
Heulet: »Ach um den Tag!«
Denn nah ist ein Tag,
nah ein Tag, der SEIN ist:
ein Tag des Gewölks,
der Weltstämme Frist wird das sein.
Dann kommt ein Schwert an Ägypten,
ein Krampf gerät an Äthiopien,
wann in Ägypten Durchbohrte fallen
und man sein Gepränge hinwegnimmt
und seine Grundfesten werden zerstört.
Äthiopien und Put und Lud
und all das Gemisch und Kub
und die Söhne des Bundeslands,
durchs Schwert fallen sie mit ihnen.
So hat ER gesprochen:
Dann fallen, die Ägypten stützten,
dann sinkt der Stolz seines Trotzes;
von Migdol bis nach Syene,

sie fallen darin durchs Schwert,
Erlauten ists von meinem Herrn, Iнм,
sie sollen verstarren inmitten verstarrter Länder,
inmitten verödeter Städte sollen seine Städte sein.
Dann werden sie erkennen,
daß Iсн es bin:
wann ich Feuer an Ägypten gebe,
all seine Helfer zusammenbrechen.
An jenem Tag
fahren Boten von mir aus auf Schiffen,
Äthiopien, das sich sicher meint, zu erschrecken,
ein Krampf gerät an sie an Ägyptens Tag:
ja, wohlan, es kommt!
So hat mein Herr, Eв, gesprochen:
Dann verabschiede ich Ägyptens Gepränge
durch die Hand Nebukadrezars, Königs von Babel.
Er und sein Volk mit ihm, die wütigsten unter den Stäm-
　　men,
sind hergebracht, das Land zu verderben,
sie zücken ihre Schwerter wider Ägypten,
sie füllen das Land mit Durchbohrten.
Ich gebe die Flußarme hin als Ödnis,
verkaufe das Land in die Hand der Bösen,
verstarre das Land und seine Fülle durch die Hand der Aus-
　　wärtigen, –
Iсн bins, der geredet hat.
So hat mein Herr, Eв, gesprochen:
Dann lasse ich die Dreckklötze schwinden,
dann verabschiede ich die Gottnichtse aus Nof,
der Dunst vom Lande Ägypten, der wird nicht mehr sein,
Furcht gebe ich ins Land Ägypten.
Ich verstarre Patros,
ich gebe Feuer an Zoan,
ich tue Gerichte an No,
ich schütte meinen Grimm auf Sſin, die Trutzburg Ägyptens,
ich rotte das Gepränge von No.
Ich gebe Feuer an Ägypten,
Sſin muß im Krampf sich winden und winden,
für No ist bestimmt, aufgesprengt zu werden,

Nof: Bedränger am lichten Tag!
Die Jungmannschaft von On und Pi-Baſset,
durchs Schwert sollen sie fallen,
sie selber gehn in die Gefangenschaft.
In Tachpanches finstert der Tag,
wann ich dort die Stäbe Ägyptens zerbreche,
der Stolz seines Trotzes darin verabschiedet wird.
Es selber, Gewölk wirds verhüllen,
seine Töchter gehn in die Gefangenschaft,
ich tue an Ägypten Gerichte,
dann werden sie erkennen,
daß Iᴄʜ es bin.

Es geschah im elften Jahr, im Ersten, am siebenten auf die
    Neuung,
da geschah Sᴇɪɴᴇ Rede zu mir, es sprach:
Menschensohn,
den einen Arm des Pharao, Königs von Ägypten, habe ich
    zerbrochen,
und, wohl, er ist nicht verbunden, daß man Heilmittel dran
    gegeben hätte,
daß man eine Wicklung drum legte, ihn zu verbinden,
ihn wieder kräftig zu machen, das Schwert zu fassen.
Darum, so hat mein Herr, Eʀ, gesprochen,
wohlan, ich will an Pharao, König von Ägypten,
ich zerbreche ihm die Arme, den kräftigen und den gebroch-
    nen,
ich lasse das Schwert seiner Hand entfallen.
Dann zerstreue ich Ägypten unter die Weltstämme,
dann worfle ich sie unter die Länder.
Ich kräftige nämlich die Arme des Königs von Babel,
ich gebe ihm mein Schwert in die Hand,
aber ich zerbreche die Arme des Pharao,
ächzen soll er vor ihm, eines Durchbohrten Ächzen.
Kräftig mache ich die Arme des Königs von Babel,
aber die Arme des Pharao sollen fallen,
dann werden sie erkennen,
daß Iᴄʜ es bin.

Wann mein Schwert ich in die Hand des Königs von Babel
　gebe,
er es wider das Land Ägypten streckt,
ich Ägypten unter die Weltstämme zerstreue,
ich unter die Länder sie worfle,
dann werden sie erkennen,
daß ICH es bin.

Es geschah im elften Jahr, im Dritten, einen Tag nach der
　Neuung,

Menschensohn,
sprich zu Pharao, König von Ägypten, und zu seinem Ge-
　pränge:
Wem dünkst du dich in deiner Größe gleich?
Etwa Assyrien:
eine Zeder auf dem Libanon der,
schönlaubig – ein schattender Forst! –,
ragenden Wuchses – sein Wipfel war zwischen Wolken!
Wasser hatten ihn großgezogen,
Urflut ihn emporgehoben:
ihre Ströme ließ sie rings um ihre Eigenpflanzung gehn,
indes sie sonst nur Rinnsale sandte an alle Bäume des
　Feldes.
Drum ragte sein Wuchs über alle Bäume des Feldes,
viel wurden seine Zweige,
lang wurden seine Äste
von dem vielen Wasser, daher er sie ausgeschickt hatte.
In seinen Zweigen nisteten allerart Vögel des Himmels,
unter seinen Ästen gebar alles Wild des Feldes,
in seinem Schatten saßen allerhand Weltstämme, viele.
Schön war er in seiner Größe geworden,
in der Länge seiner Triebe,
denn an vielem Wasser war seine Wurzel.
Nicht konnten sich ihm Zedern im Gottesgarten gesellen,
Wacholder glichen nicht seinem Gezweig,
Platanen hatten Äste nicht wie die seinen,
alles Baumwesen im Gottesgarten,

nicht einer glich ihm in seiner Schönheit.
Schön hatte ich ihn gemacht
in der Fülle seiner Triebe,
ihn neideten alle Bäume von Eden,
die im Gottesgarten sind.
Darum hat so mein Herr, ER, gesprochen,
dieweil auch du ragend an Wuchs bist:
...Als seinen Wipfel er gab zwischen die Wolken,
ob seines Ragens sein Herz sich erhob,
gab ich ihn in die Hand eines Leitwidders der Welt-
    stämme,
daß nach seinem Frevel er ihm tue, ja tue,
verstoßen habe ich ihn.
Nun rodeten die Auswärtigen ihn,
die wütigsten unter den Weltstämmen,
sie schleuderten ihn hin,
auf die Berge, in alle Täler
fielen nun seine Triebe,
seine Äste brachen nieder
in alle Bachgründe der Erde,
seinem Schatten entstiegen
alle Völker der Erde,
sie verschleuderten ihn.
Wohnung auf seinem Abfall
nahmen alle Vögel des Himmels,
und auf seinen Ästen
weilte alles Wild des Feldes.
Damit in ihrem Wuchse nicht ragen
alle reichbewässerten Bäume,
zwischen die Wolken nicht geben ihren Wipfel,
in ihrem Ragen nicht an sie heranstehn
alle Wassertrinkenden,
denn zum Tod sind sie alle gegeben,
in das unterste Erdreich,
inmitten der Menschensöhne,
hin zu den in die Grube Gesunknen.
So hat mein Herr, ER, gesprochen:
Am Tag, da er sank in die Tiefe,
ließ verhüllt ich die Urflut trauern,

ich hemmte ihre Ströme,
daß die vielen Gewässer stockten,
ließ den Libanon sich um ihn überdüstern,
um ihn schmachten alle Bäume des Feldes.
Mit dem Getös seines Fallens
habe ich die Weltstämme erschüttert,
als ich zur Tiefe ihn senkte
mit den in die Grube Gesunknen.
Nun trösten sich im untersten Erdreich
alle Bäume von Eden,
des Libanon beste Lese,
alle Wassertrinkenden:
auch sie sanken mit ihm zur Tiefe,
hin zu den vom Schwerte Durchbohrten,
die sein Arm gewesen waren,
die in seinem Schatten saßen,
mitten unter den Weltstämmen.
Wem dünkst du dich also gleich
an Gewicht und an Größe
unter den Bäumen von Eden?
Gesenkt wirst du mit den Bäumen von Eden
in das unterste Erdreich,
mußt inmitten der Vorhautigen liegen,
mit den vom Schwerte Durchbohrten:
Das ist Pharao und all sein Gepränge!
Erlauten ists von meinem Herrn, Ihm.

Es geschah im zwölften Jahr, in der zwölften Mondneuung,
     am ersten auf die Neuung.
Seine Rede geschah zu mir, es sprach:
Menschensohn,
hebe ein Klaglied an über Pharao, König von Ägypten, sprich
     zu ihm:

Du dünkst dich der Jungleu der Stämme
und warst doch nur wie der Drache im Meer,
du drangst in deinen Stromläufen vor,
trübtest mit deinen Füßen das Wasser,
wühltest jenen die Ströme auf.

So hat mein Herr, ER, gesprochen:
Ich breite nun mein Netz über dich
in vieler Völker Versammlung,
daß in meinem Garn sie dich hochziehn,
aufs Land dann stoße ich dich hin,
schleudre dich auf die Fläche des Feldes.
Wohnen lasse ich auf dir
alle Vögel des Himmels,
ersatten lasse ich an dir
das Wild alles Erdlands.
Ich gebe dein Fleisch auf die Berge,
mit deinem Würmen fülle ich die Täler,
ich feuchte das Land deiner Schwemmung
mit deinem Blute bis an die Berge,
die Gründe werden voll von dir her.
Wann du erlischst, verhülle ich den Himmel,
ich überdüstre seine Sterne,
die Sonne hülle ich zu mit Gewölk,
und der Mond läßt sein Licht nicht mehr leuchten.
Alle Lichtesleuchten am Himmel
verdüstere ich da um dich,
Finsternis gebe ich auf dein Land,
Erlauten ists von meinem Herrn, IHM.
Ich bekümmre das Herz vieler Völker,
wann deinen Sturz ich unter die Stämme ausbringe
hin zu Ländern, die du nicht kanntest,
viele Völker lasse um dich ich erstarren,
ihre Könige schaudern, schaudern um dich,
wann mein Schwert vor ihrem Antlitz ich schwinge,
alleweil müssen sie zittern,
jedermann um seine Seele,
am Tag deines Falles.
Denn, so hat mein Herr, ER, gesprochen,
das Schwert des Königs von Babel kommt an dich,
dein Gepränge fälle ich durch Schwerter von Helden
– die wütigsten unter den Stämmen sie alle –,
sie gewaltigen die Hoffart Ägyptens,
daß vertilgt wird all sein Gepränge.
All sein Vieh lasse ich schwinden

hinweg von den vielen Wassern,
nicht mehr trübt die der Fuß eines Menschen,
Viehhufe trüben sie nicht.
Damals lasse ich ihre Wasser sich setzen,
ihre Ströme lasse ich fließen wie Öl.
Erlauten ists von meinem Herrn, IHM.
Wann zur Starrnis ich Ägyptenland mache,
das Land verstarrt, bar seiner Fülle,
wann ich schlage alle, die darin siedeln,
dann werden sie erkennen,
daß ICH es bin.

Ein Klaglied ist das,
man wird es klagen.
klagen werden es die Töchter der Stämme.
um Ägypten, um all sein Gepränge
werden sie es klagen.
Erlauten ists von meinem Herrn, IHM.

Es geschah im zwölften Jahr, am fünfzehnten auf jene Neu-
     ung,
SEINE Rede geschah zu mir, es sprach:
Menschensohn,
seufze um Ägyptens Gepränge
und senke es
– es zusamt den Töchtern herrlicher Stämme –
in das Unterste des Erdreichs,
mit den in die Grube Gesunknen:

Wem bist du an Wert voraus?!
sinke hinab,
laß dich zu den Vorhautigen legen!
Inmitten der Schwertdurchbohrten werden sie fallen,
das Schwert ist gegeben,
zieht hinab es und all sein Gepränge!
Reden sollen zu ihm die mächtigsten Helden,
mitten aus dem Gruftreich, sie samt seinen Helfern:
Sie sanken,
sie liegen,

die Vorhautigen,
vom Schwerte durchbohrt!

Dort ist Assyrien und all seine Versammlung,
rings um seine sind ihre Kammern,
– sie alle Durchbohrte,
gefallen durch das Schwert! –
da seine Kammern man gab
in den Rückenteil der Grube,
so blieb ihre Versammlung
rings um seine Kammer,
sie alle Durchbohrte,
gefallen durch das Schwert,
die einst den Schrecken gaben
übers Land der Lebendigen!

Dort ist Elam und sein Gepränge
rings um seine Kammer,
– sie alle Durchbohrte,
gefallen durch das Schwert,
die, Vorhautige, sanken
ins Unterste des Erdlands,
die ihren Schrecken einst gaben
übers Land der Lebendigen,
nun tragen sie ihre Schmach
mit den in die Grube Gesunknen.
Inmitten von Durchbohrten
gab man ihm nun sein Lager
mit all seinem Gepränge,
rings um seine sind ihre Kammern,
– sie alle, Vorhautige,
vom Schwerte durchbohrt,
denn gegeben war ihr Schrecken
übers Land der Lebendigen,
nun tragen sie ihre Schmach
mit den in die Grube Gesunknen,
mitten unter Durchbohrte ist auch er hingegeben.

Dort ist Maschech, Tubal und all sein Gepränge,
rings um seine sind ihre Kammern,
– sie alle, Vorhautige,

vom Schwerte Durchbohrte,
denn sie gaben ihren Schrecken
übers Land der Lebendigen.
Sie liegen nicht bei den Helden,
die in der Urzeit fielen,
die sanken zum Gruftreich
mitsamt ihrem Kriegszeug,
denen ihre Schwerter man gab
ihnen unter das Haupt,
denen ihr Schild verblieb
auf ihren Gebeinen,
denn ein Schrecken waren die Helden
überm Land der Lebendigen.
Du nun, inmitten der Vorhautigen
zerbrochen, liegen mußt du
bei den vom Schwerte Durchbohrten!

Dortselbst ist Edom, seine Könige
und all seine Fürsten,
die hingegeben wurden
in ihrem Heldentum
zu den vom Schwerte Durchbohrten,
sie, bei den Vorhautigen müssen sie liegen,
bei den in die Grube Gesunknen.

Dortselbst sind die Lehngrafen des Nordreichs,
sie alle, und alle Sidonier,
die hin zu den Durchbohrten sanken
trotz ihres Schreckens,
beschämt ihres Heldentums,
nun, Vorhautige, liegen
bei den vom Schwerte Durchbohrten,
und tragen ihre Schmach
mit den in die Grube Gesunknen.

Die sieht Pharao nun
und tröstet sich um all sein Gepränge.
Schwertdurchbohrte sind sie,
Pharao und all sein Heer,
Erlauten ists von meinem Herrn, IHM,
denn nun gebe ich meinen Schrecken

übers Land der Lebendigen.
Hingelegt in der Vorhautigen Mitte,
bei den vom Schwerte Durchbohrten
ist Pharao und all sein Gepränge.
Erlauten ists von meinem Herrn, IHM.

Seine Rede geschah zu mir, es sprach:
Menschensohn,
rede zu den Söhnen deines Volks,
sprich zu ihnen:
Ein Land – wenn ich ein Schwert drüber kommen lasse,
das Landvolk nimmt einen Mann aus seinem Kreis,
sie geben ihn sich zum Späher,
er sieht das Schwert übers Land kommen,
stößt in die Posaune,
warnt das Volk,
der Hörer aber hört zwar den Schall der Posaune,
doch er läßt sich nicht warnen,
und das Schwert kommt und nimmt ihn,
sein Blut wird auf seinem Haupt sein:
er hat den Schall der Posaune gehört
und hat sich nicht warnen lassen,
sein Blut wird auf ihm sein, –
hätte er sich warnen lassen,
dann hätte seine Seele entschlüpfen dürfen.
Der Späher aber,
wenn das Schwert er kommen sieht
und stößt nicht in die Posaune,
und das Volk ist nicht gewarnt,
und das Schwert kommt und nimmt eine Seele von ihnen,
der wird um seinen Fehl hingenommen,
aber von der Hand des Spähers
fordere ich sein Blut.
Du also, Menschensohn –
als einen Späher habe ich dich gegeben
dem Hause Jifsrael:
hörst du von meinem Mund Rede,
sollst du von mir aus sie warnen.
Wann ich zum Frevler spreche:
»Frevler, sterben mußt du, sterben!«,
du aber redest es nicht,
den Frevler von seinem Weg abzuwarnen,
er zwar, ein Frevler,
um seine Verfehlung wird er sterben,
aber von deiner Hand

heische ich sein Blut.
Du aber,
wenn du den Frevler abwarntest von seinem Weg,
von ihm umzukehren,
und er kehrt nicht um von seinem Weg,
er, um seine Verfehlung wird er sterben,
du aber hast deine Seele gerettet.
Du also, Menschensohn,
sprich zum Haus Jiſrael:
So habt ihr gesprochen, den Spruch:
Ja, unsre Abtrünnigkeiten,
unsre Sünden sind über uns,
durch sie vermodern wir,
wie noch dürften wir leben!
Sprich zu ihnen:
Sowahr ich lebe,
Erlauten ists von meinem Herrn, IHM:
Habe ich denn Gefallen am Sterben des Frevlers?
sondern daß ein Frevler umkehre
von seinem Wege und lebe!
Kehret um, kehret um
von euren bösen Wegen,
warum wollt ihr sterben,
Haus Jiſrael?
Du also, Menschensohn,
sprich zu den Söhnen deines Volks:
Die Bewährtheit des Bewährten
wird ihn nicht erretten
am Tag seiner Abtrünnigkeit,
und der Frevel des Frevlers,
er wird darüber nicht straucheln
am Tage, da er umkehrt
von seinem Frevel,
wie der Bewährte drob nicht kann leben
am Tage, da er sündigt.
Wann zum Bewährten ich spreche:
»Leben sollst du, leben!«,
er aber wähnt sich sicher durch seine Bewährtheit
und tut Falsch,

all seine Bewährungen,
nicht zugedacht werden sie,
um sein Falsch, das er tat,
um das wird er sterben.
Und wann ich zum Frevler spreche:
»Sterben mußt du, sterben!«,
er aber kehrt um von seiner Sünde,
tut Recht und Wahrhaftigkeit,
läßt der Frevler rückkehren das Pfand,
erstattet er das Geraubte,
geht er in den Satzungen des Lebens,
ungetan zu lassen das Falsch,
leben soll er, leben,
er muß nicht sterben,
all seine Sünden, die gesündigt er hat,
nicht zugedacht werden sie ihm,
er tat Recht und Wahrhaftigkeit,
leben soll er, leben.
Da sprechen die Söhne deines Volks:
»Nicht zu bemessen ist der Weg meines Herrn!«
Sie sind es,
deren Weg nicht zu bemessen ist!
Wann der Bewährte sich abkehrt
von seiner Bewährung,
tut er Falsch,
wird er darum sterben;
wann der Frevler umkehrt
von seinem Frevel,
tut er Recht und Wahrhaftigkeit,
er, dadurch wird er leben.
Da sprecht ihr:
»Nicht zu bemessen ist der Weg meines Herrn!«
Jedermann nach seinen Wegen
richten werde ich euch,
Haus Jifsrael!

Es geschah im zwölften Jahr, im Zehnten, am fünften auf die
　　Neuung,
von unsrer Verschleppung an,
da kam zu mir der Entronnene aus Jerusalem, sprechend:
»Die Stadt ist geschlagen!«
Aber SEINE Hand war schon auf mir gewesen
am Abend, eh der Entronnene kam,
nun öffnete er meinen Mund, als am Morgen er zu mir kom-
　　men sollte:
mein Mund war geöffnet, und ich habe nicht mehr stumm
　　bleiben müssen.
SEINE Rede geschah zu mir, sprach:
Menschensohn,
die Insassen jener Trümmer auf dem Boden Jifsraels sprechen
　　den Spruch:
»Einer war Abraham,
er erbte das Land,
wir aber sind viele,
uns ist das Land zum Erbe gegeben!«
Darum sprich zu ihnen:
So hat mein Herr, ER, gesprochen:
Ihr esset über dem Blut,
zu euren Klötzen hebt ihr eure Augen,
und Blut vergießet ihr, –
und das Land wollt ihr erben?!
Auf euer Schwert habt ihr euch gestellt,
Greuliches habt ihr getan,
jedermann das Weib seines Genossen habt ihr bemakelt, –
und das Land wollt ihr erben?!
So sprich zu ihnen:
So hat mein Herr, ER, gesprochen:
Sowahr ich lebe,
fallen nicht die in den Trümmern durchs Schwert, …!
und die auf der Fläche des Feldes,
dem Wild gebe ich sie zum Fraß,
und die in den Felsennestern und in den Höhlen,
an der Pest sollen sie sterben.
Ich gebe das Land hin zu Erstarren und Starrnis,
verabschiedet wird der Stolz seines Trotzes,

verstarren werden Jifsraels Berge,
da keiner hindurchzieht.
Dann werden sie erkennen,
daß ICH es bin:
wann das Land ich hingebe zu Erstarren und Starrnis
für all das Greuliche, das sie getan haben.
Du aber, Menschensohn,
die Söhne deines Volkes,
die über dich sich bereden
bei den Mauern, an den Toreinlässen der Häuser,
einer redet mit einem,
jedermann mit seinem Bruder,
sprechend: Kommt doch und hört,
was das für eine Rede ist,
die ausfährt von IHM!
sie kommen zu dir,
wie Volk pflegt zusammenzukommen,
und setzen sich vor dich hin
als mein Volk,
hören deine Reden sich an,
aber sie tun sie nicht,
denn zärtlich tun die mit ihrem Mund,
ihrer Ausbeutung geht ihr Herz nach.
Wohl,
wie ein zärtlicher Gesang bist du ihnen,
stimmschön, saitenspielköstlich,
so hören sie deine Reden sich an,
aber tun sie keinesfalls:
wann es kommt
– wohl, es kommt! –,
dann werden sie erkennen,
daß ein Künder dawar in ihrer Mitte.

SEINE Rede geschah zu mir, sprach:
Menschensohn,
künde wider die Hirten Jifsraels,
künde, sprich zu ihnen, zu den Hirten:
So hat mein Herr, ER, gesprochen:
Weh, Weidehirten Jifsraels,
die sich selber geweidet haben!
Sollen die Hirten nicht die Schafe weiden?!
Die Milch verzehrt ihr,
mit der Wolle kleidet ihr euch,
das Gemästete schlachtet ihr,
die Schafe weidet ihr nicht.
Die Kränkelnden stärktet ihr nicht,
das Kranke heiltet ihr nicht,
das Gebrochne verbandet ihr nicht,
das Abgesprengte holtet ihr nicht zurück,
nach dem Verlornen forschtet ihr nicht,
mit Überstärke schaltetet ihr und mit Zwang.
Da zerstreuten sie sich, eines Hirten ermangelnd,
wurden zum Fraß allem Wilde des Feldes,
da zerstreuten sie sich.
Nun irren meine Schafe umher
auf allen Bergen, –
über alle ragenden Höhen,
über alle Fläche des Lands
sind meine Schafe zerstreut,
und da ist keiner, der nachfragt,
und da ist keiner, der forscht.
Darum, Hirten, hört SEINE Rede!
Sowahr ich lebe,
ist das Erlauten von meinem Herrn, IHM,
geschiehts nicht so,...!:
weil meine Schafe wurden zum Raub,
zum Fraß sind meine Schafe geworden
allem Wilde des Felds,
da kein Hirt war,
meine Hirten fragten meinen Schafen nicht nach,
sich selber weideten die Weidehirten,
meine Schafe weideten sie nicht,

darum – Hirten, hört SEINE Rede,
so hat mein Herr, ER, gesprochen –,
wohlan, ich will an die Hirten,
ihrer Hand fordre ich ab meine Schafe,
ich verabschiede sie Schafe zu weiden,
nicht mehr weiden die Weidehirten sich selber,
vor ihrem Mund rette ich meine Schafe,
zum Fraß sollen sie ihnen nicht werden.
Denn, so hat mein Herr, ER, gesprochen,
wohlan, ich selber bin da,
daß ich nachfrage meinen Schafen,
daß ich sie zusammensuche:
wie der Hirt zusammensucht seine Herde
am Tag, da er seiner gebreiteten Schafherde mitteninne
    ist,
so suche ich meine Schafe zusammen,
ich rette sie aus all den Orten,
dahin sie verstreut worden sind
am Tag von Wolke und Wetterdunkel.
Ich führe sie aus den Völkern,
bringe sie aus den Ländern zuhauf,
zu ihrem Boden lasse ich sie kommen,
da weide ich sie an Jifsraels Bergen,
in den Gründen, in allen Sitzen des Lands.
Auf guter Weide weide ich sie,
auf Jifsraels ragenden Bergen
soll ihre Trift sein,
dort lagern auf guter Trift sie,
fette Weide weiden sie ab
an Jifsraels Bergen.
Ich selber weide meine Schafe,
ich selber lasse sie lagern,
Erlauten ists von meinem Herrn, IHM.
Dem Verlorenen forsche ich nach,
das Abgesprengte hole ich zurück,
das Gebrochene verbinde ich,
ich stärke das Kranke,
aber das Feiste,
das Überstarke vertilge ich,

ich weide sie, wie es recht ist.
Ihr also, meine Schafe,
so hat mein Herr, ER, gesprochen,
wohlan,
ich richte zwischen Tier und Tier.
Zu den Widdern das und zu den Böcken:
Ist es euch zu wenig,
die beste Weide abzuweiden,
daß ihr das Übrige eurer Weide mit euren Füßen zerstampft,
und das geklärte Wasser zu trinken,
daß ihr das Übriggelaßne mit euren Füßen trübt,
und meine Schafe,
das von euren Füßen Zerstampfte müssen sie weiden,
das von euren Füßen Getrübte müssen sie trinken.
Darum, so hat mein Herr, ER, gesprochen,
wohlan, ich selber bin da,
daß ich richte zwischen fettem Tier und magerem Tier.
Weil mit Seite, mit Schulter ihr dränget,
mit euren Hörnern alle Kränklichen stoßet,
bis ihr sie hinaus zerstreut habt,
befreie ich meine Schafe,
sie sollen nicht mehr zum Raub sein,
ich richte zwischen Tier und Tier.
Dann erstelle ich über sie
einen einzigen Weidehirten,
der sie weiden soll,
meinen Knecht Dawid,
der soll sie weiden,
der soll ihnen zum Hirten werden.
ICH werde ihnen zum Gott,
mein Knecht Dawid Fürst ihnen inmitten,
ICH bins, der geredet hat.
Einen Bund des Friedens schließe ich ihnen,
Böswild verabschiede ich aus dem Land,
in der Wüste können sie in Sicherheit sitzen,
in den Wäldern können sie schlafen.
Segen gebe ich ihnen bei,
rings um meinen Hügel,
Erguß sende ich zu seiner Zeit,

Segengüsse werden das sein.
Der Baum des Feldes gibt seine Frucht,
das Erdland gibt sein Gewächs,
auf ihrem Boden sind sie in Sicherheit.
Dann werden sie erkennen,
daß I CH es bin,
wann die Stangen ihres Jochs ich zerschlage
und sie aus der Hand der sie Knechtenden rette.
Den Weltstämmen sind sie nicht mehr zum Raub,
das Wild des Landes darf sie nicht fressen,
in Sicherheit siedeln sie nun,
und keiner ist, der aufscheucht.
Ich erstelle ihnen eine Pflanzung zum Ruhm,
nicht mehr sind im Land Hungersentraffte,
nicht mehr müssen sie die Schmach der Weltstämme tragen.
Dann werden sie erkennen,
daß I CH, ihr Gott, bin mit ihnen
und sie mein Volk sind, das Haus Jifsrael,
Erlauten ists von meinem Herrn, I HM.
O ihr meine Schafe,
ihr Schafe meiner Weide,
Menschheit seid ihr, ich euer Gott.
Erlauten ists von meinem Herrn, I HM.

SEINE Rede geschah zu mir, es sprach:
Menschensohn,
richte dein Antlitz gegen das Gebirge Sſeïr
und künde gegen es, sprich zu ihm:
So hat mein Herr, ER, gesprochen:
Wohlan, an dich will ich, Gebirge Sſeïr,
ich strecke meine Hand gegen dich,
ich gebe dich hin zu Erstarren und Starrnis.
Deine Städte lege ich in Öde,
du selber wirst ein Erstarrtes,
dann wirst du erkennen, daß ICH es bin.
Weil eine Weltzeit-Feindschaft du hattest,
die Söhne Jiſraels dem Schwert liefertest zuhanden
in der Frist ihres Verhängnisses,
in der Frist des Endesfehls,
darum, sowahr ich lebe,
Erlauten ists von meinem Herrn, IHM,
ja, zu Blut mache ich dich,
Blut soll dich verfolgen:
hast du Blut nicht gehaßt,
Blut soll dich verfolgen.
Das Gebirge Sſeïr gebe ich hin
zu Starre und Starrnis,
ich rotte daraus hinweg,
wer immer zieht oder kehrt,
mit seinen Durchbohrten fülle ich seine Berge;
deine Hügel und deine Schluchten,
deine Bachgründe alle,
Schwertdurchbohrte fallen darin.
Zu Weltzeit-Starrnissen gebe ich dich hin,
deine Städte werden nicht mehr besiedelt.
Dann werdet ihr erkennen, daß ICH es bin.
Weil du gesprochen hast:
»Die beiden Stämme,
die beiden Länder,
mein sollen sie sein,
wir werdens erben!«
– und ER war doch dort da, –
darum, sowahr ich lebe,

Erlauten ists von meinem Herrn, IHM,
ich mache es
nach deinem Zorn, nach deinem Eifer,
wie dus an ihnen gemacht hast
aus deinem Haß gegen sie,
ich lasse mich unter ihnen erkennen,
da ich dich richten werde.
Dann wirst auch du erkennen, daß ICH es bin,
der all dein Schmähen gehört hat,
das du sprachst gegen Jifsraels Berge,
sprachst: »Sie verstarren,
zum Fraß uns sind sie gegeben!«
groß tatet ihr mit eurem Mund gegen mich,
wirbeltet gegen mich eure Reden, –
ich bins, der gehört hat.
So hat mein Herr, ER, gesprochen:
Gleicherweis freut sich alle Erde,
daß ich aus dir eine Starrnis mache,
gleichwie du dich freutest über das Eigentum des Jifsrael-
    hauses,
daß es verstarren mußte.
Ebenso mache ich es mit dir:
Starrnis muß das Gebirg Sfeïr werden
und alles Edom allsamt, –
dann werden sie erkennen, daß ICH es bin.

Und du, Menschensohn,
künde auf die Berge Jifsraels zu,
sprich: Berge Jifsraels,
höret SEINE Rede,
so hat mein Herr, ER, gesprochen:
Weil der Feind über euch gesprochen hat: »Ha!«
und: »Urzeit-Kuppen! uns wards zum Erbe!«
darum künde, sprich:
So hat mein Herr, ER, gesprochen:
Weil und dieweil man ringsumher euch anschnaubt und nach
    euch schnappt,
daß ihr Erbe wurdet dem Rest der Weltstämme,
kamt auf den Rand der Zunge und ins Gerücht der Leute,

darum – Berge Jißraels, hört meines Herrn, SEINE, Rede! –
hat so mein Herr, ER, gesprochen
von den Bergen und von den Hügeln,
von den Gründen und von den Schluchten,
von den verstarrenden Öden und von den verlassenen Städten,
die zum Raub geworden sind und zum Spott
dem Rest der Weltstämme, die ringsum sind,
darum hat so mein Herr, ER, gesprochen:
Rede ich nicht im Feuer meines Eifers
wider den Rest der Weltstämme und wider Edom allsamt,
daß mein Land sie zum Erbe sich gaben
mit aller Freude des Herzens, mit der hämischen Lust der
　　Seele,
um draus zu vertreiben, zum Raub,...!
Darum künde über Jißraels Boden,
sprich zu den Bergen und zu den Hügeln,
zu den Gründen und zu den Schluchten:
So hat mein Herr, ER, gesprochen:
Wohlan,
in meinem Eifer,
in meiner Grimmglut rede ich nun:
weil ihr die Beschämung der Weltstämme tragt,
darum, so hat mein Herr, ER, gesprochen,
erhebe ich da meine Hand:
Die Stämme, die rings um euch sind,
müssen nicht selber sie ihre Beschämung tragen,...!

Ihr aber, Berge Jißraels,
bringen sollt ihr euer Gezweig,
tragen sollt ihr eure Frucht
für mein Volk Jißrael,
denn sie sind nah am Kommen.
Denn, wohlan, ich will zu euch,
ich wende mich zu euch,
beackert werdet ihr und besät.
Ich mehre Menschen auf euch,
alles Haus Jißrael allsamt,
besiedelt werden die Städte
und die Ödnisse auferbaut,

ich mehre auf euch Mensch und Vieh,
sie sollen sich mehren, sollen fruchten.
Ich besiedle euch neu
wie in eurer Vorzeit,
ich tue euch Gutes
noch über eure Frühe,
dann werdet ihr erkennen, daß ICH es bin.
Menschen lasse ich über euch gehen,
mein Volk Jifsrael,
sie erben dich wieder,
du wirst ihnen zum Eigentum,
machst sie nicht wieder kinderlos.
So hat mein Herr, ER, gesprochen:
Weil man von euch spricht:
Menschenfresserin du,
eine bist du, die den eignen Stamm kinderlos macht!
darum: Menschen wirst hinfort du nicht fressen,
den eignen Stamm wirst du hinfort nicht kinderlos machen,
Erlauten ists von meinem Herrn, IHM.
Ich lasse hinfort dich nicht hören
die Beschämung der Weltstämme,
die Beschimpfung der Völker
sollst du hinfort nicht mehr tragen,
deinen Stamm sollst du hinfort nicht kinderlos machen.
Erlauten ists von meinem Herrn, IHM.

Seine Rede geschah zu mir, es sprach:
Menschensohn,
die vom Haus Jifsrael,
da sie auf ihrem Boden noch saßen,
bemakelten sie ihn
mit ihrem Weg, mit ihren Geschäften,
gleich dem Makel der Monatssondrung
ist ihr Weg mir vorm Antlitz gewesen.
Da goß ich über sie meine Grimmglut
um das Blut, das sie vergossen im Land,
und daß sies bemakelten mit ihren Klötzen.
Unter die Weltstämme zerstreute ich sie,
in die Länder wurden sie geworfelt,
nach ihrem Weg, nach ihren Geschäften
habe ich sie gerichtet.
Als sie aber zu den Weltstämmen kamen,
wohin sie gekommen waren,
stellten sie den Namen meiner Heiligung preis,
indem man von ihnen sprach:
»Sein Volk sind diese,
aus seinem Land mußten sie fahren!«
Da dauerte es mich
des Namens meiner Heiligung,
den preisstellten die vom Haus Jifsrael
unter den Weltstämmen, wohin sie gekommen waren.
Darum sprich zum Haus Jifsrael:
So hat mein Herr, ER, gesprochen:
Nicht um euretwillen tue ichs,
Haus Jifsrael,
sondern für den Namen meiner Heiligung,
den ihr preisstelltet unter den Stämmen,
wohin ihr gekommen seid.
Erheiligen will ich
meinen großen Namen,
den unter den Weltstämmen preisgestellten,
den ihr preisstelltet in ihrer Mitte.
Dann werden die Weltstämme erkennen,
daß Ich es bin,
Erlauten ists von meinem Herrn, Ihm,

wann ich mich an euch vor ihren Augen erheilige.
Ich nehme euch aus den Weltstämmen,
ich hole zuhauf euch aus allen Ländern,
ich lasse euch kommen zu eurem Boden.
Ich sprenge reines Wasser auf euch,
daß ihr rein werdet:
von all euren Bemaklungen,
von all euren Dreckklötzen
reinige ich euch.
Ich gebe euch ein neues Herz,
einen neuen Geist gebe ich euch in das Innre,
das Herz von Stein schaffe ich aus eurem Fleisch weg,
ich gebe euch ein Herz von Fleisch.
Meinen Geist gebe ich euch in das Innre,
ich mache, daß ihr geht in meinen Gesetzen
und meine Rechtsgeheiße wahret, sie tut.
Dann siedelt ihr in dem Land,
das ich euren Vätern gab,
ihr werdet mir zum Volk
und ich, ich werde euch zum Gott:
ich befreie euch von all euren Makeln.
Ich rufe dem Getreide,
lasse es sich mehren,
Hunger gebe ich nie über euch,
ich lasse sich mehren
die Frucht der Bäume,
das Gedeihen des Feldes,
damit ihr nicht mehr hinnehmen müsset
unter den Weltstämmen den Schimpf des Hungers.
Dann gedenkt ihr eurer bösen Wege,
eurer Geschäfte, die nicht gut gewesen sind,
ekeln wird es euch vor euch selber
um eure Verfehlungen,
um eure Greuel.
Nicht um euretwillen tue ich,
Erlauten ists von meinem Herrn, IHM,
das sei euch kund!
Errötet, schämt euch ob euren Wegen,
Haus Jifsraels!

So hat mein Herr, E R, gesprochen:
Am Tag,
da ich euch reinige von all euren Verfehlungen,
neu besiedle die Städte,
die Ödnisse auferbaut werden,
und das verstarrte Land wird bestellt,
statt daß es Starrnis war vor aller Wanderer Augen,
dann wird man sprechen:
»Dieses verstarrte Land da,
wie der Garten von Eden ist es geworden,
die verödeten Städte,
die verstarrten, die geschleiften,
umwehrt nun sind sie, besiedelt!«
Dann werden die Stämme erkennen,
die rings um euch überblieben,
daß I CH es bin,
der die geschleiften auferbaute,
der das Verstarrte wiederbepflanzte:
I CH bin es,
ders redet,
ders tut.

So hat mein Herr, E R, gesprochen:
Dies noch ihnen zu tun
lasse ich mich vom Haus Jiſsrael erbitten:
ich will sie mehren wie Menschenschafe.
Wie die Schafe der Darheiligungen,
wie Jerusalems Schafe in seinen Begegnungsgezeiten,
so voller Menschenschafe werden die verödeten Städte sein.
Dann werden sie erkennen,
daß I CH es bin.

Über mir war SEINE Hand,
im Geistbraus entführte mich ER,
ließ mich nieder inmitten der Ebne,
die war voller Gebeine.

Er trieb mich rings, rings an ihnen vorbei,
da, ihrer waren sehr viele
hin über die Fläche der Ebne,
und da, sehr verdorrt waren sie.

Er aber sprach zu mir:
Menschensohn,
werden diese Gebeine leben?

Ich sprach:
Mein Herr, DU,
du selber weißt.

Er aber sprach zu mir:
Künde über diese Gebeine,
sprich zu ihnen:
Ihr verdorrten Gebeine,
höret SEINE Rede!

so hat mein Herr, ER, gesprochen
zu diesen Gebeinen:
Da, Geistbraus lasse ich kommen in euch,
und ihr lebt.

Ich gebe über euch Sehnen,
ich lasse Fleisch euch überziehn,
ich überspanne euch mit Haut,
Geistbraus gebe ich in euch,
und ihr lebt
und erkennt,
daß ICH es bin.

Ich kündete, wie mir war geboten.
Als ich gekündet hatte, geschah ein Rauschen,
und da, ein Schüttern,
die Gebeine rückten zusammen,
Gebein zu seinem Gebein.

Ich sah,
da waren über ihnen Sehnen,
Fleisch überzog sie,
Haut überspannte sie obendrauf,

doch kein Geistbraus war in ihnen.
Er aber sprach zu mir:
Künde auf den Geistbraus zu,
künde, Menschensohn,
sprich zum Geistbraus:
So hat mein Herr, ER, gesprochen:
Von den vier Brausewinden,
Geistbraus, komm,
wehe diese Erwürgten an,
daß sie leben!
Ich kündete, wie er mir geboten hatte.
Der Geistbraus kam in sie ein,
sie lebten.
Sie standen auf ihren Füßen,
ein sehr sehr großes Heer.
Er aber sprach zu mir:
Menschensohn,
diese Gebeine,
die sind alles Haus Jifsrael.
Da sprechen sie:
Verdorrt sind unsre Gebeine,
geschwunden unsere Hoffnung,
losgeschnitten sind wir!
Darum künde, sprich zu ihnen:
So hat mein Herr, ER, gesprochen:
Da, ich öffne eure Gräber,
ich ziehe euch aus euren Gräbern,
mein Volk,
ich lasse euch kommen
zu dem Boden Jifsraels.
Dann werdet ihr erkennen,
daß ICH es bin.
Wann ich öffne eure Gräber,
wann ich euch ziehe aus euren Gräbern,
mein Volk,
gebe in euch meinen Geistbraus,
daß ihr lebet,
lasse euch nieder auf eurem Boden,
dann werdet ihr erkennen,

daß ICH es bin,
ders redet,
ders tut.
SEIN Erlauten ists.

SEINE Rede geschah zu mir, sprach:
Und du, Menschensohn,
nimm dir ein Holz
und schreibe darauf:
»Des Jehuda und der Söhne Jifsraels, die seine Gefährten sind.«
Und nimm wieder ein Holz
und schreib darauf:
»Des Jofsef«,
als das Holz Efrajims und alles Hauses Jifsrael, die seine Ge-
    fährten sind.
Dann rücke sie dir aneinander zu Einem Holz,
sie sollen zur Einheit werden in deiner Hand.
Und wenn zu dir sprechen die Söhne deines Volks, sprechen:
»Willst du uns nicht melden, was diese dir sollen?«,
rede zu ihnen:
So hat mein Herr, ER, gesprochen:
Da, ich nehme das Holz Jofsefs,
das in der Hand Efrajims und der Jifsraelstäbe, seiner Gefähr-
    ten, ist,
ich gebe mit ihnen zusammen, daran das Holz Jehudas,
ich mache sie zu Einem Holz,
daß sie eins sind in meiner Hand.
Die Hölzer, auf die du geschrieben hast,
seien in deiner Hand ihnen vor Augen,
und rede zu ihnen:
So hat mein Herr, ER, gesprochen:
Da, ich nehme die Söhne Jifsraels
weg aus den Weltstämmen, wohin sie gehen mußten,
ich bringe sie zuhauf ringsumher,
ich lasse sie kommen zu ihrem Boden.
Ich mache sie zu Einem Stamm
im Land, in Jifsraels Bergen,
ein König wird ihnen allen zum König,
sie werden nicht mehr zu zwei Stämmen,

sie spalten sich nicht mehr zu zwei Königreichen.
Und nicht mehr bemakeln sie sich
mit ihren Klötzen, mit ihren Scheusalen,
mit all ihren Abtrünnigkeiten.
Ich befreie sie von all ihren Abkehrungen,
damit sie gesündigt haben,
ich reinige sie,
sie werden mir zum Volk
und ich, ich werde ihnen zum **Gott**.
Mein Knecht Dawid ist über sie König,
Ein Hirt ist für sie alle.
Sie gehn in meinen Rechtsgeheißen,
wahren meine Satzungen,
tun sie.
Sie siedeln in dem Land,
das ich meinem Knecht, dem Jaakob, gab,
darin siedelten ihre Väter,
nun siedeln darin sie,
ihre Söhne, die Söhne ihrer Söhne
auf Weltzeit,
und Dawid, mein Knecht, ist ihnen Fürst
auf Weltzeit.
Einen Bund des Friedens schließe ich ihnen,
der bleibt mit ihnen als Weltzeitbund,
ich pflanze sie ein,
ich mehre sie.
Mein Heiligtum gebe ich in ihre Mitte
auf Weltzeit,
meine Wohnung wird sein über ihnen.
Ich werde ihnen zum Gott
und sie, sie werden mir zum Volk.
Dann erkennen die Weltstämme,
daß Ich es bin,
der Jifsrael heiligt:
wann mein Heiligtum bleibt in ihrer Mitte
auf Weltzeit.

Seine Rede geschah zu mir, es sprach:
Menschensohn,
richte dein Antlitz auf den Gog des Landes Magog,
den Oberfürsten von Maschech und Tubal,
und künde wider ihn, sprich:
So hat mein Herr, ER, gesprochen:
Wohl, an dich will ich, Gog,
Oberfürst von Maschech und Tubal,
abkehren will ich dich,
will Haken in deine Kinnbacken legen,
will führen dich und all dein Heer,
Rosse, Reisige, in den Prunkrock sie alle gekleidet,
eine große Versammlung,
mit Tartsche und Schild, schwertfassend sie alle,
mit ihnen Perser, Kusch und Put,
sie alle mit Schild und Helm,
Gomer und all seine Schwadronen,
das Haus Togarma vom Lendenbug des Nordens und all seine
    Schwadronen,
viele Völker mit dir.
Bereite, mach dich bereit,
du und all deine Ansammlungen,
die um dich sich gesammelt haben,
daß du zur Hut ihnen seist!
Nach vielen Tagen wirst du abgeordnet,
in der Späte der Jahre kommst du
nach einem Land, das vom Schwert abgekehrt ward,
aus vielen Völkern zuhauf gebracht,
auf die Berge Jifsraels,
die einst zur steten Einöde warden,
aber dieses ward geführt aus den Völkern,
in Sicherheit siedeln sie alle.
Da steigst du auf,
du kommst wie die Windsbraut,
bist wie Gewölk, das Land zu bedecken,
du und deine Schwadronen,
viele Völker mit dir.
So hat mein Herr, ER, gesprochen:
An jenem Tage geschieht es,

Rede steigt im Herzen dir auf,
du planst einen bösen Plan,
sprichst: »Ich steige hinan
auf ein Land von Bauernhöfen los,
ich komme an die Stillen,
die in Sicherheit siedeln,
– ohne Mauer siedeln sie alle,
haben keine Riegel und Türen« –,
Plündrung zu plündern, Raub zu rauben,
deine Hand zu kehren
wider neubesiedelte Öden,
gegen ein Volk, aus Weltstämmen geholt,
das sich Herde und Hort wiedererwirbt,
sie sitzen auf dem Nabel des Erdlands.
Saba, Dedan und die Händler von Tarschisch,
all ihre Junglöwen sprechen zu dir:
»Plündrung zu plündern kommst du?
Raub zu rauben hast du deine Versammlung versammelt?
Silber und Gold fortzutragen?
Herde und Hort zu nehmen?
einen großen Raub zu rauben?«
Darum künde, Menschensohn,
sprich zu Gog:
So hat mein Herr, ER, gesprochen:
Nicht wahr? an jenem Tag,
wann in Sicherheit mein Volk Jifsrael siedelt,
wirst dus erkennen, –
du kommst von deinem Ort,
vom Lendenbuge des Nordens,
du und viele Völker mit dir,
Pferdelenker sie alle,
eine große Versammlung,
ein vielfältiges Heer,
dann steigst du hinan,
auf mein Volk Jifsrael los,
wie Gewölk, das Land zu verhüllen.
In der Späte der Tage geschiehts,
kommen lasse ich dich, auf mein Land los,
damit mich die Weltstämme erkennen,

wann vor ihren Augen ich an dir mich erheilige,
du Gog!
So hat mein Herr, ER, gesprochen:
Bist dus doch,
von dem ich redete in frühen Tagen
durch meine Knechte, Jifsraels Künder,
die in jenen Tagen kündeten, zwei,
dich über sie kommen zu lassen:
»Geschehn wirds an jenem Tag.
Am Tag, da Gog kommt
auf den Boden Jifsraels,
Erlauten ists von meinem Herrn, IHM,
steigt in meine Nase die Grimmglut.«
In meinem Eifer habe ichs geredet,
im Feuer meines Überwallens:
»Ist an jenem Tag nicht großes Schüttern
auf dem Boden Jifsraels,...!
Sie schüttern vor meinem Antlitz,
die Fische des Meers,
das Geflügel des Himmels,
das Getier des Feldes
und alles Gerege, das sich regt auf dem Boden,
und alle Menschheit auf der Fläche des Bodens.
Eingerissen werden die Berge,
es zerfallen die Felsenklüfte,
alle Mauer fällt zur Erde.«
Aber rufen will ich wider ihn
zu all meinen Bergen das Schwert,
Erlauten ists von meinem Herrn, IHM,
gegen seinen Bruder ist jedermanns Schwert.
Rechten will ich mit ihm
durch Seuche und durch Blutpest, –
überschwemmenden Guß,
Hagelsteine, Feuer und Schwefel
regne ich über ihn,
über seine Schwadronen,
über die vielen Völker, die mit ihm sind.
Ich will mich groß erzeigen,
ich will mich erheiligen,

ich will mich erkennbar machen
vor der vielen Weltstämme Augen,
dann werden sie erkennen,
daß Ich es bin.
Du also, Menschensohn,
künde wider Gog, sprich:
So hat mein Herr, Er, gesprochen:
Wohl, an dich will ich, Gog,
Oberfürst von Maschech und Tubal,
abkehren will ich dich,
hochtreiben will ich dich,
will dich aufsteigen lassen
vom Lendenbuge des Nordens,
will dich kommen lassen
auf die Berge Jifsraels.
Da schlage ich deinen Bogen
dir aus der linken Hand,
und deine Pfeile lasse ich
dir aus der rechten Hand fallen.
Auf den Bergen Jifsraels
fallen wirst du dann selber
und all deine Schwadronen
und die Völker, die mit dir sind.
Dem Geiervogel,
allerhand Beschwingtem,
und dem Getier des Feldes
gebe ich dich zum Fraß,
auf der Fläche des Feldes
bleibst gefallen du liegen,
denn ich bins, der geredet hat.
Erlauten ists von meinem Herrn, Ihm.
Feuer schicke ich aus an Magog,
an die sichern Siedler der Küsten,
dann werden sie erkennen,
daß Ich es bin.
Den Namen meiner Heiligung
will ich erkennen lassen
inmitten meines Volks Jifsrael,
nicht preisstellen lasse ich

den Namen meiner Heiligung mehr,
die Weltstämme sollen erkennen,
daß ICH es bin,
heilig in Jifsrael.
Wohl, es kommt, es geschieht,
Erlauten ists von meinem Herrn, IHM,
das ist der Tag,
von dem ich geredet habe.
Da ziehen hinaus
die Insassen von Jifsraels Städten,
sie zünden, sie heizen
mit Rüstung, Schild, Tartsche,
mit Bogen, mit Pfeilen,
mit Handstock, mit Lanze,
sie entzünden damit
ein siebenjähriges Feuer.
Nicht tragen sie Hölzer vom Feld,
nicht hauen sie von den Wäldern,
sondern mit Rüstungen entzünden sie Feuer.
Sie plündern ihre Plündrer,
berauben ihre Räuber.
Erlauten ists von meinem Herrn, IHM.
Geschehn wirds an jenem Tag,
ich gebe Gog eine Namensmal-Stätte,
ein Grab in Jifsrael,
die Schlucht der Hindurchziehenden
östlich des Meers,
das Maul stopft sie den Hindurchziehenden,
dort begräbt man Gog und all sein Getümmel,
man rufts: Gej-hamon-Gog,
Gogsgetümmelschlucht.
Begraben wird sie das Haus Jifsrael,
um das Land zu reinigen,
sieben Mondneuungen hindurch,
alle Volkschaft des Lands wird begraben,
zum Namensruhm wird ihnen der Tag,
da ich meine Ehre erzeige.
Erlauten ists von meinem Herrn, IHM.
Man sondert aus eine ständige Mannschaft,

die sollen das Land durchziehn,
sollen begraben die Hindurchziehenden,
die auf der Fläche des Lands überblieben,
es zu reinigen.
Nach Ablauf der sieben Mondneuungen sollen sie suchen:
ziehn die Durchziehenden über Land:
sieht einer ein Menschengebein,
dann baut er daneben ein Mal,
bis die Begrabenden es begraben
in Gej-hamon-Gog.
    – Und auch der Name einer Stadt ist Hamona. –
So reinigen sie das Land.
Und du, Menschensohn,
so hat mein Herr, ER, gesprochen,
sprich zum Vogel, allerhand Beschwingtem,
und zu allem Getier des Feldes:
Eilet zuhauf, kommt,
scharet euch ringsumher
zu meinem Schlachtmahl, das ich euch schlachte,
ein großes Mahl auf Jifsraels Bergen,
fresset Fleisch, trinket Blut!
Fleisch von Helden dürft ihr fressen,
Blut von Fürsten der Erde trinken:
Widder, Lämmer und Böcke,
Farren, Baschan-Mastkälber sie alle.
Da freßt ihr Fett bis zur Sättigung,
trinkt Blut bis zur Berauschung
von meinem Schlachtmahl, das ich schlachtete euch,
sättigt euch an meinem Tisch
an Rossen und Wagenpferden,
Helden und Kriegsmannschaft allerart.
Erlauten ists von meinem Herrn, IHM.
Unter die Weltstämme gebe ich meine Ehre,
sehen werden die Weltstämme alle
mein Gericht, das ich getan habe,
meine Hand, die ich an sie legte.
Erkennen werden die vom Haus Jifsrael,
daß ICH ihr Gott bin,
von jenem Tag an und forthin.

Erkennen werden die Weltstämme,
daß durch seinen Fehl das Haus Jifsrael verschleppt ward,
darum daß sie mir treubrüchig wurden:
ich verbarg mein Antlitz vor ihnen,
ich gab sie in die Hand ihrer Bedränger,
dem Schwert verfielen sie alle.
Nach ihrer Bemakelung,
nach ihren Abtrünnigkeiten
habe ich ihnen getan,
ich verbarg mein Antlitz vor ihnen.
Deshalb, so hat mein Herr, ER, gesprochen,
will ich jetzt Jaakob die Wiederkehr kehren lassen,
mich alles Hauses Jifsrael erbarmen,
will für den Namen meiner Heiligung eifern.
Nur ihre Schmach sollen sie tragen,
all ihre Untreue, da sie mir treubrüchig wurden:
wann auf ihrem Boden sie in Sicherheit siedeln
und keiner ist, der aufscheucht, –
wann ich sie heimkehren hieß aus den Völkern,
sie zuhauf brachte aus den Ländern ihrer Feinde,
mich erheiligte an ihnen
vor den Augen der vielen Weltstämme.
Dann werden sie erkennen,
daß ICH ihr Gott bin:
da ich sie verschleppt hatte zu den Weltstämmen,
nun aber sie einander gesellte, heim zu ihrem Boden,
dort aber keinen übrig ließ von ihnen.
Nicht mehr verberge ich vor ihnen mein Antlitz,
der ich nun meinen Geistbraus schütte
über das Haus Jifsrael.
Erlauten ists von meinem Herrn, IHM.

Im fünfundzwanzigsten Jahr unsrer Verschleppung, im Anfang des Jahrs, am zehnten auf die Neuung,
im vierzehnten Jahr, nachdem die Stadt geschlagen ward,
an ebendem Tag war über mir SEINE Hand.
Er brachte mich dorthin,
in Gottesgesichten brachte er mich nach dem Land Jifsrael,
er setzte mich nieder auf einen sehr hohen Berg,
und drauf war wie Bauwerk einer Stadt, südwärts.
Dorthin brachte er mich,
und da: ein Mann,
sein Ansehn wie das Ansehn des Erzes,
eine flächserne Schnur in seiner Hand und die Meßrute,
der stand im Tor.
Der Mann redete zu mir:
Menschensohn,
sieh mit deinen Augen,
mit deinen Ohren höre,
richte dein Herz auf alles, was ich dich sehen lasse,
denn damit mans dich sehen lasse, hat man dich hergebracht:
alles, was du siehst, melde dem Haus Jifsrael!
Und da, eine Mauer rings, rings außerhalb des Hausplatzes,
und in der Hand des Mannes die Meßrute, sechs Ellen, je zu
   einer Elle und einer Faust,
er maß die Breite des Bauwerks: eine Rute,
und die Höhe: eine Rute.
Dann kam er in das Tor, dessen Vorderseite des Wegs nach
   Osten ist,
er stieg auf seinen Stufen hinauf,
er maß den Schwellenraum des Tors: eine Rute Breite,
den einen Schwellenraum: eine Rute Breite.
Und das Nischengemach: eine Rute Länge und eine Rute
   Breite,
und zwischen den Nischengemächern fünf Ellen,
und die Torschwelle neben dem Flursaal des Tors, hausbinnen,
   eine Rute.
Er maß den Flursaal des Tors, hausbinnen: eine Rute
– er maß zwar den Flursaal des Tors acht Ellen, aber seine
   Widderpfeiler zwei Ellen –,
der Flursaal des Tors aber war hausbinnen.

Und die Nischengemächer des Tors des Wegs nach Osten,
drei hüben und drei drüben,
einerlei Maß bei den dreien,
und einerlei Maß bei den Widderpfeilern hüben und drüben.
Er maß die Breite des Toreinlasses: zehn Ellen,
die Länge des Tors: dreizehn Ellen.
Und Grenzwehr vor den Nischengemächern: eine Elle,
und drüben eine Elle Grenzwehr,
und das Nischengemach: sechs Ellen hüben und sechs Ellen
    drüben.
Er maß das Tor vom Dach des Nischengemachs bis zu seinem
    Dach: Breite fünfundzwanzig Ellen,
Einlaß dem Einlaß gegenüber.
Er machte für die Widderpfeiler aus: sechzig Ellen,
auf das Pfeilerwerk des Hofs zu aber ist jedes Tor, rings rings-
    um.
Und von der Vorderseite des Zugangstors bis zur Vorderseite
    des Flursaals am innern Tor: fünfzig Ellen,
und abgeblendete Fenster an den Nischengemächern und an
    ihren Widderpfeilern hat das Tor nach innen hin rings
    ringsum,
und ebenso haben die Flurbögen Fenster rings ringsum nach
    innen hin,
an jedem Widderpfeiler aber ist Palmenwerk.
Er brachte mich zum äußeren Hof,
und da, Lauben und ein Steinpflaster, rings rings um den Hof
    gemacht,
dreißig Lauben an dem Pflaster,
und das Pflaster gegen die Schulter der Tore, gleichlaufs der
    Länge der Tore, – das untere Pflaster.
Er maß die Breite von der Vorderseite des unteren Tors zur
    Vorderseite des inneren Tors außen: hundert Ellen.
[Dies der Osten. Und der Norden:]
Und das Tor, dessen Vorderseite des Wegs nach Norden
    ist, zum äußeren Hof, er maß seine Länge und seine Breite.
Und seine Nischengemächer, drei hüben und drei drüben, und
    seine Widderpfeiler und seine Flurbögen,
es war an Maß gleich dem ersten Tor, fünfzig Ellen seine Län-
    ge, und die Breite fünfundzwanzig nach der Elle,

und seine Fenster und seine Flurbögen und seine Palmen an
    Maß gleich dem Tor, dessen Vorderseite nach Osten zu ist,
und auf sieben Stufen steigt man hinauf,
und einer seiner Flurbögen vor ihnen,
und ein Tor zum innern Hof gegenüber dem Tor, nach Nor-
    den und nach Osten.
Er maß von Tor zu Tor: hundert Ellen.
Er hieß mich des Wegs nach Süden gehn,
und da, ein Tor des Wegs nach Süden hin,
er maß seine Widderpfeiler und seine Flurbögen, jenen Maßen
    gleich,
und Fenster an ihm und an seinen Bögen rings ringsum gleich
    jenen Fenstern,
fünfzig Ellen Länge, Breite fünfundzwanzig Ellen,
und sieben Stufen sein Stufenaufstieg,
und einer seiner Flurbögen vor ihnen,
und Palmen daran, eine hüben und eine drüben an seinen
    Widderpfeilern,
und ein Tor zum innern Hof des Wegs nach Süden.
Er maß von Tor zu Tor, des Wegs nach Süden: hundert Ellen.
Er brachte mich zum inneren Hof durch das Südtor,
er maß das Südtor jenen Maßen gleich,
und seine Nischengemächer und seine Widderpfeiler und seine
    Flurbögen jenen Maßen gleich,
und Fenster an ihm und an seinen Bögen rings ringsum,
fünfzig Ellen Länge, Breite fünfundzwanzig Ellen,
und Bögen rings ringsum, Länge fünfundzwanzig Ellen, Breite
    fünf Ellen,
und seine Bögen zum äußern Hof hin,
und Palmen an seinen Widderpfeilern,
und acht Stufen sein Stufensteig.
Er brachte mich zum inneren Hof des Wegs nach Osten,
er maß das Tor jenen Maßen gleich,
und seine Nischengemächer und seine Widderpfeiler und seine
    Flurbögen jenen Maßen gleich,
und Fenster an ihm und an seinen Bögen rings ringsum,
Länge fünfzig Ellen, Breite fünfundzwanzig Ellen,
und seine Bögen zum äußern Hof hin,
und Palmen an seinen Widderpfeilern hüben und drüben,

und acht Stufen sein Stufensteig.
Er brachte mich zum Nordtor,
er maß jenen Maßen gleich,
seine Nischengemächer, seine Widderpfeiler und seine Flur-
    bögen,
und Fenster an ihm rings ringsum,
Länge fünfzig Ellen, Breite fünfundzwanzig Ellen,
und seine Bögen zum äußern Tor hin,
und Palmen an seinen Widderpfeilern hüben und drüben,
und acht Stufen sein Stufensteig.
Und eine Laube, ihr Einlaß im Flurbogen der Tore,
dort sollte man die Darhöhung abspülen.
Und im Flursaal des Tors zwei Tische hüben und zwei Tische
    drüben,
auf ihnen die Darhöhung, die Entsündung und die Abschul-
    dung zu metzen,
und an der Schulter draußen, für den zum Toreinlaß Aufstei-
    genden nordwärts, zwei Tische,
und an der andern Schulter, der zum Flursaal des Tors hin,
    zwei Tische:
vier Tische hüben und vier Tische drüben zu Schultern des
    Tors, acht Tische, auf denen sollte man metzen,
dazu acht Tische für die Darhöhung, Quadersteine, Länge
    anderthalb Elle, Breite anderthalb Elle, Höhe eine Elle,
auf denen sollte man das Gerät niederlegen, womit man die
    Darhöhung metzte und das Schlachtmahl,
und Pflockreihen, eine Faust stark, rings ringsum im Hause er-
    richtet, auf die Tische hin, für das Opferfleisch.
Und außerhalb des innern Tors zwei Lauben im innern Hof,
die an der Schulter des Nordtors, ihre Vorderseite des Wegs
    nach Süden,
eine aber an der Schulter des Südtors, die Vorderseite des
    Wegs nach Norden.
Er redete zu mir:
Da die Laube, deren Vorderseite des Wegs nach Süden ist, ist
    für die Priester, die die Verwahr des Hauses wahren,
und die Laube, deren Vorderseite des Wegs nach Norden hin
    ist, ist für die Priester, die die Verwahr der Schlachtstatt
    wahren,

das sind die Söhne Zadoks, die aus den Söhnen Lewis I H M her-
zu nahen, ihm zu amten.
Er maß den Hof: Länge hundert Ellen, Breite hundert Ellen,
Geviert.
Und die Schlachtstatt ist an der Vorderseite des Hauses.

Er brachte mich zum Flursaal des Hauses,
er maß das Pfeilerwerk des Flursaals fünf Ellen hüben und
fünf Ellen drüben,
und die Breite des Tors drei Ellen hüben und drei Ellen drüben,
die Länge des Flursaals zwanzig Ellen, die Breite elf Ellen,
auf zehn Stufen steigt man zu ihm hinauf.
Und Säulen sind an den Widderpfeilern, eine hüben und eine
drüben.
Er brachte mich zur Halle,
er maß die Widderpfeiler sechs Ellen Breite hüben und sechs
Ellen Breite drüben, die Breite des Zelts,
und die Breite des Einlasses zehn Ellen,
und die Schultern des Einlasses fünf Ellen hüben und fünf Ellen drüben,
er maß seine Länge vierzig Ellen, Breite zwanzig Ellen.
Er kam ins Innere,
er maß den Widderpfeiler des Einlasses zwei Ellen, und den
Einlaß sechs Ellen, und die Schultern des Einlasses je sieben
Ellen.
Er maß seine Länge zwanzig Ellen, Breite zwanzig Ellen,
an der Vorderseite der Halle.
Er sprach zu mir:
Dies ist das Heiligende der Heiligtume.
Er maß die Wand des Hauses sechs Ellen,
und die Breite des Wangenkammern-Gadens, rings rings um
das Haus, vier Ellen rings,
[und die Wangenkammern: Kammergeschoß über Kammergeschoß, dreifach, – dreißigmal,
und Absätze sind in der Wand, die das Haus für die Wangenkammern hat, rings ringsum,
daß die gehalten sind, aber nicht gehalten werden müssen von
der Wand des Hauses,]

er verbreitert sich für die Kammern, wie er sich rings höher
   und höher windet,
denn das Gewind des Hauses zieht sich höher und höher, rings
   rings um das Haus,
deshalb ist die Verbreiterung am Haus nach der Höhe hin,
und so steigt man vom untern Geschoß höher zum höchsten
   über das mittle.
Ich sah an dem Haus eine Erhebung rings ringsum,
die Grundfesten der Wangenkammern, eine volle Rute, sechs
   Ellen der Sparren.
Und die Breite der Außenmauer, der für den Kammernga-
   den, fünf Ellen,
und so was freiliegt am Wangenkammernhaus, dem am Haus.
Und zwischen den Lauben, rings um das Haus, Breite von
   zwanzig Ellen rings ringsum.
Und der Einlaß des Kammerngadens zum Freiliegenden hin:
   ein Einlaß des Wegs nach Norden und ein Einlaß nach Süden.
Und die Breite des freien Platzes fünf Ellen rings ringsum.
Und das Gebäude, das an der Vorderseite des abgetrennten
   Raums, am Saum des Wegs nach Westen hin ist, Breite
   siebzig Ellen,
und die Wand des Gebäudes, fünf Ellen Breite rings ringsum,
und seine Länge neunzig Ellen.
Und er maß das Haus, Länge hundert Ellen,
und das Abgetrennte und der Bau und seine Mauern, Länge
   hundert Ellen,
und die Breite der Vorderseite des Hauses und das Abgetrennte nach Osten hin hundert Ellen.
Und er maß die Länge des Gebäudes vor dem Abgetrennten,
   das an seiner Hinterseite ist, und seine Altane hüben und
   drüben: hundert Ellen.
Und die Halle, und das Innere, und die Flursäle des Hofs:
die Schwellen und die abgeblendeten Fenster und die Altane
   rings an den dreien, gegenüber der Schwelle
Holzgetäfel rings ringsum,
und der Boden, und bis zu den Fenstern [die Fenster aber ge-
   deckt], bis über dem Einlaß und bis ins innere Haus und
   nach außen, und an der Wand überall, rings ringsum, im
   Innern und im Äußern, nach Maßen,

da wars gemacht: Cheruben und Palmen

– je eine Palme zwischen Cherub und Cherub, und der Cherub hat der Antlitze zwei, ein Menschenantlitz nach der Palme hüben und ein Löwenantlitz nach der Palme drüben –,

gemacht an all dem Haus rings ringsum, vom Boden bis über
  dem Einlaß sind die Cheruben und die Palmen gemacht an
  der Wand.

Und an der Halle die Pfosten sind geviert.

Und vor dem Heiligtum ists anzusehn wie das Ansehn einer
  Schlachtstatt von Holz,

drei Ellen hoch, ihre Länge zwei Ellen,

sie hat ihre Eckstücke,

ihr Sockel und ihre Wände sind von Holz.

Er redete zu mir:

Dies der Tisch, der vor Iнм ist.

Und zwei Türflügel hat die Halle, und das Heilige,

und zwei Türblätter hat jeder Türflügel, zwei wendbare Türblätter,

zwei hat der eine Türflügel, und zwei Türblätter der andre,

und gemacht ist an ihnen, an den Türen der Halle: Cheruben
  und Palmen, wie sie an den Wänden gemacht sind.

Und ein dickes Gebälk von Holz ist an der Vorderseite des
  Flursaals draußen,

und abgeblendete Fenster, und Palmen hüben und drüben sind
  an den Schultern des Flursaals und den Wangenkammern
  des Hauses und den dicken Balken.

Er führte mich hinaus in den äußern Hof, des Wegs nach Norden,

er brachte mich zu der Laube, die gegenüber dem Abgetrennten, und der, die gegenüber dem Bauwerk nach Norden zu ist.

Vor der Länge jener hundert Ellen, am Nordsaum – die Breite
  aber ist fünfzig Ellen –,

gegenüber den zwanzig des innern Vorhofs, und gegenüber
  dem Pflaster des äußern Vorhofs,

Altan vor Altan im Drittgeschoß.

Und vor den Lauben ein Gang, zehn Ellen Breite, zum Innern
  hin, an einen Zwischenweg von einer Elle,

und ihre Einlässe nach Norden,

und die obersten Lauben sind verkürzt,

denn die Altane zehren ihnen gegen die untern und mitteln
an Bau ab,

denn dreistöckig sind sie und haben keine Säulen wie die Säulen der Höfe,

darum ist gegen die untern und gegen die mitteln, vom Boden
an, Raum ausgesondert.

Und die Schranke, die nach außen zu gleichlaufs den Lauben
ist, des Wegs gegen den äußern Hof, vor den Lauben hin,
ihre Länge fünfzig Ellen.

Denn die Länge der Lauben, die nach dem äußern Hof zu
sind, ist fünfzig Ellen, aber vor der Halle ja hundert Ellen.

Und unterhalb jener Lauben der Zutritt von Osten her, wenn
man vom äußern Hof zu ihnen hereintritt.

In der Breite der Schranke des Hofs, des Wegs nach Osten, an
der Vorderseite des Abgetrennten und an der Vorderseite
des Gebäudes sind Lauben,

mit einem Weg vor ihnen her,

anzusehn wie die Lauben, die des Wegs nach Norden sind,

denen gleich an Länge, so denen an Breite und all ihren Aus-
gängen, und ihnen gleich an Einrichtungen.

Und ihren Einlässen gleich die Einlässe der Lauben, die des
Wegs nach Süden sind,

ein Einlaß zu Häupten des Wegs, des regelrechten Wegs vor
der Abschränkung hin,

des Wegs von Osten, wo man hereinkommt.

Er sprach zu mir:

Die Nordlauben, die Südlauben, die an der Vorderseite des
Abgetrennten sind,

das sind die Lauben des Geheiligten,

wo die Priester, die IHM nah sind, das Abgeheiligte von den
Darheiligungen essen sollen,

dort sollen sie das Geheiligte des Darheiligungen niederlegen,
die Hinleitspende, die Entsündung und die Abschuldung,

denn der Ort ist geheiligt.

Wann die Priester hereingekommen sind,

dürfen sie nicht gleich hinaus vom Geheiligten in den äußern
Hof:

sie sollen dort ihre Gewänder niederlegen, in denen sie geamtet haben,
denn geheiligt sind die,
in andre Gewänder sollen sie sich kleiden,
dann erst sollen sie dem nahen, was des Volkes ist.
Als er die Messungen des innern Hauses vollendet hatte,
führte er mich hinaus des Wegs zum Tor, dessen Vorderseite
zum Weg nach Osten hin ist,
da maß er rings ringsum,
maß gegen den Ostwind mit der Meßrute: fünfhundert Ruten, mit der Meßrute rings,
maß gegen den Nordwind: fünfhundert Ruten, mit der Meßrute rings,
gegen den Südwind zu maß er: fünfhundert Ruten, mit der
Meßrute,
er wandte sich nach dem Westwind, maß: fünfhundert Ruten, mit der Meßrute,
auf die vier Winde zu maß ers,
eine Mauer hatte es rings ringsum, Länge fünfhundert, Breite fünfhundert,
zu scheiden zwischen dem Heiligen und dem Preisgegebnen.

Er ließ mich zum Tore gehen, jenem Tor, das zum Weg nach
Osten gewandt ist.
Und da, die Erscheinung des Gottes Jifsrael kam des Wegs
vom Osten her,
und ihr Hall wie der Hall großer Wasser,
und die Erde leuchtete von seiner Erscheinung,
und Gesicht war das Gesicht, das ich sah,
wie das Gesicht, das ich sah, als er kam die Stadt zu verderben,
Gesichte wie das Gesicht, das am Stromarm Kebar ich sah.
Ich fiel auf mein Antlitz.
Und SEINE Erscheinung kam in das Haus
des Wegs durch das Tor, dessen Vorderseite des Wegs nach
Osten hin ist.
Geistbraus erhob mich, er brachte mich zum inneren Hof,
und da, SEINE Erscheinung füllte das Haus.
Ich hörte einen zu mir aus dem Hause reden
– der Mann aber stand noch neben mir –,

er sprach zu mir:

Menschensohn,

den Ort meines Throns

und den Ort meiner Fußsohlen,

wo ich einwohnen will inmitten der Söhne Jifsraels auf Weltzeit,

nicht mehr bemakeln werden die vom Haus Jifsrael

den Namen meiner Heiligung,

sie und ihre Könige, mit ihrer Hurerei

und mit den Leichen ihrer Könige, sobald die tot sind:

da sie ihre Schwelle zu meiner Schwelle gaben

und ihren Pfosten neben meinen Pfosten,

und nur die Wand war zwischen mir und ihnen,

sie bemakelten den Namen meiner Heiligung

mit den Greueln, die sie taten,

daß ich in meinem Zorne sie vertilgte, –

jetzt aber werden sie mir ferne halten

ihr Huren und die Leichen ihrer Könige,

in ihrer Mitte will ich einwohnen auf Weltzeit.

Du, Menschensohn,

vermelde dem Haus Jifsrael das Haus,

daß sie sich schämen ihrer Verfehlungen,

dann dürfen sie den Abriß nachmessen:

wenn sie sich schämen all dessen, was sie taten,

mache ihnen kenntlich, schreibe vor Augen ihnen

die Bildung des Hauses und seine Ordnung,

seine Ausgänge und seine Zutritte,

all seine Bildung, dazu all seine Satzungen,

all seine Gebilde, dazu all seine Anweisungen,

daß sie seine Bildung und all seine Satzungen wahren,

daß sie die tun.

Dies ist die Weisung für das Haus:

auf dem Haupt des Berges, all seine Markgrenze rings ringsum,

Geheiligtes unter Geheiligtem ists.

Ja, dies ist die Weisung für das Haus.

Das aber sind die Maße der Schlachtstatt nach Ellen, die Elle
zu einer Elle und einer Faust:

Der Schoßgrund eine Elle, und eine Elle Breite,
und dessen Grenzfläche an seinem Rande rings eine Spanne.
Und dies ist die Höhe der Schlachtstatt:
von dem Schoßgrund am Boden bis zur untersten Einfassung
      zwei Ellen, Breite eine Elle,
und von der kleinen Einfassung bis zur großen Einfassung vier
      Ellen, Breite eine Elle,
und der Herd vier Ellen,
vom Herd nach oben zu sind die Hörner, vier.
Und der Herd, zwölf Länge bei zwölf Breite, geviert nach
      seinen vier Viertseiten.
Und die Einfassung: vierzehn Länge bei vierzehn Breite nach
      ihren vier Viertseiten,
und die Grenzfläche rings um sie: eine halbe Elle,
und der Schoßgrund an ihr eine Elle rings.
Und seine Stufen sind nach Osten gewandt.
Er sprach zu mir:
Menschensohn,
so hat der Herr, ER, gesprochen:
Dies sind die Satzungen der Schlachtstatt,
am Tag,
da sie gemacht wird, darauf Darhöhung zu höhen und darauf
      Blut zu sprengen:
den Priestern, den lewitischen, den vom Samen Zadoks, die
      mir nah sind, – Erlauten von meinem Herrn, IHM – mir zu
      amten,
gibst du einen Farren, Jungrind, zur Entsündung.
Du nimmst von seinem Blut,
gibst es an ihre vier Hörner und an die vier Ecken der Ein-
      fassung und an die Grenzfläche rings,
entsündest sie, bedeckst sie.
Dann nimmst du den Farren, die Entsündung,
du verbrennst ihn am vorbestimmten Platz des Hauses, außer-
      halb des Heiligtums.
Und am zweiten Tag nahst du dar einen heilen Ziegenbock
      zu Entsündung,
sie sollen die Schlachtstatt entsünden, wie sie mit dem Farren
      entsündet haben.
Wann du nun geendet hast zu entsünden,

nahst du dar einen heilen Farren, Jungrind, und einen heilen
   Widder von den Schafen,
du nahst sie dar vor IHM:
die Priester werfen darauf Salz und höhen sie als Darhöhung
   IHM.
Ein Tagsiebent sollst du einen Bock täglich dartun,
und dartun sollen sie einen Farren, Jungrind, und einen Widder von den Schafen, heile.
Ein Tagsiebent sollen sie die Schlachtstatt bedecken, sollen sie
   reinigen,
sie sollen sie bevollmächtigen.
Und haben sie die Tage zu Ende gebracht,
solls am achten Tag und weiterhin geschehn:
die Priester tun auf der Schlachtstatt eure Darhöhungen und
   eure Friedmahle dar,
ich nehme zugnaden euch an.
– Erlauten von meinem Herrn, IHM –

Er ließ mich zurückkehren des Wegs nach dem äußern Tor
   des Heiligtums, das nach Osten gewandt ist, und das war
   verschlossen.
ER aber sprach zu mir:
Dieses Tor bleibe verschlossen,
es werde nicht geöffnet,
niemand soll darein kommen,
denn: ER, der Gott Jifsraels, ist darein gekommen,
nun solls verschlossen sein.
Doch der Fürst, – Fürst ist der, er mag drin sitzen,
Speise zu essen vor IHM,
auf dem Weg durch den Flursaal des Tors komme er hinein,
auf ebendem Weg gehe er hinaus.

Er brachte mich des Wegs nach dem Norden zur Vorderseite
   des Hauses.
Ich sah, da, SEINE Erscheinung füllte SEIN Haus,
ich fiel auf mein Antlitz.
ER aber sprach zu mir:
Menschensohn,
richte dein Herz drauf!

sieh mit deinen Augen!

mit deinen Ohren höre

alles, was ich mit dir rede

von allen Satzungen MEINES Hauses

und von allen seinen Anweisungen,

richte dein Herz

auf das Hereinkommen zum Haus durch alle Ausgänge des
   Heiligtums!

Sprich zu Widerspann, zu dem Haus Jifsrael:

So hat mein Herr, ER, gesprochen:

Genug euch all eurer Greuel,

Haus Jifsrael,

da ihr kommen ließt die Söhne der Fremdschaft,

vorhautig am Herzen, vorhautig am Fleisch,

in meinem Heiligtume zu sein,

es preiszustellen, mein Haus,

da ihr darnahtet mein Brot: Fett und Blut,

man trennte meinen Bund,

noch zu all euren Greueln,

ihr wahrtet nicht die Verwahr

des mir Geheiligten,

zu Wahrern meiner Verwahr

in meinem Heiligtum

setztet ihr sie euch ein.

So hat mein Herr, ER, gesprochen:

Alljeder Sohn der Fremdschaft,

vorhautig am Herzen, vorhautig am Fleisch,

in mein Heiligtum darf er nicht kommen, –

alljeder Sohn der Fremdschaft nämlich,

der inmitten der Söhne Jifsraels ist!

Sondern die Lewiten,

die hinweg von mir sich entfernten,

als Jifsrael abgeirrt war,

die hinweg von mir abirrten

hinter ihren Klötzen her,

ihren Fehl haben sie zu tragen,

sie sollen in meinem Heiligtum Amtende sein,

Wachen an den Toren des Hauses,

amtend am Haus,

die sollen die Darhöhung und das Schlachtmahl metzen fürs
  Volk,
die sollen vor ihnen stehen, ihnen zu amten.
Weil sie ihnen geamtet haben vor ihren Klötzen
und wurden dem Haus Jifsrael zum Strauchelstein der Verfehlung,
darum trage ich meine Hand empor wider sie:
Erlauten ists von meinem Herrn, Ihm,
ihren Fehl haben sie zu tragen,
nicht dürfen sie zu mir treten, mir zu priestern,
an alles mir Geheiligte zu treten,
zum Geheiligten unter dem Geheiligten,
ihre Schmach haben sie zu tragen,
ihre Greuel, die sie getan haben.
Sie gebe ich hin
als Wahrer der Verwahr des Hauses
für all seinen Dienst,
für alles, was darin zu tun ist.
Die lewitischen Priester aber, die Söhne Zadoks,
die die Verwahr meines Heiligtums haben gewahrt,
als die Söhne Jifsraels von mir hinweg abgeirrt waren,
die sollen mir nahen, mir zu amten,
vor mir sollen sie stehen,
mir Fett und Blut darzunahn,
Erlauten ists von meinem Herrn, Ihm,
zu meinem Heiligtum sollen die kommen,
zu meinem Tische sollen die nahn,
mir zu amten,
und sollen wahren meine Verwahr.
Es geschehe:
wann sie zu den Toren des innern Hofs herein kommen,
in leinene Gewänder sollen sie sich kleiden,
Wolle darf an sie nicht heran,
wann sie in den Toren des innern Hofs und hausbinnen amten,
Ziertücher von Flachs seien auf ihrem Haupt,
Wickelhosen von Flachs seien an ihren Lenden,
sie sollen sich mit Schweißigem nicht gürten.
Und wann sie hinausgehen zum äußern Hof,
zum äußern Hof, zu dem Volk,

sollen abstreifen sie ihre Gewänder,
in denen sie geamtet haben,
sollen sie in den Lauben des Geheiligten niederlegen,
sollen sich in andre Gewänder kleiden,
daß sie das Volk nicht verheiligen mit ihren Gewändern.
Und ihr Haupthaar sollen sie nicht glattscheren,
doch auch Entfeßlung ihm nicht gewähren,
stutzen, zustutzen sollen sie ihr Haupthaar.
Und Wein sollen sie, alljeder Priester, nicht trinken,
wann sie zum innern Hof hereinkommen.
Und eine Witwe oder eine Verstoßne
sollen sie sich nicht nehmen zu Weibern,
sondern Jungfraun vom Samen des Hauses Jifsrael,
doch die Witwe, die eines Priesters verwitwet ist,
dürfen sie nehmen.
Und unterweisen sollen mein Volk sie
im Abmerken zwischen Heiligem und Preisgegebnem,
das Abmerken zwischen Makligem und Reinem
sollen sie ihnen kenntlich machen.
Und bei einer Streitsache,
da sollen die zum Richten hintreten,
nach meinen Rechtsgeheißen sollen sie sie richten.
Und meine Weisungen und meine Satzungen
für all meine Begegnungszeiten sollen sie wahren
und heiligen meine Wochenfeiern.
Und zu einem toten Menschen soll er nicht kommen, sich zu
    bemakeln,
es sei denn zu Vater oder zu Mutter oder zu Sohn oder zu
    Tochter, zu Bruder oder zu Schwester, die noch nicht eines
    Manns ward,
da dürfen sie sich bemakeln, —
und nach seiner Reinigung zähle man ihm ein Tagsiebent,
dann, am Tag da er ins Heilige kommt,
zum innern Hof, im Heiligen zu amten,
soll er seine Entsündung darnahn.
Erlauten ists von meinem Herrn, Ihm.
Zum Eigentum werde ihnen das:
Ich bin ihr Eigentum, —
gebt ihnen Hufe in Jifsrael nicht:

ich bin ihre Hufe.

Hinleite, Entsündung, Abschuldung,

die sollen sie essen,

alles Gebannte in Jifsrael,

ihnen solls werden,

aller Erstlinge Anbeginn aller Art

und alle Hebe aller Art,

von allen euren Heben,

den Priestern solls werden,

und den Anbeginn eurer Teige

sollt ihr dem Priester spenden:

Segen auf dein Haus zu legen.

Alles Gefallne und Zerrißne von Vögeln oder vom Vieh sollen
die Priester nicht essen.

Wann ihr aber das Land durch Los zufallen lasset als Eigentum,

erhebet I H M eine Hebe,

ein Geheiligtes von dem Land,

Länge fünfundzwanzigtausend, Breite zehntausend,

geheiligt ists in all seiner Umgrenzung ringsum.

Davon sei für das Heiligtum:

fünfhundert zu fünfhundert, ein Geviert, rings

und fünfzig Ellen als Weidetrieb ihm ringsum.

Von jenem Ausmaß miß es ab

– Länge fünfundzwanzigtausend, Breite zehntausend –,

daß darauf das Heiligtum sei,

vom Geheiligten ausgeheiligt.

Von dem Lande Geheiligtes ists,

der Priester, der am Heiligtum Amtenden, soll es sein,

die nahen, I H M zu amten,

es sei ihnen als Ort für Häuser

und der Heiligtumsplatz fürs Heiligtum.

Fünfundzwanzigtausend Länge, zehntausend Breite,

das sei der Lewiten, der am Haus Amtenden,

als Hufe ihnen, Städte als Wohnsitz.

Und als Hufe der Stadt sollt ihr geben:

fünftausend Breite, Länge fünfundzwanzigtausend,

gleichlaufs der geheiligten Hebe,

alles Hauses Jifsrael soll es sein.

Und dem Fürsten:
diesseits und jenseits der geheiligten Hebe und der Hufe der
    Stadt,
vor der geheiligten Hebe hin und vor der Hufe der Stadt hin,
westlich in westlicher Richtung und östlich in östlicher Rich-
    tung,
und an Länge gleich einem der Anteile von der westlichen
    Grenze bis zur östlichen Grenze,
zum Lande sei es ihm, zur Hufe in Jisrael,
und nicht mehr placken sollen meine Fürsten mein Volk,
das Land sollen sie dem Haus Jisrael nach seinen Zweigen ge-
    ben.

So hat mein Herr, ER, gesprochen:
Genug euch, Fürsten Jisraels!
schafft Unbill hinweg und Gewalt!
tut Recht und Wahrhaftigkeit!
hebt von meinem Volk ab
eure Schuldnervertreibungen!
Erlauten ists von meinem Herrn, IHM.
Wahrhafte Waage,
wahrhafter Scheffel,
wahrhafter Eimer
soll bei euch sein,
Scheffel und Eimer sei von Einem Gehalt,
daß den Zehnten des Malters der Eimer betrage
und das Zehntel des Malters der Scheffel,
nach dem Malter sei sein Verhältnis.
Und Gelds das Vollgewicht: zwanzig Korn.
Zwanzig Vollgewicht, fünfundzwanzig Vollgewicht, fünf-
    zehn Vollgewicht, das sei euch die Mark.

Dies ist die Hebe, die ihr erheben sollt:
das Sechstel eines Scheffels vom Malter Weizen,
und das Sechstel vom Scheffel vom Malter Gerste.
Und der Satz für das Öl ist der Eimer,
Öl: der Zehnte eines Eimers vom Faß zu zehn Eimern, einem
    Malter,
denn zehn Eimer sind ein Malter.

Und ein Schaf von der Herde, von zweihundert,
vom getränkten Gebiet Jifsraels,
zu Hinleite, zu Darhöhung, zu Friedmahlen
über euch zu bedecken.
– Erlauten von meinem Herrn, I H M –
Alles Volk des Landes,
ihnen obliegt diese Hebe
für den Fürsten in Jifsrael,
doch des Fürsten Obliegenheit ist:
die Darhöhungen, die Hinleite, die Güsse
an den Festen, an den Mondneuungen, an den Wochenfeiern,
zu allen Begegnungszeiten des Hauses Jifsrael,
er soll machen
die Entsündung und die Hinleite
und die Darhöhung und die Friedmahle,
zu bedecken um das Haus Jifsrael.

So hat mein Herr, E R, gesprochen:
Im Ersten, am ersten auf die Neuung
sollst du einen heilen Farren, ein Jungrind, nehmen,
sollst das Heiligtum entsünden.
Der Priester nehme vom Blut der Entsündung,
er gebe an die Pfosten des Hauses,
und an die vier Spitzen der Einfassung an der Schlachtstatt
und an die Pfosten des Tors des inneren Hofs.
Und eben das sollst du machen am siebenten auf die Neuung,
wegen jedes etwa irrenden Mannes und jedes Betörten,
bedecken sollt ihr das Haus.
Im Ersten, am vierzehnten Tag auf die Neuung,
sei der Übersprung euch, ein Fest,
ein Tagsiebent soll man Fladen essen.
Der Fürst mache an jenem Tag
für sich und für alles Volk des Lands
einen Entsündungsfarren,
und das Siebent der Festtage
mache als Darhöhung er für I H N
ein Siebent von Farren und ein Siebent von Widdern,
     heile, auf den Tag,
das Siebent der Tage,

und als Entsündung einen Ziegenbock auf den Tag,
und als Hinleite
ein Scheffel auf den Farren und ein Scheffel auf den Widder
 mache er zurecht
und Öls einen Krug auf den Scheffel.
Im Siebenten, am fünfzehnten Tag auf die Neuung, am Fest,
soll er wie dieses ein Tagsiebent machen,
wie die Entsündung, wie die Darhöhung, wie die Hinleite und
 wie das Öl.

So hat mein Herr, Er, gesprochen:
Das Tor des inneren Hofs, das nach Osten gewandt ist,
sei an den sechs Werktagen geschlossen,
aber am Tag der Feier werde es geöffnet
und am Tag der Mondneuung werde es geöffnet.
Der Fürst komme des Wegs durch den Flursaal des Tors von
 außen,
er trete an den Pfosten des Tors,
dann sollen die Priester seine Darhöhung und seine Friedmahle machen,
er werfe sich an der Schwelle des Tors nieder und gehe,
aber das Tor werde bis zum Abend nicht geschlossen.
Das Volk des Landes werfe sich nieder im Einlaß jenes Tors
an den Wochenfeiern und an den Mondneuungen vor Ihm.
Und die Darhöhung, die der Fürst Ihm darnaht:
am Tag der Feier
sechs heile Lämmer und einen heilen Widder,
und die Hinleite:
ein Scheffel auf den Widder
und als Hinleite auf die Lämmer, was seine Hand geben
 mag,
und Öls einen Krug auf den Scheffel;
und am Tag der Mondneuung
einen Farren, Jungrind, heil, und sechs Lämmer und einen
 Widder, heil sollen sie sein,
und ein Scheffel auf den Farren und ein Scheffel auf den Widder mache er als Hinleite,
und auf die Lämmer, wie weit seine Hand reicht,
und Öls einen Krug auf das Scheffel.

Und wann der Fürst hereinkommt,
des Wegs durch den Flursaal des Tors komme er,
und desselben Wegs gehe er.
Und wann das Volk des Lands vor IHN kommt zu den Begegnungszeiten,
wer des Wegs durchs Nordtor kam sich niederzuwerfen
gehe des Wegs durchs Südtor,
und wer des Wegs durchs Südtor kam
gehe des Wegs durchs nördliche Tor,
man kehre nicht des Wegs durchs Tor, aus dem man kam,
sondern dem gegenüber gehe man fort.
Und der Fürst in ihrer Mitte:
wann sie kommen, komme er,
wann sie gehen, gehe er.
Und an den Festen und zu den Begegnungszeiten sei die Hinleite:
ein Scheffel auf den Farren und ein Scheffel auf den Widder,
und auf die Lämmer, was seine Hand geben mag,
und Öls einen Krug auf das Scheffel.
Und wenn der Fürst eine Willigung dartut,
Darhöhung oder Friedmahle als Willigung IHM,
öffne man ihm das Tor, das nach Osten gewandt ist,
er mache seine Darhöhung und seine Friedmahle,
wie ers am Tag der Wochenfeier macht,
dann gehe er, man schließe das Tor, nachdem er ging.
Und ein einjähriges heiles Lamm sollst du täglich als Darhöhung IHM machen,
dartun sollst du es Morgen um Morgen,
und als Hinleite mache drauf Morgen um Morgen das Sechstel
  eines Scheffels
und Öl das Drittel eines Krugs, das Kernmehl anzurühren, –
Hinleite IHM, Weltzeit-Satzungen, stetig.
Machen soll man das Lamm, die Hinleite, das Öl
Morgen um Morgen, als Darhöhung stetig.

So hat mein Herr, ER, gesprochen:
Wenn der Fürst einem seiner Söhne eine Gabe gibt,
dessen Eigentum ists, seinen Söhnen soll es bleiben,
ihre Hufe ists als Eigentum.

Wenn er aber von seinem Eigentum eine Gabe einem seiner
   Diener gibt,
bleibe es dem bis zum Jahr des Freilaufs,
dann kehrt es an den Fürsten zurück, –
nur das seinen Söhnen Zugeeignete soll denen bleiben.
Nicht darf der Fürst vom Eigentum des Volkes nehmen,
sie von ihrer Hufe hinweg zu placken:
von seiner Hufe soll er seinen Söhnen zueignen,
damit nicht abgesprengt werde mein Volk, jedermann von
   seiner Hufe.

Er brachte mich hinein, wo man an der Schulterseite des Tors
   hineinkommt,
zu den Heiligtumslauben für die Priester, die nordwärts gewandt sind,
und da war ein Ort am Lendenbug, westwärts.
Er sprach zu mir:
Dies ist der Ort, wo die Priester die Abschuldung und die Entsündung kochen sollen,
backen sollen die Hinleite,
ohne es nach dem äußeren Hof zu führen, das Volk zu verheiligen.
Er führte mich nach dem äußeren Hof
und ließ mich ihn nach den vier Ecken des Hofs durchqueren,
und da war ein Hof in einer Ecke des Hofs, und wieder ein
   Hof in einer Ecke des Hofs,
in den vier Ecken des Hofs abgezirkte Höfe,
vierzig die Länge, dreißig die Breite, einerlei Maß für die vier
   Ecken,
und eine Steinreihe rings um sie, rings um die vier,
und Kochherde errichtet unterhalb der Steinreihen rings.
Er sprach zu mir:
Diese sind das Küchenhaus,
wo die am Haus Amtenden das Schlachtmahl des Volkes kochen.

Er hieß mich an den Einlaß des Hauses zurückkehren,
und da ging Wasser hervor, unterhalb der Hausschwelle ostwärts

– denn das Antlitz des Hauses war nach Osten zu –,
und das Wasser floß herab unterhalb der rechten Schulterseite
    des Hauses, südlich der Schlachtstatt.
Er ließ mich des Wegs durchs nördliche Tor gehn
und draußen des Wegs zum äußeren Tor herumkreisen, des
    Wegs nach dem ostwärts gewandten,
und da sprudelte Wasser von der rechten Schulterseite her.
Als der Mann nun nach Osten hinausging, eine Schnur in
    seiner Hand,
maß er tausend nach der Elle und ließ mich das Wasser durch-
    waten, Wasser an die Knöchel,
wieder maß er tausend und ließ mich das Wasser durchwaten,
    Wasser an die Knie,
und maß wieder tausend, und ließ mich Wasser an die
    Hüften durchwaten,
wieder maß er tausend, ein Bach, den ich nicht zu durch-
    waten vermochte,
denn das Wasser hatte sich erhoben, Schwimmwasser, ein
    Bach, der nicht durchwatet werden kann.
Er aber sprach zu mir:
Hast du gesehn, Menschensohn?
Er geleitete mich und ließ mich an das Ufer des Baches zu-
    rückkehren.
Als ich zurückkehrte, da war am Ufer des Baches sehr vieles
    Gehölz, diesseits und jenseits.
Er sprach zu mir:
Dieses Wasser geht in den östlichen Gau,
es fließt hinab nach der Steppe, –
und kommts zum Meer, ins Meer das ausgegangne,
wird dessen Wasser gesund.
Geschehen solls,
alles lebende Wesen, das sich regt,
überall, wohin Bachläufe kommen,
wird leben,
des Fischvolks wird sehr viel sein,
denn sind dorthin diese Wasser gekommen,
werden jene gesund, –
alles lebt, wohin nur der Bach kommt.
Geschehen solls,

die Fischer stehen daran,
von Engedi bis Eneglajim ists ein Netzbreiteplatz geworden,
sein Fischvolk ist der Art nach wie das Fischvolk des großen
     Meeres,
sehr viel.
Seine Lachen aber und seine Tümpel,
die werden nicht gesund,
zu Salz sind sie hingegeben.
Und am Bach steigt empor,
an seinem Ufer diesseits und jenseits,
allerhand eßbar Gehölz,
dessen Laub welkt nicht,
dessen Frucht hört nicht auf,
monatsweise trägts Erstlinge,
denn sein Wasser, vom Heiligtum geht das aus,
drum taugt seine Frucht zum Essen
und sein Laub zur Arzenei.

So hat mein Herr, ER, gesprochen:
Dies ist die Abgrenzung, wie ihr das Land eineignen sollt
nach den zwölf Stäben Jifsraels,
– Jofsefs ein doppeltes Schnurmaß –,
aneignen aber sollt ihrs jedermann wie sein Bruder:
das euren Vätern zu geben ich meine Hand erhoben habe,
dieses Land fällt als Eigentum wieder euch zu.
Dies ist die Grenze des Landes am Nordrand:
von dem großen Meer des Wegs über Chetlon bis wo man
　　nach Zdad kommt,
Chamat, Brota, Sfibrajim, das zwischen der Grenzmark von
　　Damaskus und der Grenzmark von Chamat ist,
das mittlere Chazar, das an der Grenze von Chawran,
das ist die Grenze: vom Meer nach Chazar Enon,
die Grenzmark von Damaskus nördlich bleibend und im
　　Norden die Grenzmark von Chamat.
Dies ist der Nordrand.
Und der Ostrand:
von zwischen Chawran und Damaskus und von zwischen
　　Gilad und dem Land Jifsraels der Jordan,
von der Grenze ans östliche Meer, nach Tamar,
dies der Ostrand.
Und der Südrand:
im Mittag von Tamar bis zu den Wassern von Gezänke bei
　　Kadesch,
nach dem Bach, zum großen Meer,
dies der Mittagsrand, im Süden.
Und der Westrand:
das große Westmeer von der Grenze bis gegenüber von da,
　　wo man nach Chamat kommt,
dies ist der Westrand.
Verteilt ihr euch dieses Land nach den Stäben Jifsraels,
solls geschehn: ihr laßt darüber das Los zu Eigentum fallen
euch und den Gastsassen, die gasten in eurer Mitte,
die Söhne gezeugt haben in eurer Mitte,
sie seien euch wie ein Sproß unter den Söhnen Jifsraels,
bei euch falle ihnen Los inmitten der Stäbe Jifsraels.
Es soll geschehn: in dem Stab, bei dem der Gastsasse
　　gastet,

dort sollt ihr ihm Eigentum geben.

– Erlauten von meinem Herrn, IHM –

Und dies sind die Namen der Stäbe:

Vom nördlichen Ende zur Hand des Wegs nach Chetlon,
dann wo man nach Chamat kommt, hin nach Chazar Enon,

die Grenze von Damaskus nördlich bleibend, zur Hand von
Chamat,

das wird ihm – Ost-, Westrand –: Dan, einer.

Und an Dans Grenze vom Ostrand bis zum Westrand:
Ascher, einer.

Und an Aschers Grenze vom Ostrand bis zum Westrand:
Naftali, einer.

Und an Naftalis Grenze vom Ostrand bis zum Westrand:
Mnasche, einer.

Und an Mnasches Grenze vom Ostrand bis zum Westrand:
Efrajim, einer.

Und an Efrajims Grenze vom Ostrand bis zum Westrand:
Ruben, einer.

Und an Rubens Grenze vom Ostrand bis zum Westrand:
Jehuda, einer.

Und an Jehudas Grenze vom Ostrand bis zum Westrand sei
die Hebe, die ihr erheben sollt,

fünfundzwanzigtausend die Breite, die Länge wie bei der Anteile einem, vom Ostrand bis zum Westrand,

und das Heiligtum sei dem inmitten.

Die Hebe, die ihr erheben sollt IHM:

Länge fünfundzwanzigtausend, Breite zehntausend.

Und dieser sei die geheiligte Hebe:

der Priester nordwärts fünfundzwanzigtausend, westwärts
Breite zehntausend, ostwärts Breite zehntausend, südwärts
Länge fünfundzwanzigtausend,

und SEIN Heiligtum sei dem inmitten.

Der Priester, der Geheiligten, Söhne Zadoks, die wahrten
meine Verwahr,

die, als die Söhne Jifsraels abgeirrt sind, nicht abirrten, wie die
Lewiten abgeirrt sind,

ihrer sei das Hebegut aus der Hebe des Landes, vom Geheiligten ausgeheiligt, an der Grenze der Lewiten.

Und die Lewiten: gleichlaufs der Grenze der Priester
fünfundzwanzigtausend die Länge, die Breite zehntausend
[alljede Länge fünfundzwanzigtausend, Breite zehntausend].
Sie dürfen davon nicht verkaufen,
nicht tauschen darf man, nicht überweisen
die Anbeginnspende des Landes,
denn ein IHM Geheiligtes ists.
Und die fünftausend, das Übrige an Breite vor den fünfundzwanzigtausend hin,
Preisgegebnes ist das, für die Stadt, zu Wohnsitz, zu Weidetrieb,
die Stadt sei dem inmitten.
Und dies ihre Maße:
der Nordrand viertausendundfünfhundert,
der Südrand viertausendundfünfhundert,
am Ostrand viertausendundfünfhundert
und der westliche Rand viertausendundfünfhundert.
Und als Weidetrieb sei der Stadt:
nördlich zweihundertundfünfzig,
südlich zweihundertundfünfzig,
östlich zweihundertundfünfzig
und westlich zweihundertundfünfzig.
Und das Übrige an Länge, gleichlaufs der geheiligten Hebe,
zehntausend östlich und zehntausend westlich,
was gleichlaufs der geheiligten Hebe ist,
dessen Ertrag sei zu Speise denen, die Dienst leisten der Stadt.
Wer Dienst leistet der Stadt,
Dienst leiste man ihm von allen Stäben Jifsraels her.
Alle Hebe:
fünfundzwanzigtausend bei fünfundzwanzigtausend,
als ein Geviert sollt ihr die geheiligte Hebe erheben nebst der
Hufe der Stadt.
Und das Übrige ist des Fürsten:
diesseits und jenseits der geheiligten Hebe und von der Hufe
der Stadt,
vor den fünfundzwanzigtausend Hebe bis zur östlichen
Grenze
und westlich vor den fünfundzwanzigtausend an der westlichen Grenze

gleichlaufs jener Anteile ists des Fürsten:

die geheiligte Hebe sei und das Heiligtum des Hauses dem inmitten,

auch die Hufe der Lewiten und die Hufe der Stadt sei dem inmitten, was des Fürsten ist, –

zwischen der Grenze Jehudas und der Grenze Binjamins seis
des Fürsten.

Und die übrigen Stäbe:

Vom Ostrand bis zum Westrand: Binjamin, einer.

Und an Binjamins Grenze vom Ostrand bis zum Westrand:
Schimon, einer.

Und an Schimons Grenze vom Ostrand bis zum Westrand:
Jifsachar, einer.

Und an Jifsachars Grenze vom Ostrand bis zum Westrand:
Sbulun, einer.

Und an Sbuluns Grenze vom Ostrand bis zum Westrand:
Gad, einer.

Und an Gads Grenze, zum Südrand, mittagwärts,

da sei die Grenze von Tamar an zu den Wassern von Gezänke
bei Kadesch, zum Bach am großen Meer.

Dies ist das Land, über das ihr Eigentumslos fallen lassen sollt
für die Stäbe Jifsraels,

und diese ihre Einteilungen.

– Erlauten von meinem Herrn, I H M –

Und diese sind die Ausgänge der Stadt:

vom Nordrand an viertausendundfünfhundert Ausmaß

– die Tore der Stadt aber nach den Namen der Stäbe Jifsraels –,

der Tore drei nördlich,

das Rubentor eins, das Jehudator eins, das Lewitor eins,

und vom Ostrand an viertausendundfünfhundert Ausmaß,

der Tore drei,

das Jofseftor eins, das Binjamintor eins, das Dantor eins,

und Südrand viertausendundfünfhundert Ausmaß,

der Tore drei,

das Schimontor eins, das Jifsachartor eins, das Sbuluntor eins,

Westrand viertausendundfünfhundert,

ihrer Tore drei,

das Gadtor eins, das Aschertor eins, das Naftalitor eins.

Ringsum achtzehntausend.
Und der Name der Stadt ist von heute an:
ER-ist-Hier.

DAS BUCH
DER ZWÖLF

HOSCHEA

SEINE Rede,
die geschah zu Hoschea Sohn Beeris
in den Tagen Usijas Jotams Achas' Jechiskijas, Könige von
    Jehuda,
in den Tagen Jarobams Sohns Joaschs, Königs von Jiſsrael:

Anbeginn SEINES Redens an Hoschea ists,
da sprach E R zu Hoschea:
Geh hin,
nimm dir ein hurerisches Weib und Kinder der Hurerei,
denn verhurt hurt das Land, von MEINER Nachfolge ab.
Er ging und nahm die Gomer Tochter Diblajims.
Sie wurde schwanger und gebar ihm einen Sohn.
Da sprach E R zu ihm:
Rufe seinen Namen Jesreel, »Den-Gott-sät«,
denn nur ein weniges noch,
dann ordne ich die Bluttat von Jesreel zu
dem Hause Jehus,
ich verabschiede die Königsherrschaft
des Hauses Jiſsrael,
geschehn wirds an jenem Tag,
ich breche den Bogen von Jiſsrael
im Tale von Jesreel.
Sie wurde wieder schwanger und gebar eine Tochter.
Da sprach er zu ihm:
Rufe ihren Namen Lo-ruchama,
»Ihr-wird-Erbarmen-nicht«,
denn nicht weiter erbarme ich mich noch
des Hauses Jiſsrael,
daß ichs ihnen trüge, trüge, –
aber des Hauses Jehuda
erbarme ich mich,
ich befreie sie durch MICH ihren Gott,
nicht befreie ich sie durch Bogen, durch Schwert,
durch Kriegszeug, durch Rosse, durch Reisige.
Sie entwöhnte Lo-ruchama,
wurde schwanger und gebar einen Sohn.
Da sprach er:

Rufe seinen Namen Lo-ammi,
»Nicht-mein-Volk«,
denn ihr seid nicht mein Volk,
und ich, für euch bin ich nicht da.

> – Aber einst wird die Zahl der Söhne Jifsraels wie des Sands
>   des Meeres sein,
> der nicht gemessen und nicht gezählt werden kann,
> es soll geschehn:
> an ebendem Ort, wo zu ihnen gesprochen ward: Mein Volk
>   seid ihr nicht!,
> wird zu ihnen gesprochen: Söhne des lebendigen Gottes!
> Zuhauf kommen dann die Söhne Jehudas und die Söhne
>   Jifsraels mitsammen,
> sie setzen sich Ein Haupt und ziehen vom Lande herauf,
> denn groß ist der Tag des Den-Gott-sät.
> Sprecht zu euren Brüdern: Mein Volk! und zu euren
>   Schwestern: Dir wird Erbarmen! –

Bestreitet eure Mutter, bestreitet!
Denn sie ist nicht mein Weib
und ich bin nicht ihr Mann!
Sie tue ab ihre Hurenzeichen
vom Angesicht sich,
ihre Buhlerinnenmale ab
zwischen ihren Brüsten!
Sonst ziehe nackt ich sie aus,
stelle sie hin wie am Tag ihrer Geburt,
richte sie zu gleich der Wüste,
mache dem Wildland sie gleich,
lasse sie sterben im Durst.
Ihrer Kinder erbarme ich mich nicht,
denn sie sind Kinder der Hurerei.
Denn gehurt hat ihre Mutter,
schändlich hielt sich, die sie gebar,
denn gesprochen hat sie:
Meinen Liebhabern will ich nachgehn,
den Gebern meines Brots und meines Wassers,
meiner Wolle und meines Flachses,
meines Öls und meiner Tränke.

Darum verzäune ich
ihren Weg mit Dornenhecken,
vermaure es ihr mit einer Mauer,
daß sie ihre Pfade nicht finde.
Sie jagt ihren Liebhabern dann nach
und kann sie nicht erreichen,
sucht sie und findet nicht.
Dann spricht sie: Ich will gehn,
zu meinem ersten Mann kehre ich zurück,
denn besser war mir damals als jetzt.
Sie, weiß sie es nicht mehr,
daß ich es bin, der ihr gab
das Korn, den Most, den Olivensaft,
der Silber ihr mehrte und Gold, –
für den Baal haben sies vertan!
Darum nehme ich wieder zurück
mein Korn zu seiner Frist,
meinen Most zu seiner Gezeit,
ich entreiße meine Wolle, meinen Flachs,
die ihre Nacktheit einhüllen sollten.
Jetzt offenbare ich ihre Schmach
vor ihrer Liebhaber Augen,
meiner Hand entreißt sie niemand!
Ich verabschiede all ihr Ergötzen,
ihren Festreihn, ihre Mondneuung
und ihre Wochenfeier
und all ihre Begegnungsgezeit.
Ich verstarre ihr Rebe und Feige,
von denen sie gesprochen hat:
Bewerbungsgebind sind sie mir,
das mir meine Liebhaber gaben!
Zum Waldgestrüpp mache ich sie,
das Getier des Felds soll sie fressen.
Nun ordne ich ihr zu
die Tage der Baale,
da sie ihnen hat aufrauchen lassen,
sie schmückte sich mit Ohrreif und Halsband,
ging ihren Liebhabern nach –
und mich hat sie vergessen!

S<small>EIN</small> Erlauten ists.

Darum doch werde einst ich sie locken,
ich lasse sie gehn in die Wüste,
da rede ich ihr zu Herzen.
Von dort her gebe ich ihr ihre Weinberge wieder
und das Rüttetal zur Hoffnungspforte.
Willfährig ist sie dort
wie in den Tagen ihrer Jugend,
wie am Tag, als sie zog aus dem Lande Ägypten.
Geschehn wirds an jenem Tag,
S<small>EIN</small> Erlauten ists,
da wirst du rufen: Mein Mann!
und wirst nicht mehr rufen: Baali, mein Gemahl!
Die Namen der Baale tue ich ihr aus dem Mund,
derer werde nicht mehr bei Namen gedacht.
Einen Bund schließe ich ihnen an jenem Tag
mit dem Getier des Feldes
und mit dem Vogel des Himmels
und dem Gewürm des Bodens.
Bogen, Schwert und Kriegszeug
zerbreche ich, vom Erdland hinweg,
in Sicherheit lasse ich sie ruhn.
Ich verlobe dich mir auf Weltzeit,
ich verlobe dich mir
in Wahrhaftigkeit und in Recht,
in Huld und in Erbarmen,
ich verlobe dich mir
in Treuen,
erkennen wirst du M<small>ICH</small>.
Geschehn wirds an jenem Tag,
ich willfahre,
S<small>EIN</small> Erlauten ists,
ich willfahre dem Himmel,
und der willfährt der Erde,
und die Erde willfährt
dem Korn, dem Most, dem Olivensaft,
und die willfahren dem Den-Gott-sät.
Ich säe sie mir ein im Erdland,

der Ihr-wird-Erbarmen-nicht erbarme ich mich,
zu Nicht-mein-Volk spreche ich: Mein Volk bist du!
und er spricht: Mein Gott!

ER sprach zu mir:
Geh noch hin,
liebe ein Weib, vom Genossen geliebt und buhlerisch,
wie ICH die Söhne Jifsraels liebe,
da sie doch zu andern Göttern sich wenden,
Liebhabern von Trauben-Gebildkuchen.
Ich erstand sie mir um fünfzehn Silbers, einen Scheffel Gerste
    und ein Maß Gerste,
dann sprach ich zu ihr:
Viele Tage sollst du mir sitzen,
nicht huren, nicht eines Manns werden,
und auch ich bin so zu dir.
Denn viele Tage werden sitzen die Söhne Jifsraels
ohne König und ohne Fürst,
ohne Schlachtopfer und ohne Standmal,
ohne Losungsumschurz und Wunschlarven.
Danach werden umkehren die Söhne Jifsraels,
werden verlangen IHN, ihren Gott,
und Dawid, ihren König,
werden hinbeben zu IHM
und zu seiner Güte
in der Späte der Tage.

Höret SEINE Rede,
Söhne Jifsraels,
denn ER hat einen Streit
mit den Insassen des Lands,
denn keine Treue und keine Huld
und kein Erkennen Gottes ist mehr im Land:
Fluchen, Lügen, Morden, Stehlen, Buhlen,
das hat sich ausgebreitet,
Bluttat rührt an Bluttat.
Darum muß verfallen das Erdland,
welken alles, was darauf siedelt,
samt Getier des Felds, samt Vogel des Himmels,
auch die Fische des Meers werden entrafft.

Doch nimmer darf jemand bestreiten,
nimmer verwarnen darf jemand –
wie mich Bestreitende ist ja, Priester, dein Volk.
Strauchelst du bei Tag,
strauchelt nachts auch der Künder mit dir.
Deine Mutter mache ich verstummen,
verstummen muß mein Volk,
weil sie ohne Erkenntnis sind.
Du denn,
die Erkenntnis hast du verworfen:
ich verwerfe dich, mir weiter zu priestern;
hast vergessen die Weisung deines Gottes:
auch ich, deine Söhne vergesse ich.
Wie viel ihrer wurden, so sündigten sie mir, –
ihre Ehre vertausche ich mit Schmach.
Sie nähren sich von der Sünde meines Volks,
zu seiner Verfehlung heben sie ihre Gier, –
gleich soll das Volk, gleich der Priester dran sein,
seine Wege ordne ich ihm zu,
erstatte seine Handlungen ihm.
Dann nähren sie sich und werden nicht satt,
huren und breiten sich nicht.
denn MICH haben sie verlassen,
um das Hurenwerk zu bewahren.

Wein und Most benimmt das Herz meines Volks.

Es pflegt sein Holz zu befragen,
sein Stecken solls ihm vermelden,
denn der Hurgeist führt irre,
daß sie hinweg sich verhuren
von der Untertanschaft ihres Gottes.
Sie schlachtopfern auf den Häuptern der Berge,
sie räuchern auf den Hügeln,
unter Eiche, Pappel, Terebinthe,
denn gut ist ihr Schatten.
Drum müssen eure Töchter huren,
und eure Schwiegerinnen sich verbuhlen.
Nicht ordne ichs euren Töchtern zu,
daß sie huren,
noch euren Schwiegerinnen,
daß sie sich verbuhlen: –
denn sie selber,
mit den Huren sondern sie sich ab,
mit den Weihdirnen schlachtopfern sie.
Ein Volk, das nicht gescheit ist, gleitet ab.
Mußt du, Jifsrael, huren,
verschulde doch Jehuda sich nimmer:
nimmer sollt nach dem Ringwall ihr kommen,
nimmer aufsteigen zum Hause des Args,
nimmer schwören da: Sowahr ER lebt!
Wie eine störrige Färse
störrig ward Jifsrael,
weiden wird es jetzt ER
wie ein Lamm – in der Weite:
Efrajim ist mit den Docken verbündet,
so überlasse man ihn.
Stieg ihnen der Zechtrank zu Kopf,
verhuren, verhuren sie sich,
das Schmachgebild lieben sie, lieben
als was sie beschirmen soll.
Schon umfängt der Windbraus
mit seinen Fittichen sie,
beschämt bleiben ihre Schlachtstätten da.

Höret dies, ihr Priester!
aufmerkt, Haus Jiſsrael!
ihr vom Königshaus, lauscht!
denn euch gilt das Gericht.
Denn ihr wurdet eine Schlinge für Mizpa,
ein Netz über Tabor gespannt, –
tiefhin breiteten die Ausschweifenden es:
ich aber bin ihnen Züchtigung allen.
Mir nämlich ists bekannt, Efrajim,
Jiſsrael, es ist vor mir nicht verhohlen,
daß du dich jetzt verhurt hast, Efrajim,
sich bemakelt hat Jiſsrael.
Was sie verübt haben, gibt nun nicht zu,
daß sie umkehren zu ihrem Gott,
denn ein Hurgeist ist ihnen im Innern,
und IHN erkennen sie nicht.
Die Hoffart Jiſsraels überantwortet es
ins Angesicht ihm,
Jiſsrael und Efrajim straucheln
über ihre Verfehlung,
auch Jehuda strauchelt mit ihnen.
Mit ihren Schafen, mit ihren Rindern
mögen sie gehn, IHN zu suchen,
finden werden sie nicht,
abgestreift hat er sie.
Sie haben IHN verraten,
ja, bastardische Söhne geboren,
eine Mondneuung frißt sie
samt ihren Anteilen jetzt.
Stoßt in die Posaune zu Giba,
in die Drommete zu Rama,
schmettert am Hause des Args:
Man ist hinter dir her, Binjamin!
Efrajim wird zum Erstarren
am Tage der Rechenschaft,
wider Jiſsraels Stäbe
mache ichs treulich bekannt.
Wie die Grenzverrücker
sind Jehudas Fürsten geworden,

über sie gieße ich wie Wasser
mein Überwallen.
Efrajim ist ein Presser,
ein Knicker des Rechts,
wenn einer sich unterwand,
dem Gebot nachzugehn.
Ich bin Efrajim wie eine Motte.
dem Haus Jehuda wie Wurmfraß.
Efrajim sah seine Krankheit,
Jehuda sein Eitergeschwür,
da ging Efrajim zu Assyrien,
jener sandte zu König Streithans, –
aber der kann euch nicht heilen,
euch das Geschwür nicht kurieren.
Denn ich bin Efrajim wie ein Leu,
dem Haus Jehuda wie ein Löwenjunges,
ich, ich zerfleische und gehe
trage fort, und keiner entreißt.
Ich gehe, an meinen Ort kehre ich,
bis sie sich schuldbar wissen
und mein Angesicht suchen.
Da sie bedrängt sind, ersehnen sie mich:
»Laßt uns gehn,
wir wollen umkehren zu IHM,
denn selber er hat zerfleischt,
er wird uns heilen,
er hat geschlagen,
er wird uns verbinden,
nach einem Tagepaar belebt er uns wieder,
läßt erstehn uns am dritten Tag,
daß wir in seinem Angesicht leben.
Erkennen wollen wir,
nachjagen SEINER Erkenntnis.
Wie das Nachtvergrauen
urgewiß ist seine Ausfahrt,
er kommt uns wie der Erguß,
wie der Lenzregen feuchtet das Land er.«
– Was tue ich mit dir, Efrajim,
was tue ich mit dir, Jehuda,

ist doch eure Huld wie Morgengewölk,
wie der früh vergehende Tau!
Drum behieb ich durch die Künder,
würgte sie durch meines Munds Sprüche,
und mein Recht fuhr aus wie das Licht:
ja, ich habe an Huld Gefallen,
an Schlachtmahl nicht,
an Gotterkenntnis
mehr als an Darhöhungen.

Sie aber, nach Menschenweise,
haben den Bund übertreten,
verraten haben sie mich dort.
Gilad, der Argwirkenden Burg,
Blutes bespurt,
deine Kraft sind die Rottenleute:
mögen sie die Bande der Priester
morden auf dem Wege nach Sichem,
denn sie haben Unzucht getan.
Am Hause Jifsrael
habe ich Schauerliches gesehn,
dort ist bei Efrajim Hurerei,
bemakelt ist Jifsrael.
Auch dir, Jehuda,
eingeimpft hat es ein Reis.

Wann ich kehren will lassen
Wiederkehr meinem Volk,
wann ich Jifsrael heilen will,
offenbart sich Efrajims Fehl,
Samariens Bosheit,
daß sie Lug wirken:
das kommt als Dieb hinein,
als Rotte draußen streifts,
ohne daß zu ihrem Herzen sie sprächen.
Ich gedenke all ihres Bösen,
jetzt umringen ihre Handlungen sie,
sie sind meinem Angesicht gegenwärtig.

Mit ihrer Bosheit vergnügen sie den König,
mit ihren Schmeicheleien die Fürsten,
Abgebuhlte sie alle,
einem Ofen zu vergleichen,
der ohne Bäcker brennt
– der nämlich feiert vom Schüren
vom Kneten des Teiges an
bis er durchsäuert ist –:
»Festtag unseres Königs!«,
da machen sie ihn krank,
mit der Weinglut die Fürsten;
an seiner Hand zieht er sie herzu,
die ihn zum Narren haben;
wenn sie nahn, während sie lauern,
ist ihr Herz einem Ofen gleich
– all die Nacht noch schläft ja ihr Bäcker –;
am Morgen brennt es dann auf
gleich einem lodernden Feuer;
sie alle erglühn gleich dem Ofen,
sie verzehren ihre Richter.
All ihre Könige fallen,
unter ihnen ruft keiner mich an.

– Efrajim, mit den Völkern
läßt er sich verrühren,
Efrajim ward ein Aschenkuchen,
der ungewendet bleibt.
Seine Kraft haben die Fremden verzehrt,
er aber weiß von nichts,
schon hat Grauhaar sich ihm angesprengt,
er aber weiß von nichts.
Die Hoffart Jifsraels überantwortet es
vom Angesicht ihm,
und sie kehren nicht um zu IHM ihrem Gott,
sie suchen ihn bei alldem nicht.
Der Taube gleich ist Efrajim worden,
die, betört, keinen Herzsinn mehr hat,
nun rufen sie Ägypten,
nun fliegen sie nach Assyrien.

Sowie sie nur hinfliegen,
spanne ich mein Netz über sie,
hole sie herab wie den Vogel des Himmels,
ich beseitige sie,
wie man noch sagen hört von jener ihrer Gemeinschaft.

– Wehe ihnen,
daß sie mir entflattern!
Unheil ihnen,
daß sie mir abtrünnig sind!
Ich da,
ich kaufe sie los,
und sie,
Täuschungen reden sie wider mich!
Nicht zu mir
schrein sie in ihrem Herzen,
wenn sie auf ihren Betlagern heulen,
sich schütteln um Korn und Most, –
abwendig sind sie gegen mich!
Ich bins, der gewandt machte,
der stärkte ihre Arme,
und gegen mich planen sie Böses!
Sie kehren sich dazu,
was nicht frommen kann,
sie sind wie ein trüglicher Bogen.
Fallen müssen ihre Fürsten durchs Schwert
um der Wut ihrer Zunge willen.
– Das ist ihr Gestammel im Lande Ägypten.

An deinen Gaum die Posaune:
»Über SEIN Haus her, wie ein Adler!«
Weil sie meinen Bund übertraten,
wider meine Weisung abtrünnig waren!
Zu mir schreien sie nun: »Mein Gott!«
– Wir kennen dich, Jifsrael!
Jifsrael widerts des Guten,
der Feind jage ihm nach!

Die haben gekönigt,
aber nicht von mir her,
haben gefürstet,
aber ich wußte drum nicht.
Aus ihrem Silber und Gold
haben sie sich Puppen gemacht, –
damits ausgerottet werde!
Mich widerst deines Kalbes, Samarien,
– entflammt gegen sie ist mein Zorn:
bis wann noch?!
sie vertragen Straffreiheit nicht! –
Ja doch,
auch es ist aus Jifsrael,
gemacht hats ein Former,
ein Gott ist es nicht,
ja doch,
zu Splittern wirds,
Samariens Kalb!
Ja doch,
sie säen Wind
und ernten Sturm,
Halmstand ist nicht mehr,
was da so sprießt
macht keinen Gries, –
machts etwa welchen,
werden ihn die Fremden verschlingen.

Verschlungen wird Jifsrael,
jetzt sind sie in der Stämmewelt worden
wie ein Gerät, dran kein Gefallen man hat.
Denn sie ja sind nach Assyrien gezogen:
selbst der Wildesel sondert sich ab,
Efrajim läßt werben mit Liebesgeschenken.
Ob sie auch die Weltstämme umwerben,
jetzt halte ich sie zuhauf,
daß sie sich ein Weilchen noch winden
unter Königs-, Fürstenlast.
Wenn Efrajim Schlachtstätten mehrte,
zum Sündigen sind sie ihm geworden, –

Schlachtstätten zum Sündigen!
Ich schrieb ihm meiner Weisungen Fülle,
gleichwie Fremdes sind sie geachtet.
Schlachtmahle, mir ein Geschenk?
als Fleisch sollen sies schlachten und essen!
– ER nimmt sie zugnaden nicht an.
Jetzt gedenkt er ihrer Verfehlung,
ihren Sünden ordnet er zu,
die da kehren nach Ägypten zurück.
Jifsrael vergaß ihn, der es machte,
Hallen baute es sich,
gefestigte Städte mehrte Jehuda:
In seine Städte schicke ich Feuer,
fressen soll es ihre Paläste.

Nimmer freue dich, Jifsrael,
bis zum Jubel, den Völkern gleich,
denn du bist von deinem Gott abgehurt,
hast liebgewonnen den Hingabelohn
über alle Tennen mit Korn.
Tenne und Kelter weide sie nicht,
der Most versage ihnen!

Sie bleiben in SEINEM Land nicht,
Efrajim kehrt zurück nach Ägypten,
in Assyrien essen Makliges sie.
Nicht mehr gießen Wein sie nun IHM,
ihre Schlachtmahle sind ihm nicht angenehm,
gleich dem Totenklagebrot ist das ihre:
die es essen, sind alle bemakelt,
ja, das Brot ihres Leichnams ists:
in SEIN Haus darf es nicht kommen.

Was werdet ihr tun am Begegnungstag,
an dem Tage SEINES Reigens?

Wollen ja denn sie dem Unheil entgehn:
Ägypten holt sie zuhauf,
Memphis baut ihnen das Grab!

Ihre silberne Köstlichkeit,
die Nessel erbt sie,
die Distel in ihren Zelten.

Nun kommen die Tage der Zuordnung,
nun kommen die Tage des Zahlens,
wissen solls Jifsrael!
»Närrisch ist der Künder,
rasend der Mann des Geists!«
Zur Vielfältigkeit deiner Verfehlung
auch des Widersachertums viel!
Der als Späher, o Efrajim,
zugesellt ist meinem Gott,
ein Künder, –
Vogelstellerschlinge
auf all seinen Wegen,
Widersachertum
noch im Haus seines Gottes!

Tief sind sie verderbt
wie in den Tagen von Giba:
ihrer Verfehlung gedenkt er,
ihren Sünden ordnet er zu.

Wie wenns Trauben in der Wüste wären,
befand ich da Jifsrael,
wie Erstreifes am Feigenbaum in seinem Anfang
sah eure Väter ich an, –
kaum kamen die nach Baal-Por
weihten sie dem Schandzeug sich zu,
wurden greulich wie ihr Lieben.
Efrajim, wie geflügelt
entfliegt ihre Mächtigkeit nun,
weg Geburt, weg Mutterleib, weg Empfängnis!
sollten dennoch ihre Söhne sie großziehn,
ersticke ich ihnen die, daß sie menschenarm werden,
doch ihnen selber auch wehe,
da ich von ihnen gewichen bin!
Efrajim, die »Doppelfrucht«,
wie ich sie einst ersah zum Gebild,
sie dann verpflanzt in die Trift,
Efrajim, nun ist er daran,
seine Söhne zum Würger zu führen.
– Gib ihnen, o DU,
was du ihnen geben magst,
gib ihnen kindererstickenden Schoß
und verschrumpfende Brüste!

– All ihre Bosheit ist im Ringwall beisammen,
dort habe Haß ich gefaßt gegen sie,
um des Bösen ihrer Handlungen willen
aus meinem Haus treibe ich sie,
nicht kann ich fortan noch sie lieben,
all ihre Fürsten sind die Fernsten.
Geschlagen ist Efrajim,
ihre Wurzel vertrocknet,
sie müssens lassen, Frucht zu bereiten.
Sollten sie doch auch gebären
töte die Kostbarkeiten ich ihres Leibes.
– Verwerfen will sie mein Gott,
denn sie haben ihm nicht gehorcht,
Schweifende werden sie unter den Stämmen.

Ein verwildernder Weinstock ist Jiſrael,
mit Frucht verfährt es sich selber gleich:
ebenwie seiner Frucht mehr wird,
läßt es mehr an Schlachtstätten werden,
ebenwie sein Land wohlgerät,
lassen Standmale sie wohlgeraten, –
abteilig ist ihr Herz.
Jetzt müssen sies büßen:
Er selber
bricht ihren Schlachtstätten das Genick,
gewaltigt die Standmale ihnen.

Ja, jetzt sprechen sie:
»Haben wir keinen König?« –
wenn IHN wir nicht fürchten,
der König da,
was kann der für uns tun!
Sie reden Gerede,
Wahn beeidend, Bündnis schließend,
nun schießt Gericht auf wie Giftkraut
auf den Rainen des Gefilds.

Um das Kälberzeug im Hause des Args
bangt Samariens Bewohnerschaft,
ja, schon trauert um es sein Volk,
um es wandeln seine Pfaffen im Bittgang,
um seinen Ehrenschein, daß er wegwandern soll.
Auch es wird nach Assyrien gebracht,
eine Spende für König Streithans.
Efrajim nimmt Beschämung dahin,
seines Ratschlags muß sich Jiſrael schämen.
Geschweigt wird Samarien,
sein König
ist wie ein Span auf der Fläche des Wassers.
Vertilgt werden die Koppen des Args,
der Sündenplatz Jiſraels,
über seine Schlachtstätten steigt
Dornicht und Stachelstrauch.
Sie sprechen zu den Bergen: Bedeckt uns!,

zu den Hügeln: Fallt über uns!

Seit den Tagen von Giba, der »Hügelstadt«,
sündigst du, Jifsrael, –
dort sind sie stehengeblieben.
Soll sie nicht wie in Giba erreichen
der Krieg wider die Söhne der Falschheit
nach meiner Begier,
daß ich sie züchtigen kann
– herangeholt werden wider sie Völker,
wann ich sie züchtige –
für ihre zwiefachen Verfehlungen?

Efrajim war eine angelehrte Kalbe,
die einherzutraben liebt,
ich selber strich ihr dann
über ihren schönen Nacken.
Anschirren will ich Efrajim nun,
pflügen soll Jehuda,
furchen Jaakob für sich.
Säet euch zur Bewährung,
erntet nach Holdsinns Geheiß,
erackert euch einen Acker,
und so ists an der Zeit IHN zu suchen,
bis er kommt und die Wahrheit euch weist.
Eingepflügt habt ihr den Frevel,
Verfälschung habt ihr geerntet,
die Frucht gegessen der Heuchelei.

Ja, sicher hast du dich gemeint
durch deinen Zug, durch die Menge deiner Helden,
doch ein Tosen erhebt wider dein Volk sich,
und all deine Festungen werden gewaltigt
    – wie Schalman gewaltigte Bet-Arbel –
am Tage der Schlacht:
Mutter über Kindern zerschmettert!
Solches hat euch Bet-El getan,
das »Gotteshaus«,
der Bosheit eures Böstreibens wegen, –

mit dem Morgengrauen dann
geschweigt ist er, geschweigt,
Jifsraels König.

Als Jiſsrael jung war, liebte ich ihn,
von Ägypten an rief ich meinem Sohn zu.
Wer sie anruft, alsbald gehn sie hinweg!
Sie haben den Baalen geschlachtet,
den Schnitzdocken aufrauchen lassen.
Und doch stellte ich selber den Fuß Efrajim zurecht,
indem ich an meine Arme ihn nahm,
sie aber erkannten nicht, daß ich sie heile.
Ich hielt sie an Menschenbanden,
an Stricken der Liebe,
so war ich ihnen,
wie wer an die Wangen den Säugling sich hebt,
ich reichte ihm die Atzung.
Nach Ägypten zwar muß er nicht kehren,
aber Aschur, der sei nun sein König,
denn umzukehren weigern sie sich.
Nun wirbelt auf seine Städte nieder das Schwert,
macht seinen Schwätzern den Garaus,
es frißt, – von ihren Ratschlägen her.
Noch aber schwebt mein Volk in der Abkehr von mir,
und ruft mans nach oben,
mitsammen nicht hebt sichs empor.

Wie soll ich drangeben dich, Efrajim,
ausliefern dich, Jiſsrael!
wie soll ich hingeben dich wie Adma,
dich zurichten wie Zboim!
Mein Herz dreht sich an mir um,
mitsammen wallen meine Mitleiden auf.
Ich will nicht tun nach dem Flammen meines Zorns,
ich will nicht kehren, Efrajim zu verderben,
denn Gott bin ich und nicht Mann,
der Heilige drinnen bei dir,
als ein Merzender komme ich nicht.

– Ihm nach werden sie gehn:
wie ein Löwe brüllt er hin.
Wenn er selber hinbrüllt,
flattern Söhne vom Westmeer herzu,

flattern von Ägypten herzu wie ein Vogel,
vom Land Assyrien her wie eine Taube:
»In ihre Häuser siedle ich sie ein«
ist SEIN Erlauten.

Mit Heuchelei umringt Efrajim mich,
mit Betrug das Haus Jiſsrael,
dieweil Jehuda noch um Gott schweift,
um den Heiligen der »Getreue«.
Efrajim weidet Wind, jagt dem Ost nach,
all den Tag mehrt er Lug und Gewalttat,
dabei schließen mit Assyrien sie Bündnis,
Öl wird nach Ägypten gebracht.
– Eine Streitsache hat ER mit Jehuda,
an Jaakob zuzuordnen nach seinen Wegen,
nach seinen Handlungen will er ihm erstatten.

War im Mutterleib er dem Bruder auf der Ferse:
in seiner Mannesmacht focht er mit Gottheit,
er befocht den Boten und übermochte.
Er weinte, er flehte Ihm Gunst ab, –
in Bet-El sollte er Ihn finden
und dort sollte Er reden, zu uns
– ER selber, der Gott der Scharen,
ER IST DA, das ist sein Gedenken –:
»Du hier, durch deinen Gott kehrst du heim einst!
hüte Huld und Gerechtigkeit
und harre stetig auf deinen Gott!«

– Ein Kanaankrämer,
in dessen Hand die Waage des Trugs ist,
der zu erpressen liebt,
spricht Efrajim:
»Ich habe mich doch bereichert,
gefunden hab ich mir Vermögen,
all mein Ermühtes
läßt an mir Verfehlen nicht finden,
das Sünde wäre.«
ICH aber, dein Gott,

vom Lande Ägypten an
  – noch siedle ich einst in Zelte dich ein
  wie in jenen Tagen der Begegnung –
habe ich auf die Künder nieder geredet,
ich bins, der Schau gemehrt hat,
durch die Künder gebe ich Gleichspruch nun aus:
Ist Gilad »Mächtigkeit«,
werden sie doch nur ein Wahn!
schlachten sie Ochsen im Ringwall,
auch ihre Schlachtstätten sind bald wie Trümmerwälle
auf den Rainen des Gefilds.

– Jaakob flüchtete ins Gefild von Aram,
Jifsrael diente da um ein Weib,
um ein Weib hütete er.
Aber durch einen Künder
führte ER Jifsrael herauf aus Ägypten,
durch einen Künder ward es behütet.

– Den bitterlich verdrießt Efrajim,
lädt seine Blutlast ihm auf,
sein Herr erstattet ihm seinen Hohn.
Da erschauernd Efrajim redete,
erhob ER sich in Jifsrael,
dann verschuldete er durch den Baal sich,
hinsterben mußte er.
Und jetzt fahren sie zu sündigen fort,
machen aus ihrem Silber sich Gußbild,
Puppen nach ihrer Gescheitheit,
Gemächt von Formern all das,
ihnen sprechen sie meine Schlachtmahle zu.
Menschen, die Kälber küssen!
Drum werden sie wie Morgengewölk,
wie der früh vergehende Tau,
wie Spreu sturmverweht aus der Tenne,
wie der Rauch aus der Luke.

ICH aber, dein Gott,
vom Lande Ägypten an

– einen Gott außer mir erkennst du nicht,
es gibt keinen Befreier als mich –
habe ich selber dich erkannt in der Wüste,
im ausgeloderten Land.
Wie sie weideten, wurden sie satt,
sie waren satt, da überhob sich ihr Herz,
drüber haben sie mich vergessen.
Nun werde ich ihnen wie ein Leu,
wie ein Pardel luge ich am Weg aus,
betreffe sie wie die jungenberaubte Bärin,
ich reiße den Verschluß ihres Herzens auf,
ich verzehre sie dort wie die Löwin, –
Getier des Feldes zerschlitzt sie.

Ich verderbe dich, Jifsrael,
denn in mir war deine Hilfe!
Herbei nun mit deinem König,
daß er dich befreie
in all deinen Städten!
Und deine Rechtschaffer...!
Daß du sprachst: Gib mir König und Fürsten! –
in meinem Zorn gebe ich dir einen König,
in meinem Überwallen nehme ich ihn.

Eingebündelt ist der Fehl Efrajims,
aufbewahrt seine Sünde.
Kommen ihn die Wehn der Gebärenden an,
ein unweises Kind ist das,
denn nicht tritt es zeitig in den Durchbruch der Kinder.

Erst aus der Hand des Gruftreichs gelte ich sie ab,
erst aus dem Tod erlöse ich sie.
Herbei mit deinen Seuchen, Tod,
herbei mit deinem Pestfieber, Gruft!
Vor meinen Augen muß die Tröstung sich bergen.

Ja, er, der zwischen Riedgräsern »fruchtet«:
kommt der Ost, der Wind von IHM her,
heransteigend aus der Wüste,

dann versiegt sein Born,
dann vertrocknet sein Quell:
hinweg plündert jener den Schatz
alles köstlichen Geräts.

Büßen muß Samarien die Schuld,
daß es widerspenstig war seinem Gott,
durchs Schwert müssen sie fallen,
ihre Spielkinder werden zerschmettert,
ihre Schwangeren aufgeschlitzt.

Kehre um, Jifsrael,
hin zu IHM deinem Gott!
über deinen Fehl ja bist du gestrauchelt.
Nehmet Worte mit euch
und kehret um zu IHM!
Sprechet zu ihm:
»Alles an Fehl trage davon
und ein Gutes nimm an,
daß wir die Farren mit unsern Lippen entgelten!
Assyrien kann uns nicht befrein,
auf Rossen wollen wir nicht reiten,
nicht sprechen wir mehr: Unser Gott!
zu dem Gemächt unsrer Hände,
da doch in dir
der Verwaiste Erbarmen findet.«
– Ich werde ihre Abkehrung heilen,
werde sie aus Willigung lieben,
ja, mein Zorn kehrt sich von ihm ab.
Wie der Tau werde ich für Jifsrael sein,
blühn solls wie die Lilie,
Wurzeln schlagen wie der Libanonwald.
Seine Schößlinge gehen weithin,
wie des Ölbaums ist sein Glanz,
es hat einen Duft wie der Libanonwald.
Heimgekehrt, die heimisch sind ihm im Schatten,
lassen aufleben sie das Getreid,
selber blühn wie die Rebe sie auf,
sein Ruhm ist wie des Libanonweins.

Efrajim, die »Doppelfrucht«,
was hätte nun noch er gemein mit den Puppen!
Ich bins, der willfahrt hat
und der auf ihn blicken wird:
ich bin wie der immergrüne Wacholder,
von mir her wird dein Fruchten erlangt.

– Wer weise ist,
unterscheide dies,
gescheit,
erkenne es:
daß gerade sind SEINE Wege, –
die Bewährten gehen darauf,
die Abtrünnigen straucheln darauf.

JOEL

Seine Rede,
die an Joel Sohn Ptuels geschah:

Höret dies, ihr Alten,
lauschet, alle Siedler des Landes:
Ist dieserart in euren Tagen geschehn
oder in eurer Väter Tagen?
Euren Söhnen erzählet davon,
eure Söhne ihren Söhnen,
ihre Söhne einem andern Geschlecht!
Was überließ der Säger,
das fraß der Heuschreck,
was überließ der Heuschreck,
das fraß der Hüpfer,
was überließ der Hüpfer,
das fraß der Schröter.

Erwacht, Berauschte, und schluchzt!
heult, ihr Weintrinker alle,
um den Traubensaft, daß er euch vorm Mund ward vertilgt!
Denn ein Stamm zog über mein Land auf,
ein mächtiger, ohne Zahl,
seine Zähne Zähne des Leun,
sein ist der Löwin Gebiß,
er macht meinen Rebstock zur Starrnis,
meinen Feigenstamm zum Spanholz,
bloß schält er ihn, blößt und wirft hin,
weiß wurden an jenem die Ranken.

Jammre du wie eine Maid,
mit Sackleinen gegürtet um ihn,
der ihre Jugend ehelichen sollte!
Vertilgt ist Hinleitspende und Guß,
aus Seinem Hause hinweg,
die Priester trauern, die Ihm amten.
Gewaltigt ist das Gefild,
betrauern muß es der Boden,
ja, gewaltigt ist das Getreid,
verdorrt ist der Most,
hingewelkt ist das Öl.

Verdüstert, ihr Bauern,
heulet, ihr Winzer,
um Weizen, um Gerste,
daß die Ernte des Feldes entschwand!
Die Rebe verdorrt,
die Feige welkt ab,
Granate, auch Dattelpalme und Apfel,
alle Bäume des Feldes sind dürr.
Ja, verdorrt ist die Lust,
von den Menschensöhnen hinweg.

Gürtet euch und klaget, ihr Priester,
heulet, Amtsleute der Schlachtstatt!
kommet, nachtet in Säcken,
Amtsleute meines Gottes,
denn vorenthalten ist dem Haus eures Gottes
Hinleitspende und Guß!
Heiligt Kasteiung zu,
rufet Einschließung aus,
ladet die Alten,
alle Siedler des Landes
in SEIN eures Gottes Haus
und schreiet zu IHM:
Oh um den Tag!
Ja, SEIN Tag ist nah,
wie Gewalt vom Gewaltigen kommt er.
Ist nicht uns vor den Augen
ausgetilgt worden die Speise,
hinweg vom Haus unsres Gottes
Freude und Jubelklang!
Unter ihren Deckeln faulen die Tonnen,
die Speicher sind verödet,
die Scheunen sind verfallen,
denn ausgedorrt ist das Getreid.
Wie seufzen die Tiere,
umirren die Rinderherden,
denn sie haben keine Weide,
auch die Schafherden müssen büßen.

Zu dir rufe ich, DU,
denn Feuer frißt die Triften der Wüste,
Lohe durchlodert
alle Bäume des Feldes!
Auch das Getier des Feldes
lechzt zu dir empor,
denn verdorrt sind die Wasserbetten,
Feuer frißt die Triften der Wüste.

»Stoßt in die Posaune auf Zion,
schmettert auf meinem Heiligtumsberg!«
Alle Siedler des Landes erzittern,
denn SEIN Tag kommt heran,
denn er ist nah:
Tag von Finsternis und Umschwärzung,
Tag von Wolke und Wetterdunkel.
Wie Morgengraun breitet sichs auf den Bergen,
ein weites mächtiges Volk,
desgleichen von Urzeit nicht war
und ihm hintennach nicht wieder sein wird
bis in die Jahre von Geschlecht um Geschlecht.
Vor ihm her frißt das Feuer,
hinter ihm lodert die Lohe.
Edens Garten gleich ist vor ihm das Land,
hinter ihm eine starre Wüste,
ein Entrinnen gibts gar nicht bei ihm.
Gleich dem Aussehn von Rossen sein Aussehn,
wie Renner, so laufen sie hin.
Am Schall den Kampfwagen gleich
tanzen sie über Häupter der Berge,
am Schall gleich der Feuerlohe,
die die Stoppeln frißt,
gleich einem mächtigen Volk,
gerüstet zum Krieg.
Vor seinem Antlitz winden sich Völker,
alle Antlitze holen Siedeglut auf.
Wie Helden laufen sie hin,
wie Kriegsmänner ersteigen sie Mauern.
Sie gehn, jedermann in seinen Wegen,

ihre Pfade verschlingen sie nicht,
sie drängen nicht einer den andern,
sie gehn, jeglicher in seiner eigenen Bahn.
Mittdurch Geschosse fallen sie ein,
brechen die Reihen nicht.
Sie überschwemmen die Stadt,
sie laufen die Mauer hinan,
sie steigen in die Häuser,
durch die Fenster kommen sie ein
wie der Dieb.
Davor zittert das Erdland,
schüttern die Himmel,
Sonne und Mond verdämmern,
die Sterne raffen ihren Strahl ein.
Und ER gibt seinen Stimmschall aus
vor seinem Heere hin,
denn sehr weit ist sein Lager,
denn mächtig der Täter seines Worts,
denn groß ist SEIN Tag
und furchtbar sehr,
wer hielte ihn aus!

Doch auch jetzt
ist SEIN Erlauten:
»Kehret um zu mir her
mit all eurem Herzen!« –
mit Kasteiung, mit Weinen, mit Klage.
Zerreißt euer Herz,
nimmer eure Gewänder,
und kehret um zu IHM eurem Gott!
denn gönnend und erbarmend ist er,
langmütig und reich an Huld,
leidsein läßt er sichs des Übels.
Wer weiß, er kehrt um,
läßt sichs leidsein,
und übrig läßt er hinter sich Segen:
Hinleitspende und Guß
für IHN euren Gott.

Stoßt in die Posaune auf Zion,
heiligt Kasteiung zu,
rufet Einschließung aus!
Ladet das Volk,
heiligt die Versammlung,
holet die Alten zuhauf,
ladet die Spielkinder noch
und die an den Brüsten saugen,
hervorschreite
aus seiner Kammer der Neuvermählte,
aus ihrem Gemache die Braut!
Zwischen Flursaal und Schlachtstatt
weinen sollen die Priester,
die IHM Amtenden,
sie sollen sprechen:
»Schone, DU, dein Volk!
gib dein Eigentum nimmer dem Hohn,
daß ihr Gleichwort darüber die Weltstämme sagen!
Warum soll man unter den Völkern sprechen:
Wo ist ihr Gott?!«

Da eiferte ER um sein Land,
da dauerte es ihn seines Volks,
ER antwortete,
er sprach zu seinem Volk:
»Wohlan, ich sende euch
Getreide, Most und Öl,
daß ihr euch dran sättiget.
Nicht gebe ich euch mehr hin
als einen Hohn unter den Stämmen.
Und den Nordischen entferne ich von euch,
treibe ihn in ein dürr ödes Land,
seinen Vortrab in das östliche Meer,
seine Nachhut in das äußerste Meer.
Heben wird sich sein Gestank,
erheben sein Moderruch,
denn er hat sich groß aufgetan.«
Boden, fürchte dich nimmer,
juble und freue dich,

denn ER hat Großes getan!
Getier des Feldes, fürchtet euch nimmer,
denn es grünen die Triften der Wüste!
Denn der Baum trägt seine Frucht,
Feige, Rebe geben her ihre Kraft.
Und ihr, Söhne Zions, jubelt,
freut euch an IHM, eurem Gott!
Denn er hat euch gegeben,
was zur Bewährung soll regen,
er ließ euch nieder die Feuchtung,
Herbstregen und Lenzschauer
wie im Anbeginn,
daß mit Korn die Tennen sich füllen,
die Kufen Most und Öl schwemmen:
»Nun erstatte ich euch die Jahre,
die Heuschreck fraß, Hüpfer, Schröter und Säger,
meine große Heereskraft,
die ich sendete wider euch.
Nun eßt ihr, eßt und ersattet,
ihr preiset MEINEN eures Gottes Namen,
der wundersam an euch getan hat:
in Weltzeit nicht wird zuschanden mein Volk.
Nun werdet ihr erkennen,
daß ich drinnen bei Jißrael bin
und ICH euer Gott bin, keiner sonst,
in Weltzeit nicht wird zuschanden mein Volk.«

Danach aber wird es geschehn:
»Über alles Fleisch schütte ich meinen Geistbraus,
daß künden eure Söhne und Töchter,
eure Alten Träume träumen,
eure Jünglinge Schau ersichten.
Und auch über die Knechte, über die Mägde
schütte in jenen Tagen ich meinen Geistbraus.
Erweise gebe ich aus
am Himmel und an der Erde:
Blut und Feuer und Rauchsäulen.«
Die Sonne wandelt in Finsternis sich,

der Mond in Blut,
ehe herankommt SEIN Tag,
der große und furchtbare.
So aber wird es geschehn:
allwer ausruft SEINEN Namen,
wird entschlüpfen dürfen,
denn auf dem Berge Zion
und in Jerusalem
wird ein Entrinnen sein,
wie ER gesprochen hat:
bei den Bewahrten ist jeder,
den ER beruft.

– Ja, wohlan,
in jenen Tagen,
in jener Zeit,
da ich Wiederkehr kehren lasse
für Jehuda und Jerusalem,
hole alle Weltstämme ich zuhauf,
ich führe sie nieder
in das Tal Jehoschafat, »ER richtet«,
ich rechte mit ihnen dort
um mein Volk, mein Eigen, Jifsrael,
das sie versplitterten unter die Stämme
und mein Land teilten sie auf,
das Los warfen sie über mein Volk,
den Knaben gaben sie um die Hure,
verkauften das Mädchen um Wein
und soffen.

Und was wollt ihr mir auch,
Tyrus und Sidon
und alle Kreise Philistiens?
Habt ihr mir heimzuzahlen
ein Zugefügtes,
oder etwas mir zuzufügen?
Leichthin, eilend
kehre ich das von euch Gefügte
euch widers Haupt,

die mein Silber ihr nahmt und mein Gold,
meine guten Kostbarkeiten
in eure Tempelhallen verbrachtet,
Jehudas Sohne, Jerusalems Söhne
an die Ioniersöhne verkauftet,
sie aus ihrer Mark zu entfernen.
Wohlan, ich erwecke sie
los von dem Ort, dahin ihr sie verkauftet,
ich kehre das von euch Gefügte
euch widers Haupt,
ich verkaufe eure Söhne und Töchter
durch die Hand der Söhne Jehudas,
die verkaufen sie als Gefangne
an einen fernen Stamm hin.
– Ja, E R hats geredet.

– Ruft dies unter den Weltstämmen aus:
Den Krieg heiliget zu,
erwecket die Helden,
anrücken,
aufziehen
sollen die Kriegsmänner alle!
Eure Karste schmiedet zu Schwertern um,
eure Winzerhippen zu Lanzen,
der Schwache spreche: Ich bin ein Held!
Eilt herzu, kommt,
alle Weltstämme ringsum,
schreitet zuhauf!
   – Dorthin niedersteigen laß, D U, deine Helden –!
Wachen, aufziehn sollen die Stämme
in das Tal Jehoschafat, »E R richtet«,
denn dort will ich sitzen, zu richten
alle Weltstämme ringsum.

Schicket die Sichel an,
denn ausgereift ist die Ernte,
kommet, tretet,
denn gefüllt hat sich die Kelter,

die Kufen schwimmen,
denn ihrer Bosheit ist viel.

– Getümmel um Getümmel
im Tal der Entscheidung!
Denn genaht ist SEIN Tag
im Tal der Entscheidung.
Sonne und Mond verdämmern,
die Sterne raffen ihren Strahl ein.
ER brüllt von Zion,
gibt von Jerusalem aus seinen Stimmschall,
daß Himmel und Erde schüttern.
Doch Bergung ist ER seinem Volk,
Schutzwehr Jifsraels Söhnen.
– Dann werdet ihr erkennen,
daß ICH es bin, euer Gott,
der einwohnt auf dem Zion,
dem Berg meines Heiligtums.
Dann wird geheiligt Jerusalem sein,
Unzugehörige durchziehn es nicht mehr.

– An jenem Tag wirds geschehn:
Rebensaft träufen die Berge,
die Hügel übergehen von Milch,
alle Bachbetten Jehudas
übergehen von Wasser.
Ein Quell entspringt SEINEM Haus,
der tränkt den Akaziengrund.
Ägypten wird zur Starrnis,
zur starren Wüste wird Edom,
ob der Unbill an den Söhnen Jehudas,
daß sie unsträfliches Blut
vergossen in ihrem Land.
Doch Jehuda bleibt für Weltzeit besiedelt,
Jerusalem für Geschlecht um Geschlecht:
»Unsträflich erkläre ich ihr Blut,
das ich nicht hatte unsträflich erklären wollen.«
ER ists, der einwohnt auf dem Zion.

AMOS

Die Reden des Amos,
der unter den Viehhaltern war, aus Tekoa:
was er empfing über Jifsrael
in den Tagen Usijas, Königs von Jehuda,
in den Tagen Jarobams Sohns Joaschs, Königs von Jifsrael,
zwei Jahre vor dem Erdbeben.
Da sprach er:
ER brüllt von Zion her,
von Jerusalem gibt er aus seine Stimme,
daß die Triften der Hirten welken,
daß das Haupt des Karmel dorrt.

So hat ER gesprochen:
Ob dreier Frevel Damaskens,
ob vierer kehre ichs nicht ab.
Drob daß mit den eisernen Schlitten sie Gilad zerdroschen,
schicke Feuer ich an Chasaels Haus,
das frißt Benhadads Paläste,
zerbreche ich den Riegelbalken Damaskens,
rotte den Thronenden ich von der Ebne des Args,
den Halter des Stabs vom Hause der Lust,
verschleppt wird das Volk Arams nach Kir,
hat ER gesprochen.

So hat ER gesprochen:
Ob dreier Frevel Gasas,
ob vierer kehre ichs nicht ab.
Drob daß Verschlepptenschaft sie in Vollzahl verschleppten
an Edom sie auszuliefern,
schicke Feuer ich an die Ringmauern Gasas,
das frißt seine Paläste,
rotte den Thronenden ich von Aschdod,
den Halter des Stabs von Askalon,
meine Hand kehre ich wider Ekron,
daß der Rest der Philister schwindet,
hat mein Herr, ER, gesprochen.

So hat ER gesprochen:

Ob dreier Frevel Tyrus',
ob vierer kehre ichs nicht ab.
Drob daß Verschlepptenschaft in Vollzahl an Edom sie aus-
    lieferten
und gedachten des Bruderbunds nicht,
schicke Feuer ich an die Ringmauer Tyrus,
das frißt seine Paläste.

So hat ER gesprochen:
Ob dreier Frevel Edoms,
aber ob vierer kehre ichs nicht ab.
Drob daß mit dem Schwert seinen Bruder er jagte
und verderbte in sich das Erbarmen,
am Zerfleischen ewig sein Zorn ist,
sein Grimm, dauernd hütet er ihn,
schicke Feuer ich an Teman,
das frißt Bozras Paläste.

So hat ER gesprochen:
Ob dreier Frevel der Ammonssöhne,
ob vierer kehre ichs nicht ab.
Drob daß sie Gilads Schwangere schlitzten,
nur um ihre Grenzen zu erweitern,
zünde Feuer ich an der Mauer des »Großorts«,
das frißt seine Paläste,
im Schmettern am Tage des Kriegs,
im Sturm am Tage des Wetters,
da geht in die Verschleppung ihr König,
er und seine Fürsten mitsammen,
hat ER gesprochen.

So hat ER gesprochen:
Ob dreier Frevel Moabs,
ob vierer kehre ichs nicht ab.
Drob daß zu Kalk es verbrannte
die Gebeine des Königs von Edom,
schicke Feuer ich an Moab,
das frißt Krijots Paläste,
Moab stirbt im Getös,

im Schmettern, im Schall der Posaune,
aus dem Innern ihm rotte ich den Richter,
all seine Fürsten erwürge ich mit ihm,
hat E R gesprochen.

So hat Er gesprochen:
Ob dreier Frevel Jehudas,
ob vierer kehre ichs nicht ab.
Drob daß sie SEINE Weisung verschmähten,
nicht hüteten seine Gesetze,
  – ihre Trugbilder irrten sie,
  denen nachgingen schon ihre Väter, –
schicke Feuer ich in Jehuda,
das frißt die Paläste Jerusalems.

So hat E R gesprochen:
Ob dreier Frevel Jifsraels,
ob vierer kehre ichs nicht ab,
drob daß den Bewährten sie verkaufen um Silber,
den Dürftigen um eines Paars Schuhe willen,
die nach der Armen Haupt treten
auch noch im Erdenstaub
und die Gebeugten abdrängen vom Weg,
der Mann und sein Vater gehn zu der Dirne,
den Namen meiner Heiligung preiszugeben,
auf gepfändeten Gewandtüchern
drängen sie sich neben alljede Schlachtstatt,
und den Wein der Gebüßten
saufen sie im Haus ihres Gottes.

Und doch bin ichs,
der vor ihnen her den Amoriter vertilgte,
dessen Wuchs wie Zedernwuchs war
und sperrig war er wie die Eichen,
ich vertilgte seine Frucht droben
und seine Wurzeln drunten.
Und doch bin ichs,
der aus dem Land Ägypten euch brachte herauf,
und euch gängelte durch die Wüste

vierzig Jahre,
das Land des Amoriters zu ererben,
ich ließ von euren Söhnen zu Kündern erstehn,
von euren Jünglingen zu Kampfgeweihten, –
war dies etwa nicht, Söhne Jifsraels?
ist SEIN Erlauten.
Ihr aber tränktet die Geweihten mit Wein,
und den Kündern gebotet ihr, sprechend:
Ihr sollt nicht künden!

Wohlan,
ich mache es unter euch stocken,
gleichwie der Wagen stockt,
der sich mit Garben gefüllt hat,
die Zuflucht entschwindet dem Leichten,
der Starke strafft nicht seine Kraft,
der Held rettet nicht seine Seele,
der den Bogen faßt kann nicht bestehn,
der Leichtfüßige rettet nicht,
auch der Reiter zu Pferd
rettet nicht seine Seele,
der Herzensstraffste selbst unter den Helden,
nackt flieht er an jenem Tag,
SEIN Erlauten ists.

Höret diese Rede,
die ER geredet hat über euch,
Söhne Jifsraels:
Über all die Sippe,
die ich heraufbrachte vom Lande Ägypten,
zu sprechen:
Euch nur habe ich auserkannt
von allen Sippen des Bodens, –
darum ordne euch ich zu
alle eure Verfehlungen.

  – Gehen wohl zwei mitsammen,
ohne einander begegnet zu sein?
Brüllt der Löwe im Wald
und hat nichts zum Zerfleischen?
gibt der Jungleu aus seine Stimme
von seinem Gehege her,
ohne gefangen zu haben?
fällt ein Vogel im Klappnetz zur Erde
und war kein Schnellholz daran?
springt ein Netz vom Boden empor
und hat einen Fang nicht gefangen?
oder bläst man in der Stadt die Posaune
und das Volk schrickt nicht auf?
Oder geschieht in der Stadt ein Unheil
und ER ists nicht, ders getan hat?
Ja denn, nicht tut mein Herr, ER, irgendwas,
er habe denn seinen Beschluß offenbart
seinen Knechten, den Kündern.
Der Löwe hat gebrüllt,
wer fürchtete sich nicht!
mein Herr, ER, hat geredet,
wer kündete nicht! –

Laßts über die Paläste in Aschdod hin hören,
über die Paläste hin im Lande Ägypten,
sprecht: Sammelt euch auf die Berge Samariens,
seht die vielen Wirren ihm inmitten,
die Pressungen drinnen bei ihm!

Sie wissen Redliches nicht mehr zu tun,
Erlauten von IHM,
die Unbill und Gewalt aufhäufen
in ihren Palästen.
Darum, so hat mein Herr, ER, gesprochen,
den Bedränger her! rings um das Land!
der zerre herunter von dir deine Trotzmacht,
geplündert werden deine Paläste.

So hat ER gesprochen:
Wie der Hirt dem Maul des Löwen entreißt
zwei Schenkelchen oder einen Ohrlappen,
derart reißen sich frei
die Söhne Jifsraels,
die in Samaria sitzen
in der Ecke des Ruhebetts,
auf damaskischer Lotterbank.

Hörts und bezeugts wider Jaakobs Haus,
Erlauten von meinem Herrn, IHM, dem Umscharten Gott:
ja, an dem Tag,
da ich Jifsraels Frevelwerke zuordne ihm,
ordne ichs zu den Schlachtstätten von Betel,
daß die Hörner der Schlachtstatt abgehaun werden,
daß sie zur Erde fallen,
Winterhaus samt Sommerhaus schlage ich,
daß die Elfenbeinhäuser verschwinden,
daß die vielen Häuser vergehn.
Erlauten von IHM ists.

Diese Rede hört, Baschanskühe,
auf dem Berge Samariens ihr,
die die Armen pressen,
die die Dürftigen knicken,
die sprechen zu ihren Herren:
»Bring heran, daß wir zu trinken haben!«
Mein Herr, ER, hat geschworen
bei seiner Heiligkeit:
Ja, wohlan, über euch kommen Tage,

da hebt man hervor euch an Angeln,
euren Nachblieb an Fischerhaken,
durch die Breschen müßt ihr hinaus,
jegliche vor sich hin,
ihr werdet nach dem Bannort geworfen.
Erlauten von IHM ists.

Kommt nur nach Betel und frevelt,
nach dem Ringwall, mehrt da den Frevel!
bringt morgens drauf eure Schlachtmähler dar,
zum Tagedritt eure Zehnten!
von Gesäuertem laßt Dankopfer rauchen,
ruft Willigungen aus, lassets hören!
ihr liebt es ja solcherweise,
Söhne Jiſsraels!
Erlauten ists von meinem Herrn, IHM.

Und doch habe auch ich euch gegeben
Zähneblankheit in all euren Städten,
Brotmangel an all euren Orten,
umgekehrt seid ihr aber nicht zu mir her.
Erlauten von IHM ists.

Und doch habe auch ich selber
euch den Erguß vorenthalten,
da es noch drei Mondneuungen war bis zur Ernte,
und ließ ich über eine Stadt regnen,
ließ ich nicht regnen über eine andere Stadt,
ein Flurteil wurde beregnet
und eine Flur, die nicht beregnet ward, dorrte,
da wankten jeweils zu einer Stadt zwei drei Städte,
Wasser zu trinken, und sie wurden nicht satt;
umgekehrt seid ihr aber nicht zu mir her.
Erlauten von IHM ists.

Mit Kornversengung schlug ich euch, mit Vergilbung;
eurer Gärten, eurer Weinberge Fülle,
eurer Feigen- und eurer Ölbäume
fraß immer wieder die Sägerbrut auf;

umgekehrt seid ihr aber nicht zu mir her.
Erlauten von IHM ists.

Ich sandte wider euch Seuche
in der Weise Ägyptens,
ich erwürgte eure Jungmannen
mit dem Schwert,
während man eure Rosse fing,
eures Lagers Gestank
ließ in eure Nase ich steigen;
umgekehrt seid ihr aber nicht zu mir her.
Erlauten von IHM ists.

Ich stürzte euch um,
wie der Gottesumsturz geschah
an Sodom und an Gomorra,
ihr wurdet wie ein Scheit,
aus dem Brande gerissen;
umgekehrt seid ihr aber nicht zu mir her.
Erlauten von IHM ists.

Darum
will ich so dir tun, Jifsrael!
Deswegen,
daß ich dir dieses tun will,
bereite dich,
deinem Gott gegenüberzustehn,
Jifsrael!
– Ja denn, wohlan,
der die Berge bildet,
der den Geistbraus schafft,
der dem Menschen ansagt,
was sein Sinnen ist,
macht nun aus Morgenrot Trübnis
und tritt einher auf den Kuppen der Erde,
sein Name:
ER IST DA, der Umscharte Gott.

Höret diese Rede,
die ich über euch anhebe als Klage,
Haus Jifsrael:
Gefallen ist,
steht nicht wieder auf
die Maid Jifsrael,
ist hingestoßen
auf ihren Boden,
und da ist keiner, der sie erstehn läßt.

Denn so hat mein Herr, ER, gesprochen:
Die Stadt, die mit tausend ausrückt,
hundert läßt sie als Rest,
und die Stadt, die mit hundert ausrückt,
zehn läßt sie als Rest
dem Hause Jifsraels.

Ja denn,
so hat mein Herr, ER, gesprochen
zum Hause Jifsrael:
Suchet mich, und ihr dürft leben.
Betel sucht nimmer auf,
kommt nach dem Ringwall nicht,
ziehet nicht nach Berscheba,
denn der Ringwall,
rings gewalzt wird er, abgewalzt,
und Betel, das »Gotteshaus«,
wird zur Argstätte.
– Suchet IHN, und ihr dürft leben.
Sonst gerät er wie Feuer
ans Haus Jofsef,
das frißt, und da ist keiner, der löscht
für Betel.

Die ihr Recht wandelt in Wermut,
Bewährung zur Erde senkt!
Der die Glucke macht und den Orion,
zu Frühlicht den Todschatten wandelt
und den Tag verfinstert in Nacht,

der die Wasser des Meeres emporruft,
sie schüttet übers Antlitz der Erde,
sein Name: ER IST DA,
er ists, der blitzen läßt
Überwältigung auf die Trotzmacht,
Überwältigung kommt nieder aufs Bollwerk.

Sie hassen im Tor den Ausgleichenden,
verabscheun ihn, der schlichtig redet,
darum: Weil ihr den Armen zertrampelt,
Zinslast an Getreide ihm abnehmt,
Quadernhäuser möget ihr bauen,
siedeln aber sollt ihr nicht drin,
mögt köstliche Rebhänge pflanzen,
ihren Wein aber sollt ihr nicht trinken.
Denn ich weiß, eurer Frevel sind viele,
eure Sünden ungeheuer,
die ihr bedrängt den Bewährten,
die ihr Zudeckungsgeld nehmt
und die Dürftigen beuget im Tor!

Darum
– mag der Kluge in solcher Zeit schweigen,
denn es ist eine böse Zeit –:
Suchet das Gute,
nimmer das Böse,
damit ihr leben bleibet
und ER, der Umscharte Gott,
derart dasei mit euch,
wie ihr zu sprechen pflegt!
Hasset das Böse,
liebet das Gute,
das Recht setzet im Tor ein,
Gunst schenkt dann vielleicht ER,
der Umscharte Gott,
dem Überreste Joſefs.

Darum hat so ER gesprochen,
der Umscharte Gott, mein Herr:

Auf allen Plätzen ist ein Jammern,
auf allen Gassen sprechen sie: Ach! ach!
Man ruft den Bauern zu Trauer und Jammer,
zu den Leidspruchkundigen hin,
auf allen Rebhängen ist ein Jammern,
wenn ich dir innendurch ziehe,
hat ER gesprochen.

Weh,
die sich sehnen nach SEINEM Tag!
Was doch soll euch SEIN Tag?
Der ist Finsternis und nicht Licht.
Wie wenn jemand flieht vor dem Löwen
und da betrifft ihn der Bär,
und kommt er nun nach Haus,
lehnt seinen Arm an die Wand,
beißt ihn die Schlange:
ist nicht eben Finsternis SEIN Tag
und nicht Licht,
dunkel, und hat nicht einen Strahl?

Eure Festreigen hasse, verschmähe ich,
eure Einschließungen mag ich nicht riechen,
ja, wenn ihr mir Hochgaben darhöht
und eure Hinleitspenden,
schätze ichs nicht zugnaden,
eurer Mastochsen Friedmahl
blicke ich nicht an.
Tu mir das Geplärr deiner Lieder hinweg,
dein Lautenspiel will ich nicht hören.
Rauschte nur wie die Wasser Gerechtigkeit auf,
Wahrhaftigkeit wie urständige Bachflut!

Habt ihr mir Schlachtungen, Spende gereicht
in der Wüste vierzig Jahre,
Haus Jifsrael?
oder habt ihr da als euren König den Sakkut getragen
oder den Kewan, eure Schattenwesen,
euer Gottgestirn, das ihr euch seither gemacht habt?...

Verschleppen lasse ich euch nun
noch über Damaskus hinaus,
hat ER gesprochen,
sein Name: Gott der Umscharte.

Weh,
ihr Sorglosen auf dem Zion,
ihr Sichern auf dem Berge Samariens,
Ausgezeichnete im Anbeginnsstamm,
die ihr hinkommt vor die da:
»Haus Jifsrael,
zieht nach Kalne und seht,
geht von dort nach Groß-Chamat,
steigt hinab nach Gat der Philister,
sind sie besser dran
als diese Königreiche
oder ist ihre Gemarkung größer
als eure Gemarkung?«
Die den bösen Tag wollen scheuchen
und fördern das Thronen der Unbill!
Die auf Elfenbeinbetten liegen,
auf ihre Lotterbänke geräkelt,
und von der Herde wegessen die Lämmer,
die Kälblein mitten vom Stall,
die zum Klang der Laute grölen
– wie Dawid haben Sanggerät sie sich erdacht –!,
die aus meinen Sprengen Wein trinken
und versalben das Anbeginnsöl, –
um den Niederbruch Jofsefs
kränken sie sich nicht!
Drum sollen sie jetzt verschleppt werden
zum Beginn der Verschleppten,
daß das Gekreisch der sich Räkelnden abrückt,
Erlauten ists von IHM, dem Umscharten Gott.

Bei seiner Seele hat mein Herr, ER, geschworen:
Ich verabscheue Jaakobs Hoffart,
seine Paläste hasse ich,
ich liefre aus die Stadt und was sie füllt,

es soll geschehn:
überbleiben in einem einzigen Hause zehn Menschen,
müssen sie sterben,
und tragen nun jenes Vetter und Oheim,
die Gebeine aus dem Hause zu bringen,
und einer spricht zu dem zuhinterst im Haus:
Ist noch was bei dir?
der aber spricht: Aus –,
spricht er: Nun still!
Denn es ist nicht an dem, SEINEN Namen zu erwähnen.

Ja denn, wohlan, ER gebietet,
und man schlägt
das große Haus in Trümmer,
das kleine Haus in Splitter.
– Laufen Pferde einen Felsen empor
oder ist er mit Rindern zu pflügen,
daß ihr das Recht in Schierling verwandelt,
die Frucht der Bewährung in Wermut?
Die ihr euch eines »Undings«, Lodabar, erfreut,
die ihr sprecht: Haben wir mit unsrer Stärke
uns nicht das »Hörnerpaar«, Karnajim, genommen? –
ja denn, wohlan,
ich erstelle, Haus Jifsrael, wider euch einen Stamm,
Erlauten ists von IHM, dem Umscharten Gott,
die sollen euch treiben
von da, woher man nach Chamat kommt,
bis zum Steppenbach.

Solches ließ mein Herr, ER, mich sehn:
da, er bildete einen Heuspringerschwarm,
als der Späthalm anfing zu steigen
[nach der Königsmahd kam da der Späthalm],
es war,
als wollte er das Kraut des Landes abfressen.
Ich sprach:
»Mein Herr, DU,
verzeih doch!
welcherart soll Jaakob bestehn,
er ist ja klein!«
IHM wards dessen leid,
»Es soll nicht geschehn!«
hat ER gesprochen.

Solches ließ mein Herr, ER, mich sehn:
da, mein Herr, ER, berief,
mit Feuer zu streiten,
das fraß die weite Grundflut
und wollte die Ackerschicht fressen.
Ich sprach:
»Mein Herr, DU,
laß doch ab!
welcherart soll Jaakob bestehn,
er ist ja klein!«
IHM wards dessen leid,
»Auch das soll nicht geschehn!«
hat mein Herr, ER, gesprochen.

Solches ließ er mich sehn:
da war mein Herr hingetreten
auf eine senkrechte Mauer,
ein Senkblei in seiner Hand.
ER sprach zu mir:
»Was siehst du, Amos?«
Ich sprach: »Ein Senkblei«.
Mein Herr aber sprach:
»Da, ich lege ein Senkblei an
bei meinem Volk Jiſsrael drinnen,
ich übergehe ihm nichts mehr,

Jizchaks Koppen sollen verstarren,
veröden Jifsraels Heiligtümer,
wider Jarobams Haus stehe ich auf
mit dem Schwert.«

Es sandte aber Amazja, Priester von Betel, zu Jarobam
     König von Jifsrael, um zu sprechen:
Wider dich zettelt Amos beim Haus Jifsrael drinnen,
das Land vermag all seine Reden nicht zu ertragen,
denn so hat Amos gesprochen:
Durchs Schwert wird Jarobam sterben,
und Jifsrael wird verschleppt werden, von seinem Boden
     verschleppt.
Zu Amos aber sprach Amazja:
Geh, Schauempfänger, flüchte dich ins Land Jehuda,
iß dort Brot, und dort kannst du künden,
aber in Betel darfst du fortan nicht künden,
denn königliches Heiligtum ist es, ist Königtums Haus.
Amos antwortete, er sprach zu Amazja:
Nicht Künder bin ich, nicht eines Künders Jünger bin ich,
sondern Rinderhirt bin ich und Maulbeerfeigenzüchter.
Aber ER nahm mich von hinter der Herde weg,
und ER sprach zu mir: »Geh,
künde auf mein Volk Jifsrael zu!«
Und nun höre SEINE Rede!
Du sprichst: »Künde wider Jifsrael nicht,
träufe nicht das Wort wider Jizchaks Haus!«
Darum, so hat ER gesprochen,
soll dein Weib huren in der Stadt,
deine Söhne und Töchter durch das Schwert fallen,
dein Boden wird mit der Meßschnur verteilt,
du selber stirbst auf makligem Boden,
und Jifsrael,
von seinem Boden verschleppt wirds, verschleppt.

Solches ließ mein Herr, ER, mich sehn:
da, ein Korb mit vollreifem Obst.
Er sprach:

Was siehst du, Amos?
Ich sprach:
Einen Korb mit vollreifem Obst.
ER aber sprach zu mir:
Die volle Zeit ist gekommen
für mein Volk Jifsrael,
ich übergehe ihm nichts mehr.
Heulen werden die Sängerinnen
im Hallenbau an jenem Tag
– Erlauten ists von meinem Herrn, IHM –:
»Genug!
Leichen allerorten!
zusammenwerfen!
dann still!«

Höret dies,
die den Dürftigen ihr tretet,
drauf aus seid, ein Ende zu machen den Gebeugten im Land,
sprechend:
Wann ist die Mondneuung vorüber,
daß wir wieder Marktkorn vermarkten,
die Wochenendfeier,
daß wir wieder Getreide eröffnen
   – den Scheffel zu verkleinern,
   das Geldgewicht zu vergrößern,
   die Waage des Trugs zu krümmen!
   um den Silberling Arme zu kaufen,
   den Dürftigen um eines Paars Schuhe willen! –
und den Abfall des Getreids mit vermarkten!
Geschworen hat ER beim Stolz Jaakobs:
»Vergesse in die Dauer ich je all ihr Tun, ...!«
Muß darüber nicht das Erdland erbeben,
daß alljeder trauert, der in ihm siedelt,
daß es steigt überall wie der Nilfluß,
wie der Fluß Ägyptens aufgewühlt wird und sinkt?!

Geschehn wirds an jenem Tag,
Erlauten ists von meinem Herrn, IHM,
ich lasse die Sonne eingehn im Hochglanz,
verfinstre das Erdland am lichten Tag,
ich verwandle eure Festreihn in Trauer,
all euer Singen in Klagelied,
ich bringe Sackleinen auf alle Hüften
und auf alljedes Haupt eine Glatze, –
wie die Trauer um den Einzigen mache ichs,
die Späte dann wie den Bitternistag.

Wohlan, Tage kommen,
Erlauten ists von meinem Herrn, IHM,
da sende ich einen Hunger ins Land,
nicht einen Hunger nach Brot,
und nicht einen Durst nach Wasser,
sondern, MEINE Reden zu hören.
Dann wanken vom Meer sie bis ans Meer

und vom Norden bis an den Osten,
sie streifen um, MEINE Rede zu suchen,
aber sie finden sie nicht.

An jenem Tag
verschmachten die schönen Mädchen
und die Jünglinge vorm Durst
– sie, die bei Samarias Schuldgebild schwuren
und sprachen: »Sowahr dein Gott lebt, Dan!«
und: »Sowahr der Weg lebt nach Berscheba!« –,
fallen und stehn nicht mehr auf.

Ich sah meinen Herrn
an die Schlachtstatt getreten,
wie er sprach:
Schlage den Säulenknauf,
daß die Dachschwellen schüttern,
spelle sie ab, den allen aufs Haupt!
Ihren Nachblieb bringe durchs Schwert ich um,
nicht ein Fliehender soll von ihnen entfliehn,
nicht ein Entrinnender von ihnen entschlüpfen.
Bohren sie ins Gruftreich sich ein,
dorther nimmt sie meine Hand,
steigen zum Himmel sie auf,
dorther hole ich sie herab,
verstecken sie sich auf dem Haupte des Karmel,
dorther erspüre ich und nehme ich sie,
bergen sie vor meinen Augen auf dem Meeresgrund sich,
dorther entbiete ich die Schlange und sie beißt sie,
gehn sie gefangen einher vor ihren Feinden,
dorther entbiete ich das Schwert und es zerhaut sie, –
ich richte mein Auge auf sie,
zum Bösen, nicht zum Guten.

Mein Herr, ER der Umscharte,
der an das Erdland rührt, daß es lockert,
daß alle trauern, die darauf siedeln,
daß es hochsteigt überall wie der Nilfluß,
daß es wie der Fluß Ägyptens dann sinkt, –
der im Himmel sein Hochgemach baut,
auf der Erde gründet sein Gerüst,
der die Wasser des Meeres beruft
und sie schüttet übers Antlitz der Erde,
sein Name: ER IST DA.

»Seid ihr mir nicht wie die Mohrensöhne,
Söhne Jifsraels?«
SEIN Erlauten ists,
»habe ich nicht Jifsrael aus dem Land Ägypten heraufgebracht, –
und die Philister aus Kaftor,
und die Aramäer aus Kir?«

Wohl, SEINE, meines Herrn Augen
sind wider das sündige Königreich:
»Ich vertilge es vom Antlitz der Erde,
nur daß ich doch nicht tilgen, austilgen will
das Haus Jaakob.«
SEIN Erlauten ists.
»Ja, wohlan, ich gebiete
und mit all der Stämmewelt lasse ich schütteln
das Haus Jifsrael,
wie mit dem Grobsieb geschüttelt wird,
nicht ein Kiesel fällt zur Erde.
durchs Schwert sterben alle Sünder meines Volks,
die sprechen: Nicht beschleicht, übereilt uns das Böse.«

An jenem Tag
erstelle ich Dawids zerfallende Hütte wieder,
ich verzäune ihre Risse,
ihre Trümmer stelle ich wieder her,
ich baue sie wie in den Tagen der Vorzeit,
damit sie erben den Überrest Edoms
und alle Stämme, über denen mein Name gerufen ward.
Erlauten ists von IHM, der dies tut.

Wohlan, Tage kommen,
Erlauten von IHM,
da tritt Pflüger an Schnitter,
Traubenkeltrer an Samenstreuer,
Most träufen die Berge,
und alle Hügel lockern sich nieder.
Wiederkehr lasse ich kehren
meinem Volke Jifsrael,
daß sie verstarrte Städte aufbauen, besiedeln,
Rebhänge pflanzen, deren Wein trinken,
Gärten machen, deren Frucht essen.
Ich pflanze in ihren Boden sie ein,
sie werden nicht mehr aus ihrem Boden gereutet,
den ich ihnen gegeben habe.
ER, dein Gott, hats gesprochen.

OBADJA

Obadjas Schauempfang:

So hat mein Herr, Er, zu Edom gesprochen
[ein Vernehmen vernahmen wir von Ihm her,
unter die Weltstämme ward ein Herold gesandt:
Erhebt euch, zum Kampf heben wir uns wider es!]:
Wohlan, klein mache ich dich unter den Stämmen,
sehr verachtet mußt du sein.
Die Vermessenheit deines Herzens hat dich berückt,
der in Geklüfts Schluchten wohnt,
die Höhe sein Sitz,
der in seinem Herzen spricht:
Wer kann mich niederholen zur Erde!
Schwingst du dich hoch wie der Adler,
setzest du zwischen Sterne dein Nest,
von dort noch hole ich dich nieder,
ist Sein Erlauten.
Kamen Diebe an dich
oder nächtliche Räuber,
wie bist so du geschweigt?
üben sie nicht Diebstahl nur sich zur Genüge?
kamen Winzer an dich,
lassen Nachlese übrig sie nicht?
Wie ward Efsaw durchstöbert,
aufgewühlt sein Verscharrtes?
Bis an die Grenze
haben sie dich getrieben,
alle Männer deines Bundes,
berückt haben sie dich,
übermocht haben dich
die Männer deines Friedens,
als dein Brot
setzen Fauliges sie dir an den Platz:
Es ist keine Besinnung in ihm!
Heißts nicht: An jenem Tag,
ist Sein Erlauten,
lasse ich Weise schwinden aus Edom,
Besinnung aus Efsaws Gebirg!
Deine Helden, Teman, verzagen

so daß gerottet wird jedermann
von Efsaws Gebirg.
Vom Gemetzel her,
von der Unbill her
an Jaakob, deinem Bruder,
hüllt nun Schande dich ein,
ausgerottet wirst du auf Weltzeit.
Am Tag, als du dabei standest,
am Tag, als Ausländer seine Heermacht fingen,
in seine Tore Fremde kamen
und Los warfen über Jerusalem,
warst auch du wie einer von ihnen.
Nimmer besieh dir den Tag deines Bruders,
den Tag seines Fremdgeschicks,
nimmer freue dich ob der Söhne Jehudas
am Tag ihres Schwindens,
nimmer tue dein Maul groß auf
am Tag der Drangsal,
nimmer komm ins Tor meines Volks
am Tag ihrer Verhängnis,
nimmer besieh auch du noch sein Übel
am Tag seiner Verhängnis,
nimmer leg an seine Habe Hand an
am Tag seiner Verhängnis,
nimmer steh an dem Ausschlupf,
seine Entronnenen auszurotten,
nimmer liefre aus seine Bewahrten
am Tag der Drangsal!
Ja denn,
nah ist SEIN Tag
über alle Weltstämme:
wie du getan hast, wird dir getan,
dein Gefügtes kehrt zurück auf dein Haupt.

Ja denn,
wie ihr habt trinken müssen
auf dem Berg meines Heiligtums,
müssen trinken alle Weltstämme, stetige Reihe,
sie müssen trinken, schlucken,

müssen werden, als wären sie nicht.
Auf dem Berg Zion aber
wird ein Entrinnen sein,
ein Ausgeheiligtes ist er geworden.
Seine Erbteile erbt das Haus Jaakobs neu.
Das Haus Jaakobs wird ein Feuer,
das Haus Joſsefs eine Flamme
und das Haus Eſsaws zu Stoppeln,
jene zünden drein, sie verzehrens,
dem Haus Eſsaw bleibt nicht ein Bewahrtes,
denn ER ists, der geredet hat.

　– Sie erben den Mittag mit Eſsaws Gebirg,
　die Niedrung mit Philistien,
　sie erben das Gefild Efrajims
　und das Gefild Samariens,
　Binjamin mit dem Gilad,
　diese verschleppte Heermacht
　von den Söhnen Jiſsraels
　das Kanaanitische bis Zarfat,
　und die Verschleppten Jerusalems,
　sie die in Sfarad sind,
　erben die Städte des Mittags. –
Den Berg Zion ersteigen Befreier,
den Berg Eſsaws zu richten,
und SEIN wird das Königtum.

JONA

Seine Rede geschah zu Jona Sohn Amitajs, es sprach:
Steh auf,
wandre nach Ninive, der großen Stadt,
und rufe über ihr aus,
daß ihre Bosheit vor mein Antlitz herübergezogen ist.
Jona stand auf,
nach Tarschisch zu flüchten, von Seinem Antlitz fort.
Er stieg nach Jaffa hinab, fand ein Schiff, das nach Tarschisch
    ging, gab den Fährlohn dafür,
bestiegs, mit ihnen nach Tarschisch zu gehn, von Seinem
    Antlitz fort.
Er aber schleuderte einen großen Wind aufs Meer,
ein großer Sturm ward auf dem Meer,
daß das Schiff zu zerbrechen meinte.
Die Seeleute fürchteten sich, sie schrien, jedermann zu seinem
    Gott,
sie schleuderten ins Meer die Geräte, die im Schiff waren,
    sich darum zu erleichtern.
Jona aber war ins hinterste Verdeck gestiegen, hatte sich ge-
    legt und war eingeschlafen.
Da näherte sich ihm der Kielherr und sprach zu ihm:
Wie kannst du schlafen!
steh auf, ruf deinen Gott an!
vielleicht bedenkt sich unsertwegen der Gott, daß wir nicht
    hinschwinden müssen!
Jene aber sprachen einer zum andern:
Wohlan, wir wollen Lose werfen,
daß wir erkennen, wessenthalb uns dieses Böse geworden ist.
Sie warfen Lose,
das geworfne Los fiel auf Jona.
Sie sprachen zu ihm:
Vermelde uns doch,
du, dessenthalben dieses Böse uns ward,
welches ist dein Geschäft?
und woher kommst du?
welches ist dein Land?
und von welchem Volk bist du?
Er sprach zu ihnen:
Ich bin ein Ebräer,

und IHN, den Gott des Himmels, fürchte ich,
der das Meer und das Trockne gemacht hat.
Die Männer fürchteten sich, eine große Furcht,
sie sprachen zu ihm:
Was hast du da getan!
Denn die Männer erkannten nun,
daß vor SEINEM Antlitz er flüchtig war,
denn damit hatte ers ihnen gemeldet.
Sie sprachen zu ihm:
Was sollen wir mit dir tun,
daß das Meer von uns ab sich stille?
denn das Meer stürmt immer heftiger noch!
Er sprach zu ihnen:
Ergreift mich und schleudert mich ins Meer,
daß das Meer von euch ab sich stille!
denn ich erkenne,
daß meinethalb dieser große Sturm wider euch ist.
Die Männer ruderten drauflos,
es ans Trockne zurückzubringen,
aber sie vermochtens nicht,
denn das Meer stürmte immer heftiger wider sie.
Da riefen sie IHN an, sie sprachen:
Ach, DU,
laß uns nimmer doch schwinden um die Seele dieses Manns!
nimmer auch mögst du unsträfliches Blut über uns geben!
denn selber, DU, tust du, wies dir gefällt.
Sie ergriffen Jona und schleuderten ihn ins Meer.
Da hielt das Meer in seinem Wüten ein.
Die Männer fürchteten IHN, eine große Furcht,
sie schlachteten Schlachtmahl IHM, sie gelobten Gelübde.
ER aber bestimmte einen großen Fisch zu,
Jona zu verschlingen.
Jona war im Leib des Fisches
drei Tage und drei Nächte.

Jona betete zu IHM seinem Gott aus dem Fischleib,
er sprach:

Ich rief aus meiner Drangsal zu IHM,

er antwortete mir,
ich flehte aus dem Bauche des Gruftreichs,
du hörtest meine Stimme.

Mich hatte der Strudel geworfen
ins Herz der Meere,
mich umringte der Strom,
all deine Brandungen,
deine. Wogen,
über mich sind sie gefahren.

Schon sprach ich, ich sei vertrieben
von deinen Augen hinweg, –
dürfte ich nur je wieder blicken
zur Halle deines Heiligtums!

Die Wasser umtobten mich
bis an die Seele,
mich umringte die Wirbelflut,
Tang war gewunden
mir ums Haupt.

Zu den Wurzelschnitten der Berge
sank ich hinab,
das Erdland, seine Riegel
auf Weltzeit hinter mir zu, –
da hobst aus dem Schlamme mein Leben
DU, mein Gott.

Als meine Seele in mir
verschmachten wollte,
habe ich DEIN gedacht,
zu dir kam mein Gebet,
zur Halle deines Heiligtums.

Die der Dunstgebilde warten des Wahns,
deren Huld müssen die lassen!
Ich aber,
mit der Stimme des Lobs
will ich schlachtopfern dir,
was ich gelobte bezahlen, –
die Befreiung ist DEIN!

ER sprach zum Fisch,
da spie der Jona aufs Trockne.
SEINE Rede geschah zu Jona ein zweites Mal, es sprach:
Steh auf,
wandre nach Ninive, der großen Stadt,
und rufe den Ruf ihr zu,
den ich zu dir rede.
Jona stand auf, er wanderte nach Ninive, SEINER Rede ge-
    mäß.
Ninive aber war eine große Stadt vor Gott, drei Tage zu
    durchwandern.
Jona begann, in die Stadt hineinzugehen, eine Tageswande-
    rung, und rief, er sprach:
Noch vierzig Tage, und Ninive wird umgestürzt!
Die Männer Ninives wurden Gott vertrauend,
sie riefen Kasteiung aus, kleideten in Sackleinen sich, von
    Groß bis Klein.
Die Rede gelangte zum König von Ninive,
er stand von seinem Thron auf, legte seinen Mantel ab, be-
    deckte sich mit dem Sack, setzte sich in die Asche.
Er ließ ausschrein, ließ sprechen:
In Ninive, auf Befehl des Königs und seiner Großen zu spre-
    chen:
Mensch und Getier, Rind und Schaf,
sollen nimmer das geringste verkosten,
man soll nimmer weiden,
Wasser soll man nimmer trinken!
mit Sackleinen soll man sich bedecken,
Mensch und Getier,
man soll zu Gott rufen mit Macht,
und umkehren sollen sie, jedermann von seinem bösen Weg,
von der Unbill, die an ihren Händen ist!
wer weiß, umkehren möchte der Gott,
es möchte ihm leidsein,

und er kehrt um vom Flammen seines Zorns,
und wir schwinden nicht!
Gott sah ihr Tun,
daß sie umkehrten von ihrem bösen Weg,
und leid wards Gott des Bösen,
das ihnen zu tun er geredet hatte,
und er tat es nicht.

Das erboste Jona, einer großen Erbosung,
es entflammte ihn,
er betete zu Ihm, er sprach:
Ach, Du!
war nicht dies meine Rede gewesen,
als ich noch auf meinem Boden war?
deswegen wollte ich zuvorkommen, nach Tarschisch zu
    flüchten!
ich wußte ja,
daß du eine gönnende und erbarmende Gottheit bist,
langmütig, reich an Huld,
und leid wirds dir des Bösgeschicks.
Jetzt aber, Du,
nimm doch meine Seele von mir,
denn mehr recht ists, daß ich sterbe, als daß ich lebe.
Er aber sprach:
Hats dich rechtschaffen entflammt?
Jona wanderte zur Stadt hinaus,
er setzte sich östlich der Stadt,
dort machte er sich eine Hütte,
er saß darunter im Schatten,
bis er sähe, was in der Stadt geschehen würde.
Er, Gott, aber hatte eine Rizinusstaude zubestimmt,
daß sie aufschösse, über Jona hinauf,
um über seinem Haupt Schatten zu sein,
ihm von seiner Erbosung abzuschatten.
Jona freute sich über die Staude, eine große Freude.
Gott aber bestimmte einen Wurm zu,
als das nächste Morgengrauen aufstieg,

der stach die Staude, daß sie verdorrte.
Es geschah, als die Sonne erstrahlte,
da bestimmte Gott einen schneidenden Ostwind zu,
die Sonne stach auf Jonas Haupt nieder,
er verschmachtete,
er wünschte seiner Seele zu sterben,
er sprach:
Mehr recht ists, daß ich sterbe, als daß ich lebe.
Gott aber sprach zu Jona:
Hats dich rechtschaffen entflammt
um die Rizinusstaude?
Er sprach:
Rechtschaffen hats mich entflammt
bis ans Sterben.
ER aber sprach:
Dich also dauerts der Staude,
um die du dich nicht gemüht hast,
die du nicht hast großgezogen,
die als Kind einer Nacht ward
und als Kind einer Nacht schwand!
Mich aber sollte nicht dauern
Ninives, der großen Stadt,
darin es mehr als zwölf Myriaden von Menschen gibt,
die zwischen Rechts und Links nicht wissen zu unterscheiden,
und Getiers die Menge?!

MICHA

SEINE Rede,
die zu Micha dem Moreschetiter geschah
in den Tagen Jotams, Achas', Chiskijas, Könige von Jehuda,
was er empfing über Samarien und Jerusalem.

Hörts, ihr Völker alle!
Merk auf, Land und was es füllt!
Mein Herr, ER, werde wider euch zum Bezeuger,
mein Herr von der Halle seines Heiligtums aus.
Denn, wohlan, ER fährt aus von seinem Ort,
steigt nieder, tritt auf die Kuppen des Landes,
unter ihm schmelzen Berge
und Täler spalten sich auf,
wie das Wachs vor dem Feuer,
wie Gewässer niederrollend am Hang.

– Um Jaakobs Abtrünnigkeit all dies,
um die Sünden des Hauses Jifsraels!
Was ist Jaakobs Abtrünnigkeit,
ists nicht Samaria?
und was ist Jehudas Koppenschuld,
ists nicht Jerusalem?
Ich mache Samaria zur Ruine im Feld,
zu Rebenanpflanzungen,
ich rolle in die Schlucht ihre Steine,
ihre Gründe lege ich offen.
All ihre Meißelbilder werden zermalmt,
all ihre Weihgaben im Feuer verbrannt,
aus all ihren Schnitzpuppen mache ich eine Starrnis,
denn vom Huren-Hingabelohn wards zuhauf gebracht,
zu Hurenlohn kehrt sichs nun wieder.

– Darüber muß ich jammern und heulen,
barfüßig gehn und entblößt,
Jammer anstimmen wie die Schakale,
Trauerlied wie die Straußen.
Oh sehrend ist ihr Geschlagensein!
oh es ist bis an Jehuda gekommen,
es rührt bis ans Tor meines Volks,
bis an Jerusalem!

Gestehets nimmer in Gat,
ächzet nimmer in Akko!
in Bet-Afra, dem »Staubhaus«,
wälze im Staube dich!
wandert vorbei
an der Siedlerin Schafirs, der »Schmuckburg«,
der schändlich Entblößten!
nicht zieht entgegen
die Siedlerin Zaanans, des »Auszugs«!
Bet-Ezels, des »Wurzelhauses«, Jammer
nimmt euch dessen Halt!
Oh noch bangt um das Gute
die Siedlerin Marots, der »Bitternis«,
da doch das Böse schon niederstieg
von Ihm her zu Jerusalems Tor!

Ans Gefährt Renner laß schirren,
Siedlerin du von Lachisch!
der Anfang der Entsündung ist das
für die Tochter Zion,
denn in dir sind gefunden worden
Jifsraels Abtrünnigkeiten.
Darum mußt du Aussteuer geben
für Moraschet, die »Verlobte«, von Gat.
Die beiden Bet-Achsib, »Trughausen«,
werden zum Trugbach
den Königen von Jifsrael.
Noch lasse ich den, ders ererbt, dir kommen,
Siedlerin Mareschas, des »Erbdorfs«!
Bis nach Adullam, dem »Schlupfwinkel«, kommt
der Ehrenschein Jifsraels. –
Schere, Frau, dich glatt
um die Kinder deiner Verwöhnung,
mach deine Glatze breit wie des Geiers,
denn hinweggeschleppt sind sie von dir!

Wehe,
die Arg planen,
Böses im Werk haben
auf ihren Lagern,
im Licht des Morgens tun sies,
denn es steht in der Macht ihrer Hand!
Gelüstet sie nach Feldern, sie rauben,
nach Häusern, sie nehmen weg,
sie pressen den Bürger und sein Haus,
den Mann und sein Eigentum.
Darum, so hat ER gesprochen,
wohlan, ich plane
wider diese Sippe Böses,
woraus ihr eure Hälse nicht zieht,
und hochher geht ihr nicht mehr,
denn das wird eine böse Zeit.

   – An jenem Tag
hebt über euch ein Gleichwort man an,
man klagt eine klägliche Klage,
man spricht:
Gewaltigt sind wir, vergewaltigt,
den Anteil meines Volkes vertauscht Er,
ach wie entzieht ers mir!
dem Abgekehrten teilt unsre Feldmark er zu!
– Drum wirst du nicht einen haben,
der nach dem Los die Meßschnur dir werfe
in SEINEM Gesamt.

   – »Träufet nimmer das Wort!«
Ob mans träuft, ob mans nicht träuft
an diese da hin,
der Schimpf selber wird nicht weichen.
Wird noch immer gesprochen,
Haus Jaakob:
»Ist ER kurzmütig worden?
oder sind seine Handlungen sonst dieserart?«
Verheißen meine Reden nicht Gutes
dem, der geraden Gangs ist?

Aber was zuvorderst ist meinem Volk,
als ein Feind steht es auf:
vorn am Gewand reißt den Mantel ihr ab
den sicher Einherwandernden,
dem Krieg Abgekehrten,
die Weiber meines Volkes verjagt ihr,
jede aus dem Haus ihrer Verwöhntheit,
von ihren Kindern nehmt ihr hinweg
auf immer meine Zier.
Steht nun auf, geht von dannen!
denn dies ist nicht Ruhestatt mehr,
um des Bemakeltseins willen
muß es euch zermürben,
durchdringende Zermürbung! –
Flunkerte doch ein Mann,
der im Lügenbraus einhergeht:
»Zu Wein und Rauschtrank
träufe ich dir das Wort!«
Das wäre
der Wortträufer für dieses Volk!

»Heranholen will ich, heran
dich Jaakob, all,
zuhauf bringen, zuhauf
den Überrest Jifsraels,
ihn eintun mitsammen
wie die Schafe der Hürde,
wie die Herde inmitten der Trift, –
tosen soll es von Menschen.«
Nun steigt der Durchbrecher vor ihnen,
sie brechen durch, ziehn ins Tor und heraus,
ihr König zieht ihnen voran,
ER selber ihnen zuhäupten.

Ich habe noch gesprochen:
Hört doch, ihr Häupter Jaakobs
und ihr Schöffen im Haus Jifsraels!
Ists nicht an euch, das Recht zu kennen,
die ihr das Gute hasset,
die ihr das Böse liebt?!
die ihr von den Leuten ihre Haut abzerrt,
ihr Fleisch von ihren Knochen herab?!
Und die verzehrt haben das Fleisch meines Volks,
ihre Haut von ihnen gerissen,
ihre Knochen gespellt,
es zerstückt haben wie das im Topf ist,
wie Braten mitten im Kessel,
sie werden einst schreien zu Ihm
und er wird ihnen antworten nicht,
verbergen wird er vor ihnen sein Antlitz
in jener Zeit,
dieweil bös ihre Handlungen waren.

So hat Er gesprochen:
Wider die Künder, die mein Volk irreführen!
haben sie mit ihren Zähnen zu beißen,
dann rufen sie: Frieden!
wer aber ihnen nichts in den Mund gibt,
Krieg heiligen sie gegen den!
Drum sei euch Nacht ohne Schau,
euch Finsternis ohne Wahrsagerei,
die Sonne gehe ein ob den Kündern,
ob ihnen verdämmre der Tag!
Die Schauempfänger müssen erblassen,
die Wahrsager erröten,
alle mummen sie den Lippenbart ein,
denn keine Gottesantwort ist mehr.
Ich jedoch, mit Kraft bin ich erfüllt
von Seinem Geistbraus her,
mit Rechtsinn und Heldenmut,
seine Abtrünnigkeit Jaakob zu sagen,
seine Versündigung Jifrael.

Höret doch dies,

ihr Häupter im Haus Jaakobs
und ihr Schöffen im Haus Jifsraels!
die verabscheuen das Recht
und alles Gerade verkrümmen,
die Zion mit Bluttat bauen,
Jerusalem mit Falschheit!
Seine Häupter ihr,
die für Bestechung richten,
seine Priester ihr,
die für Kaufpreis unterweisen,
seine Künder ihr,
die wahrsagen für Silber,
und stützen sich auf IHN,
sprechen: »Ist ER nicht drinnen bei uns?
Böses kann nicht über uns kommen!«
Ebendrum, euretwegen:
Zion wird als Feld gepflügt,
Jerusalem wird eine Ruinenstatt,
der Berg des Hauses zum Kuppenhain!

Geschehn wirds in der Späte der Tage:
der Berg SEINES Hauses ist festgegründet
zuhäupten der Berge,
er ist über die Hügel erhaben,
auf ihn zu werden Völker strömen,
hingehn Stämme in Menge,
sie werden sprechen:
»Laßt uns gehn, aufsteigen
zu SEINEM Berg
und zum Haus von Jaakobs Gott,
daß er uns weise in seinen Wegen,
daß auf seinen Pfaden wir gehn!
Denn Weisung fährt von Zion aus,
von Jerusalem SEINE Rede.«
Richten wird er dann zwischen der Völkermenge,
ausgleichen unter mächtigen Stämmen
bis in die Ferne hin:
ihre Schwerter schmieden zu Karsten sie um,
ihre Speere zu Winzerhippen,
nicht heben sie mehr Stamm gegen Stamm das Schwert,
nicht lernen sie fürder den Krieg,
sondern sie sitzen
jedermann unter seinem Rebstock,
unter seinem Feigenbaum,
und keiner scheucht auf,
denn SEIN, des Umscharten, Mund hat geredet.
Mögen denn alle Völker noch gehn
jeder im Namen seines Gottes,
wir aber gehn
in SEINEM, unseres Gottes Namen
auf Weltzeit und Ewigkeit.

An jenem Tag,
ist SEIN Erlauten,
hole das Hinkende ich heran,
das Versprengte bringe ich zuhauf
und dem ich bösgetan habe.
Das Hinkende mache ich zum Überrest,
das weithin Verschlagne zum mächtigen Stamm.

– Und Königschaft hat über sie ER
auf dem Berge Zion
von nun an und für Weltzeit. –
Und du, Herdenturm,
Bühel der Tochter Zion,
auf dich schreitet es zu,
wiederkommt das einstmalige Walten,
ein Königsbereich
für die Tochter Jerusalem.

Warum nun tobst du solch Toben?
Ist kein König in dir,
oder ist dein Berater entschwunden,
daß ein Krampf dich erfaßt hat
wie die Gebärende?!
Winde dich nur im Krampf,
aber laß hervorbrechen auch,
o Tochter Zion,
wie die Gebärende!
Ja denn,
mußt du nun hinaus von der Burgstadt,
mußt auf dem Feld Wohnung nehmen,
kommen mußt du bis Babel:
dort wirst du errettet,
dort löst ER dich ein
aus der Hand deiner Feinde.
Wohl sammeln sich nun heran wider dich
Stämme in Menge, die sprechen:
»Entartet ists.
Lust schaut unser Auge an Zion!«
Die aber, sie kennen nicht SEINE Pläne,
unterscheiden nicht seinen Ratschluß:
daß er sie häuft wie Garben zur Tenne.
Steh auf und drisch,
o Tochter Zion!
Denn eisern mache ich dein Horn,
und ehern mache ich deine Hufe,
daß du viele Völker zermalmest
und MIR zubannest ihren Gewinn,

ihr Vermögen dem Herrn aller Erde.

– Ritzen magst du dich nun,
Tochter der Rottenstreife!
In Einengung hat man uns versetzt,
mit dem Stecken schlagen sie auf die Wange
den Richter Jifsraels!
Du aber, Betlehem-Efrat,
gering, um zu sein
unter den Tausendschaften Jehudas,
aus dir fährt mir einer hervor,
in Jifsrael Walter zu sein,
dessen Ausfahrt ist von urher,
von den Tagen der Frühzeit.
[Drum gibt Er sie hin bis zur Zeit nur,
da die Gebärerin hat geboren,
dann kehrt der Überblieb heim seiner Brüder
samt den Söhnen Jifsraels.]
Hin tritt er und weidet in SEINER Macht,
im Stolze SEINES, seines Gottes, Namens,
sie aber siedeln,
denn groß wird er nun
bis an die Ränder des Erdlands.
Dieser wird Friede sein:
wenn Assyrien in unser Land kommt,
in unsre Paläste dringt,
erstellen wir gegen es
sieben Weidehirten,
acht Menschenherzöge,
die weiden Assyriens Land mit dem Schwert,
Nimrods Land mit gezücktem Stahl,
so rettet er vor Assyrien,
wenn es in unser Land kommt,
wenn es in unsre Gemarkung dringt.

Werden soll der Rest Jaakobs
der Völkermenge innen
wie Tau von IHM her,
wie Streifschauer überm Gekräut,
das auf einen Mann nicht wartet,

auf Menschensöhne nicht harrt.
Werden soll der Rest Jaakobs
unter den Weltstämmen,
der Völkermenge innen
wie unterm Waldgetier ein Löwe,
wie unter Schafherden ein Jungleu,
zieht hindurch er, dann stampft er nieder,
zerfleischt, und keiner ist, der errette.
– Erhöht sei deine Hand
über deine Bedränger,
all deine Feinde
mögen ausgerottet werden! –

Geschehn wirds an jenem Tag,
ist SEIN Erlauten,
da rotte ich aus
deine Rosse aus deiner Hütte,
schwinden lasse ich deine Gefährte,
da rotte ich aus
die festen Städte deines Lands,
da reiße ich nieder
deine Bollwerke alle,
da rotte ich aus
die Zauberkünste dir aus der Hand,
Tagewähler bleiben dir nicht,
da rotte ich aus
deine Meißelbilder und deine Malsteine
dir aus dem Innern,
nicht mehr wirfst du dich hin
dem Gemächt deiner Hände,
da reute ich
deine Pfahlbäume dir aus dem Innern.
Aber da tilge ich
deine Bedränger,
aber da übe ich
in Zorn und Grimmglut
an den Weltstämmen Ahndung,
die nicht haben hören wollen.

Höret doch, was ER spricht:
»Auf! sag den Streit auf die Berge zu an,
daß die Hügel hören deine Stimme!«
Hört, ihr Berge, SEINEN Streit
und ihr Urständigen, Gründe der Erde!
Denn einen Streit hat ER mit seinem Volk,
mit Jifsrael rechnet er ab.

– Mein Volk,
was habe ich dir getan?
und womit habe ich dich ermüdet?
überantworte mich!
Ja, ich habe dich heraufsteigen lassen
aus dem Lande Ägypten,
aus dem Haus der Dienstbarkeit
habe ich dich abgegolten,
vor dir her habe ich Mosche gesandt,
Aharon und Mirjam.
Mein Volk,
gedenke doch,
was Balak ratschlagte, der König von Moab,
und was ihm Bilam Sohn Bors antworten mußte,
wie es von Schittim an war bis nach Gilgal,
damit du MEINE Bewährungen erkennest!

– Womit soll ich entgegenkommen IHM,
mich bücken vor dem Gott der Höhe?
Soll ich ihm entgegen mit Darhöhungen kommen,
mit einjährigen Kälbern?
schätzt zugnaden ER Tausende von Widdern,
Mengen von Ölbächen?
soll um meine Abtrünnigkeit meinen Erstling ich geben,
um meine Seelenschuld die Frucht meines Leibes?

– Angesagt hat mans dir, Mensch,
was gut ist,
und was fordert ER von dir sonst
als Gerechtigkeit üben und in Holdschaft lieben
und bescheiden gehen mit deinem Gott!

SEINE Stimme ruft der Stadt zu
– Verwirklichung ist ihr,
der deinen Namen ersieht –:
Höret, Stabschaft
und wer das bestellt hat!
Gibts wirklich noch im Hause des Frevlers
Schätze des Frevelwerks
und das Scheffelmaß, das die Auszehrung hat,
das verwünschte?!
Kann ich für lauter erklären
bei einer Waage des Frevelwerks
und bei einem Beutel von Steinen des Betrugs
sie, in der die Reichen voll sind der Unbill,
in der die Ansässigen lügenhaft reden
und ihre Zunge ist ihnen trügrisch im Mund!
So schlage auch ich, Mann, dich nun krank,
verstarrt deiner Sünden wegen.
Wohl issest du, wirst aber nicht satt,
deine Flauheit bleibt dir im Innern.
Du schwängerst, aber sie kann hervorbringen nicht,
bringt eine doch hervor, gebe ichs dem Schwert.
Wohl säest du, erntest aber nicht,
wohl kelterst Oliven du, salbst aber mit Öl nicht,
und Most, trinkst aber nicht Wein.
Man hat sich an die Satzungen Omris gehalten
und an alles Tun des Hauses Achabs,
in deren Ratschlägen seid ihr gegangen,
auf daß ich dich hingebe dem Erstarren,
und ihre Ansässigen dem Gezischel,
die Schmach meines Volks müßt ihr tragen.

Weh wehe mir!
oh, geworden bin ich,
wie wann die Obsternte geheimst ist,
wie wann man aufgepflückt hat beim Herbsten:
keine Traube zum Essen!
nach einer Frühfeige begehrt meine Seele.
Verschwunden ist vom Erdreich der Holdmütige,
kein Gerader ist mehr unter den Menschen,
sie alle lauern auf Blut,
jedermann seinen Bruder
jagen sie mit dem Garn.
Für das Böse gibts Hände genug,
es aufs beste auszuführen:
der Fürst heischt,
der Richter ist für Zahlung zu haben,
und der Große selber redet die Gier seiner Seele heraus,
so drehen sies zurecht.
Ihr Bester ist wie ein Stachelgewächs,
der »Gerade« einem Heckendorn voraus.
Deiner Späher Tag,
deine Zuordnung kommt,
jetzt muß ihre Verwirrung geschehn. –
Nimmer dürft ihr dem Genossen vertrauen,
nimmer euch auf den Gefährten verlassen!
vor ihr, die dir im Schoß liegt,
hüte die Pforten deines Munds!
denn der Sohn verschändet den Vater,
die Tochter steht wider ihre Mutter,
die Schnur wider ihre Schwieger,
des Mannes Feinde
sind die Leute seines Hauses.
Ich aber spähe nach IHM aus,
harre auf den Gott meiner Freiheit,
erhören wird mich mein Gott.

– Meine Feindin, freu dich mein nimmer!
Wenn ich fiel, stehe ich wieder auf,
wenn ich in Finsternis sitze,
ER ist mir Licht.

Tragen will ich Sein Dräuen
– denn ich habe gesündigt an ihm –,
bis daß meinen Streit er streitet,
dartut mein Recht,
ans Licht führt er mich hinaus,
seine Bewahrheitung sehe ich an.
Sehen wirds meine Feindin,
und Scham wird einhüllen sie,
die zu mir spricht:
»Wo ist Er, dein Gott!«
Meine Augen werden sie ansehn:
schon ist sie zum Trott geworden
wie Gassenkot.

– Ein Tag ists, Stadt,
deine Gehege zu erbauen,
an demselben Tag fernt sich die Grenze.
Desselben Tags, da kommt man zu dir
von Assyrien her bis zu Ägypten,
von Ägypten bis zum Strom,
ans Meer meerher, bergab bergauf.
Jenes Erdland wird aber zur Starrnis
seiner Insassen wegen,
ob der Frucht ihrer Handlungen.

– Mit deinem Stabe weide dein Volk,
die Schafe deines Eigentums,
die wohnen für sich, ein Gehölz
in eines Fruchtgartens Mitte!
Laß beweiden sie Baschan und Gilad
wie in den Tagen der Vorzeit!
Wie in den Tagen, da du ausfuhrst
von dem Lande Ägypten,
laß Wunder uns sehn!
Die Weltstämme sollens sehn und sich schämen
all ihrer Heldengewalt,
sie legen die Hand auf den Mund,
die Ohren sind ihnen betäubt.
Wie die Schlange Staub müssen sie lecken,

wie was auf der Erde schleicht
herbeizittern aus ihren Verliesen,
sie beben DIR unserm Gotte zu,
sie fürchten sich vor dir.

Wer ist Gottheit wie du,
Verfehlung tragend,
hinwegschreitend über Abtrünnigkeit
dem Rest seines Eigentums!
der nicht auf ewig festhält seinen Zorn,
denn es verlangt ihn nach Huld!
der nun rückkehrend sich unser erbarmt,
unsre Verfehlungen bezwingt!
Ja, werfen wirst du all ihre Sünden
in die Strudel des Meers,
Treue wirst du dem Jaakob schenken,
Huld dem Abraham,
die du zugeschworen hast unseren Vätern
von den Urtagen her.

NACHUM

Lastwort um Ninive,
Buch der Schau Nachums des Elkoschiters.

Ein eifernder ahndender Gott ist ER,
ahndend ER und Meister des Grimms,
ahndend ER an seinen Bedrängern
und grollend ist er seinen Feinden.
ER ist langmütig, groß an Kraft,
aber strafledig ledigt er nicht,
ER, durch Wetter und Windsbraut sein Pfad
und Gewölk der Staub seiner Füße,
der das Meer beschilt und trocknet es aus,
alle Ströme macht er versiegen,
welken muß Baschan und Karmel,
die Blüte des Libanons welken.
Berge schüttern von ihm her,
und die Hügel lockern sich auf,
vor seinem Antlitz hebt sich das Land,
der Erdkreis und alle die darauf siedeln.
Seiner Rüge ins Antlitz wer bliebe aufrecht,
wer bestünde im Flammen seines Zorns!
seine Grimmglut leckt wie Feuer,
Felsen zerspringen von ihm her.
Gütig ist ER,
eine Schutzwehr am Tag der Bedrängnis,
er kennt, die sich an ihm bergen,
doch mit überherfahrendem Schwall
macht den Garaus er dem Ort, draus sie kam,
seinen Feinden jagt die Finsternis nach.

Was sinnet ihr IHM an!
den Garaus macht er,
nicht zweimal ersteht die Bedrängnis.
Denn seien zu Gestrüpp sie verstrickt
und wie von ihrem Zechtrank durchtränkt,
sie werden verzehrt
wie dürre Stoppeln vollauf:
von dir ist ausgegangen,

der Böses sann wider IHN,
der Ruchloses berät.
So hat ER gesprochen:
»Ob sie auch unversehrt, ihrer so viel sind,
so werden sie doch abgemäht
und es ist vorüber, –
habe ich dich aber gebeugt,
nicht beuge ich dich nun mehr,
jetzt zerbreche ich sein Gestäng von dir ab,
deine Bande sprenge ich auf.«
Über dich da aber hat ER entboten:
»Deines Namens werde nicht mehr besamt,
vom Haus deiner Götter rotte ich Schnitzwerk und Gußbild,
dein Grab errichte ich draus,
denn nichtswürdig bist du gewesen.«

Da,
auf den Bergen
die Füße eines Märebringers,
der hören läßt: Friede!
Deine Festreihn reihe, Jehuda,
zahle deine Gelübde,
denn nicht überzieht dich hinfort der Ruchlose mehr,
er wird allsamt ausgerottet.
Dir widers Antlitz steigt der Zertrümmrer hinan: –
wache vom Wachtturm!
späh auf den Weg!
festige die Lenden!
verstärke mächtig die Kraft!
Ja denn,
wiederkehren läßt ER
die Hoheit Jaakobs
wie die Hoheit Jifsraels,
denn verwüstet haben sie die Verwüster
und haben ihre Ranken verderbt.

Der Schild seiner Helden ist rotgefärbt,
die Wehrmänner karmesingewandet,
in der Stahlbeschläge Feuerglanz das Fahrzeug

– am Tag, da ers gerüstet hat –,
und die Reisigen sind schleiergeschmückt
Auf den Straßen rasen die Gefährte,
überrennen sich auf den Plätzen,
ihr Ansehn ist wie der Fackeln,
wie Blitze fahren sie drein.
Nun ruft er seine Tapfern zusammen,
sie stolpern auf ihren Gängen,
eilen auf die Stadtmauer zu,
das Schutzdach wird zugerüstet.
Die Stromtore öffnen sich,
die Palasthalle wankt, widersteht noch,
da, verschleppt wird, hinweggehoben
sie, deren Mägde wimmern
– gleich der Stimme von Tauben ists –
und schlagen sich auf ihr Herz:
Ninive,
einem Becken der Wasser gleich
von ihren Urtagen her,
jetzt aber fliehen die –
»Haltet ein! haltet!«,
doch keines wendet sich.
»Plündert Silber! plündert Gold!«
Kein Ende hat das Gepränge,
der Ehrenschein
aus allerart kostbarem Gerät!
Leerung, Ausleerung, Verheerung!
Zerrinnendes Herz,
Schlottern der Knie,
ein Krampf in allen Lenden,
aller Antlitze holen Siedeglut auf.
Wo ist nun das Gehege der Leuen,
was für die Jungen ein Weideplatz war,
da sich Leu, Löwin erging,
Leuenbrut, die keiner scheucht?
der Leu raubte seiner Brut zur Genüge,
für seine Löwinnen würgte er,
füllte seine Höhlen mit Raub,
mit Geraubtem seine Gehege.

Wohlan, ich will an dich,
Erlauten ists von I H M dem Umscharten,
in Rauch lasse ich ihr Fahrzeug verbrennen,
das Schwert frißt deine Jungen,
ich rotte deinen Raub von der Erde,
die Stimme deiner Boten wird nicht mehr gehört.

Weh, Stadt des Blutvergießens!
allsamt ist sie Betrug,
des Übergriffs voll,
nie weicht das Rauben!
Peitschenschall,
Schall rasselnden Rads,
galoppierenden Rosses,
aufhüpfenden Fahrzeugs!
Bäumende Reisige,
Lohe des Schwerts,
Lanzenblitz!
Durchbohrte in Menge,
Tote in Haufen,
kein Ende des Leichenfelds,
man strauchelt über ihre Leichen!
Um die Menge der Hurerei
der Hure, der Reiztüchtigen,
Meistrin der Zauberränke,
die durch ihr Huren Stämme verkaufte,
durch ihre Zauberränke Sippen!
Wohlan, ich will an dich,
Erlauten ists von I H M dem Umscharten,
deine Schleppen decke ich auf, dir ins Antlitz,
lasse Stämme sehn deine Blöße,
Königreiche deinen Schimpf.
Ich bewerfe dich mit Scheusäligkeit,
ich verschände dich,
mache dich einem Schaustück gleich.
Es soll geschehn,
allwer dich ansieht, weist dir den Nacken,
spricht: »Gewaltigt ist Ninive,
wer noch nickte ihr zu!«

Woher soll ich Tröster dir suchen?

Bist besser du als Amons Theben,
die innerhalb der Flußarme siedelt,
Wasser rings um sie her,
der ein meerhafter Wall,
vom Meer her, Mauer war?!
Äthiopien war ihre Stärke
und Ägypten, ohne Ende,
Put und die Libyer ihre Helfer.
Auch sie ist zur Verschleppung gegangen,
in die Gefangenschaft,
auch ihre Kinder wurden zerschmettert
zuhäupten aller Straßen,
über ihre Geehrten warf man das Los,
all ihre Großen wurden mit Ketten gefesselt.
Auch du trinkst dir den Rausch, wirst umnachtet,
Bergung suchst auch du dir vor dem Feind.
Alle deine Bollwerke,
Feigenbäume mit Frühfrüchten sinds:
werden sie geschüttelt,
fallen dem Verzehrer sie in den Mund.
Deine Volksmannen, wohl,
Weiber sinds drinnen bei dir,
geöffnet, offen stehn deinen Feinden
die Tore deines Landes,
Feuer hat deine Riegel gefressen.
Für die Einengungszeit schöpfe dir Wasser,
befestige deine Bollwerke,
in den Lehm geh, stampfe den Ton,
fasse die Ziegelform:
dort wird dich verzehren das Feuer,
[wird dich ausrotten das Schwert,]
dich wie den Grashüpferschwarm fressen.

Gewichtige dich nur wie der Grashüpferschwarm,
gewichtige dich nur wie der Heuschreck
– über die Sterne des Himmels
hast du ja deine Krämer gemehrt! –:

entpuppt verfliegt doch der Grashüpfer sich.
Deine Patrone sind wie der Heuschreck,
deine Präfekten wie das Sprenger-Gespreng,
die sich an die Wände lagern
am Tag der Kälte, –
die Sonne erstrahlt und das schwindet,
und nie kennt man mehr seinen Ort:
wo mögen sie sein?

Deine Hirten schlummern,
König von Assyrien,
deine Tapfern ruhn,
dein Volk, zerstoben sind sie auf den Bergen,
und keiner ist, der zusammenholt.
Deinem Niederbruch ist keine Lindrung,
dein Geschlagensein quält,
alle, die von dir Vernehmen vernahmen,
klatschen über dich in die Hände,
denn über wen war nicht stetig
deine Bosheit ergangen!

CHABAKKUK

Lastwort,
das Chabakkuk der Künder schauend empfing.

»Bis wann noch, D U !«
habe ich gefleht
und du hörst nicht,
ich schreie zu dir: »Gewalt!«
und du befreist nicht.
Warum lässest Arg du mich sehn
und blickst der Peinigung zu?
Unbill ist und Gewalttat vor mir,
Streit geschieht und Hader erhebt sich.
Deshalb gerinnt die Weisung,
zu Dauer fährt das Recht nicht hervor,
denn der Frevler umzingelt den Bewährten, –
deshalb fährt ein Recht aus, das verkrümmt ist.

Auf die Weltstämme seht, blicket hin,
erstaunet, staunet euch an!
denn in euren Tagen wirkt einer ein Werk,
nie glaubtet ihrs, würde es erzählt.
– Denn wohlan, die Chaldäer stelle ich auf,
den rauhen und raschen Stamm,
der die Weiten der Erde durchwandert,
Wohnplätze zu ererben, die nicht sein sind.
Gräßlich und furchtbar ist er,
von ihm selber fährt aus
sein Recht und seine Erhobenheit.
Leichter sind seine Rosse als Pardel,
schärfer als Steppenwölfe,
seine Reisigen reißen drein,
fernher kommen seine Reisigen, fliegen,
wie ein Geier hastet zum Fraß.
Zu Gewaltigung kommts allsammt,
ostwärts ist ihrer Antlitze Gleis,
Gefangne rafft er wie Sand.
Der treibt mit Königen Spott,
Würdenträger sind ihm ein Gelächter,

der verlacht alles Bollwerk,
Erdstaub schichtet er auf und eroberts,
dann wechselt der Wind, er zieht ab.

– Und er verschuldet sich:
diese seine Kraft wird ihm zum Gott!
Bist du nicht von urher mein Gott, DU,
mein Heiliger? wir werden nicht sterben!
DU, zum Gericht nur hast du eingesetzt ihn,
Fels, zum Ermahnen nur hast du ihn gegründet.
Du, an Augen zu rein, daß du Bösem zusähst,
der auf Pein du nicht zu blicken vermagst,
warum solltest du nun zublicken den Tückischen,
stumm bleiben, wenn der Frevler den Bewährtern verschlingt?
Du machtest den Menschen den Seefischen gleich,
dem Gewürm gleich, über das niemand waltet!
Alles hat er mit dem Hamen gezogen,
schleift in seinem Netze er fort,
rafft in seinem Garne er ein,
darum freut er sich und jubelt,
darum schlachtet er seinem Netz,
räuchert er seinem Garn,
denn durch sie ist sein Anteil fett
und mastig sein Fressen.
Darf darum er leeren sein Netz,
darf stets er
Stämme würgen, nichts schonend?

»Auf meine Wacht will ich treten,
auf den Wartturm mich stellen,
und ausspähn, um zu sehen,
was er an mich will reden,
was ich erwidern darf
auf meine Mahnung.«
ER antwortete mir,
er sprach:
Schreib nieder die Schau,
klar prägs auf die Tafeln,
daß sie ihrem Leser geläufig sei.

Denn noch ist es Schau auf die Frist,
doch es haucht dem Ende zu,
es täuscht nicht,
wenn es zaudert, harre sein,
denn kommen, kommen wirds,
es bleibt nicht aus.
Da, gebläht ist sie,
in jenem nicht gerad seine Seele,
dieweil der Bewährte
leben wird durch sein Vertrauen.
Ja, der Tückische nimmts leicht gar,
der giergeschwollene Mann,
der nie innehaltende,
der wie die Gruft aufsperrt seine Seele,
wie der Tod ist er, wird nicht satt:
an sich rafft alle Weltstämme er,
holt heran alle Völker sich.
Werden nicht ein Gleichwort erheben
über ihn einst all diese
ein Spottlied, Rätsel auf ihn?
Man wird sprechen:

Weh,
der mehrt, was nicht sein ist
– bis wann denn? –,
und lastet Pfänder sich auf!
Werden nicht plötzlich deine Beißer erstehn
und deine Rüttler erwachen,
daß du ihnen zum Raubgut wirst!
Weil du viele Stämme geplündert hast,
plündert dich nun all der Völkerrest aus,
um das Blut der Menschen, die Gewalttat am Land,
der Stadt und allen, die darin siedeln.

Weh,
der seinem Haus böse Ausbeutung beutet,
um in die Höhe zu setzen sein Nest,
sich vor der Faust des Bösen zu retten!
Beraten hast du Schmach deinem Haus,
viele Völker zu verstümmeln,

deine Seele versündigend.
Denn der Stein aus der Wand wird schreien,
der Sparren aus dem Holz ihm erwidern.

Weh,
der die Burg mit Bluttat erbaut
und errichtet die Stadt mit Verfälschung!
Ist nicht von IHM dem Umscharten her dies:
»Mühen sollen sich Völker fürs Feuer,
Nationen fürs Leere ermatten!«
Denn: »Füllen muß sich das Erdland
mit der Erkenntnis MEINER Erscheinung,
wie die Wasser das Meerbett decken.«

Weh,
der seinem Genossen einschenkt
– deinen Geifer mischest du bei! –
und gar berauscht macht,
um ihre Blöße anzublicken!
Du hast dich an Schande gesättigt
statt an Ehrenschein,
trink auch du und entblöße dich!
Auf dich zu kreist nun der Becher
aus SEINER Rechten, –
Schandgespei auf deine Ehre!
Denn die Gewalttat am Libanon
wird zudecken dich,
die Unbill an den Tieren
wird dich stürzen.
Um das Blut der Menschen,
die Gewalttat am Land,
der Stadt und allen, die darin siedeln!

Was frommte das Schnitzwerk,
daß sein Bildner es schnitzte,
das Gegoßne und der Lügen-Unterweiser?
daß der Bildner seiner Bildung sich darauf verließ,
um stumme Gottnichtse zu machen?
Weh,
der zum Holze spricht:

»Wach auf!«,
»Ermuntre dich!«
zum schweigenden Stein!
Das soll unterweisen?!
Da, in Gold und Silber gefaßt ist das,
und allweg ist ihm im Innern kein Geistbraus.
ER aber
in der Halle seines Heiligtums –
still vor seinem Antlitz,
o alle Erde!

Flehruf Chabakkuks des Künders
[nach der »umirrenden« Weise].

DU, Vernehmen vernahm ich von dir,
fürchtend, DU, erfuhr ich dein Wirken, –
in den nahenden Jahren
lasse aufleben es,
in den nahenden Jahren
gibs zu erkennen,
im Grimm-Erbeben denk des Erbarmens!

Gott, von Teman kommt er,
der Heilige vom Parangebirg.
     / Empor! /
Den Himmel verdeckt seine Hehre,
sein Ruhm füllt das Erdreich,
daß es scheinend wie von Sonnenlicht wird,
Strahlen sind ihm zur Seite,
und Versteck ist doch dort seiner Macht.
Die Seuche geht vor ihm her,
in seiner Fußspur zieht die Pest aus.

Er steht auf,
da macht das Erdreich er schwanken,
er sieht hin,
da sprengt die Weltstämme er,
schon bersten die ewigen Berge,
einsinken die Urzeitshügel, –
vorzeitliche Gänge sinds ihm.
Unter dem Harm
– ich sehe die Zelte von Kuschan –
beben im Lande Midjan die Behänge.

Ist wider Ströme entflammt,
DU, wider die Ströme dein Zorn,
widers Meer dein Überwallen,
daß dus auf deinen Rossen befährst,
deinem Fahrzeug der Befreiung?
     Möge sich zu Blöße dein Bogen entblößen:
     jene Schwüre verdrängen den Urteilsspruch!
     / Empor! /

Ströme spaltest du zu Erdreich,
dich sahn die Berge, sie zittern
der Wetterschwall des Wassers stürzt nieder,
ihren Hall gibt die Wirbelflut aus,
in der Höhe streckt ihre Hände die Sonne,
der Mond bleibt in seinem Söller stehn,
Beim Licht deiner Pfeile, vergehn sie,
beim Blitzesschein deines Speers.

Im Groll schreitest über die Erde,
im Zorn stampfst Weltstämme du.
Du ziehst aus, deinem Volke zur Freiheit,
zur Freiheit für deinen Gesalbten,
du zerhaust dem Frevlerhause das Haupt,
blößest den Grund bis zum Hals.
　/ Empor! /

Mit seinen eigenen Stöcken
durchbohrst du das Haupt seiner Mannschaft.
Sie stürmen an, uns zu zerstreuen,
ihr Frohlocken ist,
als könnten sie den Armen im Verborgenen verzehren, –
da stampftest du seine Rosse in das Meer,
den Schlamm der großen Wasser.

Das vernahm ich,
mein Leib erbebte,
meine Lippen ergellten vom Hall,
Morschheit kam in meine Gebeine,
ich bebte an meinem Platz, –
der auf den Tag der Drangsal ich ruhn muß,
daß er heransteige für das Volk,
das sich wider uns rottet.

Mag denn die Feige nicht blühn,
kein Ertrag an den Weinstöcken sein,
der Trieb des Ölbaums versagen,
die Flur Speise nicht treiben,
die Schafe der Hürde entrissen
und kein Rind mehr sein in den Ställen:

ich, freuen will ich mich SEIN,
jubeln des Gotts meiner Freiheit.
ER, mein Herr, ist meine Kraft,
er läßt meine Füße wie der Hindinnen werden,
auf meine Kuppen läßt er mich treten.

Für den Chorleiter, mit Saitenspiel.

ZFANJA

SEINE Rede,
die geschah zu Zfanja Sohn Kuschis Sohns Gdaljas Sohns
    Amarjas Sohns Chiskijas
in den Tagen Joschijahus Sohns Amons, Königs von Jehuda.

Ich raffe, raffe alles
vom Antlitz des Bodens hinweg,
ist SEIN Erlauten.
Ich raffe Mensch und Vieh,
raffe Vogel des Himmels und Fische des Meers,
die Strauchelnden mit den Frevlern,
ich tilge den Menschen
vom Antlitz des Bodens hinweg,
ist SEIN Erlauten.

Meine Hand strecke ich wider Jehuda
und wider alle Siedler Jerusalems
und tilge von diesem Ort
den Rest des Baalstreibens
und den Namen der Pfaffen
mitsamt den Priestern.
– So die auf den Dächern sich niederwerfen
der Himmelsschar,
so die sich niederwerfen, IHM zugeschworen
und ihrem Molech verschworen zugleich,
so die SEINER Nachfolge entwichen,
welche IHN nicht mehr suchen
und nicht nach ihm fragen. –

    – Still vor meinem Herrn, IHM!
    ja, nah ist SEIN Tag,
    ja, gerüstet hat ER ein Schlachtmahl,
    zugeheiligt seine Geladnen.
    Geschehn wird das am Tag SEINES Schlachtmahls:

– Zuordnen will ichs den Fürsten
und den Königssöhnen
und allen, die in Fremdkleid sich kleiden,
zuordnen will ich es allem,
was über die Schwelle hüpft,

an jenem Tag,
ihnen, die ihres Herren Haus füllen
mit Unbill und Betrug.

Geschehn wirds an jenem Tag,
ist SEIN Erlauten:
vom Fischtor her hallt Geschrei,
vom Zweitbezirk her Jammern,
von den Hügeln her großer Zusammenbruch.
Heult, ihr Siedler des Mörsers!
geschweigt wird alles Volk ja der Krämer,
ausgetilgt alle Silberwäger.

Geschehn wirds zu jener Frist:
ich durchforsche Jerusalem mit Leuchten,
ich ordne den Männern es zu,
die stocken auf ihren Hefen,
die sprechen in ihrem Herzen:
Nicht Gutes tut ER und nicht Böses!
Ihre Habe soll zur Plünderung werden,
ihre Häuser zur Verstarrung.
Häuser bauen sie –
sie werden die nicht besiedeln,
Rebhänge pflanzen sie –
ihren Wein werden sie nicht trinken.

– Nah ist SEIN großer Tag,
nahe und eilend sehr,
der Hall SEINES Tags ist bitter,
erdröhnen läßts da der Held.
Des Überwallens Tag ist jener Tag,
Tag von Angst und Bedrängnis,
Tag von Windsbraut und Wirbelwind,
Tag von Finsternis und Verdüstrung,
Tag von Wolke und Wetterdunkel,
Tag von Posaune und Schmettern
über die umwehrten Städte,
über die ragenden Zinnen.

– Angst lasse ich der Menschheit werden,
daß sie wie Blinde einhergehn,

denn an M I R haben sie gesündigt,
ihr Blut wird verschüttet wie Staub
und ihr Lebenssaft wie Kot.
– Auch ihr Silber, auch ihr Gold
vermag sie zu retten nicht
am Tag S E I N E S Überwallens.
Im Feuer seines Eifers
verzehrt wird alles Erdreich,
Garaus im Grausen macht er
allen Siedlern des Erdreichs.

Stoppelt zusammen euch, stoppelt ein,
o Stamm, der sich scheuen nicht kann,
eh das Festgesetzte wird geboren
– wie Spreu dahin fährt der Tag –,
nicht ehe über euch kommt
die Flamme SEINES Zorns,
nicht ehe über euch kommt
der Tag SEINES Zorns!
Suchet IHN,
all ihr Gedemütigten des Erdlands,
die auswirken sein Recht!
Suchet Bewährung,
suchet Demut,
vielleicht werdet ihr geborgen
am Tage SEINES Zorns.

Denn Gasa, vergessen wirds,
und Askalon zur Starrnis,
Aschdod, in der Mittagshelle treibt man es aus,
und Ekron, »Wurzellos«, wird entwurzelt.
Weh, Sassen des Meeresstrichs,
Stamm der Kreter!
wider euch SEINE Rede:
– Kanaanäisches Land der Philister,
schwinden lasse ich dich,
daß kein Insasse bleibt.
– Aus dem Meeresstrich sollen werden
»Krater«-Gelasse der Hirten
und Schafpferche.
Der Strich soll werden
dem Überrest des Hauses Jehuda,
darauf sollen sie weiden,
in den Häusern von Askalon
sollen sie lagern am Abend,
denn ER, ihr Gott, ordnets ihnen zu,
läßt ihnen Wiederkehr kehren.

– Ich habe Moabs Höhnen vernommen
und die Schmähungen der Söhne Ammons,
womit sie schmähten mein Volk,

großtaten wider ihre Gemarkung.
Darum, sowahr ich lebe,
Erlauten ists von IHM dem Umscharten, dem Gott Jifsraels,
ja, Moab soll Sodom gleich werden,
die Söhne Ammons Gomorra gleich,
Wicken-Gewucher, Salz-Kratergrube,
Starrnis auf Weltzeit.
Der Rest meines Volks soll sie plündern,
der Überblieb meines Stamms sie beerben.
– Dies sei ihnen für ihre Hoffart,
daß sie gehöhnt, großgetan haben
wider SEIN des Umscharten Volk.

Furchtbar ist ER über ihnen,
ja, er verschrumpft alle Götter des Erdlands,
daß sich niederwerfen müssen vor ihm
ein jedes von seinem Ort aus,
alle Küsten der Weltstämme.
Auch ihr, Äthiopier!:
»Von meinem Schwert Durchbohrte sind sie!«
Er streckt seine Hand gegen Norden,
Assyrien läßt er verschwinden,
macht Ninive zur Starrnis,
ausgedörrt gleich einer Wüste:
Herden lagern ihm inmitten,
allerart Schwarmgetier,
so Dohle, so Eule
nachten auf seinen Knäufen,
der Hall singt durchs Fensterloch
[Verödung ist auf der Pfoste,
denn das Zedernwerk blößte er ab]:
Ist dies die fröhliche Stadt,
die gesichert saß,
die in ihrem Herzen sprach:
»Ich und nirgendwas sonst!«
Wie ist sie zur Starrnis worden,
ein Lagerplatz dem Getier,
allwer dran vorüberwandert
zischelt, schwenkt seine Hand.

Weh, Befleckte, Besudelte,
du quälerische Stadt!
Sie hört nicht auf die Stimme,
sie nimmt Zucht nicht an,
sie will sich nicht sichern an IHM,
sie naht nicht ihrem Gott.
Ihre Obern drinnen bei ihr,
brüllende Löwen sinds,
ihre Richter Steppenwölfe,
die an den Morgen nichts zu malmen mehr haben,
ihre Künder überschäumend,
Männer der Treulosigkeit,
ihre Priester stellen das Geheiligte preis,
vergewaltigen die Weisung.
ER ist bewährt, ihr im Innern,
er übt nicht Verfälschung,
Morgen um Morgen
gibt sein Recht er ans Licht,
nie wird es vermißt, –
doch der Falsche kennt nicht die Scham.

– Ausgerottet habe ich Stämme,
verstarrt sind ihre Zinnenburgen,
geödet habe ich ihre Straßen,
daß sie ohne einen Wanderer blieben,
verheert sind ihre Städte,
daß sie ohne Mann blieben, kein Insasse drin.
Ich sprach: »Nun sollst du mich fürchten,
sollst Zucht annehmen!« –
daß ihr Gehege nicht werde gerodet,
allwie ichs ihr zugeordnet hatte.
Sie jedoch gingen nur früher noch dran,
verderbten ihre Handlungen alle.
Darum: wartet nur auf mich,
ist SEIN Erlauten,
auf den Tag, da ich stehe als Bezeuger!
Denn mein Recht ists, die Stämme herzuraffen,
zuhauf die Königreiche zu holen,

meinen Groll über sie zu schütten,
alle Flamme meines Zorns,
denn im Feuer meines Eifers
verzehrt wird alles Erdland.

Dann aber wandle den Völkern ich an
eine geläuterte Lippe,
– daß sie alle ausrufen SEINEN Namen,
mit geeinter Schulter ihm dienen. –
Von jenseits der Ströme Äthiopiens,
das Flehen der Maid »Verstreuung«
bringen sie als Spende mir dar.
An jenem Tag
brauchst du dich nicht zu schämen
all deiner Handlungen,
womit du mir abtrünnig wurdest,
denn dann schaffe ich aus dem Innern dir weg
deine vergnügten Hochgemuten,
dich zu überheben fährst nicht mehr du fort
auf dem Berg meines Heiligtums.
Resten lasse ich dir im Inneren
ein Volk, gebeugt und verarmt,
sie bergen sich an MEINEM Namen,
der Überrest Jifsraels.
Sie üben nicht Verfälschung,
sie reden Täuschung nicht,
nicht wird in ihrem Mund gefunden
eine Zunge der Hinterlist.
Ja, die weiden, sie lagern,
und keiner scheucht auf.

– Juble, o Tochter Zion!
schmettert ihr, Jifsrael!
freue und vergnüge dich
mit aller Herzensmacht,
Tochter Jerusalem!
Weggeschafft hat E R deine Strafgerichte,
fortgeräumt deinen Feind.
der König von Jifsrael,
E R, ist drinnen bei dir,

du wirst Böses nicht mehr besehn.
An jenem Tag wird gesprochen
zu Jerusalem:
Nimmer sollst du erschauern!
Zion,
nimmer sollen deine Hände erschlaffen!
ER, dein Gott, ist drinnen bei dir,
ein Held, der befreit,
Er entzückt sich an dir in der Freude:
bald verstummt er in seiner Liebe,
bald jauchzt er im Jubel um dich.

– Die Bekümmerten, fern dem Begegnungsfest,
sammle ich herbei
– von dir sind sie doch! –,
weg von da, wo sie Hohn um dich tragen.
Wohl, ich mache mich an all deine Zwingherrn
zu jener Zeit,
ich befreie das Hinkende,
das Versprengte hole ich zuhauf,
ich setze sie ein zum Lobpreis
und zum Ruhm in allem Erdland ihre Schande.
Zu jener Zeit lasse herein ich euch kommen,
zu eben der Zeit, da ich euch holte,
ja, ich gebe euch zum Ruhm und zum Lobpreis
unter allen Völkern der Erde,
wann ich vor ihren Augen euch Wiederkehr kehren lasse.
ER hats gesprochen.

CHAGGAJ

Im zweiten Jahr des Königs Darius,
in der sechsten Mondneuung, am ersten Tag auf die Neuung
geschah SEINE Rede durch Chaggaj, den Künder,
an Serubbabel Sohn Schealtiels, Viztum von Jehuda, und an
　　Jehoschua Sohn Jehozadaks, den Großpriester, der Spruch:
So hat ER, der Umscharte gesprochen, den Spruch:
Dieses Volk, sie sprechen:
Noch ist die Zeit nicht, daß es komme,
die Zeit für SEIN Haus, erbaut zu werden.
Doch SEINE Rede geschah durch Chaggaj den Künder, der
　　Spruch:
Ist für euch selber die Zeit,
in euren getäfelten Häusern zu sitzen,
und dieses Haus ist verödet?!
Und nun,
so hat ER der Umscharte gesprochen,
richtet euer Herz auf eure Wege!
Gesät habt ihr viel,
doch der Einkunft ist wenig,
gegessen,
aber keinmal zur Sättigung,
getrunken,
aber keinmal zum Rausch,
euch gekleidet,
aber keinmal, daß einem warm würde,
und wer um Lohn sich verdingt,
dingt sich um Lohn in löchrigen Beutel.
So hat ER der Umscharte gesprochen:
Richtet euer Herz auf eure Wege!
Ersteigt den Berg,
bringt Holz herbei
und baut das Haus,
daß ichs annehme zugnaden
und mich erscheinige!
hat ER gesprochen.
Nach vielem gewendet,
da, zu wenigem wards,
und ließt ins Haus ihrs einkommen,
blies ich darein.

Weswegen?

ist SEIN des Umscharten Erlauten.

Wegen meines Hauses,

daß es verödet ist,

und ihr rennt, jedermann für sein Haus!

Drum verhaftet über euch der Himmel den Tau

und die Erde verhaftet ihr Wachstum.

Ich rief eine Ödung

über die Erde, über die Berge,

übers Korn, über den Most, über den Olivensaft,

über was die Erde hervortreibt,

über den Menschen, über das Vieh,

über allen Mühertrag der Hände.

Es hörte Serubbabel Sohn Schealtiels und Jehoschua Sohn
　　Jehozadaks, der Großpriester,

und aller Überrest des Volkes

auf SEINE ihres Gottes Stimme,

auf die Reden Chaggajs des Künders, gleichwie ER ihr Gott
　　ihn gesendet hatte,

und sie fürchteten sich, das Volk, vor IHM.

Chaggaj aber, SEIN Bote, sprach in SEINER Botschaft zum Vol-
　　ke den Spruch:

Ich bin mit Euch, ist SEIN Erlauten.

ER weckte den Geist Serubbabels Sohns Schealtiels, des
　　Viztums von Jehuda, und den Geist Jehoschuas Sohns Je-
　　hozadaks, des Großpriesters,

und den Geist alles Überrests des Volkes,

daß sie kamen und botmäßige Arbeit taten

in SEINEM, des Umscharten, ihres Gottes, Haus,

am vierundzwanzigsten Tag auf die Mondneuung, im Sech-
　　sten,

im zweiten Jahr des Königs Darius.

Im Siebenten, am einundzwanzigsten auf die Neuung
geschah SEINE Rede durch Chaggaj den Künder, im Spruch:
Sprich doch zu Serubbabel Sohn Schealtiels, Viztum von Je-
    huda, und zu Jehoschua Sohn Jehozadaks, dem Großpriester,
und zum Überrest des Volkes, den Spruch:
Wer ist unter euch noch übrig,
der dieses Haus in seinem frühern Ehrenschein sah?
und wie seht ihr es nun?
ist es nicht, als wäre keins, in euren Augen?
Nun aber, fest zu, Serubbabel, ist SEIN Erlauten,
fest zu, Jehoschua Sohn Jehozadaks, Großpriester,
fest zu, alles Volk des Lands, ist SEIN Erlauten,
machts!
Denn ich bin mit euch, ist SEIN des Umscharten Erlauten,
mitsamt der Rede, durch die ich Bund schloß mit euch,
als ihr ausfuhrt von Ägypten,
mein Geist steht in eurer Mitte,
fürchtet euch nimmer!
Denn, so hat E R der Umscharte gesprochen,
noch auf eins, es ist um ein weniges nur,
erschüttre ich
den Himmel und die Erde
und das Meer und das Trockne,
erschüttre alle Weltstämme ich,
daß sie kommen,
aller Weltstämme Köstlichkeit,
mit Ehrenschein fülle ich dies Haus,
hat E R der Umscharte gesprochen.
Mein ist das Silber, mein ist das Gold,
ist SEIN des Umscharten Erlauten.
Größer soll der Ehrenschein werden
diesem späten Haus als dem frühen,
hat E R der Umscharte gesprochen,
und an diesem Ort gebe ich Frieden,
ist SEIN des Umscharten Erlauten.

Am vierundzwanzigsten, des Neunten, im zweiten Jahre des
    Darius,
geschah SEINE Rede durch Chaggaj den Künder, im Spruch:
So hat ER der Umscharte gesprochen:
Frage doch die Priester um Weisung, im Spruch:
Trägt nun jemand Fleisch der Darheiligung im Zipfel seines
    Gewands
und rührt mit seinem Zipfel an Brot, an Gesott, an Wein, an
    Fett, an allerhand Essen,
wirds verheiligt?
Die Priester antworteten, sie sprachen:
Nein.
Chaggaj sprach:
Doch rührt ein durch einen Leichnam Bemakelter an das alles,
wird es maklig?
Die Priester antworteten, sie sprachen:
Es wird maklig.
Da antwortete Chaggaj, er sprach:
So ists um dieses Volk,
so ists um diesen Schwarm
vorm Antlitz mir,
ist SEIN Erlauten,
so um alles Tun ihrer Hände,
wohin sie nahn, maklig ists.
Richtet doch euer Herz drauf
von diesem Tag an und weiterhin,
bevor Stein gesetzt ward auf Stein
an MEINER Tempelhalle:
eh sie da waren, –
kam man zum Zwanzigmaß-Kornhaufen,
waren es zehn,
kam man zur Kelter, fünfzig Eimer aus der Kufe zu schöpfen,
waren es zwanzig,
ich schlug euch
mit Versengung und mit Vergilbung,
mit Hagel alles Tun eurer Hände,
aber zu mir hin gabs nichts bei euch,
ist SEIN Erlauten.
Richtet doch euer Herz drauf

von diesem Tag an und weiterhin,
vom vierundzwanzigsten Tag im Neunten,
von dem Tag an, da gegründet ward MEINE Halle,
richtet euer Herz drauf!
Ist noch die Aussaat im Speicher?
noch trägt Rebe, Feige, Granate, Ölbaum nicht: –
von diesem Tage an segne ich.

Seine Rede geschah ein zweites Mal zu Chaggaj am vierundzwanzigsten auf die Neuung, im Spruch:
Sprich zu Serubbabel, Viztum von Jehuda, den Spruch:
Ich erschüttre den Himmel und die Erde,
ich stürze den Thron der Königreiche,
ich vernichte die Stärke der Königreiche der Weltstämme,
ich stürze das Fahrzeug und seine Fahrer,
sinken müssen die Rosse und ihre Reiter,
jedermann durch das Schwert seines Bruders.
An jenem Tag,
Sein des Umscharten Erlauten ists,
nehme ich dich,
Serubbabel Sohn Schealtiels, mein Knecht,
Sein Erlauten ists,
ich stecke dich an wie einen Siegelring,
denn dich habe ich erwählt.
Sein des Umscharten Erlauten ists.

SECHARJA

In der achten Mondneuung im zweiten Jahr des Darius
geschah SEINE Rede zu Secharja Sohn Berechjas Sohns Iddos,
   dem Künder, im Spruch:
Grimmig war ICH über eure Väter ergrimmt,
nun aber sprich zu ihnen:
So hat ER der Umscharte gesprochen:
Kehret um zu mir,
ist SEIN des Umscharten Erlauten,
und ich kehre um zu euch,
So hat ER der Umscharte gesprochen:
Seid nimmer wie eure Väter,
denen die frühen Künder zuriefen, sprechend:
So hat ER der Umscharte gesprochen:
Kehret doch um
von euren bösen Wegen,
von euren bösen Geschäften!
Aber sie hörten nicht,
sie merkten nicht auf mich.
ist SEIN Erlauten.
Eure Väter,
wo sind sie?!
und die Künder,
können auf Weltzeit sie leben?!
Jedoch meine Reden
und meine Festsetzungen,
die ich meinen Knechten, den Kündern, entbot,
haben sie nicht eure Väter erreicht?
Dann kehrten sie um,
sie sprachen:
Gleichwie ER der Umscharte gesonnen hatte uns zu tun,
nach unsern Wegen und nach unsern Geschäften,
so hat er an uns getan.

Am vierundzwanzigsten Tag auf die elfte Mondneuung, das
   ist der Monat Schbat,
im zweiten Jahr des Darius
geschah SEINE Rede zu Secharja Sohn Berechjahus Sohns Iddos, dem Künder, im Spruch.

Ich sah heutnachts,
da, ein Mann auf rotem Pferde reitend,
der hält zwischen den Myrten, denen im Hohl,
und hinter ihm Pferde, rote, fuchsige und weiße.
Ich sprach:
Was sind diese, mein Herr?
Der Bote, der an mich redet, sprach zu mir:
Ich lasse dich sehn, was diese hier sind.
Der Mann aber, der zwischen den Myrten hielt, antwortete,
   sprach:
Diese sinds, die ER gesandt hat,
das Erdland zu begehen.
Sie antworteten SEINEM Boten, der zwischen den Myrten
   hielt, sprachen:
Das Erdland haben wir begangen,
und da, gelassen ruht alles Erdland.
SEIN Bote antwortete, sprach:
DU, Umscharter,
bis wann noch willst selber du dich nicht erbarmen
Jerusalems und der Städte Jehudas,
denen du siebzig Jahre nun grollst?
ER antwortete dem Boten, der an mich redet,
gute Rede, tröstliche Rede.
Der Bote, der an mich redet, sprach zu mir:
Rufe, sprich:
So hat ER der Umscharte gesprochen:
Ich eifre um Jerusalem und um Zion
eines großen Eifers,
und eines großen Grimms
bin ich ergrimmt über die sorglosen Stämme,
da ein weniges nur ich ergrimmt war,
die aber halfen zum Bösen.
Darum,

so hat ER gesprochen,
kehre ich Jerusalem mich zu im Erbarmen,
mein Haus wird darinnen gebaut,
Erlauten ists von IHM dem Umscharten,
über Jerusalem wird die Richtschnur gespannt.
Nochmals rufe, sprich:
So hat ER der Umscharte gesprochen:
Noch werden meine Städte vom Guten überfließen! –
Leid wirds IHM Zions noch,
er wählt nochmals Jerusalem.

Ich erhob meine Augen, ich sah,
da waren vier Hörner.
Ich sprach zu dem Boten, der an mich redet:
Was sind diese?
Er sprach zu mir:
Diese sind die Hörner,
die Jehuda, Jifsrael, Jerusalem zerstreuten.
ER aber ließ mich vier Schmiede sehn.
Ich sprach:
Was kommen diese zu tun?
Er sprach den Spruch:
Diese Hörner,
die Jehuda zerstreuten,
dermaßen, daß niemand sein Haupt hob,
sie zu scheuchen sind nun diese gekommen,
abzuwerfen die Hörner der Stämme,
die wider das Land Jehuda hoben das Horn.
es zu zerstreuen.

Ich hob meine Augen und sah,
da war ein Mann,
eine Meßschnur in seiner Hand.
Ich sprach:
Wohin gehst du?
Er sprach zu mir:
Jerusalem zu messen,
zu sehn,
wieviel seine Breite,

wieviel seine Länge sei.
Da trat der Bote, der an mich redet, vor,
und ein anderer Bote trat ihm entgegen,
er aber sprach zu ihm:
Lauf,
rede zu dem Burschen dort, sprich:
Dorfoffen soll Jerusalem siedeln,
ob der Menge von Menschen und Vieh ihm inmitten,
selber ich werde für es,
ist Sein Erlauten.
eine Feuermauer ringsum,
und zum Ehrenschein werde ich ihm inmitten.

Hui! hui!
flieht aus dem Lande des Nordens!
ist Sein Erlauten.
Habe ich euch ja wie die vier Winde des Himmels zerbreitet!
ist Sein Erlauten.
Hui! nach Zion entrinne,
Ansassin der Tochter Babel!
Denn so hat Er der Umscharte gesprochen,
der mich um Ehre entsandt hat,
von den Weltstämmen, die euch beuten:
Ja, wer euch anrührt, rührt meinen Augapfel an!
ja denn, da schwinge ich meine Hand wider sie,
Beute werden sie ihren Knechten!
  – Dann werdet ihr erkennen,
   daß mich Er der Umscharte gesandt hat. –
Jauchze, freue dich, Tochter Zion,
denn da komme ich,
daß ich einwohne dir inmitten,
ist Sein Erlauten.
Viele Weltstämme hangen Mir an
an jenem Tag,
sie werden mir zum Volk,
da ich einwohne dir inmitten.
  – Dann wirst du erkennen,
daß mich Er der Umscharte gesandt hat zu dir:
als sein Teil eignet Er sich Jehuda zu

auf dem Heiligkeitsboden,
nochmals wählt er Jerusalem.
Still, alles Fleisch, vor IHM!
Denn schon regt er sich
vom Hag seiner Heiligkeit.

Er ließ mich Jehoschua den Großpriester sehn,
wie er stand vor SEINEM Boten,
und der Hinderer stand ihm zur Rechten,
ihn zu behindern.
ER aber sprach zum Hinderer
– ER verschelte dich, Hinderer,
ER verschelte dich, der Jerusalem wählt –:
Ist dieses nicht ein Scheit,
aus dem Feuer gerettet?!
Und Jehoschua war mit schmutzigen Gewändern bekleidet,
so stand er vor dem Boten.
Der entgegnete,
er sprach zu denen, die vor ihm standen, sprach:
Streift die schmutzigen Gewänder ihm ab!
Zu ihm aber sprach er:
Sieh,
ich habe deinen Fehl von dir abgetan
und lasse in Festtracht dich kleiden.
Und sprach:
Man setze einen reinen Bund ihm aufs Haupt!
Sie setzten den reinen Bund ihm aufs Haupt,
sie bekleideten ihn mit Gewändern,
und SEIN Bote stand dabei.
Dann bezeugte SEIN Bote dem Jehoschua, sprechend:
So hat ER der Umscharte gesprochen:
Gehst du in meinen Wegen,
wahrst du meine Verwahrung,
sollst dus auch sein, der bescheidet mein Haus,
sollst du auch meiner Höfe wahren,
ich will dir Zugänge geben
zwischen diesen Stehenden hier.
Höre doch, Jehoschua, Großpriester,
du und deine Genossen, die vor dir sitzen
– sie sind ja Männer des Erweises –:
Ja, wohlan, ich lasse kommen
meinen Knecht »Sproß«.
Ja, wohlan, der Stein,
den ich vor Jehoschua hin gebe,
auf dem einen Stein sieben Augen,

ich selber, wohlan, steche ihm den Siegelstich ein,
Erlauten ists von IHM dem Umscharten,
weichen lasse ich den Fehl jenes Landes
an Einem Tag.
An jenem Tag,
Erlauten ists von IHM dem Umscharten,
rufet ihr jedermann seinen Genossen
unter den Weinstock, unter den Feigenbaum.

Der Bote, der an mich redet, kehrte sich um,
er weckte mich wie einen Mann, der aus dem Schlafe geweckt
    wird.
Er sprach zu mir:
Was siehst du?
Ich sprach:
Ich habe gesehn,
da, ein Leuchter, golden ganz, und seine Kugelampel ihm zu-
    häupten,
und seine sieben Lichte darauf: sieben,
und sieben Gießrohre für die Lichte, die ihm zuhäupten waren,
und zwei Ölbäume daran, einer zur Rechten der Ampel und
    einer an ihrer Linken.
Ich entgegnete weiter, ich sprach zu dem Boten, der an mich
    redet, sprach:
Was sind diese, mein Herr?
Der Bote, der an mich redet, entgegnete, er sprach zu
    mir:
Hast du nicht erkannt, was diese hier sind?
Ich sprach:
Nein, mein Herr.
Er entgegnete, er sprach zu mir, sprach:
    Dies ist SEINE Rede zu Serubbabel, der Spruch:
    Nicht durch Macht und nicht durch Kraft,
    sondern durch meinen Geistbraus!
    hat ER der Umscharte gesprochen.
    Wer bist du, großer Berg!
    vor Serubbabel zur Ebne!
    Hervor holt er den Giebelstein, –
    Jubelrufe: Gunst, Gunst dem!

Und SEINE Rede geschah zu mir, es sprach:
Serubbabels Hände haben dies Haus gegründet,
seine Hände werden es fertigmachen
[dann werdet ihr erkennen,
daß mich ER der Umscharte gesandt hat zu euch].
Ja, wer verachtete den Tag der Geringheit,
sie freuen sich dann:
sie sehen den Stein der Aussonderung in der Hand Serub-
     babels.
Diese sieben,
SEINE Augen sind das, die all die Erde durchschweifen.
Ich entgegnete, ich sprach zu ihm:
Was sind diese zwei Ölbäume an der Rechten des Leuchters
     und an seiner Linken?
Ich entgegnete ein zweites Mal, ich sprach zu ihm:
Was sind die beiden Ölbaumwipfel, die zuhanden der zwei
     Goldtrichter, die das Goldige von sich entleeren?
Er sprach zu mir, sprach:
Hast du nicht erkannt, was diese sind?
Ich sprach:
Nein, mein Herr.
Er aber sprach:
Diese sind die zwei Söhne des Glanzsafts,
die bei dem Herrn alles Erdlands stehen.

Wieder hob ich meine Augen und sah,
da, eine Buchrolle, fliegend.
Er aber sprach zu mir:
Was siehst du?
Ich sprach:
Ich sehe eine Buchrolle fliegen,
ihre Länge zwanzig nach der Elle, ihre Breite zehn nach der
     Elle.
Er sprach zu mir:
Dies ist der Eidfluch,
der ausfährt übers Antlitz all des Landes.
Denn alles, was stiehlt,
ihm nach wirds von hier weggeräumt,
und alles, was schwört,

ihm nach wirds von hier weggeräumt.
Ausfahren lasse ich ihn,
Erlauten ists von I H M dem Umscharten,
daß er komme ins Haus des Stehlers
und ins Haus dessen, der schwört bei meinem Namen zum
　　Lug,
inmitten seines Hauses nachte
und samt seinen Holzbalken und seinen Steinen es vertilge.

Der Bote, der an mich redet, trat heraus, er sprach zu mir:
Hebe doch deine Augen und sieh,
was dieser Ausfahrende ist!
Ich aber sprach:
Was ist es?
Er sprach:
Dies ist der ausfahrende Scheffel.
Weiter sprach er:
Dies ist ihr Fehl in allem Erdland.
Da hob sich eine Bleiplatte ab,
nun saß inmitten des Scheffels ein Weib.
Er sprach:
Dies ist die Bosheit.
Er warf sie mitten in den Scheffel zurück
und warf den Bleistein auf dessen Mündung.
Ich hob meine Augen und sah,
da fuhren zwei Weiber aus,
Wind war in ihren Flügeln,
Flügel aber hatten die wie die Flügel des Storchs.
Sie hoben den Scheffel zwischen das Erdland und den
　　Himmel.
Ich sprach zu dem Boten, der an mich redet:
Wohin bringen die den Scheffel?
Er sprach zu mir:
Ein Haus ihm im Lande Schinar zu bauen, –
ist das erstellt,
auf sein Gestell wird er dort niedergelassen.

Wieder hob ich meine Augen und sah,
da, vier Wagen, ausfahrend zwischen den zwei Bergen,

die Berge aber waren Berge von Erz.
Am ersten Wagen die Pferde rot,
am zweiten Wagen die Pferde schwarz,
am dritten Wagen die Pferde weiß,
am vierten Wagen die Pferde gescheckt,
gestraffte.
Ich entgegnete, sprach zu dem Boten, der an mich redet:
Was sind diese, mein Herr?
Der Bote entgegnete, er sprach zu mir:
Dies sind die vier Brausewinde des Himmels,
ausfahrend,
nachdem sie den Herrn alles Erdlands umstanden haben.
Woran die schwarzen Pferde sind,
die fahren aus nach dem Nordland,
die weißen aber fahren hinter ihnen her,
und die gescheckten fahren aus nach dem Südland.
So fuhren die Gestrafften aus, sie trachteten, vorwärts zu
    gehn,
zu begehen das Erdland.
Er aber sprach:
Geht, begeht das Erdland!
Sie begingen das Erdland.
Er aber schrie mir zu, er sprach zu mir, sprach:
Sieh die nach dem Nordland Ausfahrenden an!
sie lassen meinen Geistbraus im Nordland nieder.

Seine Rede geschah zu mir, es sprach:
Du sollst von der Verschlepptenschaft nehmen,
von Cheldaj, von Tobija, von Jedaja,
– komm du an ebendem Tag,
komm in das Haus Joschijas Sohns Zfanjas –,
die von Babel gekommen sind,
nimm Silber und Gold,
mache eine Reifenkrone,
setze sie auf das Haupt Jehoschuas Sohns Jehozadaks, des
    Großpriesters,
sprich zu ihm den Spruch:
So hat ER der Umscharte gesprochen, im Spruch:
Da ist ein Mann,

Sproß ist sein Name,
von seinem Boden sprießt er empor,
er baut MEINE Halle.
Er ists, der bauen soll MEINE Halle,
er ists, der tragen soll Hehre,
auf seinem Thron soll er sitzen, soll walten,
ein Priester aber soll sein
auf seinem eigenen Thron,
und Friedensrat soll sein zwischen beiden.
Die Reifenkrone aber soll sein
des Chelem, des Tobija und des Jedaja
und zu einem Gunstzeichen des Zfanjasohns
zum Gedächtnis in MEINER Halle.
– Ferne werden kommen,
werden bauen an SEINER Halle,
dann werdet ihr erkennen,
daß ER der Umscharte mich gesandt hat zu euch.
Das wird geschehen,
hört ihr nur, hört auf SEINE eures Gottes Stimme.

Es geschah im vierten Jahr des Königs Darius,
da geschah SEINE Rede zu Secharja,
am vierten auf die neunte Mondneuung, im Kißlew.
Gesandt hatte Betel
- Scharezer und Regemmelech und seine Leute -,
SEIN Antlitz zu sänftigen,
zu sprechen zu den Priestern, die an SEINEM des Umscharten
    Haus waren, und zu den Kündern, zu sprechen:
Soll ich weinen im fünften Mond, mich geweiht haltend,
wie ichs getan habe so viele Jahre schon?
Da geschah SEINE des Umscharten Rede zu mir, es sprach:
Sprich zu aller Volkschaft des Lands und zu den Priestern,
    sprich:
Wenn ihr fastetet, wehklagend, im Fünften und im Siebenten,
nun siebzig Jahre,
bin ichs, dem ihr das Fasten gefastet habt?!
Und wenn ihr esset und wenn ihr trinket,
seid nicht ihr die Essenden, ihr die Trinkenden?!
- Ist nicht das die Rede,
die ER durch die frühen Künder rief,
als Jerusalem noch besiedelt und befriedet war
und seine Städte rings um es
und der Mittaggau und die Niedrung besiedelt?! -
SEINE Rede geschah weiter zu Secharja, es sprach:
So hat ER der Umscharte gesprochen, den Spruch:
»Richtet treues Gericht!
Übet Holdschaft und Erbarmen
jedermann an seinem Bruder!
Witwe und Waise,
Gastsassen und Niedergebeugten
presset nimmer!
Böses ein Mann seinem Bruder
sollt nimmer in eurem Herzen ihr planen!«
Aber sie weigerten sich aufzumerken,
sie machten die Schulter widerspenstig,
ihre Ohren täubten sie gegens Hören,
ihr Herz wandelten sie zu Demant
gegen das Hören der Weisung und der Rede,
die ER der Umscharte in seinem Geistbraus sandte

durch die frühen Künder.

Da geschah ein großer Grimm von Ihm dem Umscharten aus,
es geschah: gleichwie er rief und sie nicht hörten,
»so sollen sie rufen und ich werde nicht hören«,
hat Er der Umscharte gesprochen.
Ich verstürmte sie über die Weltstämme all,
die sie nicht gekannt haben,
verstarrt blieb hinter ihnen das Land,
ohne Ziehende, ohne Kehrende,
das köstliche Land haben sie zu Starrnis gewandelt.
Seine Rede geschah weiter, zu sprechen:
So hat Er der Umscharte gesprochen:
»Ich eifre um Zion
eines großen Eifers,
in großer Glut eifre ich drum.«
So hat Er gesprochen:
»Ich kehre nach Zion,
ich wohne ein
inmitten Jerusalems.«
　– Jerusalem wird gerufen:
　Stadt der Treue,
　und Sein des Umscharten Berg:
　Berg der Heiligkeit. –
So hat Er der Umscharte gesprochen:
»Noch werden sitzen
Greise und Greisinnen
auf den Plätzen Jerusalems,
jedermann seinen Stützstab in seiner Hand wegen der Menge
　der Tage.
Und die Plätze der Stadt werden voll sein von Knaben und
　Mädchen,
die auf ihren Plätzen spielen.«
So hat Er der Umscharte gesprochen:
»Wenn das in den Augen des Überrests dieses Volkes wunder-
　bar ist in den Tagen da,
soll es auch in meinen Augen wunderbar sein?«
Erlauten ists von Ihm dem Umscharten.
So hat Er der Umscharte gesprochen:
»Wohlan, ich befreie mein Volk

aus dem Land des Sonnenaufgangs und aus dem Land der
    Sonnenrüste,
ich bringe sie herbei,
einwohnen sollen sie
in der Mitte Jerusalems,
sie sollen mir werden zum Volk
und ich, ich will ihnen werden zum Gott
in Treue und in Wahrhaftigkeit.«
So hat E R der Umscharte gesprochen:
Mögen festigen sich eure Hände,
die ihr in diesen Tagen hört diese Rede aus dem Munde der
    Künder!
    – Ihrer, die da sind am Tag, wenn gegründet ward SEIN des
        Umscharten Haus,
    die Tempelhalle, um erbaut zu werden. –
Denn vor den Tagen da
wurde dem Menschen nicht Lohn
und kein Lohn war dem Vieh,
dem Hinauswandernden, dem Hereinkommenden
war kein Friede vor dem Bedränger,
ich ließ alles Menschentum los,
jedermann wider seinen Genossen.
Jetzt aber
bin ich nicht wie in frühern Tagen für den Überrest dieses
    Volks,
Erlauten von I H M dem Umscharten,
nein, Saat des Friedens ists!
Der Weinstock gibt seine Frucht,
das Erdland gibt sein Gewächs,
der Himmel gibt seinen Tau,
all das eigne ich zu
dem Überrest dieses Volks.
Werden solls:
Wie ihr eine Verwünschung seid worden
unter den Weltstämmen,
Haus Jehuda und Haus Jifsrael,
so befreie ich euch,
daß ihr Segen werdet.
Fürchtet euch nimmer,

mögen festigen sich eure Hände!
Ja, so hat ER der Umscharte gesprochen:
Gleichwie ich gesonnen habe euch Böses zu tun,
als eure Väter mich ergrimmten
– ER der Umscharte hats gesprochen –,
und ließ mirs nicht leidwerden,
so sinne umkehrig ich in diesen Tagen,
Jerusalem und dem Hause Jehuda Gutes zu tun:
fürchtet euch nimmer!
Dies ist die Rede, die ihr betätigen sollt:
Redet treulich
jedermann zu seinem Genossen,
Treue und Friedensrecht richtet in euren Toren!
Ein Mann Böses seinem Genossen,
planets nimmer in eurem Herzen,
den Lügenschwur liebet nimmer!
denn all dies ist, was ich hasse,
ist SEIN Erlauten.
SEINE des Umscharten Rede geschah weiter zu mir, es
    sprach:
So hat ER der Umscharte gesprochen:
Das Fasten des Vierten, das Fasten des Fünften, das Fasten des
    Siebenten, das Fasten des Zehnten,
werden solls dem Hause Jehuda zu Lust, zu Freude, zu guten
    Festgezeiten, –
aber die Treue und den Frieden liebet!
So hat ER der Umscharte gesprochen,
Noch ists, daß Völker kommen,
Insassen vieler Städte,
und die Insassen der einen gehen zu einer andern,
um zu sprechen:
Den Gang wollen wir gehn,
SEIN Antlitz zu sänftigen!
und:
IHN den Umscharten aufzusuchen
gehen will auch ich!
Sie kommen,
viele Völker,
mächtige Stämme,

IHN den Umscharten aufzusuchen
in Jerusalem,
SEIN Antlitz zu sänftigen.
So hat ER der Umscharte gesprochen:
In jenen Tagen ists,
da werden fassen zehn Männer
von allen Stämmewelt-Zungen,
anfassen den Rockzipfel eines jüdischen Mannes,
sprechend:
Mit euch wollen wir gehn,
denn, wir habens gehört,
Gott ist mit euch.

Die Last SEINER Rede ist auf dem Lande Chadrach,
Damaskus ist ihre Niederlassung
– denn ein Auge hat ER auf die Menschen
und alle Jifsraelstäbe –,
auch Chamat, das daran grenzt,
Tyrus und Sidon, das ist ja sehr weise.
Tyrus baute einen Türmewall sich,
es schichtete Silber wie Staub,
gelbes Gold wie Gassenkot.
Nun enterbt es mein Herr,
seine Wehr schlägt er ins Meer,
es selber wird vom Feuer gefressen.
Askalon muß es sehn, muß sich fürchten,
Gasa, und muß winden sich sehr,
Ekron, denn sein Blickziel ist zuschanden geworden.
Bald schwindet der König aus Gasa,
Askalon ist unbesiedelt,
Bastardenbrut siedelt in Aschdod.
»Die Hoffart der Philister rotte ich aus,
seine Blutmähler tue ich ihm aus dem Mund,
seine Greuelspeisen ihm zwischen den Zähnen hinweg.«
Dann bleibt auch er als ein Rest unserm Gott,
er wird wie ein Häuptling in Jehuda
und Ekron wie die Jebußiterstadt.
»Ich lagre vor meinem Haus als ein Posten,
Ziehenden und Kehrenden entgegen,
nicht wieder überzieht sie ein Treiber,
denn mit meinen Augen sehe ichs jetzt an.«

Juble sehr, Tochter Zion,
schmettre, Tochter Jerusalem!
nun kommt dir dein König,
ein Erwahrter und Befreiter ist er,
ein Gebeugter, und reitet auf dem Esel,
auf dem Füllen, dem Grautierjungen.
– »Streitgefährt tilge ich aus Efrajim,
Roßmacht aus Jerusalem,
ausgetilgt wird der Bogen des Kriegs.« –
Er redet den Weltstämmen Frieden,

von Meer zu Meer ist sein Walten,
vom Strom bis an die Ränder der Erde.
»Auch du: um das Blut deines Bundes
schicke ich los die Gefesselten dein
aus der Grube, drin kein Wasser ist.«
Kehret zur Steilburg zurück,
auf Hoffnung Gefesselte ihr!
auch der heutige Tag meldet es neu:
»Doppelmaß erstatte ich dir.«
Denn:
»Ich habe mir Jehuda als Bogen gespannt,
den Efrajimköcher gefüllt,
noch schwinge deine Söhne ich, Zion
– über deine Söhne, Griechenland –,
ich mache dich einem Heldenschwert gleich.«
Über ihnen läßt ER sich sehn,
dem Blitz gleich fährt sein Pfeil aus,
in die Posaune stößt mein Herr, ER,
er geht in den südlichen Stürmen,
sie umschildet ER der Umscharte.
  – Die Schleudersteine fressen bezwingend,
    saufen tosend wie Wein,
    werden wie die Blutsprenge voll, –
    wie die Ecken der Schlachtstatt.
ER ihr Gott befreit sie
an jenem Tag als seine Volksschafe.
Ja,
des Weihreifs Edelgestein,
überglitzern sie seinen Boden.
Ja,
wie ist doch SEINE Gutheit,
wie SEINE Schöne!
Korn läßt er, Jünglinge,
und Most, Maiden, gedeihn.

Erbittet Regen von IHM
in des Lenzschauers Zeit!
Wetterstrahlen macht ER,
wird Regenerguß ihnen geben,
für jedermann Kraut auf dem Feld.
Denn Arg haben die Wunschlarven geredet,
Lug die Wahrsager geschaut,
den Wahn redeten die Träume,
ihr Trösten war Dunst.
Darum haben sie ziehn müssen wie Schafe,
elend, denn da war kein Hirt.

»Über die Hirten entflammt ist mein Zorn,
über die Leitböcke will ich Musterung halten.«
Ja, ER der Umscharte mustert
seine Herde, das Haus Jehuda,
er macht sie gleich einem Roß,
das im Krieg seine Hehre erzeigt.
Daraus geht die Zinne hervor,
daraus der Zeltpflock,
daraus der Bogen des Kriegs,
daraus alles Treibertum mitsammen.
Sie werden Helden gleich,
in den Gassenkot niederstampfend im Krieg,
sie kriegen,
denn ER ist bei ihnen,
sie machen die Rossereiter zuschanden.
»Heldisch lasse das Haus Jehudas ich werden,
das Haus Joſsefs befreie ich,
heimkehren lasse ich sie,
denn ich habe mich ihrer erbarmt.
Sie werden,
als hätte mich nie ihrer gewidert,
denn ICH bin ihr Gott
und willfahre ihnen.«
Sie werden wie heldengleich,
die von Efrajim,
fröhlich ist ihr Herz wie von Wein,
ihre Söhne sehens, sie freun sich,
ihr Herz jubelt um IHN.
»Ich pfeife ihnen zu
und hole sie zuhauf,
denn ich habe sie ausgelöst,
mehren sollen sie sich,
wie sie sich gemehrt haben einst.
Säe ich sie auch unter die Völker,
in den Fernen gedenken sie mein,
aufleben sollen sie mit ihren Söhnen,
heimkehren sollen sie.
Heimkehren lasse ich sie aus dem Land Ägypten,
aus Assyrien hole ich sie zuhauf,

ins Land Gilad und Libanon lasse ich sie kommen,
und es langt ihnen nicht zu.«
Er durchzieht das Meer mit Drangsal,
er schlägt im Meere die Wogen,
alle Strudel des Flusses versiegen,
gesenkt wird die Hoheit Assyriens
und der Stab Ägyptens weicht.
»Heldisch lasse ich sie werden durch MICH,
in meinem Namen ergehen sie sich«,
ist SEIN Erlauten.

Öffne, Libanon, deine Pforten,
und Feuer fresse deine Zedern!
Heule, Wacholder,
daß gefallen ist die Zeder,
da die Herrlichen überwältigt wurden!
Heulet, Eichen Baschans,
dem der steile Wald ist gesenkt!
Da schallt Heulen der Hirten,
denn ihre Herrlichkeit ward überwältigt,
da schallt Brüllen der Jungleun,
denn überwältigt ward die Hoheit des Jordans.

So hat ER, mein Gott, gesprochen:
»Weide die Schafe der Metzelung,
deren Erwerber sie abmetzeln
und müssens nicht büßen,
und ihre Verkäufer, das spricht:
Gesegnet ER, ich bereichere mich!
und ihre Weidehirten,
das will ihrer nicht schonen.
Denn schonen will ich nicht mehr
der Insassen des Erdlands,
ist SEIN Erlauten,
ich lasse nun die Menschheit geraten
jedermann in die Hand seines Hirten
und in die Hand seines Königs,
die mögen das Erdland zertrümmern,
und ich rette aus ihrer Hand nicht.«
Ich weidete die Schafe der Metzlung
für die Schafhändler:
ich nahm mir zwei Stecken,
einen rief ich »Freundschaft«
und einen rief ich »Verbundenheit«,
die drei Hirten aber ließ ich scheiden in einem Monat.
Doch mir zog sich über sie die Seele zusammen,
und auch ihre Seele wurde mein überdrüssig.
Ich sprach:
Ich will euch nicht weiden,
das Sterbende mag sterben,
das sich Abscheidende mag scheiden,
und die als Rest verblieben,
mögen jedes des Genossen Fleisch fressen.
Ich nahm meinen Stecken, die »Freundschaft«,
ich hieb ihn entzwei,
meinen Bund zu sprengen,
den ich mit allen Völkern geschlossen hatte.
Gesprengt ward der an jenem Tag,
so erkannten die Schafhändler,
diejenigen, die mein achteten,
daß SEINE Rede das war.
Ich sprach zu ihnen:

Ists gut in euren Augen,
überreicht mir meinen Lohn,
ists aber nicht, laßt es.
Sie wogen mir meinen Lohn zu,
dreißig Silberlinge.
ER aber sprach zu mir:
Wirf dem Schatzverweser sie hin,
den Wert, den ich ihnen wert bin.
Ich nahm die dreißig Silberlinge,
ich warfs in SEIN Haus, dem Schatzverweser hin.
Dann hieb ich meinen anderen Stecken, die »Verbundenheit«,
   entzwei,
die Brüderschaft zwischen Jehuda und Jiſrael zu sprengen.
ER aber sprach zu mir nochmals:
Nimm dir des Narrenhirten Geräte!
Denn nun erstelle ich selber einen Hirten im Land,
die sich Abscheidenden ordnet er nicht ein,
das Junge sucht er nicht auf,
das Gebrochne heilt er nicht,
er versorgt nicht das Steifgewordne,
aber das Fleisch des Gemästeten ißt er
und zerkliebt ihnen die Klauen.
Weh,
mein nichtiger Hirt,
der die Schafe im Stich läßt!
Schwert über seinen Arm,
über sein rechtes Auge!
sein Arm dorre, verdorre,
sein rechtes Auge lösche, erlösche!

Lastwort Seiner Rede über Jifsrael,
Erlauten von Ihm,
der den Himmel ausspannt,
der die Erde gründet,
der den Geist des Menschen ihm im Innern bildet:
Wohlan, ich mache Jerusalem
zu einer Taumelschale allen Völkern ringsum.
   – Und die wird über Jehuda auch sein,
   in der Einengung Jerusalems. –
Geschehn wirds an jenem Tag,
machen will ich Jerusalem
zu einem Bürdestein allen Völkern.
   – Die ihn sich aufbürden alle
   ritzen, ritzen sich daran wund. –
wider es werden sich rotten
alle Stämme der Erde.
An jenem Tag,
ist Sein Erlauten,
schlage ich alljedes Roß mit Verwirrung
und seine Reiter mit Irrung, –
überm Hause Jehuda halte offen ich meine Augen,
aber alljedes Roß der Völker schlage ich mit Erblindung.
Dann sprechen in ihrem Herzen die Häuptlinge Jehudas:
Stärkung sind mir die Insassen Jerusalems
durch Ihn den Umscharten, ihren Gott.
An jenem Tag
mache ich die Häuptlinge Jehudas
gleich einem Feuerbecken im Holzstoß,
gleich einer Feuerfackel im Garbenhaufen,
daß sie verzehren rechtshin und linkshin
alle Völker ringsum,
und Jerusalem siedelt wieder an seinem Platz,
in Jerusalem.
   – Aber befreien wird Er die Zelte Jehudas zuerst,
   damit nicht allzu groß werde das Prunken des Hauses Dawids
   und das Prunken des Insassen Jerusalems gegen Jehuda.
   An jenem Tag wird Er beschilden
   den Insassen Jerusalems,
   geschehen wirds:

der Strauchelnde unter ihnen ist an jenem Tage gleich Dawid,
das Haus Dawids aber einer Gottesmacht gleich,
gleich seinem Boten ihnen voran. –
Geschehn wirds an jenem Tag,
ich trachte alle Stämme zu rotten,
die gekommen sind gegen Jerusalem.
Aber ausschütten will ich
über das Haus Dawids
und über den Insassen Jerusalems
einen Geist von Gunst und Gunsterflehn,
aufblicken werden sie zu mir.
Den sie erstochen haben,
nun werden sie um ihn jammern
gleich dem Jammer um den Einzigen,
bitter klagen um ihn,
wie man bitter klagt um den Erstgebornen,
groß wird an jenem Tag in Jerusalem der Jammer
gleich dem Jammer um Hadad-Rimmon in der Ebene von
    Megiddo,
jammern wird das Land je Sippen, Sippen gesondert,
die Sippe des Hauses Dawids gesondert und ihre Weiber ge-
    sondert,
die Sippe des Hauses Natans gesondert und ihre Weiber ge-
    sondert,
die Sippe des Hauses Lewis gesondert und ihre Weiber ge-
    sondert,
die Schimisippe gesondert und ihre Weiber gesondert,
alle restlichen Sippen je Sippen, Sippen gesondert und ihre
    Weiber gesondert.

An jenem Tag wird eine Quelle eröffnet sein
dem Hause Dawids und den Insassen Jerusalems
gegen Versündigung und Befleckung.
Geschehn wirds an jenem Tag,
Erlauten ists von Ihm dem Umscharten,
ich tilge aus dem Lande die Namen der Schnitzpuppen,
ihrer wird nicht nochmals gedacht,
und auch die Künder und den Geist des Makels
räume ich aus dem Land.

Geschehen wirds,
wenn jemand noch kündet,
sprechen zu ihm sein Vater und seine Mutter, seine Erzeuger:
Du sollst nicht leben,
denn Lüge hast du in SEINEM Namen geredet!
ihn erstechen sein Vater und seine Mutter, seine Erzeuger,
da er gekündet hat.
Geschehn wirds an jenem Tag,
die Künder schämen sich, jedermann seiner Schau,
daß er gekündet hat,
und sie kleiden sich nicht in den härenen Mantel,
um sich zu verleugnen.
Der spricht: Ich bin nicht ein Künder,
ich bin ein Mann des Ackerdienstes,
denn dem Acker hat man mich geworben von meiner Jugend
　　an.
Spricht man aber zu ihm: Was sind das für Wundenschläge
　　zwischen deinen Armen?,
spricht er: Es ist, daß ich wundgeschlagen wurde im Haus
　　meiner Liebschaft.

Schwert!
erwache gegen meinen Hirten,
gegen den mir zugesellten Mann!
Erlauten ists von IHM dem Umscharten.
Schlage den Hirten,
daß sich die Schafe zerstreuen,
gegen die Buben kehre ich meine Hand.
Geschehn wirds in all dem Land,
Erlauten von IHM ists,
zwei Teile darin werden ausgetilgt, sie vergehn,
und ein Drittel, es überbleibt drin.
Ins Feuer lasse das Drittel ich kommen,
ich schmelze sie, wie man Silber schmelzt,
ich prüfe sie, wie man Gold prüft.
Das, anrufen wirds meinen Namen,
und ich, willfahren werde ich ihm,
ich spreche:
Mein Volk ist das!
und es wird sprechen:
DU, mein Gott!

Wohlan,
ein Tag kommt für IHN,
da wird deine Beute geteilt dir im Innern.
»Ich hole alle Weltstämme zusammen
wider Jerusalem zum Krieg«,
die Stadt wird erobert,
die Häuser werden geplündert,
und die Weiber werden beschlafen,
die Hälfte der Stadt zieht in die Verschleppung aus,
doch das übrige Volk wird aus der Stadt nicht getilgt.
Aber dann zieht ER aus,
er kriegt mit jenen Stämmen,
wie am Tag seines Kriegens,
an dem Tage des Nahkampfs.
Seine Füße stehn an jenem Tag auf dem Ölberg,
dem vor Jerusalem östlich,
der Ölberg spaltet sich,
gehälftet, sonnaufgangwärts und meerwärts,
zu einer sehr großen Schlucht,
nordwärts weicht die Hälfte des Bergs,
mittagwärts seine andere Hälfte.
In die Bergschlucht werdet ihr fliehn,
  – denn die Bergschlucht reicht bis zur Achselwand, –
ihr werdet fliehn, wie ihr vor dem Erdbeben floht
in den Tagen Usijas Königs von Jehuda.
Dann kommt ER, mein Gott, –
alle Heiligen sind bei dir.

Geschehn wirds an jenem Tag,
nicht wird mehr dasein das Licht:
die Köstlichen werden gefrieren.
Ein einziger Tag wird es sein,
als der SEINE gibt der sich zu erkennen,
das ist nicht Tag und nicht Nacht,
aber es wird geschehn,
zur Abendzeit wird dasein ein Licht.
Geschehn wirds an jenem Tag,
ausfahren werden lebendige Wasser
von Jerusalem,

eine Hälfte ihrer zum östlichen Meer
und eine Hälfte ihrer zum äußeren Meer,
im Sommer und im Winter geschiehts.
ER wird werden zum König
über alles Erdland.
An jenem Tag
wird ER der Einzige sein
und sein Name der einzige.
Er umspannt alles Land wie mit einer Steppe
von Gaba nach Rimmon im Mittag von Jerusalem,
es selber ragt auf, siedelt an seinem Platz
vom Binjamintor bis zum Orte des frühern Tors, bis zum
    Ecktor, und vom Chananelturm bis zu den Königskeltern,
sie siedeln darin, und ein Bann ist nicht mehr,
in Sicherheit siedelt Jerusalem.

Dies aber wird der Niederstoß sein,
mit dem ER auf alle Völker stößt,
die sich wider Jerusalem scharten:
er läßt einem modern das Fleisch,
während er auf den Füßen steht,
seine Augen modern in ihren Höhlen,
seine Zunge modert in seinem Mund.
    – Geschehn wirds an jenem Tag,
    eine große Verstörung durch IHN wird unter ihnen sein,
    sie fassen jedermann die Hand des Genossen,
    dessen Hand hebt sich wider die Hand des Genossen.
    Und auch Jehuda kriegt in Jerusalem,
    eingesammelt wird die Macht all der Stämme rings,
    Gold und Silber und Gewänder, sehr viel. –
Und so wird der Niederstoß sein
gegen Roß, Maultier, Kamel, Esel und alles Vieh,
was immer in jenen Lagern sein wird,
diesem Niederstoß gleich.

Geschehen wirds,
alles Überbliebne von allen Stämmen, die wider Jerusalem
    kamen,
die steigen Jahr für Jahr nun heran,

sich hinzuwerfen vor dem König, IHM dem Umscharten,
und den Festreihn der Hütten zu reihen.
Geschehen wirds,
welche von den Sippen des Erdlands nicht heransteigt nach
    Jerusalem,
sich hinzuwerfen vor dem König, IHM dem Umscharten,
über ihnen wird Regen nicht sein.
Und steigt die Ägyptersippe nicht heran,
und es kommt nicht so, auf sie trifft es nicht zu,
soll doch der Niederstoß geschehn,
mit dem ER auf die Stämme stößt, die nicht heransteigen, den
    Festreihn der Hütten zu reihen.
Dies wird die Entsündung Ägyptens sein
und die Entsündung all der Stämme, die nicht heransteigen,
    den Festreihn der Hütten zu reihen.

An jenem Tag wirds noch auf den Schellen der Rosse sein:
    »Heiligung IHM«,
es wird sein:
die Töpfe in SEINEM Haus sind wie die Sprengen vor der
    Schlachtstatt,
es wird sein,
alljeder Topf in Jerusalem und in Jehuda ist geheiligt IHM dem
    Umscharten,
alle Schlachtungsopfernden kommen, sie nehmen von ihnen,
    sie kochen darin,
und nicht wird mehr ein Kanaankrämer in SEINEM des Um-
    scharten Haus sein
an jenem Tag.

MALACHI

Lastwort SEINER Rede an Jifsrael
durch Malachi, »Meinen Boten«.

Ich liebe euch,
hat ER gesprochen.
Ihr aber sprecht:
»Wie liebst du uns?«
Ist nicht Bruder Efsaw dem Jaakob?,
ist SEIN Erlauten,
aber ich liebte Jaakob
und Efsaw haßte ich,
ich wandelte sein Gebirge in Starrnis,
sein Eigentum zur Schakalswüste.
Wenn Edom spräche:
»Wir sind niedergeschmettert,
aber wieder baun wir die Ödnisse auf!«,
hat so ER der Umscharte gesprochen:
Sie, sie mögen bauen,
ich aber, ich werde schleifen.
Rufen wird man sie »Frevelsmark«
und »Volk, dem ER grollt auf Weltzeit«.
Eure Augen werdens sehn,
und selber ihr werdet sprechen:
»Groß erzeigt sich ER
über die Mark Jifsraels.«

Ein Sohn ehrt den Vater,
ein Diener seine Herrschaft.
Bin Vater ich, wo ist meine Ehre?
bin Herrschaft ich, wo ist meine Furcht?
hat ER der Umscharte zu euch gesprochen,
Priester, meines Namens Verächter!
Ihr aber sprecht:
»Wie verachten wir deinen Namen?«
Die Sudelbrot darreichen auf meiner Schlachtstatt!
Ihr aber sprecht:
»Wie besudeln wir dich?«
Da ihr bei euch sprecht: »SEIN Tisch, der ist mißachtbar«!

Wenn ihr ein Blindes darreicht zum Schlachten – kein Übel!
wenn ihr ein Lahmes, Krankes darreicht – kein Übel!
Nahe doch deinem Viztum es dar, –
ob ers wohl annimmt zugnaden
oder dein Antlitz emporhebt?
hat ER der Umscharte gesprochen.
Und nun:
»Sänftet doch das Gottesantlitz,
daß er uns Gunst gewähre!«
Geschieht dies von eurer Hand, –
kann man von euch einem emporheben das Antlitz?
hat ER der Umscharte gesprochen.

Wäre auch nur wer unter euch,
der die Pforten schlösse,
daß ihr nicht umsonst meine Schlachtstatt heizen müßtet!
Ich habe an euch keine Lust,
hat ER der Umscharte gesprochen,
Spende nehme ich zugnaden von eurer Hand nicht an.
Denn vom Aufgang der Sonne bis zu ihrer Rüste
unter den Weltstämmen groß ist mein Name,
allerorten wird meinem Namen Rauchwerk dargereicht und
     reine Spende.
Ja denn, unter den Weltstämmen groß ist mein Name,
hat ER der Umscharte gesprochen,
ihr aber gebt ihn preis, da ihr bei euch sprecht:
»SEIN Tisch, besudelt ist der,
und seine Speise, verächtlich ists sie zu essen«,
und sprecht: »Das hier ist Ungemach!«
und möchtet sie wegblasen lassen,
hat ER der Umscharte gesprochen.
Dann bringt ihr wieder Verstümmeltes dar,
das Lahme und das Kranke,
das bringt ihr dar als Spende, –
soll ich das zugnaden annehmen aus eurer Hand?!
hat ER gesprochen.
     – Und verflucht ist der Ränkische:
     ein Männliches hat in seiner Herde er, das gelobt er,
     und dann schlachtet er meinem Herrn ein Verdorbnes. –

Ja denn,
ich bin ein großer König,
hat ER der Umscharte gesprochen,
und unter den Weltstämmen gefürchtet mein Name.

Und nun diese Entbietung an euch,
ihr Priester!
Höret ihr nicht hin,
wendet ihr euchs nicht zu Herzen,
meinem Namen Ehre zu geben,
hat ER der Umscharte gesprochen,
dann sende ich unter euch die Verfluchung,
zu Fluch mache eure Segnungen ich.
Und ich habs euch zum Fluch schon gemacht,
denn ihr seid keine, die zu Herzen sichs wenden.
Wohl, ich verschelte den Samen euch,
ich streue Mist euch ins Antlitz,
den Mist eurer Festopfertiere, –
man trägt euch noch zu ihm hin.
Dann werdet ihr erkennen,
daß ich an euch gesandt habe diese Entbietung,
damit mein Bund sei mit Lewi,
hat ER der Umscharte gesprochen.
Mein Bund ist mit ihm gewesen:
»Das Leben und der Friede!«,
die gab ich ihm,
»Furcht!«,
er fürchtete mich,
vor meinem Namen hatte er Scheu.
Getreue Weisung war ihm im Mund,
Fälschung fand sich ihm nicht auf den Lippen,
in Frieden ging er mit mir, in Geradheit,
und viele kehrte er ab von dem Fehl.
  –Denn:
  Priesters Lippen bewahren Erkenntnis,
  Weisung sucht man aus seinem Mund,
  denn er ist ein Bote von IHM dem Umscharten. –
Ihr aber, abgewichen seid ihr vom Weg,
ließet viele straucheln in der Weisung,

den Lewibund habt ihr verderbt,
hat ER der Umscharte gesprochen.
So mache auch ich euch
allem Volk verachtet und niedrig,
dem gemäß, daß ihr keine seid,
die meine Wege wahren
und der Weisung zuheben das Antlitz.

– Ist nicht Ein Vater uns allen?
hat nicht Ein Gott uns geschaffen?
weshalb verraten wir jedermann seinen Bruder,
preiszugeben den Bund unsrer Väter?
– Jehuda hat verraten,
in Jifsrael und in Jerusalem ist ein Greuel getan,
denn Jehuda hat SEIN Geheiligtes, das er liebt, preisgegeben
und hat die Tochter eines Fremdgotts geehlicht.
Dem Mann, der das tut, tilge ER
Wachenden und Erwidrer aus Jaakobs Zelten,
Darreicher der Spende für IHN den Umscharten.
Und dies tut ihr zum zweiten:
SEINE Schlachtstatt mit Tränen bedecken,
Weinen und Gestöhn,
da er sich keinmal zur Spende mehr neigt,
ein zugnaden Geschätztes aus eurer Hand zu nehmen,
ihr sprecht: Weswegen?
Deswegen, weil ER Zeuge gewesen ist
zwischen dir und dem Weib deiner Jugend,
das du nun verraten hast,
und es ist doch deine Gefährtin und das Weib deines Bundes!
Und hat er nicht in Eins sie gemacht,
ein Fleisch, das einen Geist hat?
und wonach trachtet das Eine?
nach Gottessamen!
So wahret euch um euren Geist:
das Weib deiner Jugend darf er nimmer verraten!
Wenn einer fortschickt aus Haß,
hat ER, der Gott Jifsraels, gesprochen,
deckt Unbill er über sein Kleid,
hat ER der Umscharte gesprochen.
Wahrt euch um euren Geist:
verratet nicht!

Ihr mühet IHN durch eure Reden ab!
Und ihr sprecht:
»Wodurch mühen wir ab?«
Indem ihr sprechet:
»Alljeder, der Böses tut,
gut ist es in SEINEN Augen,
an denen hat er Lust!«
oder:
»Wo bleibt der Gott des Gerichts!«
– Da sende ich meinen Boten,
daß er den Weg vor mir bahne:
plötzlich wird zu seiner Tempelhalle kommen
der Herr, den ihr suchet,
der Bote des Bundes aber, nach dem ihr Lust habt,
da kommt er!
hat ER der Umscharte gesprochen,
– Aber wer hielte aus
den Tag seines Kommens?!
aber wer ists, der bestünde,
wann er sich sehen läßt?!
denn er ist wie das Feuer des Schmelzers
und wie die Lauge der Walker.
Er setzt sich,
ein Schmelzer und Silberreiniger,
er reinigt die Söhne Lewis,
er schlämmt sie wie Gold und Silber,
sie werden SEIN,
Darreicher der Spende in Wahrhaftigkeit.
Dann wird IHM angenehm sein
Jehudas und Jerusalems Spende
wie in den Tagen der Vorzeit,
wie in den urfrühen Jahren.
– Dann nahe ich euch zum Gericht,
ich werde ein eilfertiger Zeuge
wider die Zauberer, wider die Buhler,
wider die zum Lug Schwörenden,
wider sie, die am Lohn pressen den Löhner,
Witwe und Waise,
und den Gastsassen beugen,

und fürchten mich nicht,
hat ER der Umscharte gesprochen.

Ja,
ICH habe mich nicht geändert,
und ihr, Jaakobssöhne, ihr habt nie aufgehört:
seit den Tagen eurer Väter
seid ihr von meinen Gesetzen gewichen,
habt ihr sie nicht gewahrt.
Kehret um zu mir
und ich kehre um zu euch,
hat ER der Umscharte gesprochen.
Ihr aber sprecht:
»Wie sollen umkehren wir?«
Will der Mensch Gott prellen?
denn ihr prellt mich!
Ihr aber sprecht:
»Wie hätten wir dich geprellt?«
Den Zehnten! und die Hebe!
Mit dem Fluch seid ihr verflucht,
und mich wollt ihr noch prellen,
du Stamm allesamt!
Ins Vorratshaus laßt kommen allen Zehnten,
daß Zehrung in meinem Haus sei,
und prüfet mich doch daran,
hat ER der Umscharte gesprochen,
ob ich nicht die Himmelsschleusen euch öffne,
Segnung euch niederschütte
bis zum Unmaß!
dann verschelte für euch ich den Fresser,
er verdirbt euch die Ackerfrucht nicht,
und der Weinstock im Feld trägt euch nicht fehl,
hat ER der Umscharte gesprochen.
Alle Weltstämme preisen euch glücklich dann,
denn das Land der Lust, ihr seids geworden,
hat ER der Umscharte gesprochen.

Hart sind gegen mich eure Reden,
hat ER gesprochen.

Ihr aber sprecht:
»Wie unterreden wir uns gegen dich?«
Gesprochen habt ihr:
»Wahn ist es, Gott zu dienen,
und was ists für Gewinn,
wenn wir wahren seine Verwahrung,
wenn wir umdüstert gehn
vor Iʜм dem Umscharten her?
nun preisen wir glücklich die Frechen,
des Frevels Täter werden erbaut doch,
sie prüfen doch Gott – und entschlüpfen.«
Hinwieder unterreden sich die Mɪᴄʜ Fürchtenden,
jedermann mit seinem Genossen:
»...Aber Eʀ merkt auf, er hört,
ein Buch des Gedenkens wird geschrieben vor ihm
für die Iʜɴ Fürchtenden,
für die seines Namens Achtenden.«
Die werden mir,
hat Eʀ der Umscharte gesprochen,
an dem Tag, den ich mache,
ein Sonderschatz,
ich will ihrer schonen,
wie ein Mann seines Sohnes schont,
der ihn bedient.
Dann werdet ihr umkehrig sehn
den Unterschied des Bewährten vom Frevler,
den Unterschied des Gott Dienenden von dem, der ihm nicht
   dient.
Denn, wohlan, der Tag kommt,
wie ein Ofen brennend,
da werden alle Frechen,
alljeder Frevelstäter,
Stoppeln,
der Tag, der kommt, sengt sie ab,
hat Eʀ der Umscharte gesprochen,
daß er nicht Wurzel noch Halm ihnen läßt.
Euch aber strahlt auf,
Fürchtige meines Namens,
die Sonne der Bewahrheitung,

in ihren Flügeln die Heilung.
Dann zieht hinaus ihr und springt
wie Kälber vom Stall,
über die Frevler stampfet ihr hin,
denn unter euren Fußsohlen werden sie Asche
an dem Tag, den ich mache,
hat ER der Umscharte gesprochen.

Gedenket der Weisung Mosches meines Knechts,
die ich ihm am Choreb für Jifsrael allsamt entbot,
Gesetze und Rechtsgeheiße.

Wohlan, ich sende euch Elija den Künder,
bevor MEIN Tag, der große und furchtbare kommt,
daß er umkehren lasse
der Väter Herz zu den Söhnen,
der Söhne Herz zu ihren Vätern, –
sonst komme ich und schlage das Land mit dem Bann.

INHALTSVERZEICHNIS

DAS BUCH

JESCHAJAHU

Die Hauptteile und Abschnitte des Buches

Die Kapitel der üblichen Zählung

DAS BUCH

JIRMEJAHU

Die Hauptteile des Buches

Die Kapitel der üblichen Zählung

DAS BUCH

JECHESKEL

Die Hauptteile des Buchs

Die Kapitel der üblichen Zählung

DAS BUCH

DER ZWÖLF

Die Hauptteile und Abschnitte des Buchs

Die Kapitel der üblichen Zählung

Die Schrift

Verdeutscht von Martin Buber
gemeinsam mit Franz Rosenzweig

1

Die fünf Bücher der Weisung

2

Bücher der Geschichte

3

Bücher der Kündung

4

Die Schriftwerke

—

Jeder Band kann einzeln bezogen werden.

CIP-Kurztitelaufnahme der Deutschen Bibliothek

Die *Schrift* / verdeutscht von Martin Buber
gemeinsam mit Franz Rosenzweig. – Heidelberg: Schneider
Einheitssacht.: Testamentum vetus ‹dt.›
Frühere Ausg. im Hegner-Verl., Köln, Olten

NE: Buber, Martin [Übers.]; EST

3. Bücher der Kündung. – 8. Aufl. d. neubearb.
Ausg. von 1958. – 1985.
Orig.-Ausg. u. d. T.: Prophetae

ISBN 3-7953-0182-3